Wolfram Elsner

Die Zeitenwende

Wolfram Elsner

Die Zeitenwende

China, USA und Europa
»nach Corona«

PapyRossa Verlag

© 2021 by PapyRossa Verlags GmbH & Co. KG, Köln
Luxemburger Str. 202, 50937 Köln
Tel.:   +49 (0) 221 – 44 85 45
Fax: +49 (0) 221 – 44 43 05
E-Mail: mail@papyrossa.de
Internet: www.papyrossa.de

Umschlag: Verlag, unter Verwendung einer Grafik © by alekseyvanin,
              Adobe Stock (#249439581) | Autorenfoto: privat
Druck: Interpress

Die Deutsche Nationalbibliothek verzeichnet diese Publikation in
der Deutschen Nationalbibliografie; detaillierte bibliografische
Daten sind im Internet über http://dnb.d-nb.de abrufbar

ISBN 978-3-89438-750-1

Inhalt

Regime gegen die schwächeren Länder (173); Kraft für einen neuen Ausgleich? (175); Der Kampf um die Finanzierung des Wiederaufbaus (176); Corona-Wiederaufbauhilfen: Konkurrenz der Mitgliedsländer stärkt Deutschland (179); Ablenken vom eigenen Desaster – »Fingerzeigen« auf Russland und China (180)

Vorbemerkung

Dieses Buch hatte wie sein unmittelbarer »Vorgänger«[1] seine Testleserinnen und -leser: Die Gattin, Nachbar*innen, gute Freund*innen. Was man nach zwei Leseperioden und etlichen Hundert Seiten Lesestoff unter anderem bemerkte, ist, dass ich anscheinend vermeide, über das eigentliche politische System Chinas zu schreiben: Wie genau funktioniert denn dort die Willensbildung in der *Regierung*, in den *Dörfern*, *Städten* und *Provinzen*, im *Nationalen Volkskongress*, in der *Politischen Konsultativkonferenz des chinesischen Volkes*, in der *Kommunistischen Partei*? Nun, ich wollte nicht vorgaukeln, ich sei Politikwissenschaftler und würde mich in der politisch-rechtlichen Organisation und Gesetzeslage Chinas auskennen. Dazu gibt es ausreichende gesonderte Literatur. In dem vorausgegangenen Chinabuch habe ich politische Prozesse Chinas indirekt thematisiert, nämlich in den sachlichen Feldern, den Fünfjahresplänen, der Geld-, Finanz-, Wirtschafts- und Industriepolitik, der Steuerpolitik, der Lohn- und Arbeitsrechtspolitik, dem Management der grünen Mega-Cities und den sensationellen Umweltpolitiken, den verschiedenen *Sozialkredit-Systemen* und der Kampagne für ein *glaubwürdiges China* (»Credible China«), dem sprichwörtlichen *chinesischen Experimentalismus* und der *Geschwindigkeit des Wandels* (»China Speed«), den allgemeinen *Verhaltens-Modernisierungen* und den öffentlichen Kampagnen dafür und für die *Herrschaft des Rechts*, der Organisation des Internets, der *Multi-Nationalitäten-Politik* und der Organisation der weltgrößten Infrastruktur-Initiative der *Neuen Seidenstraßen* … Überall dort glaubte ich mich halbwegs auszukennen, ebenso wie in dem vorliegenden Buch bei der *Bewältigung der Corona-Krise durch China*, die USA und die EU, der sozialen Mobilisierung von Millionen Freiwilligen in China und der Rolle der Wohngebietsorganisationen (*Shequ*) dabei. Die Leser*innen sollen dieses Buch lesbar und erhellend finden und jedenfalls nicht den Eindruck bekommen, eine politikwissenschaftliche oder ökonomische Fachpublikation vor sich zu haben. Dies scheint auch beim Vorgänger gelungen zu sein. Und auch hier bleiben wir bei der Buchphilosophie, dass wenn wir *über China lernen*, wir *dabei auch über uns selbst lernen*. Der »Spiegelblick« hin und zurück ist daher auch in diesem Buch ein Prinzip. Zwischen Berichten über neue spektakuläre Fakten und Entwicklungen hier und dort sowie ihrer fachlich-ökonomischen, aber auch allgemeinmenschlichen Reflexion darf es also nicht nur, sondern muss es auch abwechslungsreich hin- und hergehen. Ich danke jedenfalls meinen bewährten Testleser*innen, den Lektoren und den Leser*innen des vorangegangenen »Geschwisterbuches«, die zahlreich und über viele Kanäle wertvolles »Feedback« gegeben haben und immer noch geben.

Bremen, im März 2021

Hinweis:
Zu diesem Buch gibt es eine Website, auf der begleitend und ergänzend ein Index sowie weitere Informationen rund um dieses Buch eingestellt werden, erreichbar unter: www.papyrossa.de/die-zeitenwende

1.
Die USA und China nach der Ära Trump
Die globale Zeitenwende ist unaufhaltsam ...

»Amerika hat einen neuen Präsidenten gewählt!« – Ach ja?
Für was genau ist das wichtig oder gar entscheidend? Für den *weiteren globalen strukturellen Wandel* jedenfalls nur bedingt. Die globalen Strukturen wandeln sich unweigerlich hin zu einer *neuen Normalität*, die eine alte, historische, jahrtausendealte Normalität war, bevor der europäische Kolonialismus *China* in nur gut 100 Jahren vom reichsten Land der Welt zu einem der ärmsten Entwicklungsländer ausgepresst und degradiert hatte: eine künftige Normalität also wieder mit China als der größten Ökonomie der Welt, die stets 30 bis 40 Prozent des Weltsozialprodukts generierte und die aus vielen interessanten Gründen ökonomisch, wissenschaftlich und technologisch führend war, und mit *Eurasien* als dem neuen alten Zentrum der Welt,[2] dem traditionellen geostrategischen »Herzland«,[3] mit Europa als einer Halbinsel an seiner Peripherie.

Auch wenn man den Übergang von Trump zu Biden in mancher Hinsicht als einen gewissen Fortschritt ansehen kann: Wer da in Washington heute konkret regiert, ist unter dem Aspekt dieser *Ära des beschleunigten globalen Strukturwandels* zur neuen alten Normalität nur in zweiter Linie entscheidend – auch wenn uns dieser Übergang, unter unserer *westlichen medialen Käseglocke*, monatelang über alle Maßen beschäftigt hat, manche analytisch, die meisten rein emotional. Die in vieler Hinsicht kranke US-Gesellschaft und -Ökonomie mögen einige vereinende und heilende Impulse bekommen, und das Verhältnis zwischen Washington und der EU mag nun wieder verlässlicher und freundlicher gestaltet werden

unter einem *Präsidenten Biden*. Aber auch ein Washington unter
Führung der Demokratischen Partei (der DEMs) wird nicht verhindern können, dass die USA am Ende dieses Jahrzehnts nur noch die
drittgrößte Ökonomie der Welt sein und die beiden größten, China
und Indien,[4] in Süd- und Ostasien liegen werden, wie die einschlägigen Prognosen voraussagen. Wir werden in diesem Buch noch
darauf eingehen.

Gut, ein *US-Präsident*, der (ehemals) »mächtigste Mann der
Welt«, der als Einzelperson das Recht hat, den »Knopf« zur Spren-
gung der Welt zu drücken, ist nach der US-Verfassung fast wie ein
Kaiser auf Zeit, ein potentieller Autokrat,[5][*] zudem alleiniger Befehls-
haber der weitaus größten Militärmaschinerie der Welt. Dies auf der
Basis einer alten, zum Teil noch vordemokratischen Verfassung,[6] die
keinen Sozialstaat, kein Gesundheitswesen, keine Medienkultur, keine Kontrolle der Exekutive durch den Kongress, keine hinreichende
Gewaltenteilung, keine wirklichen Parteien kennt, nach der der Präsident, wenn er will, an den parlamentarischen Gremien vorbei, *quasi-
absolutistisch* (auf Zeit) mit »Executive Orders« durchregieren kann.

Und Trump hatte das zunehmend auch getan, so wie etliche seiner Vorgänger aus Anlass (beziehungsweise unter dem Vorwand) der
vielen inneren und äußeren Krisensituationen, die die USA durch-
laufen beziehungsweise herbeigeführt haben. Notverordnungspoli-
tik eines Reichskanzlers hieß das am Ende der Weimarer Republik.
Immerhin, dass Trump am Ende damit überall noch »verbrannte
Erde« schaffen konnte, die Biden auf gleiche Weise zu einem Teil
wieder heilen konnte, erstaunt uns in gleicher Weise.

Die weiße Bevölkerung der USA ist im Grunde seit den Zeiten
der Sklaverei und des Bürgerkrieges gespalten in die beiden Blöcke
REPs und DEMs. Nur sieben Prozent der Wahlbevölkerung wechseln

---

[*]   Christian Lotz, Professor für Philosophie an der Michigan State University,
      spricht von »quasifeudalen« und »absolutistischen« Befugnissen des US-Prä-
      sidenten, zum Beispiel, seine Ehefrau, Kinder und Geschäftsfreunde in der Re-
      gierung unterzubringen und am Ende im Zweifel für alles zu begnadigen, was
      eine »Bandenmentalität« befördere [vgl. Endnote 5].

überhaupt je die Parteipräferenz, und die Präsidentenwahlen werden *stets nur mit dünnen Mehrheiten* gewonnen. Traditionalismus als *Kampf der Identitäten* und *Lagerdenken*: Wir oder die, schwarz oder weiß, ja oder nein.

Der Zentralstaat bleibt daher schwach und »[w]irklich gut funktioniert in den USA nur der Katastrophenschutz und das Militär.«[7] An »Selbstheilungskräfte« der USA glauben immer weniger Kenner und Beobachter dieses Landes.[8]

In den Wochen vor und nach der *US-Präsidentenwahl* sind die Ereignisse im zerfallenden und wankenden Imperium[9]* USA auch in unseren *Mainstream-Medien* umfänglich analysiert und kommentiert worden. Es wurde fast alles gesagt, tausendfach, fast jeder Aspekt beleuchtet … fast.

Und für den westlichen Durchschnittsbürger kam das Meiste im letzten Amtsjahr der Ära Trump, die sich abzeichnende Zeitenwende unter »Corona«, *überraschend* und plötzlich, war schockierend, *beängstigend*. Unsere »Leitnation«, die, im reduzierten Blick des Westens, »älteste und stabilste Demokratie der Welt«, nun in vieler Hinsicht fragmentiert, *sozial desintegriert* und daher auch *politisch nahezu unheilbar gespalten*, die Plutokratie der Milliardärs-Helden, die wir hier noch ausführlich charakterisieren werden, vielfach unfähig, staatlich, infrastrukturell, wankend, in Gewalt versinkend.

»Es ist außergewöhnlich, einem derartig schnellen Verlust von Ansehen in Echtzeit beizuwohnen – verglichen mit dem langsamen Aufstieg und Niedergang früherer Zivilisationen.«[10] Darauf hatten unsere Mainstream-Medien die westlichen Durchschnittsbürger*innen nicht wirklich vorbereitet.

Wir werden in diesem Buch zeigen, wie das alles bis in die *Ge-*

---

*   Wir haben an anderer Stelle (und tun es auch in diesem Buch) den Begriff *Imperium* oder *Empire* erklärt. Pragmatisch gesagt sind die USA die einzige Nation der Welt, die jemals einen globalen Herrschaftsanspruch als »einzige« und »letzte« Weltmacht erhoben hat und durchzusetzen versucht. Der Berater von Präsident Bush jr., Karl Rove, wurde 2004 mit den Worten zitiert: »Wir sind jetzt ein Empire. Wir schaffen unsere eigene Realität. Ihr alle könnt nur noch hinterher untersuchen, was wir gemacht haben.« [vgl. Endnote 9].

burtsfehler der USA hinein zurückreicht, die Spaltungen und der *Putschismus* der Rechten direkt auf den amerikanischen Bürgerkrieg, der »nie wirklich beendet worden ist«,[11] und die Politik in den Südstaaten seitdem zurückgeführt werden können. Es geht aber eben nicht nur zurück bis in die »Erbsünde der Sklaverei«[12], sondern weiter bis in die Erbsünde des Genozids an den Ureinwohnern. *Rassismus* und *Sklavenhaltertum* blieben in den Südstaaten offizielle Staatsreligion bis in die 1960er. Gleichberechtigung, Bürgerrechte und Demokratie werden dort bis heute verachtet und gehasst.[13] Die westlichen Medien haben da aus politischer Opportunität sowie eigener ideologischer und interessensmäßiger »Befangenheit« über Jahrzehnte weggeschaut und ein Idealbild der USA gemalt. Deshalb sind heute alle »überrascht« …

Trump: Der Washingtoner Emporkömmling gab den Napoléon Bonaparte

Dem, auf der Oberfläche so erscheinenden, schieren Irrsinn der *Person Trump* und des von ihr etablierten *Prinzips Trump*, das wir noch genauer beschreiben werden, standen alle zivilisierten, zeitungslesenden Menschen, die noch an den Fortschritt *zivilisatorischer Werte und Regeln* glaubten, scheinbar genauso *sprach-, hilf- und ratlos* gegenüber, wie die Menschen und Medien einst dem damals ebenfalls neuartigen *Führertum des Faschismus* und der durch ihn am Ende völlig *enthemmten Massenausbrüche* gegenüberstanden. Da half das von den europäischen Mainstream-Medien vier Jahre lang lustvoll praktizierte *Trump-Bashing* wenig, um zu verstehen, was da in den *Tiefenstrukturen der USA* schon seit vier Jahrzehnten entstanden war.[14]

Wir erkannten »plötzlich«, wie der erstaunlich umfangreiche und zunehmend erniedrigte »*White Trash*«[15]* sich offen *paramilitärisch*

---

* Der Begriff *White Trash* war keineswegs immer nur verachtend-abwertend gebraucht worden, sondern beschrieb seit den 1920er Jahren, auch in der Romanliteratur, lange Zeit in erster Linie anklagend das soziale Elend der proletarischen Unterschichten, vor allem in den riesigen ländlichen Gebieten.

bewaffnete und organisierte – befeuert vom faschistoiden *Evangeli-kalismus*, entsprechenden *Radio- und Fernsehsendern*, von *fanatisch-rechten Groß- und Kleinbürgern*, zum Teil Milliardären, und einer zum Teil sich putschistisch wendenden *Republikanischen Partei*[16] – und seine Hilf- und Ratlosigkeit in verspäteter, alberner »Cowboy«-»Freiheit«, nicht zuletzt gegenüber COVID-19-Maßnahmen, sowie Waffen- und Gewaltgeilheit kompensierte.[17] Am Ende, konsequenterweise, nahm er den eigenen Untergang und, neben dem geplanten massenhaften Tod der »Feinde«, sogar den *eigenen Tod* in Kauf. Der trifft die *weißen Männer mittleren Alters* in den USA heute auf vielfältige Weise: Drogentod, Verzweiflungs-Suizide und Tod durch Waffengebrauch. Wir gehen darauf noch ein.

Wir kennen es spätestens seit dem Untergangsprozess des historischen Faschismus: Wenn sie untergehen müssen, reißen sie so viele und so vieles wie möglich mit sich. Die Schluss-Amokläufe der Nazis waren mit die verheerendsten.[18] Und am Ende hatte laut Hitler das deutsche Volk es eben nicht geschafft, die Untermenschen zu besiegen, und damit den eigenen Untergang verdient. Perverser rassistischer *Sozialdarwinismus*. Die Denkweise auch der neuen Nazibewegungen in den USA …

Trumps Persönlichkeitsstruktur dürfte in dieser Dimension gelegen haben. Seine Nichte Mary Trump, Psychologin und Autorin, sprach ihm jedenfalls die klassische Eigenschaft der großen Zerstö-

---

Heute drücken sich in dem Begriff auch Klassenhass und Klassenverachtung der Herrschenden, wie auch, typischerweise, der selbst abstiegsgefährdeten Mittelschichten aus. In Westeuropa hat der Begriff des *Proletariers* eine ähnliche Degradierung erfahren, zum »Proleten« und dann vor allem im Neoliberalismus, beginnend in Margaret Thatchers sozial ruiniertem England, zum arbeitslosen, verarmten, sozial entwurzelten *Proll*, gern genutzt von denen, die sozial gerade mal knapp oberhalb der so Beschimpften stehen. Solche Sprache hat ihre offensichtliche Funktion im System der ideologischen Herrschaftssicherung. Wir kommen auf die Erscheinungsformen und schließliche *soziale Revolte* des *White Trash* in den USA unter und nach Trump zurück: Gewalttätigkeit, Bewaffnung, Drogenabhängigkeit und Verzweiflungstod, Korrumpierbarkeit für die Herrschenden als Lumpenproletariat und die Zukunft des Faschismus in den USA.

rer der Welt zu: »Wenn er meint, er geht unter, versucht er, den Rest von uns mit hinunter zu ziehen.«[19]

In all diesen Fällen braucht es dann bekanntlich immer Generationen von klugen, heilenden Menschen, Psychologen, Wissenschaftlern, Schriftstellern, um die sozialpsychologischen Schäden der Menschheit zu *heilen* und ihren Mitmenschen das Erlebte *begreifbar* und *bewältigbar* zu machen – und massenhafte Verdrängungsprozesse zu verhindern.[20]

Und auch zur US-Präsidentenwahl und zur sukzessiven Mobilisierung eines faschistoiden Mobs durch Trump bis zum Sturm auf das Capitol wurde fast alles gesagt, und wochenlang wurde jeder Aspekt ausgeleuchtet. *Fast.*

Für die beiden Parteiapparate der DEMs und der REPs und die mit ihnen verbundenen jeweiligen Teile des Staatsapparates war Trump eigentlich ein Emporkömmling, ein *Paria*, ein Outcast, der nicht die Duftmarken des Washingtoner Establishments trug und dort in den vier Jahren seiner Amtszeit auch relativ isoliert blieb. Ok, ein »erfolgreicher« Milliardär, den die Banken immer wieder gestützt und dem sie immer wieder aus dem Bankrott geholfen hatten. Man kannte seine »Towers«, Hotels und Resorts in den US-Städten und Freizeitparadiesen. Aber einer aus dem Washingtoner politischen Establishment, aus den etablierten Familiendynastien oder einer, der sich diesem Establishment willig eingefügt und angepasst hätte, war er nicht.

Vielmehr gab er sich erfolgreich ein asoziales Rüpel-Image, das den Skinheads, Fascho-Bikers, Mafia-Teamsters, rassistischen Paramilitärs (»Proud Boys«, »Boogaloo Bois« und so weiter), den Polizei-Bruderschaften, zahlreichen Nationalgardisten, Soldaten, den neuen Grenzschutztruppen, den alten und neuen exilierten Extremisten aus Vietnam, Kuba, Venezuela und Hongkong[21] und so weiter gefiel, mit dem er den »*Anti-Establishment*«-Zampano mimte und angetreten war, »den Washingtoner Sumpf trockenzulegen«.[22] Dahinter stand in der Tat ein neuartiges putschistisches Herrschaftskonzept, vorbereitet und legitimiert von rechtsextremistischen Predigern, von

Tea Party und NeoCons und inzwischen auch von großen Teilen der REPs.

Und sie haben die zusammengesammelt, organisiert, finanziert, bewaffnet, ideologisiert und aufgeheizt, die außer auf ihre zufällige Hautfarbe auf nichts mehr in ihren zerstörten Leben ernsthaft stolz sein können, die armseligen Verzweifelt-Stolzen.

Die REPs hatten die lange *schwelende Systemkrise der Plutokratie*, die Veränderung der globalen Verhältnisse und den »*Krieg gegen den Terror*« seit längerem für einen grundlegenden *Strategiewechsel* genutzt, um sich neu zu erfinden, das alte Parteienduopol und -kartell und seinen Minimalkonsens mehr oder weniger aufzukündigen, vom traditionellen Honoratioren-Konservatismus abzurücken, die Option der *offen autoritären Politikvariante* zu wählen und mit der Mobilisierung faschistoider Bewegungen und des »White Trash« zu spielen. Dem entsprach nun der *Außenseiter*, der bekanntermaßen *mafiöse* Emporkömmling und Immobilienmilliardär Trump.

Unter den zivilisierten und halbwegs gebildeten Menschen der Welt und vor allem in den gutmenschlichen und werte-universalistischen *Mainstream-Medien* schien es keine Frage zu sein, dass ein zivilisierterer, zudem bescheiden, empathisch und einigend auftretender Präsident *Biden* dem »Rest« der Menschheit (außer eben den Trump-Anhängern, am Ende immerhin knapp 50 Prozent des Wahlvolks der USA) unendlich willkommener war als jener Rassist, Sexist, Faschistenfreund, Gewaltanstachler, Lügner und Hass-Säer, jener Wirtschaftskriminelle, Mafia-Freund, Steuerhinterzieher und zuletzt auch noch potentieller *Putschist* Trump.

Der war nicht zuletzt für *Hunderttausende vermeidbare Corona-Tote* verantwortlich und hat die Welt nachhaltig geschädigt, Hunderte von Millionen *Seelen verseucht* und massenhaft *Sozialkapital (soziales Grundvertrauen) zerstört*, weltweit Missgunst gesät und *geistige Jauche in Hunderte Millionen Hirne* gekippt. Es lag anscheinend auf der Hand, dass so einer nur ein schrecklicher Betriebsunfall gewesen sein konnte, den wir schnellstens vergessen müssten.

Der Führer und sein Lumpenproletariat:
Pervertierte soziale Revolte

Warum aber war es denn dann ein so schwer errungener Wahlsieg der DEMs, warum war es so lange ein »Kopf-an-Kopf-Rennen«? Konnte der *erste Wahlsieg Trumps* im Jahr 2016 noch als jener *Betriebsunfall* bagatellisiert und unter medialem Hinterherhecheln hinter seinem *Amoklauf* durch die Geschichte und unter allgemeinem Trump-Bashing verharmlost, verdrängt und vergessen gemacht werden, so war das nach dem 3.11.2020 nicht mehr so einfach möglich. Warum hat auch Trump absolut mehr Stimmen, gut 74 Millionen, und damit erstaunliche fast *11 Millionen mehr* erhalten (+13 Prozent) als 2016, auch mehr Stimmen von Frauen, Schwarzen und Latinos?

Natürlich, die Wahlen waren zugespitzt, hochbrisant, politisiert. Es ging um die Zukunft der Nation, für beide Seiten, die für die jeweils andere inzwischen geradezu den Untergang der Nation bedeuteten, und beide Parteien mobilisierten alles. Die Wahlbeteiligung stieg auf ein historisches Hoch, und am Ende hatte Biden mit gut 81 Millionen noch einmal gut 7 Millionen Stimmen mehr als Trump. Das »andere Amerika« hatte sich wohl doch noch einmal gezeigt ...

Aber die Geschichte des *Prinzips Trump*, des Prinzips der Hetze, Verleumdung, Lüge, des Misstrauens und der Aggression gegen »das Andere« ist damit für die USA, wie leider auch für die ganze Welt, noch lange nicht ausgestanden. Die »verbrannte Erde« ist für Generationen verbrannt. »Wuhan«- und »China-Virus« beispielsweise, so falsch und lächerlich auch immer, wirken in Millionen verwirrten und angstgetriebenen Köpfen, führen zu *China-Bashing*, nicht nur in den Medien, sondern selbst in intellektuellen und sonst kritischen Kreisen, in den USA und andernorts zu *rassistischen Übergriffen auf Asiaten* und zum *Schließen der chinesischen Konfuzius-Sprach- und Kulturinstitute* an den US-Universitäten.[23] Prinzip »Trump« wirkt ...

Das Paradoxe daran: Die Aggressivität selbst gegenüber elementarem Kulturaustausch demonstriert eine innere Haltung der Unsicherheit und Schwäche. Wie der kanadische Ökonom Prof. Joseph

H. Chung sagt: »[…] this indicates that the West is not convinced of the superiority of its own political and economic system over the Chinese hybrid system […]«[24]

Und wir werden sehen, wie viel vom Prinzip Trump vor allem in der *US-Außenpolitik* erhalten bleibt, welche *Standards an Willkür, Aggressivität und Regelbruch* in den internationalen Beziehungen er gesetzt hat, hinter die nicht mehr zurückgegangen werden wird, welche Dämme er gebrochen hat, die keiner in Washington mehr reparieren will oder auch nur könnte. Die DEMs werden damit »schöpferisch« umgehen.[25] Trump wird auch hier weiter wirken …

Der Aspekt, der von Mainstream-Kommentatoren aber, kaum überraschend, praktisch nicht begriffen wurde, ist dieser: Hier geht es um einen »*Klassenkampf*«. Eine verquere und *perverse Form* von Klassenkampf von unten, dem desolaten ökonomischen, sozialen, kulturellen, psychologischen und *mentalen Zustand der US-Gesellschaft* entsprechend. Eine *späte Reaktion* auf den langen, brutalen *neoliberalen Klassenkampf von oben* im Interesse, und für die Taschen, des »*1 Prozent*«. Eine verkorkste Form der sozialen Revolte, zwischen gewalttätigem, spontanem Aufstand und faschistischer Gegenrevolution der einschlägigen »Bürgerwehren«, Milizen und Terroristen – in einem Land, in dem es mehr Waffen als Einwohner gibt.[26] Insoweit sind Neoliberalismus und Faschismus auch kausal verbunden.[27]

Und diese (vielleicht nicht leicht erkennbare) *soziale Revolte* der ehemaligen Arbeiterklasse der USA, die der finanzialisierte neoliberale US-Kapitalismus der 1-Prozent-Plutokratie zum »White Trash« degradiert hat, hatte in Trump endlich ihren *putschgeneigten Führer* gefunden.

Der notwendigerweise zunehmend aggressive, autoritäre und *gewalttätige neoliberale Staat der Plutokratie*, der die *auseinanderfallende Gesellschaft*, die zunehmenden Millionenzahlen an Überflüssigen, Verarmten, Degradierten, Bildungslosen und sogar Hungernden *unter Kontrolle* halten und immer wieder, durch polizeiliche Staatsgewalt, exemplarisch physisch vernichten muss, hat das alles immerhin herbeigeführt und verursacht.[28] Und die Reaktion darauf in Gestalt des *ehemaligen Proletariats*, der ehemaligen *Kleinbürger*, *Mittelständler* und ehemaligen *Farmer*, die nie mehr Proletarier, Kleinbürger, Mittelständler oder Farmer sein werden, hatte ihren *Volkstribun* gefunden, der wiederum von Teilen der 1 Prozent aufgebaut und vorgeschickt wurde.

Das Ganze ist ja alles andere als neu in der Geschichte, wie schon die antike griechische und römische Begrifflichkeit (Plutokratie, Volkstribun) andeutet. Die *Cäsaren*, die ihre Konkurrenten aus dem Weg räumen lassen wollten, mobilisierten bereits im niedergehenden alten Rom die *Plebs* (den Stand der Plebejer im Populus Romanus), das gemeine Volk (später ebenfalls begrifflich zum »Pöbel« degradiert), und ließen es schon mal den Senat stürmen.

Das wichtigere, von Karl Marx analysierte Beispiel war der *Staatsstreich des Louis Bonaparte* im Paris des Jahres 1851, der ebenfalls exakt mit der Mobilisierung dessen durchgeführt wurde, was Marx als das *Lumpenproletariat* analysierte.[29] Eine durchaus gefährliche Klasse, weil ohne ökonomische Funktion, Position, Einkommensquelle und gesellschaftliche Verankerung, und somit *korrupt* für alles, was von ihm verlangt wird, dabei *gewaltbereit* sowohl gegen das eigentliche Proletariat wie gegen »die da oben«, die vom verhassten etablierten Staates der formalen bürgerlichen Demokratie.[30]

Die zerstörte soziale Basis wird bleiben, Prinzip »Trump« wird bleiben, die Revolte wird wiederkehren ... und der Putsch hinter der Revolte auch

Das ist es, womit wir es in den USA beim historischen Trump-Experiment im Kern zu tun hatten und noch haben. Weder werden diese *entwurzelte und zutiefst frustrierte soziale Basis* der amerikanischen Pseudo-Revolte, die wieder fast nichts zu verlieren hat, und ihre *Anstifter und Finanzierer* in den Oberklassen und bei den Milliardären, mit der Wahl Bidens verschwinden, noch wird der *erste Putsch-Probelauf* am 6.1.2021 auf dem *Capitol*, bei *demonstrativ abwesender Polizei und Nationalgarde*, der letzte (Probe-)Lauf gewesen sein, ob dann mit der oder ohne die Person Trump, ist vermutlich unerheblich.[31] Noch wird das Hass- und Zerstörungs-Prinzip »Trump« gegen jedweden Andersdenkenden und jedwede basisdemokratische Regung an Bedeutung verlieren.

Im Gegenteil, im offiziellen Washington ist jetzt die Tür aufgestoßen, einen »Krieg gegen den *inneren Terrorismus*« (»war on terrorism«) zu ermöglichen, der sich schnell schwerpunktmäßig gegen basisdemokratische Bewegungen und Proteste richten kann. Ein demokratischer Senator bezeichnete den »Sturm auf das Capitol« als das »*Pearl-Harbour-Moment*« der US-Innenpolitik. Auf »Pearl Harbour 1.0« folgte der totale Krieg, der mit den Atombomben auf japanische Städte gekrönt wurde. In jedem Fall eine »Schocksituation«, der eine *Schockstrategie* folgen dürfte. Biden wird als der eigentliche Autor des unmittelbar nach »9/11« unter dem REP-Präsidenten Bush 2001 eingeführten »*US Patriot Act*« und als Autor des früheren, ähnlichen »*Omnibus Counterterrorism Act*« von 1995 bezeichnet. Allenthalben wird daher nun ein *Patriot Act 2.0*, nunmehr gegen »inneren Terrorismus«, erwartet.[32] Getreu dem Motto: »never let a serious crisis go to waste«, das wahlweise Winston Churchill oder, aktueller, dem US-Politiker Rahm Emanuel zugesprochen wird. Viele kritische Analysten sehen nun »1/6« als innen- wie auch außenpolitische Verschärfung von »9/11« …[33]

Nun dürfen *fünf Multimilliardäre* in der westlichen Welt, die Besitzer der Halb-Welt-umspannenden Internet-Giganten, noch ungehemmter darüber entscheiden, wer im Netz existieren darf und wer nicht, wer seine *Meinung äußern* darf und wer nicht, wer eine *Identität haben* darf und wer nicht, und sogar der »mächtigste Mann der Welt«, ein amtierender US-Präsident, kann von ihnen in die Knie gezwungen und zum elektronischen Schweigen gebracht werden. Ein Siemens-Chef kann es sich noch trauen, das auszusprechen: »Wenn die Entwicklung so weitergeht, könnte es für die Welt wichtiger sein, wer Chef von Facebook wird, als wer zum US-Präsidenten gewählt wird.«[34]

Plutokratie perfekt. Und sie entscheidet, was wir denken: »Was

in Caracas, Kiew oder Damaskus verzweifelte Aufschreie einer ge-
knebelten und entrechteten Bevölkerung wären, war hier selbstverständlich verabscheuungswürdige Randale.«[35] Und, imagine, 20.000
bewaffnete Soldaten müssten Beijing beim Amtsantritt des Staatspräsidenten Xi absichern ...

Die »Basics«, die »Fundamental-Daten« und -Prozesse in den
USA hinter all den schnellen offiziellen Bewertungen, Schlussfolge-
rungen und Maßnahmen sind im offiziellen Washington tabu. Der
Hammer in Washington hängt noch an seiner alten Stelle, bei der
Plutokratie.

Dass darüber hinaus

- die Washingtoner *Polizei* und die *Nationalgarde* bei diesem
  »Sturm auf das Capitol« *demonstrativ abwesend* waren und
- bei allen mörderischen Ankündigungen der Faschisten im Internet Washington nicht perfekt und weiträumig gesichert war, wie
  es bei jeder »Black-Lives-Matter«-Demonstration der Fall gewesen wäre, die nicht näher als 5 Meilen an das Zentrum der Macht
  herangekommen wäre,
- die wenigen anwesenden Security-Leute den »Besuchern« zum
  Teil freundlich die Türen freigaben, so wie wenige Tage zuvor,
  als REP-Senatoren einigen Mob-Führern die Räumlichkeiten im
  Kongress zeigten,
- die Anforderung von Nationalgarde sogar durch die Repräsen-
  tantenhaus-Sprecherin Nancy Pelosi abgelehnt wurde,
- die Putschisten das Capitol-Gebäude erstaunlich genau kannten,
  einschließlich der Geheimgänge, und gezielt plünderten und gezielt Computer raubten,

das alles zeigt, dass die Revolte enthemmter Extremistenbewegungen
eine *Verbindung zu Teilen des Staates* hat, die hinter den faschistoiden
REPs und Trump stehen, und verbreitete *Sympathisanten-Netzwerke
bei Polizei und Nationalgarde*, immerhin 120.000 schwerstbewaffnete
Agenten der Zentralregierung,[36] und vermutlich auch in den *unteren
Rängen der Armee* und offensichtlich direkte Helfer auch in Teilen
der *REP-Abgeordneten und -Senatoren* hat.

Schon im Dezember 2020 hatte die Washingtoner Polizei unter ihrer beschützenden Beobachtung ja die »Proud Boys« durch die Straßen Washingtons marodieren und Andersaussehende verprügeln lassen.[37]

Die neuen militärischen Truppen, die unter Trump auf-, beziehungsweise ausgebaut wurden, so die *verschiedenen unidentifizierten Grenzschutztruppen* des Innenministeriums, die im Sommer und Herbst 2020 unter anderem in Portland (Oregon) oder Oshkosh (Wisconsin) ihre Auftritte hatten und rechte Killer absicherten, gehören augenscheinlich dazu.

Wir erkennen schon damit, welche Teile des US-Staates Trump folgen würden, wir erkennen aber auch, welche es nicht tun und dem *Tiefen Staat*[38]* der DEMs zuzuordnen sind. Wir kommen darauf zurück.

Trump oder Biden?
Die wahren Probleme und Alternativen der USA

Eine Dimension der *globalen Zeitenwende* sind die USA, weshalb wir hier ausführlich mit ihrem aktuellen Zustand »nach Trump« begonnen haben. Und für die Zukunft der USA im Innern und ihr mit den inneren Problemen zusammenhängendes *Handeln im internationalen System* sind nicht Trump oder Biden die großen Alternativen, vor denen sie stehen. Die wirklichen Alternativen heißen »Business as usual«, *Fortsetzung der neoliberalen Plutokratie* mit weiterer sozialökonomischer *Desintegration*, weiterer fundamentaler politischer *Spaltung* und weiter hoher *Gewaltbereitschaft (nicht nur) der entwurzelten Unterschichten* … oder fundamentale sozialökonomische und demokratische Wende.

Und über diese Alternativen ist nicht in erster Linie am 3.11.2020 entschieden worden, und nur kleine Minderheiten von Wählern

---

*   Als Tiefer Staat wurden in der Selbstdefinition von Geheimdienstlern jene Teile des Staates bezeichnet, die erklärtermaßen faktisch herrschen, und zwar unabhängig von jeglicher demokratischen Aktivität, parlamentarischen Entscheidung oder Wahl.

dürften sich dieser Alternativen bewusst gewesen sein. Über diese Alternativen wird in den kommenden Monaten und Jahren entschieden, ebenso wie sie sich in den Jahren und Jahrzehnten davor herausgebildet haben. Dies werden wir in diesem Buch berichten, dokumentieren und diskutieren, aus der aktuellen Perspektive und sozusagen *im Brennglas der Corona-Pandemie.*

Die *Probleme der USA* sind also ihre Oligarchie und Plutokratie, die Herrschaft der legendären, je nach Analyseperspektive, 1 Prozent oder 1 Promille oder 0,1 Promille,[39] die *Deindustrialisierung,* Massenarbeitslosigkeit, statistisch vermutlich um 50 Prozent unterschätzt,[40] der soziale Abstieg von vielen Millionen,[41] die sich ausbreitende Massenarmut, die Gesundheits-, Drogen- und Selbstmord-Krisen, Falsch- und Unterernährung und erneut sich ausbreitender Hunger in bestimmten Bereichen und Gegenden,[42] verbreitete Bildungsarmut und Dummheit, (pseudo-)religiöser Aberglaube und Fundamentalismus, *explodierende Ungleichheit* bei obszönem Reichtum, die mit der Ungleichheit einhergehende *Kriminalität,*[43] Staats- und Infrastrukturverfall, sozialer und kultureller Verfall, Wut, Hass und Gewalttätigkeit, ob schlicht normal-kriminell oder rassistisch motiviert, sowie eben jene politische Konfliktexplosion sogar zwischen den beiden ehemaligen Duopol-Parteien des Landes.

Für 2020 wurden in den USA circa 50 Millionen Menschen, darunter *17 Millionen Kinder,* in »*Food Insecurity*« (»Nahrungsmittel-Unsicherheit«), also mit zumindest *zeitweiligem Hunger,* geschätzt.[44] Unser Flaggschiff der Menschenrechte und unsere Leitnation!

Regelrecht aufgewacht in Bezug auf die USA ist die Masse der Menschen in der Welt im »historischen« Jahr 2020 anhand von Bildern, Statistiken und Nachrichten zum »plötzlichen« humanitären *Desaster des Managements der COVID-Epidemie,* zum *Fast-Kollaps* seines *Gesundheitswesens* und zur *Konzeptions- und Hilflosigkeit* des US-Staates.[45] Aber die albernen, peinlichen und den menschlichen Verstand beleidigenden Sprechblasen Trumps haben bei *74 Millionen Wählern* verfangen und, wie gesagt, 11 Millionen Menschen mehr motiviert, ihn zu wählen, als 2016. Wir werden dies auch als ein dahinterliegendes *Drama eines neuartigen amerikanischen Todeskults* im Kontext von »Corona« herausarbeiten, zu dem neben der *Triagierung* auch die Drogen- und *Verzweiflungstode* (»Deaths of Despair«),[46] die entsprechende *Reduzierung der Lebenserwartung der weißen Männer mittleren Alters* und die faktische perverse »Biopolitik«, genauer: die neue *Nekropolitik* (»Necropolitics«)[47], gehören, alles große Themen in der neuesten Literatur über die Tiefenstrukturen der USA. Und Thema dieses Buches.

So wurde in unseren Medien insgesamt bereits die Metapher von den »*Gespaltenen Staaten von Amerika*« zum gängigen Bild. Diese Spaltung der US-Gesellschaft erscheint absehbar unabänderlich, auch wenn Biden nun anfänglich schnell einiges tun wird, die *Nation im Innern zu heilen*. Dutzenden von Millionen Arbeitnehmern und Familien wird er keine *neue Arbeit, keinen bescheidenen Wohlstand, kein neues Selbstbewusstsein und keine Identität verschaffen* können. Der *amerikanische Traum* von der sozialen *Aufstiegsmobilität* ist seit langem ausgeträumt, und diese hat sich in den USA seit langem sogar als geringer erwiesen als in den meisten anderen Industrieländern. Und der Washingtoner »Flugzeugträger« wird bei seiner jahrzehntelangen Fahrt in die Plutokratie nur schwer anzuhalten sein oder seine Richtung schnell ändern können. Dafür dürfte schon das Geld der Wall Street, das im Washingtoner Politiksystem »angelegt« wird, sorgen.

Der Trump hatte seine Schuldigkeit getan, der Trump konnte gehen[48]

Kein Ereignis der Art und Größenordnung »Trump« kommt mal einfach so, zufällig, aus heiterem Himmel. Vielfach auf der Welt regieren Herrschaftssysteme im Niedergang mit der »*Schock-Strategie*« (Naomi Klein).[49] Vor allem die REPs haben sich seit »9/11« und dem »*Krieg gegen den Terror*« auf einen entsprechenden *grundlegenderen Paradigmenwechsel der Herrschaftsausübung auch im Innern* eingeschworen. (Den grundlegenden Paradigmenwechsel Washingtons im internationalen Bereich seit dem Ende der 2000er Jahre werden

wir ausführlich behandeln.) Dafür war dann irgendwann ein *Außenseiter wie Trump* genau der Richtige. Der mafiöse Milliardär war mit
vielen Wassern gewaschen, war trotz mehrerer Bankrotte immer
wieder auf die Füße gefallen, brauchte keine allzu großen sozialen
oder politischen Rücksichten zu nehmen und war zu allen »unpopu-
lären« Brutalitäten bereit, bei rassistischer und faschistoider Mobilisierung von rechter Polizei, Nationalgarde, Paramilitärs und eben
des Lumpenproletariats, und bei über lange Zeit bester *Finanzierung durch rechte Milliardärs-Netzwerke* und deren »Denk-Panzer«
(Think-Tanks).

Die Formeln der neuen Symbolpolitik waren, wie aus der Geschichte des 20. Jahrhunderts hinreichend bekannt, *nationaler
Chauvinismus* und *Sozialdemagogie*, also, wie auch anders, »Amerika wieder groß machen«, beziehungsweise »Amerika, Amerika
über alles« (»America first«). Zur Sozialdemagogie gehörte aber
eben auch »*Arbeitsplätze und Investitionen* nach Amerika zurückholen«, ein Thema, das die DEMs mit ihren optimierten, die USA
deindustrialisierenden und dequalifizierenden und in China produzierenden Konzernen zu lange tabuisiert hatten. Dass er mit seinen
Mitteln, den üblichen Mitteln, die die Wall Street Washington noch
erlaubt, also bestenfalls weitere Steuererleichterungs- und Staatsver-
schuldungs-Orgien, kaum einen einzigen Arbeitsplatz und kaum
industrielle Realinvestitionen in die USA und ihre verödeten Indus-
trielandschaften zurückholen würde,[50] dafür hätte man schon 2016
beruhigt seine Hände ins Feuer legen können.

Aber dass er etliche Milliarden Gewinne der Konzerne zurückge-
holt hat, und zwar an die Wall Street, dafür sorgte er mit seinem historischen Werk und der ersten großen Maßnahme für sich und seine Klientel: Eine *gigantische Steuererleichterung für das Kapital und
die Reichen*, einschließlich einer Reduzierung der Erbschaftssteuer,
und nicht zuletzt Steuerreduzierungen für große Gewerbeimmobi-
lien-Besitzer (!), die größte Steuerreform seit 30 Jahren, also seit den
Hochzeiten der neoliberalen Gegenreform in den 1980ern, schenkte
den großen Kapitalbesitzern und Großeinkommensbeziehern min-

destens *1,5 Billionen USD*. Dafür enthielt dieser sogenannte »*Tax Cuts and Jobs Act*« Mehrbelastungen für etwa 25 Millionen Haushalte im mittleren und unteren Einkommensbereich und beseitigte gleich in einem asozialen Aufwasch die Krankenversicherungspflicht, die Obama eingeführt hatte. Sozialdemagogie pur.[51] Den lohnabhängigen Normalmenschen in den USA blieb von alledem fast nichts.[52]

Dieser Plan lag bereits bei Trumps Amtsantritt bereit, war dessen erstes und größtes Vorhaben, in Rekordzeit durchgezogen und am Ende seines ersten Amtsjahres unter Dach und Fach. Damit war seine *wichtigste historische Funktion* im Washingtoner Herrschaftssystem *erfüllt*.

Blieb für die restlichen drei Jahre Amtszeit noch die zweite Aufgabe: Den *hybriden Krieg gegen den Aufsteiger und* »*Herausforderer*« *China*, der nun nach der Wende der großen Finanzkrise 2008 ff. plötzlich die »nationale Sicherheit« der USA bedrohte und unter Obama, Biden und Hillary Clinton als *Pivot to the Pacific* (Umschwenken auf den Pazifik) bereits begonnen worden war, weiter zu *eskalieren* und auszurollen und auch hier möglichst viel *diplomatisch und ökonomisch verbrannte Erde* zu hinterlassen. Dazu gehörte, dass er noch in seinen letzten Tagen *Dutzende chinesischer Firmen und Personen* aus Wirtschaft, Verwaltung und Politik auf *Schwarze Sanktionslisten* setzen ließ.[53] Zu den »Fallen«, die die Biden-Administration noch in den letzten Wochen im Amt von Trumps Außenminister Pompeo hingestellt bekam und die sie binden, gehört auch ein »*Report*«, der China des »Genozids« bezichtigt, das »Konzentrationslager«-Narrativ variiert und sich im Übrigen in unerträglicher rassistischer Gewalt- und Kriegs-Hetze suhlt,[54] so sehr, dass sich u. a. bekannte jüdische Wissenschaftler (mit besseren Fakten über China) gegen den Missbrauch des Begriffs »Konzentrationslager« zur Wehr setzten.[55] Unter anderem sollen internationale Organisationen »wo nötig« beiseitegeschoben und durch US-dominierte ersetzt werden.

Das meiste davon gelang ihm mit *parteiübergreifender Unterstützung* von REPs und DEMs im Kongress.[56] Auf die Formen und Folgen kommen wir natürlich ausführlich zurück.

Dass Trump nun aber bei alledem zugleich
- in vieler Hinsicht immer dysfunktionaler wurde,
- seine sexistischen und rassistischen Neigungen sowie faschisti-schen Sympathien immer weniger zurückhielt,
- mit dem Lumpenproletariat und seinen paramilitärischen »Bür-gerwehren« und Milizen immer offener paktierte,
- während er zugleich international die Haupt-Follower-Staaten, vor allem in der EU, vor den Kopf stieß,
- das Pariser Klimaabkommen ohne Not demonstrativ verließ,
- die WHO in für die Welt nicht nachvollziehbarer Weise demon-tierte und damit
- insgesamt einen erheblichen Imageschaden für die USA herbei-führte,
- die NATO nicht hinreichend pflegte und ausbaute,
- mit Nordkorea ins Gespräch kam,
- mit Russland in gewisse Kooperationsgespräche kommen wollte,
- und überhaupt keine neuen Kriege begann, sondern sogar den Angriff auf den Iran in letzter Minute abblies,[57] und schließlich
- instinktiv »isolationistische« Tendenzen zeigte, statt die »Füh-rungsrolle der USA in der Welt wiederzubeleben« (Biden),

machte ihn für wichtige Teile des Washingtoner Herrschaftsappa-rates schließlich innenpolitisch endgültig zum *Schmuddelkind* und Outlaw und außenpolitisch sogar zum *»nationalen Sicherheitspro-blem«.* Der Mohr hatte in zwei zentralen Bereichen seine historische Schuldigkeit getan,
- die Reichen nach 30 Jahren wieder einmal auf einen Schlag ent-scheidend reicher gemacht und
- die internationalen Beziehungen zum »Hort des Bösen«, Iran und China, nachhaltig zerstört zu haben,

der Mohr musste nun, wegen seiner zunehmend gefährlichen »Nebenwirkungen« gehen.

Die DEMs versuchten es jahrelang mit *Russiagate.* Für sie heißt es ja ohnehin stets »Der Russe war's!« »Trump ist eine Marionette Putins.« »Trump ist bei Putin finanziell verschuldet.« »Der Russe hat die Wahlen zugunsten Trumps manipuliert.« »Der Russe hat die US-Computer gehackt.« Und so weiter. Was auch immer die USA für Probleme haben, der Russe war's, das steht fest. Trump spielte da bis zum Ende nicht richtig mit. Und Nancy Pelosi lief mit ihrer *Russiagate*-Inszenierung erwartungsgemäß gegen die Wand. War es nur Dummheit oder ein anderes Kalkül? Der lange ange-kündigte FBI-Bericht des FBI-Sonderermittlers und früheren FBI-Direktors Robert Mueller jedenfalls köchelte zwei Jahre lang und löste sich am Ende im Kongress und vor den Augen der Weltöffent-lichkeit in lauwarme Luft auf. Es blieb ein angeblicher Indizien-beweis, wobei sich der arme Mueller, der DEM, auf seine erfahrene Geheimdienst-Nase beziehen musste, auf die man sich gefälligst zu verlassen habe. Alles verlief im Sande und Fakten hat die Welt nie gesehen …

Der nächste Versuch, Trump zu kriegen, war dann das *Ukraine-Impeachment*. Es crashte ebenso. Also musste das etablierte Washington der DEMs die regulären Wahlen 2020 abwarten, um den peinlichen und gefährlich gewordenen Emporkömmling, der *Nützliches vollbracht* hatte, dessen *Nebenwirkungen* aber zu groß ge-worden waren, zu beseitigen. Das ist schließlich knapp gelungen.

Wahl geklaut? – Konstruktionsfehler
und grundlegende operative Mängel des US-Wahlsystems

Eine knappe Hälfte der US-Bevölkerung hat vom alten Washington der Milliardäre und der Plutokratie derart nachhaltig die Nase voll, dass sie dem Psycho-Milliardär, der sich erfolgreich das *Image des Rebellen* und des nationalen Führers aller zuspätgekommenen Cow-boys, Indianer- und Bison-Ausrotter geben konnte, bis heute glaubt, dass ihm die Wahl »gestohlen« wurde.

Da ist viel abgrundtiefe Dummheit (genauer: abgrundtiefes Dummgehaltenwerden) im Spiel, aber eben nicht nur, da sind auch jahrzehntelang Wahrgenommenes, erlebte Ungerechtigkeiten, Ver-letzungen, Ungleichheit und Deprivation und daher *instinktives Misstrauen*[58] im Spiel. Viele dieser Menschen wissen womöglich aus jahrzehntelanger eigener Erfahrung, wie sehr oder wie wenig US-Wahlen zu trauen ist.

Dementsprechend hat kein Politiker, keine Behörde und kein Gericht in den USA in den Wochen nach der Wahl je behauptet, die US-Wahlen wären von höchstem demokratischem Standard und würden so ablaufen, wie die Lieschen Müller dieser Welt sich das in einer entwickelten Demokratie vorstellen. Was gesagt wurde von den Wahlbehörden, Staatsanwälten oder Gerichten ist lediglich, dass es auf Nachprüfungen hin keine Anzeichen gegeben habe für *derart umfangreiche Manipulationen* oder Unregelmäßigkeiten, dass Bidens Vorsprung von gut 7 Millionen Stimmen zugunsten Trumps hätte umgedreht werden können.

Hat sich der Russe etwa dieses Mal aus den US-Wahlen herausgehalten? Gerade dieses Mal, wo es für Trump von Anfang an knapp aussah. Es ist eben kein Verlass auf Putin …

Nun weiß man, und weiß auch Trump, dass es nicht um einen Vorsprung von 7 Millionen geht, sondern um einen Vorsprung von nur etwa 3 Millionen Stimmen. Wenn also jemand bestätigt hätte, dass es Unregelmäßigkeiten nicht im Umfang von 7 sondern nur von 4 Millionen Stimmen zu Trumps Lasten gegeben hätte, hätte er das Rennen wahrscheinlich noch machen können. Warum?

Wir wissen aus den Wahlen von 2016, dass Hillary Clinton knapp 3 Millionen Stimmen mehr hatte als Trump, und trotzdem verlor. Wie geht das, in einer Demokratie?

Die Verkorkstheiten, Ungerechtigkeiten und undemokratischen Aspekte des US-Wahlrechts und der US-Wahlpraxis sind seit langem allseits bekannt. Es beginnt bereits an der Basis mit dem undemokratischen Zuschnitt der Wahlkreise, dem berüchtigten *Gerrymandering*. Eine seit über 200 Jahren gängige Praxis der Legislativen und Exekutiven des föderalen Staates wie auch der Bundesstaaten, die Wahlkreise zum parteipolitischen Vorteil der Mehrheitsparteien zuzuschneiden. Die parteipolitische Dominanz dieser Entscheidungen gilt bis heute und wird von den REPs so gut es geht mit aller Brutalität und Konsequenz durchgezogen.

Dabei kommen die verrücktesten Zuschnitte von Wahlkreisen zustande. Darauf bezieht sich der zweite Teil des Wortes »Gerrymandering«: Wahlkreise in Gestalt von Salamandern wurden schon vor 200 Jahren ironisch in der Presse vermerkt.

Praktisch bedeutete das historisch, und bis heute, als gemeinsamer Nenner beider Alt-Parteien, dass unter der undemokratischen angelsächsischen *Mehrheitswahl*-Regel (»The winner takes it all«), möglichst viele *nicht-weiße und nicht-bürgerliche Stimmen unter den Tisch fallen* sollten. Eine Regel gegen die nicht-bürgerlichen und später vor allem die schwarzen und Hispano-Wohngebiete, nachdem diese erste Wahlrechte erhalten hatten. Dies hat in modernen Zeiten, als Schwarze, Hispanics und nicht-bürgerliche Weiße in vielen Regionen eher die DEMs wählten, immer zulasten der DEMs gewirkt und die *REPs bevorteilt*. Aktuelle Beispiele einer Umkehrung der Wählerstimmen-Verhältnisse in entgegengesetzte Mehrheitsverhältnisse in Senat und Repräsentantenhaus sind auch für die Wahl am 3.11.2020 dokumentiert. In Bundesstaat *Wisconsin* beispielsweise haben die REPs nur 45 Prozent der Stimmen erhalten, aber 65 Prozent der Sitze im Staatsparlament.[59] Herrschaft des Volkes?

Dass Trump es wagte, unter solchen Umständen von Wahlbetrug zu reden, erscheint dem neutralen Beobachter ausgesprochen sportlich, denn er ist im Zweifel Teil davon. Millionen DEM-Stimmen mehr als REP-Stimmen fallen ja schon auf der untersten Ebene der US-Wahlorganisation unter den Tisch. Im offiziellen Amerika aber bleibt die *undemokratische Basis* des US-Wahlsystems *tabu*. Und die DEMs werden in absehbarer Zeit wohl kaum etwas daran ändern (wollen oder können).

Das *Wahlmänner-System* als solches, »on Top« der Wahlkreis-Zuschnitte, ist ein völlig überholtes System, dessen historische Wurzeln (frühere langwierige Reisen zum nächsten Versammlungszentrum) längst weggefallen sind, ist ein weiterer Anachronismus des US-Wahlsystems, der das Repräsentationssystem weiter von den Menschen (Wähler*innen) entfernt.[60]

Die *Verteilung der Stimmen in den Kammern des Kongresses* auf die Bundesstaaten sollte ursprünglich die kleineren Staaten gegen die großen schützen; heute bedeutet das: Kalifornien hat mit 40 Millionen Einwohnern genauso viele Senatoren wie Montana mit einer Million Einwohnern. Damit dominieren die eher konservativen kleineren Bundesstaaten.[61] Es ist berechnet worden, dass die REPs nach den heutigen Strukturen des US-Wahlsystems theoretisch *mit nur 9 Prozent der abgegebenen Stimmen* eine Senatsmehrheit erringen könnten.[62] Kein Wunder also, dass die DEMs regelmäßig viele Millionen Stimmen mehr haben müssen, um die Wahl überhaupt gewinnen zu können.

Dazu kommen die uralten Diskriminierungen der nicht-bürgerlichen und nicht-weißen Wohnregionen im *Operativen* durch das System der *Wählerregistrierung*, deren Hürden für nicht-bürgerliche und nicht-weiße Wähler, vor allem in den *Staaten des Südens und mittleren Westens*, oft gezielt und offensichtlich skandalös hoch gesetzt werden. Entfernungen zu den Registrierungsbüros, überzogene, unklare und regional abweichende Unterlagenanforderungen[63] und viele andere Schikanen werden oft zu praktisch unüberwindbaren Hürden für Hunderttausende Schwarze aufgetürmt.

Hunderttausende *vorbestrafte Schwarze und nicht-bürgerliche Weiße* haben außerdem zum Teil legal oder faktisch lebenslang kein Wahlrecht mehr, da der Prozess, dieses demokratische Grundrecht wiederzuerlangen, eine weitere, für viele unüberwindbare Hürde darstellt.

Das völlig unzulängliche System der *Briefwahl* ist in den Monaten vor der Wahl 2020 bereits ausführlich zum öffentlichen Thema gemacht worden. Weite Landstriche in den USA haben *keinen Briefkasten des US Postal Service in zumutbarer Reichweite* mehr, und Trump ließ gezielt weitere Tausende Briefkästen abbauen. In REP-beherrschten Bundesstaaten konnte man die Briefwahl erst wenige Tage vor dem Abstimmungsdatum beantragen, obwohl offensichtlich war, dass der US Postal Service die Briefe nicht mehr rechtzeitig würde zustellen können.[64]

Schließlich sei auf weitere bemerkenswerte Mängel der Durchführung von US-Wahlen hingewiesen: die *elektronische Verwaltung der Wählerverzeichnisse und die elektronische Stimmenverwaltung.* Trump, der Profiteur der undemokratischsten Basisaspekte des US-Wahlsystems, musste mit seinen Vorwürfen des Stimmenklaus natürlich vorsichtig sein und sie hinter dem Berg halten. Gerade er konnte die Dinge nicht wirklich beim Namen nennen, die zu den weiteren Tabus des politischen US-Repräsentationssystems gehören. So blieb der Vorwurf des Stimmenklaus notwendigerweise abstrakt, jedenfalls für die Öffentlichkeit und somit auch gegenüber der Weltöffentlichkeit unglaubwürdig. Vorsichtig erwähnte er nur wenige Male, es hätten *Tote gewählt.*

Es ist aber seit vielen Jahren ein bekannter und immer wieder auftauchender Vorwurf in den USA, der auch in Nachprüfungen immer wieder mal bestätigt wurde, dass *Wählerlisten* nicht hinreichend gepflegt und aktualisiert werden, dass Tote darin oft viel Jahre lang registriert verbleiben – und dass dann oft ebensolche Tote nichtsdestoweniger als Personen auftauchen, die tatsächlich gewählt haben.[65] Es ist in diesem Zusammenhang auch eine anhaltende Diskussion in den USA, dass ausgerechnet die Elektronik, *Hard- und Software des Wahlsystems* ausgesprochen *veraltet* und *schlecht geschützt*, also unsicher ist, und die benutzte Software und Dateien ohne Weiteres »gehackt« werden können. Schon *Edward Snowden* hatte darauf hingewiesen. Ein Skandal besonderer Güte in der »Leitdemokratie« – und zugleich der IT-Führungsnation der Welt.[66]

Und keineswegs nur Putin konnte zu den (dann geplatzten) *Russiagate*-Anschuldigungen nur süffisant anmerken, die IT- und Cyberwar-Führungsnation sollte doch einmal einige ihrer Tausenden IT-Experten in Washington und dem Silicon Valley daransetzen, ihr eigenes Darknet zu durchsuchen, um zu erkennen, dass dort *Wählerlisten zum Verkauf angeboten* würden. Das weiß aber außer Putin auch jeder gute und kritische Computer-Nerd in den USA und hierzulande.

Über Server- und Software-Manipulationen im Kontext der Wahlen, nachträglichen *Stimmentausch* und ähnliches gibt es im Netz im Übrigen Erstaunliches, bis hin zu einem Affidavit, einer eidesstattlichen Erklärung, eines Rechtanwalts über Klientenaussagen in dieser Richtung.[67]

Über die mehr traditionellen Formen der *extremen Wahlmanipulation* in den USA über die Sozialen Medien, bis hin zur Nötigung von Menschen in schwierigen Lebenslagen, von Analysefirmen vor allem im Auftrage der US-Kirchen vorbereitet, ist hierzulande sogar vom *ZDF* berichtet worden.[68]

Wir lassen es bei diesen Themen, um zu zeigen, dass der Streit um die Ergebnisse der US-Präsidentenwahl keineswegs reine Fantasie eines Idioten, Egomanen und Psychos ist, der Trump ja zweifellos auch ist, sondern, dass »da was ist«, was durchaus zu den Tabus des US-Politiksystems gehört, und dass dieses Thema komplex und mehrfachbödig ist. Wie weit Trump da gespielt und gepokert hat oder etwas wusste und sich ausgebootet gesehen hat, werden wir vermutlich nie erfahren. Dass der DEM-Apparat viele Register ziehen kann und weitreichenden Einfluss hat, ist sicher. Und der Mohr hatte, wie gesagt, ohnehin seine Schuldigkeit getan …

Eine Fortsetzung des einfachen und lustvollen Trump-Bashing, ein simples Hinterhertreten führt hier nicht weiter, auch wenn die DEMs nun nach der Wahl auch damit Aufwind bekamen und immer erfolgreicher und effektiver wurden. Und obwohl Trump objektiv sicher hinter Gitter gehörte. Künftige Überraschungen in Sachen US-Wahlsystem sind jedenfalls nicht ausgeschlossen, falls sich kluge Investigatoren, Politikwissenschaftler und IT-Nerds einmal dahinterklemmen sollten.

Und ob man überhaupt und gegebenenfalls an welcher »Ecke« Trump als Zivilperson vor Gericht stellt, wird man gespannt verfolgen dürfen. Er wäre nicht der erste kriminelle Milliardär, dessen Verfahren im Sande verlaufen und im Nebel der Geschichte verschwinden …

Der Tiefe Staat zeigte Trump, wo in Washington der Hammer hängt

Trumps (und seiner Anhänger) tiefe Frustrationen am Schluss seiner Amtsperiode werden subjektiv noch besser nachvollziehbar, wenn man sieht, über welche Teile des Tiefen Staates er auch als »*mächtigster Mann der Welt*« und »*Commander-in-Chief*« des gesamten US-Militärs, selbst nach vier Jahren Präsidentschaft, nie eine Kontrolle bekommen hat. Und wo man ihn ausgebootet hat.

Wir haben gesehen, wer die Akteure bei »Russiagate« und beim Impeachment-Versuch 1 waren: Das *FBI* ist ganz offenkundig fest auf der Seite der DEMs. Es konnte die Capitol-Stürmung allein jedoch nicht verhindern. Denn die *Polizei*-Netzwerke, -Geheimbünde und -Bruderschaften auf kommunaler, bundesstaatlicher und föderaler Ebene sind anscheinend überwiegend bei Trump und den Faschisten. Ebenso allem Anschein nach größere Teile der *Nationalgarde* und, nach Trumps Aussage, auch der *Mannschaftsgrade des US-Militärs*. Die US-*Generalität* dagegen ist eher im DEM-Lager, und so war es kein Wunder, dass das einzige seiner Kabinettsmitglieder, das ihm, dem Commander-in-Chief, jemals direkt widersprochen hat, der *Verteidigungsminister Mark Esper* war. Er verweigerte Trump rundheraus den Befehl, die US-Armee in Portland (OR) gegen die *Black Lives Matter* und diesen nahestehende Demonstranten einzusetzen.

In seiner tiefen *Frustration* über diesen Washingtoner Tiefen Staat, der ihn in Teilen torpedierte, hat Trump, wie man weiß, in seinen letzten Wochen nach der Wahl noch möglichst viel *verbrannte Erde* für seinen Nachfolger hinterlassen. Er ließ nicht nur mal eben *Todesurteile en masse vollstrecken*, so viele wie seit 100 Jahren kein Präsident, *begnadigte dagegen seine Verwandten, Freunde und Netzwerke*, er verhängte auch *weitere internationale Sanktionen*, erließ *Executive Orders*, die Biden zum Teil nur schwer und in langwierigen Prozessen rückgängig machen kann – und tauschte eben auch noch einmal die gesamte *Spitze des Pentagon* bis hinunter auf die dritte, die Abteilungsleiterebene aus.

Mit der NATO und der Militärspitze blieb er bis zum Schluss auf »Kriegsfuß« und legte am Ende noch sein *Veto gegen den gemeinsamen REP-DEM-Rekord-Rüstungshaushalt 2021* in Höhe von 740 Milliarden USD[69] ein, um dann vom Gesamtkongress parteiübergreifend überstimmt zu werden. Trump achtete die Generäle, ihre

Kriege, die Heiligen der USA (die Kriegshelden) und die Rüstungs-
konzerne anscheinend nicht. Seine entsprechende Aussage war natürlich ein Skandal in den USA, aber da war sein Urteil in Washington bereits gesprochen:

> »Ich sage nicht, dass das Militär in mich verliebt ist – die Soldaten
> sind es, aber die Führung im Pentagon ist es wahrscheinlich nicht, weil
> sie nichts anderes will, als Kriege zu führen, um all die wunderbaren
> Unternehmen, die die Bomben und die Flugzeuge und alles andere
> produzieren, glücklich zu machen.«[70]

War der Mann etwa zu subtiler Ironie fähig? Etwa ein Friedens-
freund? Eher war er, wie gesagt, nur ein *instinktiver Isolationist*, in
einer gewissen Tradition, die es in den USA durchaus auch gab. Aber
so einer bekommt heutzutage keine Gnade mehr im Tiefen Staat in
Washington, was auch immer er für die Plutokratie geleistet hat.

Und er machte zunehmend den Eindruck, dass er verstanden
hatte, wo in Washington der Hammer hängt. Und dass er für die Eliten nichts anderes war als ein Emporkömmling und keine Chancen
mehr haben würde, diesen Machtkampf zu gewinnen …

So hatten sie dem »Commander-in-Chief« schlicht schon allein
militärisch die *Gefolgschaft verweigert*: Die Anordnung Trumps, die
Masse der US-Soldaten aus *Syrien* zurückzuziehen, wurde nie ansatzweise umgesetzt. Statt 400 US-Soldaten waren und blieben in
Syrien mindestens 3.000. Mit Sondergesandten, Ex-Verteidigungs-
ministern und Ex-Generälen lag er über seine Entscheidungen für
Truppenrückzüge in fast permanentem Clinch.

Auch die *CIA* kann wohl eher auf der Seite der DEMs statt an der
Seite Trumps gesehen werden. Und auch das *Rechtssystem*, und selbst
der REP-gewendete *Supreme Court* der USA blieben überwiegend le-
galistisch bei den traditionellen Regeln des politischen Washington.

Die *Konzerne* standen trotz Trumps Wohltaten mit der Billionen-
Steuerreform, trotz der Genehmigung unglaublicher Umweltverbre-
chen zu ihren Gunsten (zugunsten der Öl- und Ressourcen-Industrie
und der Wall Street) und obwohl sie ihn am 3.11.2020 noch für ihn
votiert hatten, am Ende wieder mehrheitlich zum legalistischen Teil

Washingtons statt zur putschistischen Strategie Trumps und eines großen Teils der REPs. Nach dem halbherzigen und missglückten Sturm aufs Capitol wandten sich fast alle CEOs von Trump ab.[71] (Was hätten sie gemacht, wenn die Revolte zum erfolgreichen Staatsstreich geworden wäre?)

Der Pharmakonzern *Pfizer* zum Beispiel hielt die frohe Botschaft eines verfügbaren Impfstoffs bis zum Tag nach dem letzten Wahltag zurück. Ein tiefer Schlag in Trumps Magengrube, den er auch entsprechend vermerkte und kommentierte. Er hatte verstanden, wie der Hase in Washington wirklich läuft. Die *IT-Konzerne* sperrten ihm und seiner Outlaw-Gefolgschaft am Ende alle Social-Media-Kanäle (Facebook, Twitter, WhatsApp, Instagram, YouTube, Amazon sperrte die Server für den Ersatz-Kanal Parler, Google und Apple nahmen Parler aus ihren App-Stores und so weiter).

Hollywood und die Film-, Streaming-, TV- und Musikindustrien, Künstler, Performer und Stars, alle selbst natürlich keine der Underdogs des mittleren Westens, waren fast immer Feinde Trumps gewesen und unterstützten Biden und die DEMs. Selbst *Fox News TV* und *Washington Post* hatten sich nach der Wahl von Trump distanziert. Der globale Medienzar *Rupert Murdoch*, dem die Rechtspresse der Welt gehört, hatte entschieden, dass Biden gewonnen hatte.[72] So konnte Trump kaum noch mit Stars, Entertainment und US-Feier-Symboliken irgendetwas zelebrieren, er blieb Einzelkämpfer und hatte immer weniger öffentlichkeitswirksame »Performer« und Sympathieträger an seiner Seite, nur noch Leute vom Schlage der hartgesottenen Dogge *Pompeo*. Andere Mitkämpfer, wie der ehemalige New Yorker Bürgermeister und frühere Polizei-Pitbull *Giuliani*, haben öffentlich ihren und Trumps Ruf geradezu erdrutschartig ruiniert.

Immer mehr alte *REP- und Trump-Finanziers* und -Profiteure wandten sich am Ende von Trump ab. Sogar einer der langjährigsten, reichsten und rechtesten Fördermilliardäre der fundamentalistischen Tea-Party-NeoCon-Welle, einer der berüchtigten *Koch-Brüder*, die sogar ganze Universitäten gekauft und rechtsgewendet hatten, wurde nach der Capitol-Stürmung im Januar 2021 zum »Paulus«: »Du meine Güte, haben wir das verbockt! Was für ein Desaster!«[73]

Eine offene Herrschaft der Straße wollten solche Leute dann vielleicht doch nicht – nachdem es offenbar auch noch zu unprofessionell angegangen worden und gescheitert war ... Das konnten die Herrschenden in Deutschland mit den Nazis 1933 besser ... Aber Trump war eben auch schon bekannt als jemand, der nicht hart arbeitet und die Dinge schlampig macht. So musste er in vielerlei Hinsicht scheitern, zuletzt auch mit seiner Kampagne gegen die Wahlergebnisse und mit seinem halbherzigen Capitol-Putschversuch.[74] Einer seiner ehemaligen Parteigänger: »Trump ist ein Despot, der durch seine eigene Schlamperei entschärft wird.« Und: »Er war letztlich faul und schlampig.«[75]

Nun, ein *Hitler*, der als private Alternativrolle zur Politik wieder nur die Arbeitslosigkeit und ein Hungerdasein gehabt hätte – und sowas motiviert im politischen Geschäft – war Trump nicht. Er war eben Milliardär und hatte eine beachtliche private Alternativrolle. So konnte er sich am Ende in seine Resorts »resortieren«, um auch sein privates Imperium zu re-sortieren. So einer fragt sich am Ende, nachdem er von den alteingesessenen tiefen Strukturen zigmal verraten, ausgetrickst und reingelegt worden ist, wie lange er sich das noch antun muss. Ob er jedoch wieder der alte »Dealer« (»Deal-Maker«) werden kann, wird zu beobachten sein.

Aber ob ein Louis Bonaparte, ein Hitler oder ein Trump, die Vermögens- und Machtlosen bleiben die gleichermaßen Instrumentalisierten, Missbrauchten und Betrogenen.

Trumps Zukunft nach dem Amt jedenfalls sieht nicht rosig aus. Es ist, wie gesagt, nicht ausgeschlossen, dass man *ihn juristisch schont*, denn welche kriminellen Handlungen sind in den USA schon wirklich explizit strafbar, außer als armer Schwarzer ein kaputtes Rücklicht am Auto zu haben? Das wird dann schon mal (implizit) mit der Todesstrafe geahndet, die dann auch direkt vor Ort vollzogen wird; immerhin begeht die US-Polizei *pro Jahr circa 1.000 Hinrichtungen* dieser Art, mehr als 7.500 seit 2013.[76] Aber selbst wenn Trump juristisch verschont bleibt, weil er sich noch Top-Rechtanwaltskanzleien leisten kann, so wird der Emporkömmling dennoch nach seiner Amtszeit *persönlich und privat, und auch geschäftlich, ein Outcast* werden. Somit ist heute natürlich auch eine andere als eine *schwarz-weiß-malende Bilanz der Ära Trump* im Westen tabuisiert.[77]

Den in zwei Jahrhunderten plutokratischer Erfahrung feingeschliffenen Fähigkeiten des Tiefen Washingtoner Staates war Trump jedenfalls längst nicht gewachsen, und dass er das zunehmend frustriert wahrnehmen musste, erklärt sicher mit einen Teil seines zunehmend trotzigen, um sich schlagenden, zum Teil kindlich anmutenden Verhaltens.

Die Traditionen des politischen Washington konnten so nach der Wahl jedenfalls von den DEMs insgesamt immer selbstbewusster und offensiver vertreten werden. Bis zur Amtseinführung Bidens hatten die DEMs alle sichtbaren Symboliken, Zeremonien und Kräfte auf ihre Seite bringen können. Die letzten Teile der alten Trump-Netzwerke wurden öffentlich erniedrigt. *Vice President-elect Harris* zelebrierte vor laufenden TV-Kameras in einer Anhörung des Kongresses ihren Ruf als harte Staatsanwältin mit dem Niedermachen eines Rechtsanwalts aus dem Trump-Umfeld unter dem Gejohle des Publikums.

Und noch vor der Inauguration Bidens gelangte Washington wieder in den *Normalherrschafts-Modus*: Die Stimmung konnte nach der Erstürmung des Capitol gekippt werden. Die DEMs gewannen die *Lufthoheit über Amerikas Medien*, Narrative, Köpfe und Emotionen zurück (und mehr noch in der EU als in den USA). Was immer das auf dem Capitol auch war, mit etwas Glück wird uns die Zukunft eines Tages Klarheit bringen.

Und es gelang schließlich, die jahrelang übermächtigen und putschistischen *REPs im Kongress in eine veritable Krise* zu befördern. Es wird spannend werden zu sehen, ob, wann und wie sie da wieder herauskommen und eine ernstzunehmende einheitliche Opposition bilden.

Die DEMs konnten so zeigen, dass Trump trotz aller seiner Leistungen und ökonomischen Befreiungsschläge für die Plutokratie eine Ausnahme bleiben sollte. Der Hammer in Washington hing eben noch an seiner alten Stelle. Aber die Welt hatte einen kleinen Einblick erhalten darin, wo die *Grenzen zwischen den Machtzentren und Grundstrategien* in Washington verlaufen. Wie die *innenpolitischen Verhältnisse* die *außenpolitische Strategie* der USA beeinflussen können, werden wir genauer betrachten …

Trump, der Austeiler, das Monster, musste also harte und *entscheidende K.O.-Schläge* einstecken, die sogar (zumindest vorübergehend) seine Extremisten-Kampftruppen in die Knie zwangen: Die *Inauguration Bidens* jedenfalls verlief am Ende in bekannter professioneller und gekonnt-emotionaler Selbstinszenierung Washingtons, ohne dass sich Trumps paramilitärische Truppen zeigen konnten. Und wer wollte es bei dieser Gelegenheit der Person Biden etwa nicht gönnen.

Selbst Trumps hartgesottenste Underdogs sind nun erst einmal *tief frustriert* und werden es bleiben. Ihr Führer, von dem sie so viel erwartet hatten, hat sich erst einmal in seine privaten Luxus-Gemächer und -Resorts zurückgezogen. Wie mag sich der verhinderte Proud-Boy-He-Man in dieser neuen Situation fühlen? Die Milizen der *Proud Boys* jedenfalls haben sich schon zwei Tage nach *Trumps kampfloser Räumung des Weißen Hauses* von ihrem »Imperator« losgesagt, abgewendet und ihn als »*totalen Versager*« und »*Betrüger*« abgestempelt.[78]

Aber das FBI, das die »Szene« mit ihren anhaltenden (offenbar in den USA nicht strafbaren) Mordfantasien im Internet verfolgt, geht davon aus, dass der Aufstand andauern wird.[79] Viele rechte Gewalt- und Waffen-Junkies neben den Proud Boys haben eben nun erst recht ihren *Opfermythos*.[80] Trump kann nach seiner Niederlage erst recht zum *Messias* erhöht werden, zum Führer, der sich geopfert hat.[81]

Die *Zukunft von* »*Proud Boys*« *& Co.* wird ebenso zu beobachten sein. Als eher »*methodenbasierte*«, sich aus der Anwendung von Waffengewalt definierende, ansonsten jedoch *substanz-, ziel- und* *programmlose* »*Bewegung*« kann sie ohne Führer schnell ihre Dynamik verlieren.[82] Ob Trump diese Rolle noch einmal übernehmen will oder kann oder darf, ist offen. Er hat zum Schluss sicher eine Menge offener Rechnungen in Washington angesammelt. Ob das reicht? Und werden sich »Proud Boys« & Co. an neuen Dingen der Biden-Administration und der DEM-Politik hochspulen können? Wir werden es zu beobachten und zu analysieren haben …

Wir werden in diesem Buch zeigen, wie der faschistoide putschistische Waffen- und Gewaltrausch nicht nur Führerrausch ist, sondern sich am Ende auch in eine *perverse Ästhetik des Heldentodes*, in einen »endzeitlichen Rausch«,[83] einen *Totenkult*, hineinsteigert. Sind erst die letzten natürlichen Instinkte des Lebens ideologisch überwunden, kämpft es sich ohne Grenzen und opfert es sich ungehemmt. Wir ziehen die Erkenntnisse über *Nazi-Soldaten* in der Endphase heran und denken an japanische faschistische Kamikaze-Selbstmörder. Da kann noch etwas auf uns zukommen unter Biden …

Und die Tatsache, dass der bewaffnete White Trash keineswegs allein für seinen Führer-Messias kämpft, dass es nicht nur Ex-Arbeiter und abgestiegene Ex-Mittelständler sind, sondern dass die *Trump-Anhängerschaft* auch von noch *wohlsituierten Mittelständlern*, manchen Bildungsbürgern und Intellektuellen, Wohlhabenden, Millionären und Milliardären immer noch organisiert, finanziert und befeuert wird, macht die Sache noch gefährlicher.

Biden hatte sich für den verbleibenden halben Arbeitstag nach seiner Amtseinführungsfeier demonstrativ ein Arbeitsprogramm der *Rückgängigmachung* und *Schadensbegrenzung* vorgenommen. Wieweit Biden die Millionen des Trump'schen Gewaltpotentials mit seinem innenpolitischen *Programm der Befriedung*, vielleicht sogar der *nationalen Heilung*, und der *sozialstaatlichen und gesundheitspolitischen Lebenslage-Verbesserung* zumindest *neutralisieren* kann oder inwieweit sie ihren Frust weiter aufbauen und die nächste Gelegenheit für weitere Bürgerkriegs- und Putschversuche suchen, kann zu Beginn der Präsidentschaft Bidens noch kaum prognostiziert werden.

Washington wieder unter den DEMs: Innenpolitische Heilung?

Biden hatte die absolut höchste Stimmenzahl erreicht, die je ein US-Präsidentschaftskandidat erzielt hat, in einer Wahl mit der höchsten Wahlbeteiligung, die je in einer US-Präsidentenwahl erreicht wurde. Das *andere Amerika* hatte sich irgendwie doch gezeigt ... Wieweit aber macht Biden einen Unterschied?

Innenpolitisch dürfte er zunächst eher eine positive, heilende, vielleicht einigende,[84] vielleicht die Lebenslagen vieler vorübergehend verbessernde, vielleicht die Wirtschaft mit sanftem Keynesianismus ankurbelnde Rolle spielen. Ein *Hilfspaket* von 1,9 Billionen USD hört sich zunächst beeindruckend an. Erneute Einmal-Schecks für jeden, Verdopplung der Mindestlöhne, Verlängerung der Arbeitslosenunterstützung, Verlängerung des Verbots von Wohnungskündigungen und Zwangsversteigerungen, erweiterte Maskenpflicht, Corona-Test- und -Impfungs-Offensiven, ökologische Offensiven für bestimmte Industrien, Städte und Bundesstaaten sowie Krankengeldregelungen für COVID-Erkrankte gehen sicher in die richtige Richtung. Ein Roosevelt'scher »New Deal« wie in den 1930er Jahren wäre es damit aber noch lange nicht, wie es manchmal etwas aufgeblasen wurde,[85] weil damals mit der Nothilfe auch langfristige institutionelle Reformen durchgeführt wurden.

Die Euphorie war nach solchen Ankündigungen natürlich groß in den USA, von rechts bis links. *Moody's* sah sieben Millionen Jobs entstehen, *Oxford Economics* ein Sozialprodukts-Wachstum von fast 6 Prozent in 2021, und die Aktienwerte an den Börsen für Gesundheitsindustrie, Pharma, Solar- und Windenergie, E-Autos sowie Banken gingen in die Höhe.[86]

Im Dezember 2020 hatte es durch den Kongress bereits ein fast 1-Billionen-Programm gegeben, für das aber kritische Ökonomen zeigen, dass nur ein Sechstel davon, also knapp *0,1 Prozent des Sozialprodukts*, in der Realwirtschaft tatsächlich angekommen sei.[87] Demgegenüber konnten die *US-Milliardäre* im ersten Pandemiejahr 2020 auf wundersame Weise eine *Steigerung ihrer Vermögen* um über ein Drittel von drei auf *vier Billionen USD* verbuchen ...[88]

Zwar befeuert das Biden'sche sozial-, gesundheits- und industriepolitische Expansionsprogramm ein weiteres Mal die nicht enden
wollenden *Börsenhöhenflüge* für IT-, E-Mobilitäts-, Green-Industry-
und Pharmawerte. Aber die Plutokratie wäre nicht die *Plutokratie*,
wenn sie wirklich ein Ende der Umverteilung nach oben und der
Austerität für »die da unten« zulassen würde. Schon in den 2020er
Corona-Hilfsprogrammen handelte es sich am Ende um einen Trop-
fen auf einen heißen Stein,[89] und auch Bidens anfängliches Hoff-
nungsprogramm wurde bereits von Anfang an kaputtgeredet von
den neuen alten neoliberalen »Wirtschaftsberatern«, mit den üblichen Hirngespinsten und Totschlagsargumenten »Inflation« und
»öffentliche Verschuldung«.[90] Bei größeren konzernnahen Teilen der
DEM-Abgeordneten und praktisch allen REP-Abgeordneten kommt
der alte Dauerbrenner der 1970er Jahre immer noch an, und Biden
wäre nicht der erste wohlmeinende Reformpräsident, der am Ende
komplett ausgebremst und umgedreht worden wäre.[91] Das Ringen
um dieses innenpolitische Programm hat längst begonnen[92] und
wird sich durch Bidens Amtszeit ziehen …

Im Übrigen sorgen die *finanzpolitischen Berater* im Kabinett Biden dafür, dass die Wall Street nicht zu kurz kommt.[93] Der weltgröß-
te Vermögensverwalter *BlackRock* ersetzt nun mit seinen Leuten die
»Government Sachs« von Goldman Sachs. Vize-Finanzminister und
nationaler Wirtschaftsberater kommen nun aus dem Stall des neuen
Herrschers der Wall Street, BlackRock.[94]

Schließlich sollte man Bidens politische Biographie nicht ganz
außer Acht lassen, denn immerhin hat er als *Senator* viele Jahre den
Bundesstaat *Delaware* im Kongress vertreten, der zu *einem der größten Steuerparadiese der Welt* gemacht wurde.[95]

Und er erhielt laut *Bloomberg* die *größte Summe anonymer Wahl-
kampfspenden* in der Geschichte der US-Präsidentschaftswahlen.[96]
Das will sich bezahlt machen und repräsentiert Erwartungen …

Ein schnelles Ausgabenprogramm könnte ohnehin nur eine erste
Not- und Stabilisierungsmaßnahme sein. Wir werden auf das Aus-
maß der Probleme und erneuerungspolitischen Anforderungen ein-

gehen.[97] Die USA brauchen für sich selbst einen *Marshall-Plan 2.0* im Umfang von Dutzenden von Billionen an *Vorfinanzierung für Kapazitätsschaffung, Industriekapazitäten und Infrastrukturen*,[98] angelegt über etwa vier Jahrzehnte, um sich zu erneuern und zu modernisieren. Kritische Ökonomen haben das inzwischen vielfach bestätigt: Die alte Obama- und neue alte Biden-Orientierung »*Buy American*«, das Sich-Wegducken aus der internationalen Arbeitsteilung, ist für die USA ein fundamental falscher Ansatz. Er funktioniert nicht und wird sie noch mehr schwächen und ihre Arbeitnehmer weiter verarmen lassen. Was die USA retten könnte, ist

- mit China kontinuierlich über die künftige internationale Arbeitsteilung reden,
- einen eigenen jahrzehntelangen »Marshall«-Ertüchtigungsplan schaffen und
- die extrem ungleiche Verteilung der Gewinne aus den internationalen Wirtschaftsbeziehungen in den USA selbst radikal ändern und
- einen umfassenden Sozialstaat aufbauen.[99]

Der berühmte New Yorker Ökonom *Nouriel Roubini* schlägt exakt in diese Kerbe, wenn er sagt: »Biden muss einen nationalen Masterplan entwickeln, ähnlich wie China es getan hat.«[100] Dem ist an dieser Stelle nichts hinzuzufügen.

Aber die Perspektiven für so etwas sind in den USA mehr als begrenzt: Nicht nur Trump hat Biden ein *Klima des Nationalismus und Protektionismus* hinterlassen, aus dem die Washingtoner Plutokratie ohnehin nicht heraus kann oder will und in dem inzwischen größte Teile der US-Bevölkerung mental gefangen sind.[101] Keine guten ökonomischen Aussichten für dieses Land. Da hoffen einige in der EU nun auf einen zukunftsorientierten transatlantischen Dialog als Mittel, um die USA mental wieder zu öffnen …[102]

Washington wieder unter den DEMs: Außenpolitische Eskalation?

Auffallend war zunächst, dass um die US-Präsidentenwahl herum der Themenkomplex der *künftigen Außenpolitik* und der *globalen Rolle der USA* weitestgehend ausgespart worden war.[103] Die Kandidaten wollten darüber offenbar nicht sprechen, und kein TV- oder Zeitungs-Reporter schien gewillt, danach zu fragen.

Aber schon aus Bidens politischer Biographie kann geschlossen werden, dass die *Konfrontationen gegen China und Russland* eher zunehmen werden.[104] Bidens *Biographie* ist tatsächlich die eines jahrzehntelangen außenpolitischen *Kriegsfalken* der vordersten Front, auch wenn sie nun rechtzeitig überall ge-»streamlined« und geschönt wurde.[105]

Biden und Trump hatten in vielen Dingen unterschiedliche Positionen, aber in einem waren sie sich einig, ebenso wie sich REPs und DEMs im Kongress in diesem Bereich immer einig waren, nämlich in der Verpflichtung, die *globale Hegemonie der USA* aufrechtzuerhalten beziehungsweise *wieder herzustellen*. Das Ziel der US-Dominanz stand für beide außer Frage.[106] Dieses alte hegemoniale Weltbild ist auch Thema des vorliegenden Buches, der unaufhaltsame Zusammenbruch der realen Grundlagen dieser Herrschaftsfantasie wird hier dokumentiert und analysiert werden.

International und außenpolitisch dürfte zunächst positiv zu Buche schlagen, dass Biden die USA schnell wieder in das globale Umweltschutzabkommen *(Pariser Abkommen)* zurückführte und in die WHO, und möglicherweise auch in das internationale *Iran-Atom-Abkommen* (Joint Comprehensive Plan of Action – JCPOA) zurückkehren wird. Bei letzterem aber sollen die Forderungen an den Iran weiter so hochgeschraubt werden, dass die Chancen gut stehen, dass der Iran die geforderten Erniedrigungen nicht akzeptieren kann …

Ein erstes hoffnungsvolles Signal kam aus der Biden-Administration auch bezogen auf die *Welthandelsorganisation* (WTO): Die lange US-Blockade der *neuen Generalsekretärin*, der Nigerianerin Okonjo-Iweala, erste Frau an der WTO-Spitze, wurde im Februar 2021 aufgegeben.[107] Das lässt hoffen, dass auch die jahrelange Blockade des WTO-Schiedsgerichts durch Nichtbesetzung der US-Richterstellen aufgehoben wird.

Immerhin wurde kurz nach Bidens Amtsantritt zumindest das Angebot Moskaus angenommen, den letzten noch existierenden Ab-

rüstungsvertrag aus den 1980er Jahren, den 2011 neu abgeschlosse-
nen Vertrag über die *Begrenzung atomarer Massenvernichtungswaffen*, »*New START*«, zumindest einmal um 5 Jahre zu verlängern.[108]
Allerdings ist dies auch leicht gemacht, denn um Quantitäten (An-
zahl der Raketen und Sprengköpfe) geht es in der heutigen Zeit kaum
noch, wo vielmehr Geschwindigkeiten, Steuerungsfähigkeit, Zielge-
nauigkeit oder Weltraumfähigkeit von Raketen zählen. Aber man ist
in diesen Zeiten schon über kleinste Rüstungsbegrenzungs-Symbole
froh. Wir sprechen am Ende des Buches auch militärtechnische Fragen an.

Bleibt zu hoffen, dass sich Biden auch dazu durchringen kann,
das von Trump gekündigte *Open-Skies-Abkommen* mit den gegenseitigen Rüstungs-Überwachungsflügen wieder inkraftzusetzen, damit man sich wieder gegenseitig aus der Luft »in die Rüstungskarten
gucken« kann.[109]

Im *Rest-Westen* ist man nun geradezu euphorisch bei der Erwartung, dass es nun zwischen den Verbündeten und mit den Followern,
Abhängigen und Vasallen wieder etwas gesitteter zugehen wird. Biden hatte in einem Grundsatzartikel in der offiziösen Zeitschrift der
US-Außenpolitik, *Foreign Affairs*, bereits im April 2020 seine geostrategischen Vorstellungen dargelegt.[110] Generallinie war, dass die
USA »once more lead the world.« Ob die Welt so etwas braucht oder
möchte, wurde sie nicht gefragt.

Für den Rest-Westen wurde dargelegt, dass man sich wieder um
mehr Schulterschluss und *Koordination* sowie eine »*Gipfelkonferenz
der Demokratien*« bemühen werde. Danach soll der Westen wieder
unter der Führung und Initiative der USA gemeinsam marschieren.
Biden wird also zumindest so klug sein, die EU wieder ins »transatlantische« Boot zurückzuholen,[111] und große Teile der politischen
Klasse der EU werden sich freudig wieder in die gefühlt »gute alte«
Welt des ehemaligen Hegemons begeben.[112] Die Warnung, dass
»Deutschland zum ›Client State‹ der USA [wird]«,[113] dürfte da kaum
mehr Gehör finden. Auch die CDU machte sich schon, noch unter
Merkel, auf diesen Weg.[114]

Wieweit dies in der heutigen Welt noch realistisch und machbar ist, werden wir noch sehen. Die billige und sichere Energieversorgung der deutschen Industrie durch *russisches Erdgas* (*Nordstream 2*), statt unsicherem und teurem US-Frackinggas, lässt ebenso grüßen wie der *chinesische Binnenmarkt*, der »unter Corona« praktisch zum *Dauer-Rettungsanker* der deutschen Industrie geworden ist.

Während ein bescheiden, sachlich und menschlich wirkender Biden noch in aller Freundlichkeit und mit der wohligen Emotionalität, die große US-Selbstinszenierungen immer noch weltweit zu generieren imstande sind, in sein Amt eingeführt wurde, hatte jedenfalls sein neues altes Personal im *State Department* (Außenministerium) oder bei den Geheimdiensten, nahezu alle aus der Obama-Ära übernommen,[115] bereits deutlich weniger freundliche und emotional-kuschelige Pflöcke eingehauen.

Schon die *DEM-Wahlplattform 2020* meinte unter »*Renewing American Leadership*« »Democrats will take aggressive action against China«[116] und kündigte an, alle Verbündeten zu mobilisieren, »to push back against China«.[117]

Bidens Außenminister *Antony Blinken*, aus dem ehemaligen Obama/Biden-Stab, hatte schon Tage vor Amtseinführung des neuen Präsidenten im Senat klargemacht, was die Richtung in Sachen *China* sein wird: Man werde *im Machtkampf gegen China siegen*, und: »Wir können China aus dem Feld schlagen.«[118]

Avril Haines, die seit 2021 als *Director of National Intelligence* 17 US-Geheimdienste organisiert, versprach ebenfalls eine »*aggressive Antwort*« *an China*.[119] Eine Antwort auf welche Frage, sagte sie nicht.

Der Trump'sche *Huawei*-»Bann« jedenfalls wird in Washington erst einmal beibehalten,[120] während Cisco, Qualcomm oder Microsoft am Netzausbau in China beteiligt sind.[121]

Die Taten der Vergangenheit sprechen aber ohnehin für sich: Unter *Obama/Biden* wurde die *Zahl der Kriege der USA von zwei auf sieben erhöht*. Trump dagegen hatte es tatsächlich geschafft, gegen ein Washington, das sich ständig selbst »heißer« macht, keinen einzigen neuen Krieg zu generieren.

Im »*Gencode*« *der USA* steht *Krieg* eben an zentraler Stelle: In den
244 Jahren zwischen 1776 und 2020 waren die USA gerade einmal 16
Jahre lang NICHT in einem Krieg. Dieser Gencode ist der Gencode
der DEMS ebenso wie der der REPs.

Den USA geht es nicht um Gleichberechtigung und Kooperation
auf Augenhöhe, sondern um »*Gewinnen*« und darum, »unsere Interessen zu verteidigen«, wie in den Reden von Biden und seines Rüstungsministers Anfang 2021 stets wiederholt wurde.[122]

Wir werden in diesem Buch im Einzelnen zeigen, auf welche
Optionen der USA nach außen, wir uns unter einer Biden/DEM-
Führung einstellen müssen. Eine *Rückkehr zum Business as usual*,
wie wir es jahrzehntelang kannten, hat, gerade nach den *neuen
Fakten und Standards, die die Ära Trump in der Welt geschaffen hat*,
wohl eher eine geringe Eintrittswahrscheinlichkeit. Die Trump'sche
Abkopplungs-Strategie gegenüber China jedenfalls soll nur wenig mo-
difiziert fortgesetzt werden.[123]

Außenpolitisch, globalpolitisch und geostrategisch, insbesondere
im Verhältnis zu *China* (und *Russland)*, sind, wie wir zeigen werden,
Bidens DEMs ja seit langem in einer *Einheits-Front mit den REPs*.
Alle *antichinesischen und antirussischen Initiativen* der letzten Jahre
kamen im Kongress gemeinsam von beiden Parteien, und sie versuchten sich seit langem zu übertreffen in China-Bashing (die DEMs
versuchten und versuchen sich zudem noch mit Russland-Bashing
zu profilieren): »Die Zeit der Freundschaft mit China ist endgültig
vorbei«, schrieb *Die Zeit* schon im Oktober 2020[124] und meinte, Biden könne ein noch *unangenehmerer Feind Chinas* sein als Trump.[125]

Andere Beobachter formulierten es so: »Wir werden erleben,
dass der neue amerikanische Präsident […] einen Trumpismus ohne
Trump durchzusetzen versucht.«[126] Und: »Biden poltert und zetert
nicht, aber hält am Kern vom Kern der Trump'schen Chinapolitik
fest […]«[127]

Für die absehbare Zeit werden die Aggressionen im *Südchinesischen Meer*, in dem sich unter Trump bereits *60 Prozent der US-
Marine aufhielten*[128] und in das Biden sofort einen weiteren Flug-

zeugträger-Verband schickte,[129] eskaliert werden.[130] War es bisher die Berufung auf die »*Freiheit der Meere*«, die die US-Marines vor Chinas Strände trieb, so ist neuerdings auch die *Taiwan*-Frage das Eskalationsvehikel.[131] Hier bricht Washington in der Absicht der völkerrechtlichen Wieder-Anerkennung des chinesischen Teilstaates Taiwan die Resolution 2758 der UN-Generalversammlung von 1971 über dessen Vertretung durch die Volksrepublik sowie das Abkommen mit China über die Aufnahme diplomatischer Beziehungen, wonach sogar die USA die diplomatischen Beziehungen zu Taiwan 1979 abbrachen.[132]

Die Welt nun mit einer angestrebten *diplomatischen Wiederanerkennung* Taiwans um *über 50 Jahre zurückdrehen* zu wollen, zeugt von enormem aggressivem Potential ebenso wie von verzweifeltem Abenteurertum in Washington. Die Provokationen um Taiwan begannen mit Botschafter-Besuchen,[133] Lieferungen von Kampfflugzeugen, dem Besuch von Flugzeugträger-Verbänden und wurden mit der Herstellung diplomatischer Beziehungen fortgesetzt und bis zum *Abbruch der diplomatischen Beziehungen* ausgereizt ...[134]

Trumpismo ohne Trump? *Biden* scheint auch nicht wesentlich hinter den *diplomatischen Rowdy-Standard Trumps* fallen zu wollen. Er bezeichnete den chinesischen Staatspräsidenten Xi als einen Verbrecher (»thug«), wobei er laut Zeitungsberichten erst während seiner Wahlkampagne massiv *in die sinophobe Richtung »umprogrammiert«* wurde, die in den letzten Jahren in Washington zur neuen Grundstrategie gemacht worden war.[135] Sportlich-mutig übrigens, so zu reden, wenn man weiß, dass die eigene Hi-Tech-Industrie von den *Seltenen Erden* Chinas abhängt, die eigenen Farmer die Soja-Abnahme durch China brauchen und dass die Volksrepublik die US-Ökonomie theoretisch über Nacht kollabieren lassen könnte, wenn sie ihre drei Billionen USD Währungsreserven auf den Markt werfen würde.

Bezogen auf China geht es *geostrategisch* im Hintergrund auch um das Ziel, überall dort militärisch oder hybrid zu intervenieren, wo das größte alternative globale Vernetzungsprojekt aller Zeiten, die *Neuen Seidenstraßen*,[136] gestört oder unterbrochen oder am Lückenschluss gehindert werden kann.[137] Zu diesem Zweck hat Washington begonnen, auch im Nahen und Mittleren Osten eine Art »*Arabische NATO*«, unter Einbeziehung Israels, und in Südostasien eine Art »*Asien-Pazifik-NATO*«, mit Australien, Indien und Japan als Kern,[138] aufzubauen.[139]

Dies in einer Zeit, in der die großen Blöcke sich auflösen, die *NATO* nur noch wie der letzte Schrecken der Menschheit wirkt, als *letzter Tyrannosaurus Rex*, während die Welt sich immer mehr in »fluide Allianzen« auflöst:[140]

> »Der Aufbau neuer militärischer Allianzen […], ideologisch erneut aufpoliert als Verteidigung der westlichen Werte, dieses alte – dem 19. und 20. Jahrhundert entlehnte – Herrschafts- und Kontrollmuster des kapitalistischen Westens über den Rest der Welt, hat sich mit der zunehmenden Auflösung der alten Weltordnung in der Sache erledigt.«[141]

In der EU und in Mittel-, Ost- und Südeuropa kooperiert China seit 10 Jahren im *Format »17+1«* mit 17 Ländern, darunter etlichen EU-Mitgliedern (plus Schweiz und Italien als Assoziierte), in Südostasien und im Pazifik überschneiden sich die Allianzen *ASEAN* und die neue Freihandelszone *Regional Comprehensive Economic Cooperation* (RCEP), an denen China wesentlich beteiligt ist,[142] mit US-Militär-Bündnissen mit Australien, Indien, Japan und anderen. Die chinesischen Kooperationsformate mit Afrika, das Forum for China-Africa Cooperation (FOCAC), oder mit der Lateinamerika-Organisation CELAC überlappen sich mit anderen Handelsformaten dieser Regionen mit den USA und der EU. Viele Länder legen sich ökonomisch und politisch nicht mehr dauerhaft auf ein Bündnis fest, sondern mögen zum Teil sogar Vorteile aus dem Wettbewerb von Großmächten ziehen. Auf dauerhafte Bündnistreue »bis in den Tod« werden sich die USA nicht mehr dauerhaft verlassen können. Vielleicht sogar noch nicht einmal mehr mit der EU …

Aber der Druck zum (vorerst nur hybriden) Krieg wird von den faschistoiden Kräften des Tiefen Staates konsequent weiter aufgebaut. Dazu passt das anonyme Dokument, das in das *World Economic Forum* Anfang 2021 lanciert wurde, und zwar aus dem »*Atlantic Council*«, einer Schlangengrube ehemaliger US-Generäle, CIA-Direktoren, Außen- und Rüstungsminister sowie Rüstungsbonzen, finanziert von der US-Regierung bis hin zu einschlägigen arabischen Henkerdiktaturen. Unter anderem bezeichnen sie alle europäischen Oppositionsparteien links und rechts von den transatlantischen Regierungen als »Trojanische Pferde des Kreml«.[143] Sie fordern rundheraus einen *Militäreinsatz gegen China*: Biden müsse enge »rote Linien« ziehen, bei deren »Überschreitung« durch China die USA unmittelbar militärisch zu agieren hätten. Insbesondere, wenn sich China gegen die nun forcierte Verselbständigung Taiwans wehre. Alles andere wäre eine »nationale Erniedrigung« der USA. Es wird beschrieben, wie man zu einem *China ohne Xi Jinping* kommen, die KPCh schwächen und die *chinesische Bevölkerung mithilfe der US-IT-Konzerne mit psychologischen Mitteln und einem Kulturkrieg verunsichern und verängstigen* könne. Das Dokument wurde beziehungsreich »*Das Längere Telegramm*« genannt und bezieht sich damit auf ein Dokument, genannt das »*Lange Telegramm*« des US-Botschafters in Moskau von 1946, George F. Kennan, das den Grundstein für den *Kalten Krieg 1.0* und die US-Planungen für den *atomaren Genozid an der sowjetischen Bevölkerung* (atomare Bombardierung der 66 größten sowjetischen Städte) legte. Kennan argumentierte, die USA besäßen mit gut 6 Prozent der Weltbevölkerung mehr als 50 Prozent aller Ressourcen der Welt. Dies rufe überall Neid hervor. Sie sollten daher aufhören, die Welt »verbessern« zu wollen, »altruistisch« zu sein, überall den Lebensstandard zu heben, »Menschenrechte« und »Demokratie« zu verfolgen und sonstwie »idealistisch« zu sein, sondern ehrlich mit sich selbst sein, und sich darauf vorbereiten, *mit allen Mitteln den Status Quo der extremen Ungleichheit zu verteidigen*. Mit dem aktuellen »noch längeren Telegramm« setzen *einflussreiche Kreise des Tiefen Washingtoner Staates* Eckpfeiler für die außenpolitische Reise der Biden-Administration in den *Kalten Krieg 2.0*. Und ein zweiter John F. Kennedy, der Anfang der 1960er aus diesem Gru-

selszenario der ihn umgebenden Kriegs-Junkies ausbrechen wollte
und von seinen Beratern Alternativen »out of the box« verlangte
(was dann wohl sein Todesurteil war), ist Biden ganz sicher nicht …

Irgendjemand aber scheint Biden auch verraten zu haben, dass
eine totale Konfrontation mit China gefährlich werden könnte für
die US-Ökonomie und die USA sich in jeder Hinsicht überheben
könnten. In seiner *ersten außenpolitischen Rede* im Februar 2021
sprach er jedenfalls auch von *Möglichkeiten der Kooperation*: »Wir
sind bereit, mit Peking zusammenzuarbeiten, wenn es in Amerikas
Interesse ist.«[144]

Wenn »Amerikas Interesse« das Kriterium wäre, müsste jetzt
eine Ära der Kooperation anbrechen, in der über alles gesprochen
wird und friedliche, verlässliche, langfristige Vereinbarungen ausge-
handelt werden! Weiter: »We can't do it alone. We must start with
diplomacy […].«[145] Geradezu unglaubliche Einsichten.

Kleinste Signale gehen in die richtige Richtung. So wird Trumps
Amoklauf gegen die Konkurrenz in den Fällen der beliebten Plattfor-
men *TikTok* und *WeChat* zunächst einmal wenigstens überprüft.[146]
Aber das große Ganze bleibt.

Immerhin kann man noch zum Telefonhörer greifen und reden.
Im Februar 2021 *telefonierten Biden und Xi*. Man kann es kaum glauben. Aber außer den bekannten amerikanischen Vorwürfen war laut
westlichen Medien anscheinend nicht viel.[147] Nun ja, Biden steht
innenpolitisch unter Druck und muss auch in erster Linie mal den
Zampano geben, um in der heimischen Oligarchenpresse gut da-
zustehen. Aber solange man telefoniert, schießt man (hoffentlich)
nicht.

Als Prinzipien der US-Außenpolitik nannte Biden in seiner ersten außenpolitischen Rede unter anderem noch: »Upholding univer-
sal rights. Respecting the rule of law. And treating every person with
dignity.«[148]

Da könnte die Welt geradezu aufatmen. Man hat dies als »strategischen Schwenk«[149] bezeichnet. Könnte man die Worte tatsächlich
für Taten nehmen, hätten wir es nicht nur mit einem strategischen

Schwenk zu tun, sondern mit einer Revolution in der Geschichte des Hegemons.

Diese Revolution wird natürlich nach aller historischen und Lebenserfahrung nicht stattfinden. Da würden viele Personen, Strukturen und Sachzwänge Biden schon rechtzeitig wieder »umprogrammieren«. Für das strategische Washington ist China schon durch die normale und simple Tatsache des Aufsteigers ein Feind, die »Gefährdung der nationalen Sicherheit« oder, wie es neu-imperialistisch heißt, eine »*revisionistische Macht*«.[150] Die alten Verhältnisse durch Aufstieg zu »revidieren«, anders ist Aufstieg ja wohl nicht möglich, denn Aufstieg *ist* Revision der alten Zustände, in den Augen derer, die sich die Welt nicht mehr anders vorstellen können als im Status Quo, offenbar ein Verbrechen.

Bezogen auf *Russland* erklärte Blinken im Senat, den *militärischen Ring der NATO um Russland weiter zuzuziehen*, durch Einbeziehung weiterer Länder (Georgien, gegebenenfalls demnächst Belarus) in die NATO.[151] Biden selbst hatte es in seinem programmatischen außenpolitischen Bewerbungsaufsatz in *Foreign Policy* 2020 so ausgedrückt: »Russland [seien] echte Kosten [aufzuerlegen].«

Wie praktisch, dass Trump das Feld für die weitere *nukleare Aufrüstung der NATO* bereitet hat, indem er alle Abrüstungsverträge aus den 1980ern hat auslaufen lassen oder gekündigt hat. Nicht zuletzt kann man nun ohne den lästigen *Mittelstreckenraketen-Vertrag* (INF-Vertrag) von 1987 diese nukleare Waffengattung bis vor die russischen Grenzen schieben, das Baltikum, Polen, die Ukraine und andere unterwürfige Rechts-Regimes zum künftigen Schlachtfeld machen,[152] und im Zweifel auch China von Japan, Indien, Australien und von den Flugzeugträgern im Südchinesischen Meer aus beschießen. Dazu gehören inzwischen nun praktisch jährliche Großmanöver sowohl in Osteuropa wie im Westpazifik.[153]

Und Deutschland als Kleingernegroß und Möchtegern-Imperium ist mit seinen Fregatten vor Chinas Küsten natürlich wieder dabei.[154] Weil es damals unter Willem Zwo in China so schön war. Deutschlands dritter Griff nach Weltherrschaft wird allerdings der letzte sein.

Dazu passt der parteiübergreifende *Rekord-Rüstungshaushalt 2021* für die Biden-Administration in Höhe von 740 Milliarden USD[155] (überwiegend in Angriffstechnologie; im Vergleich dazu China: ca. 200 Milliarden USD, überwiegend in Verteidigungstechnologie[156]), während man im Dezember 2020 gleichzeitig um das Corona-Notprogramm kämpfte, das zumindest den REPs »zu teuer« war.[157]

Die neue Unterstaatssekretärin im Außenministerium, die neue Nummer drei im State Department, *Victoria Nuland*, ist ebenfalls alles andere als ein unbeschriebenes Blatt der Washingtoner Geostrategie. US-Vertreterin bei der UNO schon unter G. W. Bush und unter Obama Abteilungsleiterin im Außenministerium für Europäische und Eurasische Angelegenheiten und *Biden zugeordnet*. Eine im Hintergrund wirkende Akteurin bei *Russiagate* gegen Trump.[158]

Eine ergebene *Russland-Hasserin*, die ihr Gesellenstück in geostrategischem Putschismus unter Obama beim terroristisch-faschistoiden Putsch in der *Ukraine* gegen den *gewählten damaligen Präsidenten Viktor Janukowitsch* im Jahre 2013 ablieferte, den sie für Washington entscheidend mitorchestrierte, mit dem »Rechten Sektor«, dem SS-verehrenden »Regiment Asow«,[159] inzwischen regulär in die ukrainische Armee aufgenommen, und den terroristischen Schockstrategen und Scharfschützen auf den Dächern um den Maidan. Das alles, um

- schnellstmöglich den *EU-Einfluss in der Ukraine auszuschalten*, weshalb sie seitdem den Spitznamen *Victoria »Fuck the EU« Nuland* trägt (Zitat wurde abgehört in einem Telefonat),[160]
- die abhängig gemachte Ukraine, einst blühende »Kornkammer« Europas, in das *ärmste Land des Kontinents und eine humanitäre Katastrophe* zu verwandeln,[161] das es seitdem ist,
- den »*Failed State*« Ukraine zum Verschleudern seiner natürlichen Ressourcen und seiner Arbeitskräfte zu zwingen und
- das Land zur reinen *Aufmarschbasis des US-Militärs gegen Russland* zu degenerieren, wobei die Hitler-Verehrer in den ukrainischen Parteien, in Regierung und Milizen, seit langem heiß gemacht, lieber heute als morgen gegen Russland losschlagen wollen.

Im Ergebnis haben kritische Beoachter die Ukraine folgendermaßen beschrieben: »Colonized and controlled Ukraine is a de facto US-installed Neo-nazi dictatorship in Europe's heartland – bordering Russia and six other countries.«[162]

Kein Wunder auch, dass die *USA und die Ukraine* die einzigen Länder in der UNO waren, die Ende 2020 gegen eine weltweite Ächtung von Nazismus, Neo-Nazismus, Fremdenfeindlichkeit und Rassismus gestimmt haben, einstimmig vorgeschlagen vom Dritten Komitee der UN-Vollversammlung, das vor allem für Menschenrechtsfragen zuständig ist.[163] Dass die ukrainischen Putschisten und SS-Verehrer sich nicht selber verurteilen würden, ist nachvollziehbar. Aber dass die USA ein weiteres Mal an der Seite eines rechten Putschregimes stehen, zeigt, was von ihrem Verständnis von »Menschenrechten« zu halten ist, aber auch wie weit ihr moralischer Einfluss als Führungsmacht im Zweifel wirklich sein wird, wenn Biden demnächst einen »Weltgipfel der Demokratien« einberufen will … Die übrigen NATO-Mitglieder, EU-Mitglieder und Follower (Japan, Australien) enthielten sich übrigens.

Seit dem westlichen »orangenen« Putsch in der Ukraine mithilfe der in der Westukraine dominierenden Kräfte gegen die kulturell russische Ostukraine, aus der Janukowitsch stammte, zudem einem weiteren der zahllosen westlichen Brüche des Moskauer *Zwei-plus-Vier-Vertrages* von 1990, werden die Reintegration der von Chruschtschow 1954 der Ukraine zugeschlagenen *Krim* nach Russland und die Sezession von Teilen des Donbass (beides nach erwartungsgemäß überwältigenden Volksabstimmungen) vom Westen als Instrument einer weiter gesteigerten antirussischen Aggressivität missbraucht.[164] Man kennt das Phänomen: Der Brandstifter schreit am lautesten »Feuer!«

Das alles hatte übrigens den geschmäcklerischen Nebenaspekt, dass *Bidens Sohn* Hunter erhebliche Geschäfte mit und in der Ukraine machte und gutbezahlte ukrainische Positionen erhielt.[165] Mit dem Vorwurf lag Herr Trump ja durchaus nicht falsch. Gegenüber den imperialen Größen sind eben auch ukrainische Faschisten

Schleimer; ihr »nationales« Konzept besteht darin, am Verscherbeln der nationalen Ressourcen an die USA zu verdienen und dafür innenpolitisch freie Hand zu bekommen für ein rechtes Terrorregime gegen jede emanzipatorische Regung.

Nuland hatte sich auf die aktuelle Stelle vorbereitet mit einem Konzept in der offiziösen Zeitschrift *Foreign Affairs*, wie Washington »Putin festnageln und stürzen« könne.[166] Dazu gehören die Ölpreisdumping-Politik Washingtons mithilfe von US-Fracking- und Schieferöl, die »Demokratien der Welt gegen Russland zu führen«, verschärfte Hochrüstung und Modernisierung der Atomwaffen, permanente Militärmanöver an Russlands Grenzen, das übliche Arsenal der neuen Kalten Krieger*innen. Kein Wunder, dass 25 basisdemokratische abrüstungs- und friedenspolitische US-Organisationen sich gegen die Nominierung und sogar Aufwertung der Hybridkriegerin Nuland aussprachen.[167]

Die Position des *Rüstungsministers* (auch Verteidigungsminister genannt) bekleidet nun der altbekannte General Lloyd Austin, verantwortlich für die Kriegsoperationen gegen den Irak, Afghanistan, Syrien[168] und Jemen und immer in der »Drehtür« zwischen Armee und Rüstungskonzernen (Raytheon).[169] Die Personifizierung dessen, was der irische Journalist F. Cunningham beschrieben hat als eine »Kriegsmaschine, die sich als Staat getarnt hat«.[170]

Viele sprechen rundheraus von einem »Kriegskabinett« Bidens.[171] Nach Trumps beschriebenem »instinktivem Isolationismus«, sagt der britische Ex-Botschafter *Craig Murray*, komme nun wieder eine Regierung des Sicherheitsstaates, des *Tiefen Staates* der Geheimdienste und des militärisch-industriellen Komplexes.[172] Aus Sicht der interventionistischen Strategen in Bidens Kabinett hatte Trump angeblich »ein strategisches Defizit« hinterlassen.[173]

Kein Wunder aber auch, dass *für Biden auch Russland der Feind bleibt* und dass er noch mehr Waffen an den faschistischen Failed State und Europas desolates Armenhaus Ukraine liefert.[174] Afghanistan, Irak, Libyen und andere zu posthumanen Alpträumen degradierte Staaten lassen grüßen.[175] Eine Blutspur, die weitergezogen werden wird. Schon im Januar 2021 schickte Biden wieder *neue Kriegsschiffe ins Schwarze Meer*.[176] Und die NATO will ihre Präsenz im Schwarzen Meer ausbauen und verfestigen.[177] Gegen Biden und die DEMs könnte Trump schon bald geradezu als Friedensengel dastehen.

Die Fixpunkte der *Endlosschleifen der DEM-Biden-Russophobie* werden bleiben und in zahllosen Variationen wiederholt werden: (1) Cyberspionage und -sabotage, (2) Einmischung in innere Prozesse der USA, dabei prominent auch wieder IT-mäßige Wahlfälschung und (3) Oppositionelle in Russland.[178] Washington scheint wieder nicht zu erkennen, was für ein Armutszeugnis es für die IT-Weltmacht Nr. 1, die USA, wäre, wenn Putin wirklich ständig die US-Präsidentenwahlen zu seinen Gunsten entscheiden könnte. (Warum er dann eigentlich 2020 ausgerechnet die DEMs an die Macht hätte kommen lassen, bliebe wohl deren Geheimnis.)

Auch der »*größte Hack aller Zeiten*« auf fast alle IT-Netzwerke in den USA über die Netzwerkmanagement-Software der Firma *SolarWinds*[179] wird wieder reflexartig »dem Russen« in die Schuhe geschoben.[180] Würde man es objektiv untersuchen lassen, würde es sich vermutlich ebenso in warme Luft auflösen wie der frühere »Russiagate«-Versuch der DEMs. Wäre es der Russe gewesen, was für ein Armutszeugnis wiederum für die IT-Supermacht USA. Die *Deutschen Wirtschafts-Nachrichten* zeigen immerhin, »[w]ie niemand Beweise vorlegen kann.«[181]

Herrlich übrigens der Regiefehler der Trump-Regierung kurz vor dem Abgang: Während Pompeo sofort »dem Russen« mit Schlimmstem drohte und die DEMs »Hurra« schrieen, griff sein Chef Trump mal einen anderen Ball aus der Luft: »Der Chinese war's«. Sein REP-Kollege Mitt Romney daraufhin: »Nein, der Russe war's!«[182] Er hatte sich schon, wie auch Pompeo, auf die neue DEM-Mehrheit, und auf die nächsten vier Jahre, eingestellt.

Die Fingerzeige-Fraktionierung reflektiert also offenbar eine generellere Fraktionierung und strategische Optionen für 2024 in Washington.[183] Während die DEMs einschließlich ihrer liberalen und

»linken« Wählerpotentiale gerne eher dem »Russen-Narrativ« an-
hängen, ist es für die Rechten, REPs und ihre Putschisten-Potentiale,
eher das »China-Narrativ«. Die Unterschiede bewegen sich allerdings eher im 49:51-Bereich. Oder wie Analytiker argumentiert haben, irgendein äußerer Feind muss dem gebeutelten amerikanischen
Volk präsentiert werden, mit dem ihm erklärt werden kann, wer
ihnen ihre Lebensperspektiven zerstört hat. Und dass ein hybrider
Krieg, wenn nicht ein Atomkrieg, forciert werden muss ...[184]

Washington sollte vielleicht dringend einen »*Finger-Pointing
Coordinator*« haben, damit solche groben Schnitzer öffentlich nicht
mehr passieren. Andererseits braucht die Welt ja ab und zu auch mal
etwas zum Lachen ...

Putin, der viele US-Administrationen erlebt hat, wird seit Jahren regelmäßig zu den Ergebnissen von US-Präsidentschaftswahlen
interviewt. Seine Kernaussage seit vielen Jahren: US-Administrationen kommen und gehen, aber die Politik bleibt dieselbe.[185] Für welche der beiden russophoben Parteien hätte er eigentlich in US-Wahl-
kämpfe eingreifen sollen ...?

Die plausiblere Erklärung all dessen pfeifen die Spatzen von den
Dächern: »[...] his [Biden's] team is comprised of political Russo-
phobes who just spent the past four years obsessively pushing the
discredited fake news infowar narrative that Trump was Putin's pup-
pet.«[186] Aber das Pfeifen der Spatzen wird eben übertönt vom Schrei-
en der Geier ...

Die unaufhaltsame Zeitenwende ...

Wir werden im vorliegenden Buch die sozialökonomischen Strukturen, Entwicklungen und Politiken der wichtigsten Ökonomien und
Gesellschaften, Nationen und Blöcke unseres globalen Systems, China, USA und EU, betrachten. Was geschieht in den *Tiefenstrukturen*,
den ökonomischen, sozialen, sozialpsychologischen, verhaltensmä-
ßigen und politischen Strukturen der *Staaten, Nationen und Systeme*,
im Westen und in China? Was treibt den für viele überraschenden
und überraschend schnellen *globalen Strukturwandel* zur neuen al-

ten historischen Normalität, und warum wird er nicht mehr aufhaltbar sein? Und warum ist eine *Viruspandemie* der Auslöser für diese allseitige *»plötzliche« und »überraschende« Sichtbarwerdung und Wahrnehmung* einer sich in Wirklichkeit schon lange ankündigenden Zeitenwende?

Deshalb, und nicht hauptsächlich wegen der »Post-Trump«-Ära in den USA, schauen wir genauer auf den *jahrzehntelangen Hegemon USA* und auf die *neue Nummer 1 China*[187]* und auf das eigenartig dümpelnde Projekt der *EU* und seiner Leitnation Deutschland.

Die Welt hat sich gewandelt und ändert sich weiter, unweigerlich und von keinem Staat der Welt aufhaltbar, es sei denn um den Preis ihrer kompletten Vernichtung durch einen absteigenden Ex-Hegemon und seine »Getreuen bis in den Tod«.

Kein Geringerer als der Multimilliardär *Ray Dalio*, Inhaber eines der größten Wall-Street-Hedgefonds, *Bridgewater*, mahnt den Westen seit Jahren, das endlich *zur Kenntnis zu nehmen*, *sich anzupassen* und die Chancen der (von China immer wieder angebotenen) *Kooperation* zu sehen. Zuletzt tat er dies noch kurz vor der Präsidentenwahl in der *Financial Times*.[188] Dieser Praktiker und Pragmatiker muss natürlich nicht viele Worte machen, er kann seine Investment-Milliarden sprechen lassen, die er zunehmend in Shanghai und Shenzhen an den Börsen investiert. Aber er hat sich auch ein Verständnis davon erarbeitet,[189] was den *Aufstieg einer Nation* in ihrer *sozialökonomischen Tiefenstruktur* wirklich möglich macht. Er sagt (frei übersetzt): Länder sind langfristig erfolgreich, wenn ihre Leute gut ausgebildet sind, hart arbeiten und sich zivilisiert verhalten. Diese fundamentalen Faktoren sprechen eindeutig für China. China

---

* In welchem Sinne China die neue Nummer 1 ist, werden wir zeigen, quantitativ am absoluten Sozialprodukt im Kaufkraftvergleich, für die kommenden Jahre dann auch anhand des absoluten nominalen Sozialprodukts im einfachen Währungsparitäten-Vergleich und dann vor allem qualitativ in der Fähigkeit Chinas, sein noch bescheidenes Pro-Kopf-Sozialprodukt in alle sozialen, ökonomischen, technologischen und ökologischen Entwicklungsbereiche hinein stärker »hochzuhebeln«, als wir es jemals in irgendeinem anderen Land erlebt haben.

generiert ein Drittel aller Ingenieure und Naturwissenschaftler der
Welt, seine Bürger identifizieren sich mit den nationalen Entwick-
lungszielen, ihre Lebenserwartung hat sich in gut 30 Jahren um zehn
Jahre erhöht (und ist heute schon höher als die – sinkende – in den
USA; W.E.), das Fast-Noch-Entwicklungsland ist die globale Loko-
motive geworden für Umwelt- und Klimaschutz und es öffnet sich
immer mehr für internationale Unternehmen.[190] Dalio ist inzwischen
naturgemäß ein profilierter Kritiker der globalen Grundstrategie
Washingtons und des US-Typs von Kapitalismus.

Der australische Ökonomieprofessor *Paul Frijters* hat eine umfassende Analyse der *Faktoren der Überlegenheit Chinas* gegenüber den
USA vorgenommen und argumentiert zum Beispiel mit dem chinesischen Bildungssystem. Die Qualität der chinesischen Universitäten
sei höher als die der US-Universitäten, und allein das Bildungswesen
werde das Wachstum Chinas auf Jahrzehnte hinaus befeuern. Die
Hälfte der sogenannten Supercomputer der Welt stünden in China,
die meisten Patente kämen aus China,[191] und dass das Sozialprodukt
der USA nominal zur Zeit noch größer sei als das Chinas, liege an deren völlig überzogenen Immobilienpreisen, die Pseudoeinkommen
generieren. Bei der Kohäsion der Bevölkerung, beim Gesundheits-
zustand, beim Sinn für kulturelle Einheit, beim sozialen Vertrauen
und vielem anderen könnten die USA nicht mehr mithalten.[192]

Das *Sozialprodukts-Wachstum* der USA wird daher auch als
anämisch (»blutleer«) bezeichnet, denn es hat sich langfristig kontinuierlich abgeflacht, beruht auf zahlreichen rein statistischen Effek-
ten des Spekulationssektors und auf vielen Pseudoaktivitäten, immer
mehr Menschen scheiden völlig aus dem Erwerbsleben aus, die Produktivitätsentwicklung verlangsamt sich langfristig, und der Sektor
der *kleinen und mittleren Unternehmen* bleibt unterentwickelt.[193]

Prominente *Diplomaten und Wissenschaftler Südostasiens*[194] bezweifeln inzwischen, dass der ehemalige Hegemon und der Westen
insgesamt einen solchen mentalen, medialen und politischen »U-
Turn« noch schaffen können und jemals lernen werden, andere zu
verstehen und damit auch den *Wandel der globalen Verhältnisse* in

Richtung *Eurasien, Südostasien* und insbesondere China sowie die Wiederherstellung der jahrtausendealten historischen Normalität, in der China, wie gesagt, immer mehr als ein Drittel des Weltsozialprodukts beisteuerte.

Dagegen sollten sie sich nicht *im hybriden Krieg verkämpfen*, meinen Mahbubani und Khanna. Sondern die neue Lage *analysieren*, sich *anpassen*, sich selbst *disruptiv innovieren, sich neu erfinden* und die *Kooperationsangebote annehmen*, damit die Menschheit die drängendsten *globalen Probleme*, Hunger, Armut, Ungleichheit, Bildungslosigkeit, Umweltzerstörung, Ressourcenkriege und Klimakatastrophe bewältigen kann, was nur gemeinsam geht. Damit die Menschheit das Ende dieses Jahrhunderts überhaupt noch erlebt.

So wie sie es als »Marktwirtschaftler« den Wettbewerbern selber predigen: Der absteigende Wettbewerber darf seinen aufsteigenden Konkurrenten auch nicht einfach mit Waffengewalt bedrohen. Solches Verhalten würde dann von der »Marktwirtschaftstheorie« vermutlich nicht mehr gerechtfertigt und wäre in den meisten zivilisierten Ländern sicher auch gesetzeswidrig … Wäre also Politik ein ziviler Wettbewerbsmarkt, so wäre es inakzeptabel, ja geradezu undenkbar für die Gralshüter der »freien Marktwirtschaft«, dass ein unterlegener Wettbewerber gegenüber der aufstrebenden neuen Nummer 1 im Markt die Mafia zu Hilfe holt oder die eigenen Pumpguns aus den Schränken zieht und zum Headquarter des Konkurrenten marschiert und mit Erstürmung droht, falls der nicht sofort damit aufhört, besser zu sein als der Absteiger. Jeder »Markt«-Berater würde dem Marktabsteiger vielmehr eine gründliche Analyse und eine disruptive Innovation und Neuerfindung empfehlen. Aber neoliberale Politiker, die ja eigentlich am liebsten immer »Unternehmer« (gern natürlich ohne Risiko) sein und »unternehmerisch« denken wollten, denken im Zweifel, in der *ersten ernsthaften historischen Konkurrenzsituation für den neoliberalen Kapitalismus* und der ersten ernsthaften Herausforderung, eben alles andere als »marktwirtschaftlich«, sondern eben in ihrer guten alten Tradition: *imperialistisch …*

Und ganz nebenbei könnten sich die USA in neuer, *vereinbarter Arbeitsteilung mit China* sogar *reindustrialisieren* und wieder industrielle technologische Produktionskompetenz erlangen und im eigenen Land wieder aufbauen, wenn auch in einem vielleicht jahrzehntelangen Erneuerungsprozess. Wir kommen darauf zurück.

... und der unaufhaltsame hybride Krieg? Zerstören Fake und Hass die Menschheit?

Aber Washington hat sich in seiner internationalen Grundstrategie auf absehbare Zeit für ein *nicht-zivil-wettbewerbliches Handeln* entschieden, also dafür, in den *Konflikt- und Verhinderungsmodus* zu gehen: den *hybriden Krieg*, mit allen wirtschaftlichen, finanziellen, technologischen und militärischen Mitteln, vorläufig noch unterhalb der Schwelle des heißen Krieges, gegen China zu führen, Chinas unvermeidlichen weiteren und immer umfassenderen Aufstieg zur Nummer 1[195] zu verhindern oder zumindest maximal zu behindern und den eigenen unvermeidlichen Niedergang zur Nummer zwei, am Ende des Jahrzehnts sogar zur Nummer drei, hinauszuzögern. Dazu gibt es in Washington absehbar keine mentale und politische Alternative, keine alternative Analyse und keine alternative Fantasie für die Welt. Für diese fatale *Alternativlosigkeit* stehen in Washington DEMs wie REPs.

Und eine neue *transatlantische Sammlungsbewegung in der EU*, die zusammen mit einschlägigen US-Senatoren vom Schlage Marco Rubio und Bob Menendez, die schon auch einmal deutschen Häfen mit finanziellem Ruin drohen, mit Ex-Generälen und Ex-CIA-Agenten die »Inter-Parliamentary Alliance on China« (IPAC) führt,[196] scheint in Trumps Ära einen gewissen Gefallen gefunden zu haben an diplomatischem Sittenverfall, coolem internationalem Revolverhelden-Gebahren, dreister kolonialistischer Kanonenboot-Politik vor Chinas Küsten, möglichst rüpelhafter Einmischung in innere Angelegenheiten Chinas wie in den guten alten Kolonialzeiten, an Konfliktkurs sowie Kultur-, Überlebens- und Endkampfideologie, an der Fortsetzung der alten Geschichte.[197] In der schnappte in vielen Aufstiegs-Abstiegs-Konstellationen der Automatismus von Missgunst und Vertrauenszerstörung als die antike »*Thukydides-Falle*« zu und wurde Krieg am Ende zur scheinbar unausweichlichen »Lösung«. Ein ehemaliger deutscher Außenminister und Kriegsheld in Jugoslawien malt die Zukunft des Westens in den düstersten Farben: Danach blieben uns nur noch »Kotau« und Tributzahlungen gegenüber China übrig.[198] Der Zweck solcher Dystopien ist natürlich der transatlantische »Aufschrei der Freiheit« gegen China, das erneute bereitwillige Unterstellen der EU unter Washingtons Schirm. In diesem Sinne dürfen dann sogar wildgewordene Landes- und Kommunal-Parlamentarier, die ja bekanntlich alle ihr Geld nicht selber verdienen müssen, ein bisschen mit der Erotik des hybriden Krieges spielen …

Und wir dürfen uns darauf vorbereiten, dass nach Merkel auch die Deutsch-EU im Sanktionierungsgeschäft gegen China mitmischen wird.[199]

Dies alles sind Themen in diesem Buch, und wir werden unter anderem auch zeigen, warum es heute – voraussichtlich und trotz alldem – nicht mehr zu einem großen heißen Krieg kommen wird … vorausgesetzt, dass sich Washington, Brüssel und Berlin eine Rest-Rationalität und einen Rest-Überlebenswillen erhalten können … ein DEM- und ein REP-Präsident hin oder her.

Aber die deutschen und EU-*Transatlantiker* werden womöglich die »*Nach-Merkel-Ära*« ab 2022 zunächst einmal dominieren. Der deutsche Karren würde ja nicht zum ersten Mal mit neuem Hurra und neuer Kraftmeierei an die Wand gefahren. Das nächste Mal dann endgültig.

Und hier hat Trump, natürlich nicht als Person, sondern als *Prinzip »Trump«*, bereits weitgehend gesiegt. Auch Europa will jetzt endlich mit seiner Rüstungsindustrie und seinem Militär einen globalen Zampano machen. Die maximale Verbreitung von Lügen, Hass, Missgunst und *Misstrauen* hat Hunderte von Millionen Köpfe und Seelen weltweit bereits zerstört, das *Sozialkapital* sozialer, allgemein-menschlicher Verhaltensweisen, die auf *sozialem Vertrauen, Entspan-*

nungs- und Kooperationsbereitschaft beruhen, entwertet und zum
Teil vernichtet. In politische Auseinandersetzungen überall auf der
Welt ist heutzutage selten noch *argumentativer »Grund«* und noch
nicht einmal *prozessualer Konsens* hineinzubekommen, und die Ebene wechselt immer schneller ins Allgemein-Persönliche, in Rückzug
(»das ist eben deine Meinung – das ist eben meine Meinung«) und
Misstrauen und am Ende in die physische Auseinandersetzung, wie
es inzwischen für fast alle westlichen Länder beschrieben wird.[200]

Wir wissen aus der Geschichte, was das bedeutet: Auch das *Prinzip »Hitler«*, die Nazi-Barbarei, hat weit über die eigentliche Terror-
herrschaft hinaus gewirkt, hat Seelen von Generationen durch Hass,
Misstrauen und existentielle Unsicherheit deformiert, die noch in
dritter Generation nach den Nazis damit beschäftigt waren, zu vergessen und zu heilen.

Damals wie heute sind die Menschen auch *geistig irre gemacht* worden, weil sie nicht mehr wissen, was wahr oder unwahr,
was falsch oder richtig ist, warum sie so handeln, wie sie nicht
fühlen, und umgekehrt. Ihnen wird nicht nur der gemeinsame,
elementar-menschliche Boden von Information, Wissen, Erfahrung
und Weisheit, sondern auch von Diskurs und Argumentation, von
der *Wahrheitsfindung zu zweien* (Hannah Arendt) unter den Füßen
weggezogen. Wenn die Menschen nicht einmal mehr wissen, wie sie
noch *gemeinsamen Grund im Diskurs herstellen* können, wie sie im
argumentativen Widerstreit die *elementar-menschliche Beziehung erhalten* können, steht es ernst um die Menscheit.[201]

Die mutwilligen Zerstörungen des Sozialkapitals, der Grundlagen menschlichen Zusammenlebens, durch Rassismus, Klassenhass,
Missgunst und Misstrauen als *Herrschaftsform* aber werden im Kapitalismus und seiner *neoliberalen Plutokratie* und in ihrem imperialis-
tischen Hegemoniestreben absehbar leider nicht weniger gebraucht
werden.[202]

Und, wie gesagt, wir beschreiben in diesem Buch auch, wie der
bewaffnete *US-Faschismus* durchaus weiter auf dem Vormarsch sein
dürfte. Denn seine Wurzeln reichen zurück bis in die ersten Tage

der *weißen Kolonisierung des Kontinents* und der Vernichtung seiner Bewohner. Und seine Grundlagen in den USA werden nur noch schwer zu beseitigen sein. All dies kommt nun in einer *zweiten Reflexionswelle nach den Ereignissen um die US-Präsidentenwahl* auch in den Mainstream-Medien mit aller Macht an die Oberfläche. Und die inneren Verhältnisse werden auch weiter die Außenpolitik der USA prägen.[203]

Die US-Präsidentschaftswahl und ihre Begleiterscheinungen waren auch hierzu ein Umfeld für bemerkenswerte Einsichten unserer Mainstream-Medien. Diese waren voll von geschockten Berichten über die Expansion des paramilitärischen Faschismus in den USA.[204] Daher ist, wie erwähnt, für die USA die Aussicht auf »*Business as usual*« unwahrscheinlich. Der Trumpismus und die gemeinsame politische Grundstrategie des neoliberalen plutokratischen Washington seit fast fünf Jahrzehnten haben »ihr Amerika« nachhaltig moralisch, sozial und ökonomisch beschädigt. Und sie können auch nicht mehr anders …

Transatlantische Wiedergeburt der Hegemonie oder Entspannungspolitik 2.0?

Die verheerenden nationalen und internationalen Folgen des Prinzips »Trump« werden also mal wieder drei Generationen beanspruchen – falls ab heute die Visiere hochgeklappt und die Menschheitsprobleme in den Mittelpunkt gestellt würden –, nicht nur bis die USA geheilt sein könnten, sondern auch bis eine *internationale Kooperation* mit *wechselseitiger Akzeptanz* und in *Anerkennung des Andersseins* der Anderen, der *Friedlichen Koexistenz,* wieder möglich würde.

Unsere Perspektive und unsere Argumente in diesem Buch leuchten aktuell immer wieder einmal auch in den Mainstream-Medien auf. Viele schauen nach dem für sie »überraschenden« Schock der Capitol-Stürmung und der Ahnung eines Fast-Staatsstreichs dahinter noch einmal genauer auf die USA und ihre Alltags-Desaster und sind plötzlich schockiert über das, was sie bei genauerem Hinsehen

auf die sozialen Verhältnisse oder in die One-Horse-Towns entde-
cken.

Aber diesseits des Atlantiks, in Deutsch-EU, wird kräftig daran
gearbeitet, das alles schnellstmöglich wieder vergessen zu machen
und den *Traum von erneuerter transatlantischer Waffenbrüderschaft
unter Biden neu zu träumen.* Da legen zum Beispiel in Deutschland
CDU/CSU, Grüne, SPD, FDP sowie sogar wachsende Teile der Partei
Die Linke, die eine Teilhabe bei den Ministersesseln anstreben, nun
ihr ganzes Engagement hinein …

Von den Freunden am rechten Rand der EU, von den »Wahren
Finnen« über die die alte Nazikollaboration zelebrierenden Balten, den
neuen großstaatssüchtigen klerikal-faschistoiden Herrschern Polens,
den Rändern in Orbán-Ungarn und den rechten Armenhäusern Bul-
garien und Ukraine, dem mafiösen UÇK-Kosovo und so weiter ganz
zu schweigen. Eine feine EU und einen feinen »West-Fan-Klub« hat
man sich da in den letzten dreißig Jahren zusammengedeichselt und
zum nächsten großen Krieg gegen Russland aufgeheizt …

Wir aber fragen unter anderem nach den Aussichten auf einen
»*Willy Brandt 2.0*«, einen Politiker, der so viel Charakter und Persön-
lichkeit besitzt, dass er die Visiere tatsächlich hochklappt, der sagt
»So geht es nicht weiter!«, der bereit ist, das *»Risiko« des Friedens*
einzugehen, und den dafür nötigen *Vertrauensvorschuss* investiert …
und der heute in »seiner« Partei, der SPD, keine Chance mehr hätte.

Journalisten haben es, ebenfalls im Reflexionsmodus nach der
US-Präsidentenwahl, so formuliert: »Wenn die Welt eine Stellen-
anzeige aufgeben würde, müsste sie lauten: Entspannungspolitiker
gesucht!«[205]

Ein solcher *Entspannungspolitiker* ist aber im heutigen aufge-
heizten Zirkus der parlamentarischen und Parteienpolitik, dem es
nicht mehr um langfristige Problemlösungen geht, sondern um das
Hecheln von einer Wahl oder Umfrage zur nächsten, nirgendwo absehbar. Ein solcher Typus von Politiker wird in diesem Polit- und
Medienzirkus einfach nicht mehr generiert.

Führende *Sozialdemokraten* stehen heute, angesichts der *System-*

herausforderung durch einen Wohlstands-Sozialismus, wie er in China entsteht (was noch zu zeigen sein wird), auf der Seite eines *Kalten Krieges 2.0* statt auf der Seite des Prinzips »Willy Brandt«[206] und einer *Entspannungspolitik 2.0.*

Ebenso die neue kriegslüsterne westliche Speerspitze, die *grüne Partei*,[207] inzwischen sogar eine Partei der Bestverdienenden, die beim Niedergang des Westens wohl Erhebliches zu verlieren haben.[208] Dass die ehemaligen »Maoisten«[209] China offenbar nur so lange gut fanden, wie dort Hungersozialismus herrschte und sich das Land in permanenter Kulturrevolution selbst zerlegte, macht heute plausibel, dass sie einen (ihren) Frieden mit dem modernen China wohl nie mehr machen werden.[210]

Ebenso die früheren Liberalen, große Teile der »Christlichen«, die ansonsten noch von der (relativen) Pragmatikerin Merkel in Schach gehalten werden … Orangene, »Olivene«, Gelbe, Blaue, »Rosane« in den Parlamenten aller Ebenen, die gern auch mal in Kommunalparlamenten »Welt- und Geopolitiker« sind und mit staatsmännischer russo- und sinophobischer »political correctness« Mitregierungsfähigkeit demonstrieren.

Da steckt inzwischen hinter allem die Kommunistische Partei Chinas (KPCh), ebenso wie im dunkelsten Kalten Krieg 1.0 im Jahre 1953 die Wahlkampfplakate der CDU hämmerten: »Alle Wege des Sozialismus führen nach Moskau.« Deutsche *Sinolog*innen* werden inzwischen als verlängerte Arme Chinas verunglimpft,[211] hinter jedem chinesischen *Austauschstudenten* steckt angeblich der chinesische Geheimdienst, und jedes universitäre *chinesische Kulturinstitut* (Konfuzius-Institut) gilt als Spionagezentrum. Wer China zu verstehen versucht und es wagt, ein positives Wort über das Land zu äußern, ist per Definition Gefangener oder nützlicher Idiot einer hinterhältigen chinesischen »Wolfskrieger«[212]*-Kampagne (was auch immer

---

*   »Wolfskrieger« ist eine in China bei Jugendlichen beliebte Streaming-Serie, die im Westen dazu verwendet wird, China Nationalismus vorzuwerfen und die chinesische Außenpolitik als »Wolfskrieger-Strategie« zu diskreditieren [vgl. Endnote 212].

das sein mag). Sogar *chinesische Lebensmittelläden* in *China-Towns* im Westen (»die chinesische Diaspora«) und selbst *Unternehmerverbände* sind in das globale chinesische Unterdrückungs-Spinnennetz integriert, wie ehemals seriöse »Weltpresse« gruselt.[213] Dürfen wir denn bald auch in der Deutsch-EU, wie in den USA oder Australien bereits seit 2020 geschafft, mit rassistischen Angriffen auf Chines*innen rechnen? In der Tat, hinter der nächsten Ecke lauert: »Kauft nicht beim Chinesen!«[214] *Prinzip* »*Trump*«, made in Germany?

Über den sozialpsychologischen Schaden für Generationen von Menschen haben wir gesprochen. Aber der langfristige Schaden ist bedeutungslos gegenüber dem kurzfristigen Herrschaftserhalt der Plutokratie …

Somit sind der »Westen«, die EU und Deutschland, und selbst die USA, aber auch zunehmend *gespaltene Länder*: Gespalten auf eine weitere, neue Art: zwischen der neuen *transatlantischen* parlamentarischen Klasse – bei wenigen verbleibenden besonnenen und pragmatischen Politikern, die sich dem forcierten ideologischen und faktischen hybriden Krieg, garniert mit unglaublichen Washingtoner *Drohungen gegen deutsche Unternehmen* (»finanzielle Zerstörung« bei Ungehorsam), noch zaghaft widersetzen – und den vielen Technikern, Ingenieuren, Mittelständlern und Konzernspitzen, den VWs, Siemens, Boschs und SAPs, und natürlich den Arbeitnehmern dort, um deren Wertschöpfung und Arbeitsplätze es ja am Ende geht. Wertschöpfung, die die Steuern, und damit auch die Diäten der Abgeordneten, abwerfen muss, und das nur noch mit und in China kann, denn dort realisieren deutsche Unternehmen zum Teil 40 Prozent ihrer Umsätze und überproportionale Anteile ihrer Gewinne. Die deutschen Konzerne sind, wie wir beschreiben werden, mit Milliardeninvestitionen in China engagiert, beteiligen sich auf Einladung Chinas an den (durchaus auch »sicherheitsrelevanten«) neuen IT-Infrastrukturen Chinas mit 5G- und 6G-Netzen und generieren zum Teil sogar ihre größten Innovationen in ihren chinesischen Niederlassungen.

Aber sogar Konzernspitzen scheinen in Deutschland inzwischen medial in der Defensive zu sein gegenüber den vielen kleinen deut-

schen »*Weltpolitikern*« in EU-, Bundes-, Landes- und Kommunalparlamenten. Ein *Siemens-Chef* würdigt zwar den *chinesischen Weg
der Bekämpfung des Coronavirus*, die Lern- und Experimentierfreu-
digkeit und Innovationsbereitschaft der Chinesen, die wir andernorts ausführlich beschrieben haben.[215] Der Siemens-Chef sagt, dass
wir viel von Chinas Art lernen könnten, was natürlich gern und
leicht gesagt, aber, selbst bei vorhandener Lernbereitschaft, im hie-
sigen anderen System und der anderen Kultur nur schwer zu realisieren ist. Zwei Monate strikteste *Quarantäne*, in China mit erstaunlicher Ruhe, Gelassenheit, sozialem Vertrauen, Selbstvertrauen und
Kampfbereitschaft durchgeführt, mit den Wohngebietsorganisationen (den »Shequ«[216]), Millionen freiwilliger Helfer und massiver
wirtschaftspolitischer Begleitung der Fiskal- und Geldpolitik sowie
der Banken zur Sicherung des Wirtschaftskreislaufs, würde im Westen leicht zum kollektiven »Nervenzusammenbruch«, zu staatlicher
Desorganisation, zum latenten Bürgerkrieg und vielleicht zum Zusammenbruch der Wirtschaft führen. »It's the system, stupid!«, wie
wir andernorts beschrieben haben.[217]

Der Westen ist also gespalten, nicht nur zwischen *Unternehmen
und Arbeitnehmern* einerseits, die den Mehrwert erwirtschaften
müssen, und *Politikern und Medienzaren* andererseits, die uns stattdessen zum *Verzicht auf Gewinne aus China* auffordern, zu dreifach
teureren Produkten, also zu Gürtel-enger-Schnallen für den Krieg
… das kennt man aus der Geschichte. Gespalten, interessenmäßig,
kulturell-mental und strategisch.

Ein weiterer *zentraler Aspekt der gegenwärtigen Zeitenwende*: Wir
können *Geschichte* »spüren«, praktisch täglich »greifen«. Und alles
ist scheinbar, jedenfalls für den durchschnittlich informierten westlichen Bürger, »*überraschend*« und kommt »plötzlich«, obwohl sich
in Wirklichkeit alles seit mehr als 10 bis 15 Jahren, und zum Teil auch
schon viel länger, entwickelt, vorbereitet und angekündigt hat. Wir
schauen in diesem Buch, warum und wie und mit welchen Folgen
für unsere eigene Zukunft.

Da wankt der ehemalige Hegemon wie ein angeschossener Elefant,[218] wir müssen mit ansehen, wie er versagt angesichts einer Virusepidemie, *öffentliche Handlungsunfähigkeit, Handlungsinkompetenz*, Triagierung und vielfacher Zerfall, vor den Augen der Welt: »Corona oder: Das klägliche Ende des amerikanischen Traums«,[219] oder »A nation on the brink […] imploding on multiple fronts, all at once«,[220] wie nur US-Bürger es erschreckend glaubhaft sagen können. Hätte China gleich viele Todesfälle pro 100.000 Einwohner wie die USA gehabt, hätte es bis Ende März 2021 nahezu 2,4 Millionen Tote (statt der 4.600) gegeben.

Wir sehen auch, wie China, vor allem im Nachhinein betrachtet, sehr vieles, viele sagen: praktisch alles, richtig gemacht hat,[221] dass es einigen kapitalistischen Hauptländern mitten in deren schlimmster Krise massiv hilft, unter anderem etwa mit 30 Milliarden Masken, aktuell epidemieerfahrenem Gesundheitspersonal und anderem mehr. Eine *neue Weltgesundheitsmacht* ist entstanden, die hilft und die *Neuen Seidenstraßen der Gesundheit* anbietet. Hätte uns das jemand vor zehn Jahren prognostiziert, hätten wir ihn für einen Spinner gehalten …

Wir sehen schließlich eine zutiefst zerstrittene und uneinheitlich handelnde *EU*, die so kein Mensch braucht, phasenweise fast »stehend k.o.«.

China nach Corona:
nicht mehr bloß Welt-Konjunkturlokomotive …

Wir sehen schließlich, dass es *Deutschland* wirtschaftlich noch recht gut geht und dies eben nicht zuletzt dank seiner engen *Exportverflechtung mit und seiner Produktion in China*. Die *Deutschen Wirtschafts-Nachrichten* spitzen es so zu: »Ohne China wären Deutschlands Konzerne kaum überlebensfähig«.[222]

Nach der Finanzkrise 2007/08 zog China mit einem Investitionsprogramm von 589 Milliarden USD die Weltwirtschaft und insbesondere Deutschland für Jahre mit.[223] Und auch 2020 konterte China den wirtschaftlichen Corona-Einbruch geld- und fiskalpolitisch frühzeitig und massiv, auch wiederum abweichend von den meisten anderen G20-Ländern.[224]

Im Pandemiejahr 2020 ist China wieder als einzige größere Wirtschaft der Welt gewachsen (+2,3 Prozent, Deutschland im Vergleich: -5,1 Prozent), und wird Ende 2021 nach dem Wirtschaftsergebnis schon wieder weit oberhalb der Vor-Pandemiezeit liegen. 2020 ist es erstmals vor den USA zur *größten Kapitalimport-Nation* geworden. Trump hatte mit seinem Willkürregime eben nicht nur chinesische Investitionen verprellt, sondern auch westliches Kapital verschreckt. Dieses stimmt in der Zeitenwende »mit den Füßen« nun eben anders ab. China erzielte 2020 laut UNCTAD-Statistik 163 Milliarden USD Direktinvestitionen (+4 Prozent), während die USA auf 134 Milliarden USD einbrachen (-49 Prozent).[225] Ray Dalio scheint nicht der einzige zu sein, und auch Siemens, VW, BMW, Tesla, Bosch oder SAP sind nur die Spitzen des Eisbergs. Der IWF sagt China auf Jahre hinaus stabile Wachstumsraten von 5 Prozent voraus.[226] Das *Wallstreet Journal* stellte lapidar fest, *China sei das neue Zentrum der globalen Wirtschaft.*[227]

Die ursprüngliche Hoffnung im Westen auf eine wirtschaftliche *V-Entwicklung*, kurzer Einschnitt, schnelle Erholung, China hat sie als einziges Land geschafft.[228] Und es ist wieder die *Welt-Konjunkturlokomotive*, stärker und wichtiger als bereits nach der Finanzkrise 2008 ff. Wir zeigen, warum weder das *Epidemiebekämpfungs-»Modell China«* beziehungsweise das *»Modell Südostasien«* und nicht einmal das *»Modell Neuseeland«* im größeren Westen imitierbar wäre. Und nicht einmal die einfachsten organisatorischen Maßnahmen, die die *Ostasien-Korrespondenten* unserer großen Zeitungen inzwischen aufzeigen und anmahnen, scheinen hier umsetzbar zu sein.[229]

Andere gehen einen Schritt weiter und zeigen, dass das *Nicht-Lernen(-Wollen)* von China (bzw. Südostasien) viel mit *postkolonialer Ignoranz und Arroganz* zu tun hat.[230] Schärfer formuliert: Lieber »werden weitere Tote in Kauf genommen als dass dieses System bereit wäre, von den Roten zu lernen.«[231]

Abgesehen von den mangelnden kollektiven Handlungsfähigkeiten im Westen[232] nach vier Jahrzehnten Neoliberalismus, schon unser *antipragmatisches westliches linear-mechanisches Schwarz-Weiß-Denken*

teilt ja die Welt in simplistische Dichotomien ein: »Freund–Feind«,
»Freiheit–Unfreiheit«, »Gut–Böse«, und das schließt am Ende ein:
»Darf-imitiert-werden–Darf-nicht-imitiert-werden« ...[233]

> »[...] ist China uns in vielen Zukunftsbereichen inzwischen so weit
> voraus, dass eher wir auf das Wissen aus Asien angewiesen sind. [...]
> Die Folge ist ein Phänomen, das man ›asymmetrische Ignoranz‹ nen-
> nen könnte – in China weiß man alles über uns, während wir noch
> nicht einmal wissen, was wir über China nicht wissen.«[234]

So darf der neutrale Beobachter quasi in der Zeitlupe mit ansehen,
wie wir in der Welt zurückfallen.[235] Der Unternehmensberater Björn
Ognibeni, Herausgeber des *Disruptive China Briefing*, zählt schlicht
die Neuinfektionen pro 100.000 Einwohner in einer Woche im November 2020 auf: China 0,01, Vietnam 0,03, Südkorea 1,6, Deutschland 144, Frankreich 475[236] ...

Selbst die Auffanglinie ist hierzulande schwierig zu vermitteln:
Es muss ja nicht China sein, macht es doch wenigstens wie Singapur
oder Neuseeland ...

»Staatskapitalismus«?, »Diktatur«?, »Neuer Hegemon«? Oder
welche Ausweich- und Ablenkungsfloskeln für Lese- und Denkfaule
uns über China sonst auch immer auf die Schnelle hingeworfen werden ... Warum und wie tatsächlich das alles geht und die Welt diese dramatische Zeitenwende, diese schnelle Änderung der globalen
Strukturen durchläuft, und mit welchen Konsequenzen für uns für
die nächsten Jahre und für die Welt »nach Corona«, das wollen wir
in diesem Buch zeigen.

Und China treibt die Entwicklungen vehement voran, aus den
robusten *Tiefenstrukturen seiner Gesellschaft* heraus.[237] Warum und
wie China seinen Wirtschaftskreislauf »nach Corona« schnell reakti-
vieren konnte, die Gesellschaft intakt und solidarisch blieb und wie
es die Wirksamkeit seiner Geld- und Fiskalpolitik mithilfe der in die
Pflicht genommenen staatlichen Banken maximieren konnte, wird
von kritischen westlichen Ökonomen mit Hochdruck untersucht.[238]

Und so geht es weiter. Das *5. Plenum des 19. Zentralkomitees der
KPCh*, ein Ereignis, das noch vor 10 Jahren in den westlichen Medien

als übliches bürokratisches Ritual abgetan worden wäre und kaum mehr als eine Randnotiz erhalten hätte, erregte Ende des Jahres 2020 mediale Aufmerksamkeit: Es bereitete den *nächsten (den 14.) Fünf-jahresplan* (2021-2025) Chinas vor, in früheren Jahrzehnten noch eher ein übliches starres und statisches Top-Down-Instrument, heu-te ein beachtliches *Mobilisierungs-Instrument* der großen Ideen und Konzepte, das dann im März 2021 vor der *Politischen Konsultativ-konferenz des chinesischen Volkes* und dem *Nationalen Volkskongress* (NVK) zur Diskussion, Konkretisierung und Abstimmung vorlag. Mehr als 60 Forschungsinstitute erarbeiten mit Berechnungen und Prognosen seine Grundlagen und Konkretisierungen in 37 Themen-feldern.[239] Und man plant die eigene Entwicklung trotz global unsi-cherer Zeiten *zielstrebig noch 10 Jahre weiter, bis 2035.* Und die west-lichen Unternehmen schauen da mit gutem Grund genauer hin,[240] als es leider die westlichen Massenmedien und Politiker tun.

Die geplante *niedrigere Wachstumsrate des Sozialprodukts,* des-sen (und seines Wachstums) generelle *Relativierung* als Erfolgs-maßstab für die Zukunft zugunsten von *Lebens- und Wirtschafts-qualität,* haben ebenso Aufsehen erregt, wie die *neue Konzeption der zwei Kreisläufe* (»dual circulation«), die die *Binnenökonomie* Chinas durch stark wachsende Einkommen und erhöhte Konsum-quoten relativ zur Weltmarktabhängigkeit stärken will. Die *Armut ist endgültig beseitigt,* die *»Gesellschaft mit bescheidenem Wohl-stand«* ist erreicht, das noch bescheidene (»mittlere«) Pro-Kopf-Einkommen aber wird in alle wirtschaftlichen, technischen, öko-logischen und gesellschaftlichen Bereiche hinein um ein Vielfaches im Vergleich zum Westen »gehebelt«, hin zu *Spitzenleistungen* und hohen Dynamiken.

Das *Land öffnet sich* weiter (selbst-)bewusst dem westlichen Ka-pital, auch den westlichen Banken und Finanzunternehmen stehen die beiden großen Börsen Shanghai und Shenzhen zunehmend offen. Die alte Joint-Venture-Bedingung verschwindet und die Negativliste der Branchen, in denen westliches Kapital nicht investieren darf, ist drastisch reduziert worden. Das *neue Bürgerliche Gesetzbuch* (»Civil Code«) mit den sozialen und ökonomischen Menschenrechten, den neuen Informations- und informationellen Schutzrechten führt zu neuartigen Formen der *Herrschaft des Rechts* (»Rule of Law«) und bereitet den Weg zu künftiger direkterer und substantiellerer Demokratie, so unmöglich sich das auch in den Ohren westlicher Gralshüter des »einzig wahren Weges« anhören mag. Der »moderne sozialistische Staat« soll in der Tat die bürgerliche Vertretungsdemokratie beinhalten, vor allem aber überwinden und auf eine höhere Ebene heben. Die *Neuen Seidenstraßen, E-Government, Digitalwährung* sind weitere Kernprojekte. Der Chip-Boykott Washingtons wird in rasender Eile überwunden, und auch vor Gegensanktionen an verspätete Cowboy-Zampanos à la bekennendem Dieb, Betrüger und Lügner und ehemaligem CIA-Boss (»I was the CIA Director – We lied, we cheated, we stole.«[241]) sowie Ex-US-Außenminister Mike Pompeo (dazu weiter unten) scheut man nicht mehr zurück. Auch chinesisches Material für Hi-Tech-Produkte wird für die USA künftig nicht mehr so einfach zu haben sein.[242]

Zur Zeitenwende passte der internationale Paukenschlag, den Staatspräsident Xi bereits anlässlich der Rede zur 75-Jahr-Feier der UNO verkündete: China wird seine Rolle als *Motor des Klimaschutzes* weiter ausbauen und verkündet als einziges Land immer ehrgeizigere Klimaschutzziele. Das Maximum des chinesischen CO_2-Ausstoßes wird nun deutlich »vor 2030« liegen, mit einem CO_2 pro Sozialprodukteinheit, das 65 Prozent unter dem von 2005 liegen wird, und keine 30 Jahre später, »*vor 2060*« *wird das Land klimaneutral sein.* Bis 2030 werden *6 Milliarden Kubikmeter Wald zusätzlich* gepflanzt sein. Seit 2005 hat China bereits die doppelte Fläche Deutschlands neu aufgeforstet.[243] Und da wird mal eben in der Provinz *Hainan* ein *umfassendes Verbot* der Produktion, des Verkaufs und der Nutzung von *Einwegplastik* erlassen. Da China bisher alle seine Verpflichtungen im Rahmen des Pariser Klimaschutzabkommens vorzeitig erfüllt hat, zweifelt niemand daran, dass diese beachtlichen Versprechen Xis an die Menschheit Realität werden.

Wir werden auch berichten, wie China »*unter Corona*« *Schul-*

denerlasse und Zins- und Tilgungsmoratorien für die ärmsten Länder durchführt oder auch demnächst Schulden in Klimaschutzaktivitäten der Schuldnerländer umwandeln könnte.[244]

China öffnet sich der EU-Industrie mit einem der weitestgehenden *Investitionsschutzabkommen*, die sich so der Ex-Hegemon gar nicht mehr leisten könnte, und mit der *multilateralen südostasiatischen und pazifischen Freihandelszone* RCEP, also mit multilateraler Offenheit, die Washington auch schon lange nicht mehr kann und mit hilflosen inneren »Buy-American«-Regulierungen zu beantworten versucht. Während seine Industrie und Privathaushalte gar nicht mehr anders können, als chinesische Produkte zu kaufen, auch wenn sie durch US-Zölle teurer werden.[245] Bleibt dem Beobachter nur, lapidar festzustellen, dass »China den Handelskrieg für sich entschieden hat.«[246]

Chinas *Vorschläge, über neue internationale Strukturen zu verhandeln*, verhallen beim arrogant-ängstlichen Ex-Hegemon dennoch ungehört.

Und zwei »Geopolitiken des Impfstoffs«

Last not least werden wir zeigen, wie China sein Versprechen aus dem Jahre 2020 umsetzt, seine *Corona-Impfstoffe als globale öffentliche Güter* zu behandeln und in großen Mengen an die ärmsten Länder abzugeben, zum Teil kostenlos, zum Teil zu erschwinglichen Preisen und mit zinsgünstigen Krediten der staatlichen chinesischen Banken (die unter Corona zu vielfältigen Hilfen, auch unter Beschränkungen ihrer Renditen,[247] verpflichtet sind), zum Teil in Gestalt von Lizenzproduktionen.[248] China liefert an beziehungsweise produziert in Brasilien, Ungarn, Serbien, Ukraine, Türkei, Vereinigte Arabische Emirate, Bahrain, Äthiopien, Thailand, Indonesien, Philippinen, Malaysia, Vietnam, Laos, Kambodscha, Myanmar, Seychellen[249] … Fortsetzungen folgen.

Im Westen dagegen dominierte monatelang ein Gerangel zwischen den führenden Staaten um die knappen Impfstoffdosen; von Verteilung an die armen Länder war weit und breit nichts zu hören.[250]

Im Gegenteil, phasenweise ging es sogar um ein *Exportverbot aus der EU* (primär gerichtet gegen Brexit-Großbritannien), und sogar Jean-Claude Juncker kritisierte, dass Exportkontrollen »den Eindruck« vermittelten, »das Leiden anderer Menschen vor allem in ärmeren Ländern« spiele keine Rolle für die EU.[251] Ein Déjà-vu für einige Länder in Erinnerung an die erste Welle im Frühjahr 2020, als die EU sich durch Exportverbote von Schutzmaterial und Grenzschließungen vorübergehend faktisch aufgelöst hatte. Das faktische Exportverbot der EU Anfang 2021 wiederum rief im südosteuropäischen Ausland schlechte Erinnerungen an 2020 wach, und Serbien und andere Länder wichen auf russische und chinesische Impfstoffe aus.[252]

Der »*Weckruf für Europa*«, den mal wieder der Berliner außenpolitische Think-Tank *Stiftung Wissenschaft und Politik* (SWP) ausstieß, traf auf die Ohren eines Gelähmten.[253] Die Zeitschrift *The Africa Report* stellte fest, dass es aus den USA und der EU »auffallend still« geblieben sei.[254]

Zwei *unterschiedliche »Geopolitiken des Impfstoffs«*.[255] Die Erinnerungen gingen bei manchen noch weiter zurück: Auch bei der *Schweinegrippe 2009* hatten die reichen Länder fast alle Bestände aufgekauft.[256]

Und die *WHO-Initiative Covax* erhielt von der EU außer Spendengeldern nichts. So wird sich möglicherweise auch dieses Feld, nachdem sich der hektische Medienkampf um die besten Impfstoffe und ihre Eigenschaften vielleicht irgendwann einmal beruhigt hat, als ein weiteres Beispiel und eine *weitere Dimension der Zeitenwende* erweisen. Dann nämlich, wenn die aufstrebenden Länder Afrikas, Asiens und Lateinamerikas irgendwann Bilanz machen und feststellen, von wem sie mit Impfstoffen versorgt wurden und von wem eher nicht.[257] Die Situation des Jahres 2020, während der ersten Corona-Welle im Westen, könnte sich wiederholen, wenn die bedürftigen Länder feststellen, dass China effektiv geholfen hat …[258]

Selbst der offizielle US-*Council on Foreign Relations* stellte fest, China werde »der Gewinner« sein und »seinen Einfluss im globalen Rennen um Impfstoffe […] vergrößern.«[259]

Gespaltener Westen: Unternehmen gegen Medien

Wir im Westen hocken *medial* und *polit-ideologisch* eher mehr als früher – als China noch die verlängerte Werkbank unserer Dreck-produktion und unsere Mülldeponie war, und Russland unter Jelzin den US-Konzernen noch seine Ressourcenlager schenkte – unter einer *Käseglocke*, die uns vor wichtigen Informationen über den tatsächlichen Wandel der Welt abschirmt. Insbesondere müssen wir ja vor Originalinformationen und Originaltönen aus Moskau und Beijing geschützt werden, denn solche können wir ja nicht selbst beurteilen, wir »freien Bürger«. So werden wir abgeschottet, und man will uns das *Weltbild des finalen Existenzkampfes des Wes-tens* gegen einen gefährlichen äußeren Feind aufoktroyieren. Déjà-vu: Kennt man.

Die *deutsche Handelskammer in Beijing* veröffentlichte Anfang 2021 eine *Umfrage* unter den deutschen Unternehmen in China, unter anderem mit folgenden Ergebnissen:[260]

- über 40 Prozent aller deutschen Unternehmen in China konnten dort ihre Gewinne steigern;
- über 75 Prozent dieser Unternehmen gehen davon aus, dass sie sich in China 2021 besser entwickeln als in anderen Teilen der Welt;
- der vielbeschworene »Diebstahl geistigen Eigentums« wird nur von 20 Prozent der Unternehmen als Problem gesehen;
- 70 Prozent der Unternehmen sehen sich keinen Wettbewerbs-nachteilen gegenüber den chinesischen Unternehmen ausgesetzt.

Aber das neue *Investitionsschutzabkommen zwischen der EU und China*, das die Dinge stabilisiert und deutsche Investitionen weiter erleichtern wird, wird in Deutschland »nach Merkel«, in Kollabo-ration mit den EU-»U-Booten« der USA (Baltikum, Polen und an-dere), vermutlich durch die neue transatlantische Sammlungsbewe-gung derer, die für ihre Brötchen nicht selber aufkommen müssen, vermutlich torpediert werden.[261] Der britische *Guardian* meinte so-gar, mit dem Ende der Ära Merkel käme »der gefährlichste Moment seit dem Zweiten Weltkrieg.«[262]

Unter der westlichen medialen Käseglocke stinkt es mächtig. Alle, die China selbst kennen, die schon mal hingefahren sind, die berufliche oder touristische Erfahrungen dort gemacht haben, wissen es heutzutage besser. Die meisten anderen noch nicht unbedingt, obwohl viele *Umfragen* hier eine »bedenkliche« Offenheit der Bürger signalisieren, wie wir zeigen werden. Also: Reise planen, und Käseglocke anheben und frische Luft aus dem Rest der Welt schnuppern …

Dafür ist dieses Buch auch da: Damit wir in Zukunft kompetent und angemessen strategisch handeln können, individuell und gemeinsam, zeichnet dieses Buch ein Bild der Welt um uns herum und ihrer Veränderungen. Es sattelt damit, wie gesagt, auf das Vorgängerbuch auf, das die eine Seite, die chinesische Seite der gegenwärtigen Zeitenwende, näher beschreibt.[263] Beide »Geschwister-Bücher« sind selbstverständlich jeweils für sich lesbar.

Letzte Provokationen aus Singapur, New York und Paris: Hohes soziales Vertrauen der Chines*innen … und das glücklichste Land der Welt 2020 …

Letzte Provokation an dieser Stelle für unser herkömmliches westliches Wissen, Verständnis, Denken und Weltbild: Welches ist das glücklichste Land der Welt? Sie erraten es nicht. Wetten?

Zunächst eine Vorstufe, sozusagen: Die Unternehmen *Blackbox Research* (Singapur) und *Toluna Inc.* (Wilton, CT, USA) ermittelten in einer Umfrage in 23 Ländern die *Meinungen der Bürger zu ihren Regierungen* in Bezug auf deren Bewältigung der Corona-Krise. China lag mit 85 Prozent Positivantworten auf dem ersten Platz, gefolgt von Vietnam mit 77 Prozent Positivantworten.[264]

Wir dokumentieren in diesem Buch auch weitere internationale Studien mehrerer *US-Universitäten* (Stanford, San Diego, Harvard und Boston), die zum Teil seit Jahrzehnten Umfragen auch in China durchführen, unverdächtig großer Sympathien für dieses Land. Danach ist das *Ansehen der chinesischen Regierung und der Kommunistischen Partei Chinas* – nach erfolgreicher *Korruptionsbekämpfung* seit

den späten 2000er Jahren, nach *Armutsbeseitigung*,[265] Einkommens-
verbesserungen, Steuerreformen, massiven Umweltverbesserungen
und noch einmal nach dem erfolgreichen »Volkskampf« und »Langen Marsch« gegen das Virus – deutlich gestiegen und hat historische Höchststände erreicht.

Soviel zu Washingtons, Berlins und Brüssels Kampagnen zur
plötzlich entdeckten »größten Weltgefahr«, mit der man über mehr
als vier Jahrzehnte eng kooperiert hatte, der KPCh, neuerdings
scheinbar eine Gruppe von Menschen- und Kinderfressern, die die
nationale Sicherheit der USA gefährdet.

Aber nun zum glücklichsten Land der Welt: Da flatterte punkt-
genau, sozusagen als i-Tüpfelchen auf zahlreiche Fakten in diesem
Buch, und eigentlich auch gerade recht zur US-Präsidentenwahl,
falls so etwas in den USA wahrgenommen würde, eine kleine Sen-
sationsmeldung auf die Schreibtische: über das *Glücksempfinden der
Menschen im ersten Corona-Jahr*. Das US-Unternehmen *Ipsos*, eines
der größten Marktforschungsunternehmen der Welt mit Hauptsitz
in Paris, besonderer Sympathien für China ebenfalls unverdächtig,
führt seit vielen Jahren eine *internationale Glücksforschung* durch
und befragt in 27 Ländern repräsentative Bevölkerungspanels. Die
jüngsten Befragungen wurden im Sommer und Herbst 2020 durchgeführt.

Bei den Antwortkategorien »Ich fühle mich sehr glücklich« und
»Ich fühle mich ziemlich glücklich« *rangierte 2020 China als glück-
lichstes Land* mit 93 Prozent aller Antworten in diesen Kategorien,
bei plus 11 Prozentpunkten gegenüber der letzten Befragung.[266]

Unter den 27 befragten Ländern liegen etwa *Schweden*, einer der
Spitzenreiter in früheren »goldenen sozialdemokratischen« Zeiten,
heute einer der Hauptfollower Washingtons mit Huawei-Verboten,
Corona-Chaos und dem ganzen rechts-neoliberalen Programm, nun
nur noch auf Platz 8, Deutschland auf Platz 9 (mit einem Minus von
5 Prozentpunkten), die USA auf Platz 10 (minus 9). Glücksverluste
erfahren in Corona-Zeiten darüber hinaus die Bevölkerungen in den
klassisch neoliberalen und handlungsunfähigen und -unwilligen Va-

sallen- und Gefolgschaftsländern der USA: Polen (minus 3 Prozentpunkte), Großbritannien (minus 6), Kanada (minus 8), Australien
(minus 9), Indien (minus 11), Mexiko (minus 13), Chile (minus 15),
Peru (minus 26). Global ist das Glücksniveau »unter Corona« leicht
zurückgegangen, und der globale Durchschnitt der »sehr Glücklichen« und »ziemlich Glücklichen« liegt bei 63 Prozent.

Der zweitgrößte Aufsteiger, wieder ein »Gottseibeiuns« offiziellen westlichen Denkens, ist übrigens *Russland* (plus 11), allerdings
noch auf einem hinteren Platz (18).

Kein Wunder, dass solche Ergebnisse es nicht bis in unsere Mainstream-Medien schaffen. Käseglocke eben.

Aber auch die Käseglocke über dem alten Europa wird die Zeitenwende »da draußen« nicht aufhalten …

2.
»In the Year 2020 ...«[267][*]
Die Zeitenwende

Disruption des globalen Systems und die Welt »unter Corona«

Im Jahre 2020 unserer Zeitrechnung war eine Viruspandemie (»Corona«) der letzte Auslöser dafür, die Grenzen, die verschiedenen Unfähigkeiten und die Fragilität eines etwa drei Jahrzehnte lang unangefochten global dominierenden westlichen *globalen Herrschaftssystems* zutage treten zu lassen. Es war das globale Herrschaftssystem des *finanzialisierten und militarisierten Hegemons USA*, das eigentlich das »*Ende der Geschichte*« hätte werden sollen.

Für die meisten Menschen auf der Welt, besonders jene unter der westlichen medialen »Käseglocke«, kam die umfassende Wende, die weit über die Wirkungen einer Pandemie hinausreichte, überaus spektakulär, plötzlich und überraschend. Da kollabierten auf offener Weltbühne große Teile des westlichen Gesundheitswesens, Sozialwesens, der Wirtschaft, des Arbeitsmarktes, der gesamten Gesellschaft und der politischen Kultur, vor allem des (ehemals) mächtigsten Staates der Welt, einer Nation, die für Generationen der Traum gewesen war.

Ein langjähriger Analyst des kanadischen Verteidigungsministeriums und führender Blogger hat diese »Überraschung« des Jahres 2020, diesen »*imperialen Zusammenbruch angesichts von COVID-19*«, mit dem Bild vom »*Schwarzen Schwan*«, dem Inbegriff für ein »höchst unwahrscheinliches Ereignis«, charakterisiert: »Schwarze Schwäne fliegen ein.«[268]

---

[*]   Wir variieren den Titel des Hits »In the Year 2525« von Zager and Evans aus dem Jahr 1969.

Aber ebenso wie in der Dynamik komplexer Systeme Ereignisse, die im Alltagsbewusstsein »normalerweise« als »unwahrscheinlich« gelten, tatsächlich (und erklärbar) viel häufiger auftreten (und dann laienhaft als »überraschend« wahrgenommen werden), ist das, was wir im Jahre 2020 erkennen mussten, tatsächlich *kaum überraschend* gekommen; es hat sich vielmehr alles seit langem und zunehmend unübersehbar angekündigt.

Zugleich erkennt die Weltöffentlichkeit, meist ebenso verwundert und überrascht, den Aufstieg des noch vor kurzem armen Entwicklungslandes *China*, des im durchschnittlichen westlichen Bewusstsein immer noch »größten Umweltverschmutzers«, »Technologiediebes«, der »starren Diktatur« und so weiter, zur wirtschaftlich, technologisch, ökologisch und sogar sozialen *neuen Nummer eins*[269] – und nun auch noch zur neuen Gesundheits-Weltmacht.[270]

Damit werden nun aber auch *Konfliktniveau* und *Propagandaintensität* in der Welt zurzeit reflexartig und dramatisch nach oben getrieben, während das intellektuell-moralische Niveau der verschiedenen Propagandawellen einer neuen *globalen Fake-Industrie* dabei ebenso reflexartig degeneriert.

Und dazwischen »wir«? Eine (zuspitzende) Medienschlagzeile, halb Realismus, halb Beißreflex, meinte: »China löst die USA als Weltmacht ab – Deutschland muss sich für eine Seite entscheiden«.[271] Eine bewusste Konfliktverschärfung per »Schlag«-Zeile?

China, als neue (wirtschaftliche, technologische, ökologische und nun auch gesundheitspolitische) Nummer 1, will und wird die USA nämlich gerade *nicht als exklusive Welt-Herrschafts-Macht, als Hegemon*, ablösen, wie noch zu zeigen sein wird.[272] Und die globale Zukunft wird daher auch nicht so aussehen, dass die EU, Deutschland oder irgendeine andere Nation *gezwungen* wäre, sich »für die eine oder die andere Seite zu entscheiden«. Denn, soweit sie von China beeinflusst wird, wird es bereits absehbar eine Zukunft der *multinationalen Verhandlungen und langfristigen verlässlichen internationalen Kooperation*, der *Win-Win-Konstellationen*, sein, wie sie sich in Chinas jahrtausendealter Praxis, Kultur und Philosophie entwickelt hat. Sie dürfte die alte *europäisch-angelsächsische kolonialistisch-imperialistische Win-Lose-Konstellation und -Philosophie* ablösen, die zweihundert Jahre lang dominante Weltsicht des Kampfes und Krieges, der kolonialen und imperialen Ausbeutung der südlichen Hemisphäre und der Umverteilung in die eigenen Taschen, des Kulturkampfes der »Rassen« sowie am Ende der »Winner-takes-all«-Mentalität des Neoliberalismus. Wir werden das alles näher betrachten.[273]*

Wir leben also in einer Zeit, in der wir täglich einen dramatischen historischen Wandel spüren können, seine destruktiven, aber auch seine konstruktiven Seiten ...

Historische Disruption statt »Ende der Geschichte«

Wir leben am Anfang des dritten Jahrzehnts des 21. Jahrhunderts also offenbar in einer der nicht allzu häufigen Zeitperioden, in denen man »Geschichte« spüren kann, fast täglich den geschichtlichen Umbruch, die »Disruption«, wie man heutzutage sagt, wahrnehmen, geradezu »greifen« kann (und »be-greifen« muss). Im Negativen in den genannten, sich zuspitzenden Krisen des neoliberal-finanzialisierten, plutokratisch und militaristisch deformierten Herrschaftssystems. Und im Positiven in der vielfältigen Entwicklung *neuer Prinzipien*, alternativer Bewegungen, »grass-roots«-Veränderungen, *neuer Wirtschaftsformen* in vielen Ländern sowie *neuartiger internationaler Beziehungen*, die zwischen ihnen entstehen und die dem *Völkerrecht*[274]

---

* Natürlich ist nichts von alledem ein Ergebnis nur der letzten Jahre. Die neoliberale Rückverteilung nach oben begann Mitte der 1970er Jahre, und wir erleben heute die massiven Rückwirkungen von Jahrzehnten gesellschaftlicher Desintegrationspolitik, die trotz aller ideologischen Dominanz der neoliberalen Narrative bis in die 2000er Jahre hinein, schleichend eine »accumulation of despair« (Anhäufung von Verzweiflung), über Arbeitslosigkeit, Instabilität, Vermögensverluste in Krisen, Niedergang der öffentlichen Dienstleistungen und Infrastrukturen und relative und absolute Verarmungsprozesse, also eine verzweifelnde Gesellschaft hat entstehen lassen, wie der US-Ökonom John Komlos in einer aktuellen Studie über den relativen Niedergang des Wohlstandes, und zwar bereits seit 1979, aller außer der oberen 20 Prozent schreibt [vgl. Endnote 273].

und internationaler bürgerlicher *Zivilisation*, der Quintessenz aus den Schlächtereien des 19. und 20. Jahrhunderts, wieder Geltung verschaffen wollen.

Nach Jahrzehnten des *scheinbaren Stillstandes*, der scheinbar für ewig festgefügten monopolaren Herrschaftsstrukturen, der scheinbar unüberwindlichen Finanz- und Militärmacht des Hegemons, in denen manche, wie erwähnt, bereits das »*Ende der Geschichte*« glaubten ausrufen zu dürfen,[275] stehen wir plötzlich vor (scheinbar) völlig überraschenden historischen Entwicklungen – Umbrüchen und Turbulenzen, die allerdings alles andere als beschaulich und gemütlich sind. Die Zukunft der Menschheit steht mindestens zweifach auf dem Spiel: ob es überhaupt noch eine Zukunft wird und, wenn ja, ob es Barbarei oder Zivilisation wird.

Wir sind natürlich nicht die einzigen, die das Jahr 2020, die Wende »unter Corona«, als *Zeitenwende*, als »*Phasenübergang*« des globalen Systems zu einem neuen globalen System mit anderen Mechanismen und Verhaltensweisen oder, ähnlich, als »*Tipping Point*« oder »*Bifurkation*« (Gabelung) analysieren. In dieser Perspektive komplexer Systeme kann man eben nicht exakt prognostizieren, wohin die Welt, das globale System, am Ende driftet. Kein Geringerer als die *McKinsey Company* bestätigt aber, dass sie das *asiatische oder chinesische Jahrhundert*[276] einleiten dürften: »We may look back on this pandemic as the tipping point when the Asian Century truly began.«[277]

Und es wird sicherlich ein *eurasisches* sein, wenn die Dinge »normal« laufen können und dies nicht durch einen großen Krieg verhindert wird. Und viele Experten des globalen Systems sagen, es ist bereits da.[278]

Die westliche Finanz- und Spekulationskrise 3.0 wabert ...

In Wirklichkeit also haben sich die Disruptionen der gegenwärtigen Zeitenwende allesamt bereits länger angekündigt. Zum Beispiel blitzte die sich schon lange, auch ohne »Corona«, anbahnende Krise des dominanten, überdimensionierten finanziellen *Spekulationssek-*

tors (vulgo: »Finanzmärkte«), trotz riesiger *Geldflutungen durch die Zentralbanken*, unter »Corona« im Frühjahr 2020 tatsächlich, wenn auch nur vorübergehend, auf. Sie wurde schnell durch eine erneute »vorsätzliche Maßlosigkeit«[279] der Zentralbanken »in Champagner ertränkt«, und die Casinoparty konnte fortgesetzt werden. Die Bilanz der EZB beispielsweise explodierte in wenigen Monaten von gut 4,5 auf knapp 7 Billionen Euro.[280] Da aller Papierschrott (Aktien und Schuldverschreibungen aller Art) inzwischen von den Zentralbanken (im Namen der Steuerzahler*innen) aufgekauft wird, konnte der Spekulationshype erst einmal auf absehbare Zeit fortgesetzt werden.

Die finanzialisierte, finanziell abhängige und deshalb vielfach ausgesaugte, reduzierte, desinvestierte und oft überschuldete kapitalistische Realökonomie wurde mit der aufflackernden Finanzkrise ebenfalls in eine erneute Krise gestoßen (weniger die industriellen Großunternehmen, die, sofern in »systemrelevanten« Branchen wie Automobile, selbst für ihre Liquiditätsreserven hatten sorgen konnten; wohl aber kleine und mittlere Unternehmen und Privathaushalte). Und auch die *Krise der Realökonomie* hatte sich bereits angebahnt und wäre ebenfalls nach allen objektiven Indikatoren im Jahre 2020 fällig gewesen. Sie wurde also ebenfalls *keineswegs durch die Corona-Quarantäne verursacht* – sie wird allerdings nun durch eine (im Westen in Wellen wabernde) Pandemie erheblich verschärft.

In Deutschland speziell war das *Wachstum* des Sozialprodukts zyklisch und bedingt durch die *Einbrüche der Exportüberschüsse* im Zuge der zerbrechenden Globalisierung schon seit Jahren schwächer geworden und Ende 2019, vor »Corona«, bereits bei Stagnation (0 Prozent Wachstum) angelangt, mit sinkender Tendenz.[281] Insbesondere war das Wachstum der deutschen Exporte bereits 2019 auf fast 0 Prozent gesunken. Auch das Sozialprodukts-Wachstum in der Eurozone insgesamt bewegte sich seit 2017 kontinuierlich abwärts, von knapp 1 Prozent pro Jahr in Richtung 0 Prozent.[282]

Unter »Corona« nun brachen im Frühjahr 2020 die *deutschen Exporte* (wegen des chinesischen Lockdowns) schlagartig um mehr als

ein Drittel ein, für 2020 insgesamt ein Minus von 9,3 Prozent. Und
die Restrukturierung der Welt »nach Corona« wird wohl das *deutsche Exportweltmeister-Modell*[283] *für immer beenden.*[284] Zu hoffen
bliebe, dass die früher allzu naiv-selbstbewusste »Deutschland AG«
in der Lage sein wird, sich entsprechend mental, konzeptionell, organisatorisch, sektoral, technologisch und politisch umzustrukturie-
ren. Und hier schon zeigte sich China als Lichtblick für die deutschen
Exporte, die hier weniger einbrachen und sich schnell erholten. Für
den deutschen Maschinenbau zum Beispiel wird China »nach Corona« der wichtigste Exportmarkt vor den USA sein.[285]

Dieser Aspekt, eine erneute anfängliche Spekulationskrise und
eine bereits massive Realkrise, der im Jahr 2020 offenkundig und für
alle greifbar gewordenen Zeitenwende ist also alles andere als überraschend.

Das *Brutto-Geldvermögen*[286]* der privaten Haushalte, genauer:
des legendären obersten »1 Prozent« davon, oder der obersten 5-10
Prozent aller Haushalte, die sich überhaupt noch einkommens- und
vermögensmäßig verbessern können, nähert sich aktuell einer Höhe
von 400 Billionen USD. Der *Global Wealth Report*, den beispielsweise der Allianz-Konzern jährlich erstellt,[287]** sah hier von 2018 auf
2019 einen Vermögenszuwachs um fast 10 Prozent und prognostiziert mitten im Krisenjahr 2020 noch einmal einen Anstieg um über
3 Prozent (3,3 Prozent) gegenüber 2019, was durch die Geldflutungen der Zentralbanken an die Finanzspekulanten bedingt ist.[288] Dabei besitzen die reichsten 10 Prozent der Haushalte 84 Prozent des

---

*   Wir nehmen hier das Bruttovermögen, bei dem die Haushaltsschulden nicht
     saldiert sind, weil diese Schulden im Spekulationssektor wiederum wichtige
     Guthaben (»Assets«) mit Renditeansprüchen anderer Vermögender sind, also
     insgesamt zur fragilen (Ungleichgewichts-)Dynamik des Spekulationssektors
     beitragen.

**   So erstellen auch die Beratungsgesellschaft PwC oder die Schweizer Bank UBS
     jährliche Analysen des Vermögens ihrer potentiellen Lieblingsklientel, den
     Ultra-high-net-worth individuals mit mehr als 30 Millionen USD Netto-Ver-
     mögen, oder der etwa 2.000 Dollar-Milliardäre. Letztere haben von 2019 auf
     2020 ihr Vermögen um 17 Prozent erhöhen können [vgl. Endnote 287].

Gesamtvermögens und das legendäre *reichste 1 Prozent* 44 Prozent des Gesamtvermögens des privaten Haushaltssektors.[289]

Und die vom Besitz an Geld, geldähnlichem Vermögen, Sachkapital und natürlichen Ressourcenbeständen abgeleiteten »*Derivate*«, also Papiere mit aufgedruckten Zahlen, die einen Geldeinkommens-Anspruch ihrer Besitzer repräsentieren, im gesamten Spekulationssektor (»Finanzmärkte«) belaufen sich auf insgesamt etwa 1,5 Billiarden (!) USD (= 1.500 Billionen = 1,5 Millionen Milliarden = 1.500.000.000.000.000 USD).

Dies sind also staatlich garantierte Münzen, Banknoten und Staatsschuldverschreibungen (»Staatsbonds«), ferner privat garantierte Privatbank-Guthaben, Aktien oder Anteile an natürlichen Ressourcen (einschließlich etwa Erntebeständen, Land, Gold und anderen Edelmetallen und Rohstoffbeständen), oder auch eben jene von privaten Banken, Schattenbanken oder Finanzfonds »autorisierten«, mit Zahlen bedruckten Papiere, Eigentumstitel mit Einkommensansprüchen (also »fiktives« Geld-Kapital).

Das alles, im Besitz privater »Anleger« (»Investoren«), strebt nach *Gewinn* (Rendite), also einer ständigen Erhöhung seines Wertes. Dieser Besitz sollte zudem von einer Qualität sein, dass er am Ende einer Krise möglichst noch real weitgehend als Wert erhalten bleibt, also der dann normalerweise stattfindenden allgemeinen Entwertung entrinnt, um die nächste Casinoparty und Vermögens-Konzentrations- und -Zentralisierungsrunde anfeuern, also weitere Aufkäufe der Konkurrenz finanzieren zu können.

Diese Einkommensansprüche, also die jährlichen Kapitalrendite-Ansprüche der Vermögensverfüger, aber kann das tatsächliche jährliche *Weltsozialprodukt* von gut 85 Billionen USD nicht ansatzweise befriedigen. Es handelt sich also um das fast *18-Fache an Anspruchsinteressen* gegenüber dem, was real dafür überhaupt theoretisch aus Produktion durch Arbeit bereitgestellt werden könnte, eben dem Weltsozialprodukt. Umso höher wäre die Relation gegenüber dem Teil des Weltsozialprodukts, der als »Einkommen aus Unternehmertätigkeit und Vermögen« tatsächlich dafür bereitstehen könnte.

Unter solchen Größenrelationen eine *Krise der Kapitalverwertung*
auf Dauer zu vermeiden, ist schlicht unmöglich. Keine 30 Prozent
Rendite, keine 20, keine 10, sondern im rechnerischen Durchschnitt
eher mal 2 Prozent.

Da nützt es auf Dauer auch schon rein quantitativ nicht viel, dass
die *Zentralbanken* in den USA, England, der EU und Japan den Ge-
schäfts- und Investmentbanken, Schattenbanken, Private-Equity-
Gesellschaften, Hedgefonds und anderen großen Finanzverfügern,
aber auch großen Industrieunternehmen ständig noch weitere Billionen an frischen Jetons auf die verschiedensten Weisen der »*Geldpolitik*« in die Taschen schieben, und das schon seit längerem real zu
Negativzinsen, insgesamt bereits 35 Billionen USD seit der Finanzkrise 2008 ff., was ab 2020 nun absehbar leicht auf das Doppelte an-
steigen kann. Diese sind zwar einerseits frische Liquidität, also der
kurzfristige »Schnee« fürs Überleben (fürs Weiterspekulieren) der
»Schwerstabhängigen«, werden aber andererseits wiederum private Vermögensbestände und sodann multiplikativ wieder fiktives
Geld-Kapital-Vermögen, das in der nächsten Runde wieder umso
mehr Rendite verlangt, so dass der nächste Schuss vom Zentralbank-
Dealer noch größer sein muss.[290]

Der beabsichtigte Nebeneffekt der Geldschwemmen ist natürlich
der *Abwertungswettlauf* zwischen den Währungen, der regelmäßig in
jeder Krise eingesetzt wird.[291]

Aber wie schön, dass es wenigstens *einen* Dealer auf der Welt gibt,
der seine Kundschaft kostenlos (sogar zu realen Negativzinsen) versorgt! Und der ist von den neoliberalen Regierungen bewusst *außer-
und oberhalb von Politik und Demokratie*, von Ökonomie und Gesellschaft gestellt worden! Reicht aber, wie gesagt, auf Dauer kaum. Die
Dosis muss zumindest ständig erhöht werden.

Der *Modus der Finanzkrise* ist also zurück.[292] Die Finanzinvesti-
tionen fliehen tendenziell wieder aus der überbewerteten Realökonomie (Aktien) in scheinbar »sichere Häfen«, Gold und Staatsanleihen.
Allerdings sind ja auch die überbewertet angesichts der Unmengen
an fiktivem Geld-Kapital in privatem Besitz. Und die Zentralbanken

mussten schon länger wieder zurückrudern, bevor sie ihre Null-
zins-Politiken und *Geldschwemmen* (»*Quantitative Easing*«) der Jahre nach 2008 auch nur ansatzweise wieder normalisieren konnten:
Zinsnormalisierung adé, zurück zu Null- und Negativzinsen und
zur Geldschwemme, der Patient braucht mehr Morphium. Nie zuvor
hat zum Beispiel die EZB den Banken so viel Geld geschenkt wie
2020, mit Prämien (Negativzinsen) von bis zu 1 Prozent.[293] Aber kein
»Schnee«-Ball wächst unendlich, und auch jeder Kettenbrief reißt
irgendwann ab ...

Jenes Vielfache des Weltsozialprodukts an Spekulationskapital
kauft natürlich verzweifelt alles potentiell Werthaltige, was es kriegen kann. Große Bestände können es sich aber auch leisten, sich mal
einige Zeit in Steueroasen zu verstecken, also *gehortet* zu werden,
bis die Zeiten wieder besser werden. Man hat es ja nicht immer und
unbedingt nötig. Das, was sich aber anlegt, ist immer noch um ein
Vielfaches zu hoch und generiert *Blasen* überall (bei Aktien, Unter-
nehmens- und Staatsschuldverschreibungen, Immobilien, Derivat-
papieren oder Goldpreisen), also überbewertete Vermögensbestände, die berüchtigte »*Asset-Inflation*«.

Es wundert zunächst also auch nicht, dass das globale Spekulationskapital, nach *kurzem Absturz zu Beginn der Pandemie* (im Februar und März 2020), in dem die Spekulanten und Couponschneider
kurzfristig (wiederum zunächst nur nominal) *24 Billionen USD verloren*,[294] wieder euphorisch wurde angesichts der *Rettungsprogramme
der Staatshaushalte und Zentralbanken* und eine neue Börsenrallye
produzierte: Das »schnellste Comeback, das die Märkte je gesehen
haben«.[295] Das sogenannte Investmentbanking lief danach sogar
besser als erwartet.[296] Während die Kreditrisiken aus der Realwirtschaft kumulierten. Während die Börsen im zweiten Quartal 2020
wieder explodierten (um mehr als 30 Prozent), schrumpfte das Sozialprodukt überall um 10 Prozent und mehr.[297] Das wahre »De-
Coupling« ...

Die neuerlichen *Börsenrekordstände* ab Mai 2020 zeigten daher
angesichts des realökonomischen Desasters nichts anderes, als dass

es schlicht zu viel privates Spekulationskapital gibt, das eben nichts
Besseres mit sich anzufangen weiß, und dass das Spekulationskapital mit der Realökonomie so gut wie nichts mehr zu tun hat (außer
seine *Renten* aus ihr rauszuziehen[298]), denn die *Schere zwischen den
Entwicklungen von Realökonomie und Casino* könnten nicht größer
sein. Man könnte es vereinfachend auch »irrational« nennen, wie
sehr sich der Spekulationssektor immer mehr von den sogenannten
Fundamentaldaten entfernt.[299]

Während die *Spekulationswerte* an den Börsen durch alle Decken
schießen und die *Realökonomie einen Einbruch*[300] hat wie seit der
Großen Depression 1929/30 nicht mehr, schlafwandeln im Spekulationssektor nur noch Manisch-Depressive, emotional Labile, die sich
ständig *zwischen Euphorie und Panik* bewegen. Kein Wunder, denn
mitten in der Euphorie der Börsenhöchststände lauert der *nächste
Crash* des Spekulationssektors hinter der nächsten Ecke. Während
zum Beispiel im September 2020 in den USA das Sozialprodukt
gegenüber Vorjahr um 32 Prozent eingebrochen war, war der Bör-
senindex NASDAQ um 48 Prozent explodiert.[301] Die Billionen, die
die »Assets« (jedwede Vermögenswerte) in immer weitere Höhen
treiben, sind die Billionen, die den Mittelständlern zum Investieren,
den Haushalten zum Konsumieren und für ihre Krankenversicherung sowie dem Staat für seine Dienstleistungen, für die Kitas und
Schulen und die Infrastrukturen fehlen.

Allein der Wert der börsennotierten Unternehmen im Verhältnis
zum Sozialprodukt hat sich zwischen 2000 und 2020 von 140 auf 180
Prozent erhöht.[302] Und wo soll das seit vier Jahrzehnten von unten
nach oben umverteilte Geld in seiner Anlage- und Rendite-»Not«
denn auch hin? Sogar das *Handelsblatt* erkennt:

> »Weltweit sitzen Investoren gewissermaßen auf Kisten voller Geld.
> Sie haben das Problem, jeden Tag Milliarden loswerden zu müssen,
> und das im Zustand des fortgeschrittenen Anlagenotstands. Private-
> Equity-Firmen zum Beispiel suchen für 750 Milliarden Dollar welt-
> weit schöne Occasionen – dringend.«[303]

Und während Konzernbosse *Dividenden* verteilen, *Boni* kassieren und mit Milliarden ihre *eigenen Aktien aufkaufen*, während die Milliardenverfüger Aktien, Schuldverschreibungen, Immobilien, Gold, Ressourcen, Nahrungsmittelernten oder Kryptowährungen in immer höhere Höhen treiben, bleibt die Realökonomie, bleiben mögliche tatsächliche Investoren und Menschen, die in ihre Bildung und in ihre Kranken- oder Rentenversicherung, in die wirkliche Zukunft der Gesellschaft, investieren möchten, auf dem Trockenen, weil »die Börsenwelt sie gar nicht widerspiegelt«, so der bekannte Ökonom Kenneth Rogoff.[304]

Eine der Lieblings-»Lösungs«-Optionen lag unter der neoliberalen Gegenrevolution seit Ende der 1970er Jahre jahrzehntelang in der zusätzlichen *Liquidierung aller öffentlichen Realvermögensbestände*, die die Welt noch zu bieten hatte. Allerdings ist ja heute bereits fast alles *privatisiert*, was einstmals im *öffentlichen Eigentum* stand und Wert hatte. Die laufenden Einnahmen und Ausgaben der *Staatshaushalte* sind bereits diesbezüglich »optimiert« (Steuerbefreiungen für Kapitaleinkommen und hohe Unternehmenssubventionen in vielfältigen Formen) und können nur noch durch galoppierende *öffentliche Desinvestitionen* und *Infrastrukturverfall* in ihren »*Schwarzen Nullen*« gehalten werden. Die Vermögensbestände und Gewinne der Realökonomie (der produzierenden Unternehmen) sind über reale *Desinvestitionen* bei gleichzeitig Dutzenden Milliarden an *Dividendenzahlungen* und Hunderten Millionen an *Boni* ebenfalls schon weitgehend ausgeplündert, die *Lohnsummen* über Arbeitslosigkeit, ausufernde Niedriglohnsektoren und wachsende Armutsbereiche in der Bevölkerung bereits weitgehend abgeschmolzen, wachsende Teile der *Privathaushalte* bereits hoch verschuldet. Von der traditionellen Ökonomie aus gesehen also keine guten Aussichten mehr, die Casinoparty auf ständig steigendem Niveau ins Unendliche zu verlängern.[305]

Der Spekulationssektor muss ja, wie gesagt, so viel wie möglich nominale monetäre Anspruchsrechte aufbauen, so dass eines Tages, nach dem unvermeidlichen naturwüchsigen Eindampfen der *aufgeblähten Nominalwerte* durch die nächste Krise, noch genügend Wert für die nächste Aufkauf-, Konzentrations-, Akkumulations- und Spekulationsparty übrigbleibt.[306/307]

Und dass bei einem *globalen Verschuldungsvolumen* der (90 Prozent der) Privathaushalte, der Unternehmen und Staatshaushalte (und auch der Finanzspekulanten selbst) in Höhe von über 250 Billionen USD das Weltsozialprodukt, ein Drittel dieses Schuldenbetrages,[308] für den Schuldendienst (Zinsen und Tilgung) stets hinreichend viel abwerfen kann, selbst bei einem Null-Zinssatz, ist so sicher wie eine Laien-Jonglage ohne Netz hoch unterm Zirkuszelt. Und auch wie die Kreditgeber bei einem Null-Zinssatz (des Leitzinses der Zentralbanken, zu dem diese Frischgeld an die Spekulanten verschenken und noch eine Prämie oben drauflegen) auf ihre Zielrendite kommen sollen, muss das Geheimnis der Advokaten dieses Wahnwitzes »Finanzkapitalismus« bleiben.

Da passt die überraschende Meldung wie die Faust aufs Auge, dass Berlin und Paris, in neoliberal-kontraproduktiver Tradition, neuerdings wieder, mitten in der wabernden Finanzkrise, für eine *Lockerung der Kapitalvorschriften* eintreten, damit der Spekulationssektor weiter funktionieren kann und seine Gewinne dann wohlwollend als Kredite in die Realökonomie durchreicht.[309] Wirklichkeitsferner geht's nimmer. Getreu dem alten neoliberalen Motto der letzten vier Jahrzehnte: »Wenn die Medizin der Kapital- und Finanzliberalisierung nicht hilft, muss mehr von der Medizin verabreicht werden. Und wenn sie immer noch nicht hilft, war es immer noch zu wenig […]«. Und wenn der Patient dann tot ist, lag es mit Sicherheit an der zu geringen Dosis …

Kein Geheimnis ist jedenfalls, dass die beschriebene Gesamtkonstellation zu immer wilderen *Umverteilungsorgien* zwischen den verschiedenen Einkommensarten und zu immer hemmungsloseren spekulativen »Runs« *auf die letzten realen Ressourcen* der Welt, auf die natürlichen Ressourcen von Drittländern, auf ganze Jahresernten, die spekulativ gehortet werden, und ganze Flächenanteile von Ländern (»*Land Grabbing*«) führen muss.[310]

Viele Experten und viele der beteiligten Finanzakteure selbst sehen die Lage als *Ruhe vor dem Sturm*, die durch die Billionenspritzen nur noch etwas verlängert wurde. Die Zentralbanken haben erkennbar ihr Pulver verschossen, ihre Ideen sowieso, aber haben eben auch moralische Grenzen der Geldflutung der Spekulanten erreicht. Die künftige *Mischung der Krisenfaktoren* aus *obszöner Ungleichverteilung, absurder Überspekulation, realökonomischer Krise, Pandemie* und prophylaktischer autoritärer *politischer Gesellschaftsformierung* lässt die bevorstehenden sozialökonomischen Disruptionen erahnen, und das künftige »zahlenmäßig winzige Triumvirat aus Politik, Finanzinstitutionen und Digitalkonzernen«, eine künftige »*digitalfinanzielle Diktatur*«.[311]

Die erste *Große Depression* (Systemkrise 1.0) begann im Jahre 1929 und endete erst Ende der 1930er Jahre, also nach etwa zehn Jahren, und zwar durch das »Erfinden« und Ingangsetzen einer *Rüstungs- und Kriegsökonomie*, mehr oder weniger parallel in fast allen entwickelten kapitalistischen Ländern, von Nazi-Deutschland und Westeuropa bis nach Japan und zu den USA. Der Zweite Weltkrieg, vom macht- und raubsüchtigen, sich innerimperialistisch stets benachteiligt fühlenden, zudem rassistisch motivierten Terrorregime der deutschen Nazis vor allem gegen Osten losgetreten, war dann kein Zufall mehr. Dadurch aber läutete sie im Weiteren einen doppelten *Wandel der globalen Dominanzstruktur* ein, der damals anscheinend noch allein unter den kapitalistischen Ländern ausgetragen wurde: das Ende der Dominanz Englands und die Übernahme der *globalen Hegemonie durch die USA*. Aber parallel dazu stieg auch die *Sowjetunion* zur Weltmacht auf ... und machte Revolutionen der Ärmsten der Armen, vor allem Chinas, möglich. Alles innerhalb von 20 Jahren (1929-1949), von der Großen Depression bis zum Ergebnis des Zweiten Weltkrieges und der Gründung der VR China.

Die *Finanzkrisen 2008 ff.* (Systemkrise 2.0) und *2020 ff.* (Systemkrise 3.0) stellen sich nun heraus als zwei zusammenhängende Krisenstufen, die am Ende eine weitere große Zeitenwende zum Vorschein kommen lassen, nämlich das *Ende der monopolaren Weltstruktur des einzigen Imperiums*. Diese hatte sich nach dem Ende der »Nachkriegs«-Ordnung durch die Zerstörung der Sowjetunion 1990/91 noch einmal in aller Machtentfaltung und Dominanz für drei Jahrzehnte etabliert.

Die Systemkrise 3.0 macht nun den *Übergang der meisten globalen Dynamiken auf China* sichtbar, und auf seine international sich entwickelnden Kooperationsnetzwerke, die sich nun als eine »andere Globalisierung« herausstellen.[312] Wir kommen darauf zurück.

»Corona« bringt es an den Tag: Alte Globalisierung in Trümmern – und Washingtons aktive De-Globalisierung

Die alte Globalisierung unter der Hegemonie der »einzigen Weltmacht« war imperial: zunehmend einseitige nationale Interessen fördernd, plutokratisch in den Geber- wie in den Nehmerländern, exklusiv, ausbeuterisch, ressourcenexzessiv und verschwenderisch, armuts- und hungergenerierend, zunächst zwar nur im globalen Süden, dann aber zunehmend auch im globalen Norden – und sie hat die Erde an den Rand der Klimakatastrophe geführt.[313] Journalistisch wurde die alte Globalisierung jüngst beispielsweise schon als »Mogelpackung« beschrieben, und es wurde formuliert: »Die Globalisierung ist an ihrer eigenen Lüge gescheitert.«[314]

Sie ist, gemessen an ihren offiziellen Rhetoriken und den jahrzehntelangen Heilsversprechen des Westens, völlig »aus dem Ruder gelaufen« und »an die Wand gefahren«. Immer mehr Länder der Welt konnten oder wollten nicht mehr so funktionieren, wie es die »Geschäftsgrundlage« der alten Globalisierung verlangte. Eine Art *immanenter, schleichender De-Globalisierung* hatte daher schon seit längerem eingesetzt.[315]

Mit dem Aufstieg Chinas und anderer Länder Ostasiens und Westeuropas (hier insbesondere des Exportweltmeisters Deutschland) sowie der Stabilisierung und überraschend starken neuen Weltmachtrolle Russlands drehte sich der *Nutzen-Kosten-Überschuss des Imperiums* aus der von ihm selbst geprägten Globalisierung schon seit Ende der 1990er Jahre allmählich um: Die *militärischen Sicherungskosten* stiegen und die Kosten der *Sanktionierungsregimes*

gegen immer mehr unbotmäßige Länder, die eigene *industrielle Basis*
zerbröckelte und damit die alte Steuerkraft, *Massenarmut*, *Infrastruk-*
turverfall, Gesellschafts-, Moral- und Politikverfall breiteten sich aus,
die *Mittelklasse* wurde von einer rücksichtslosen räuberischen Plutokratie der »0,1 Prozent« ausgebeutet und zerrieben, und die traditionelle soziale politische Basis des Systems und seines Parteienduopols
(Arbeiterschaft: Demokraten, Mittelständler und Farmer: Republikaner) erodierte.[316] Die Weltherrschaft des Imperiums konnte sich
immer weniger auf eine innere ökonomische und soziale Basis, auf
Industrie, Arbeit und Vertrauen, stützen. Angesichts dieser »*ameri-*
kanischen Dystopie«[317] blieben dem imperialen Tempel nur noch drei
Säulen erhalten:

1.) die *Währungsdominanz* des Dollars, für die die Wall Street dem
   importierten globalen Spekulationskapital, das die wachsende
   Verschuldung der USA finanziert(e), die an der Wall Street selbst
   künstlich generierten hohen Spekulationsgewinne (bei allerdings
   zunehmendem Risiko) versprach,

2.) die (fast) *globale Macht der US-IT-Konzerne* und schließlich

3.) die (quantitativ) *alles dominierende Militärmacht*.

Eine doch etwas reduzierte Säulenbasis für einen globalen hegemonialen »Tempel«; da hängt der Dachaufbau doch bereits bedenklich
schief. Insbesondere kann sich die hegemoniale Macht, wie gesagt,
nicht mehr auf eigene industrielle Produktion, Warenexport und
vor allem auf Kapitalexport (Direktinvestitionen) stützen, sondern
braucht stattdessen den *Kapitalimport*.[318] Die explodierende Verschuldung des amerikanischen Staates sowie der US-Gesellschaft
(Haushalte) und Wirtschaft (Unternehmen) konnte, wie gesagt, nur
noch durch Kapitalimporte bezahlt werden. Ein zunehmend fragiler Mechanismus, der trotz verschiedener Krisen fast vier Jahrzehnte
(1980er Jahre bis 2020) funktionierte, der allerdings mit der Finanzkrise 2.0 im Jahre 2008 schon seine ersten größeren Schläge einstecken musste. Im Jahre 2020 wankte der »Tempel« bereits erkennbar.

Mit Trump zog Washington dann ab 2016 komplett die Reiß-
leine für die *Pax Americana*, die US-dominierte und -gelenkte *alte*

Globalisierung, die zerrüttet war und dem Hegemon nur noch eine Nutzen-Kosten-Relation von < 1 einbrachte. Einige haben diese Zeit auf die Periode ab 1990 (Zusammenbruch der Sowjetunion) bezogen und sogar bis 2015 ausgedehnt (operativer Beginn der Neuen-Seidenstraßen-Initiative), gleichzeitig aber ähnlich argumentiert, wie wir es oben getan haben, dass genau diese Zeit der scheinbar höchsten Macht des Hegemons tatsächlich schon die Zeit seines Niedergangs war, die Zeit der Überstrapazierung seiner Kapazitäten in einer faktisch multipolarer gewordenen Welt.[319] Eine neue Hegemonialrolle der USA wird heute daran scheitern, »dass historisch die Zeiten der hegemonialen Rolle eines Landes in der Welt vorbei sind und sich zunehmend eine multipolare Welt ohne ein führendes wirtschaftliches, militärisches und politisches Zentrum herausbildet.«[320]

Die früheren eigenen Spielregeln für das globale Herrschaftssystem wurden offen aufgekündigt. Der frühere Multilateralismus und das Regieren durch die eigenen internationalen Organisationen (Internationaler Währungsfonds – IWF, Weltbank – WB, WTO), in denen die USA das Sagen haben, war zumindest im Handelsbereich (WTO) schon seit längerem durch einen *Bilateralismus des internationalen Handelssystems* abgelöst worden,[321] nachdem China 2001 in die WTO aufgenommen worden war, sich aber erkennbar nicht zum neoliberalen Finanzkapitalismus hin entwickelte, sich vielmehr in seiner nationalen Entwicklungsrichtung zunehmend unabhängig machen konnte[322] und außerdem noch zunehmend an Einfluss gewann. Am Ende boykottierten die USA im Zuge des Handelskrieges gegen China die WTO vollends (zum Beispiel durch Nicht-Wiederbesetzung der Richterstellen des Appellationsgerichts).[323] Ein Wirtschaftsmedium hat dies als ein »Ausschalten der WTO als Teil der amerikanischen Dominanz-Politik«[324] charakterisiert.

Das politische *Hineinregieren in Kreditnehmerländer* und das Aufoktroyieren von Verarmungs- und Oligarchisierungsprozessen in ärmeren Drittländern durch *IWF* und *WB* funktionierten zwar noch eine ganze Weile,[325] und zum Teil auch noch heute, allerdings immer schlechter, nachdem das Gewicht Chinas größer wurde und nachdem *chinesische und ostasiatische Entwicklungsbanken* als nicht politisch bevormundende Konkurrenz zu IWF und WB entstanden waren und für immer mehr Kreditnehmerländer attraktiver wurden. Die traditionelle »*Scheckbuch-Diplomatie*« der USA kommt damit an ihre Grenzen, denn China ist kein Armutssozialismus mehr, der finanziell niederkonkurriert werden könnte; Chinas Sozialismusmodell generiert Geld-Kapitalüberschuss und übertrumpft die USA nun auch in der »Dritten Welt«, in den Drittländern.[326]

Am aktuellen Beispiel des *Libanon*, in den die USA über massive Forderungen und Drohungen der US-Botschafterin hineinregieren und der in seiner sozialen und ökonomischen Not auch mit dem IWF (dementsprechend) nicht weiterkommt, kann man exemplarisch beobachten, wie sich sogar »westlich orientierte« Länder allmählich auf alternative Finanzierungen und damit auf China umorientieren.[327] China leistet hier nun elementare Infrastruktur-Aufbauhilfe des zerstörten Landes, ohne die Daumenschrauben der USA und des IWF.[328] Da kam die *Riesenexplosion im Hafen von Beirut* im August 2020 dem Westen perfekt zupass, um mit der bekannten Strategie des »*Shock and awe*« dem Libanon nun Hilfe anzubieten unter der Bedingung, dass er die vom Westen lange geforderten »*Reformen*« durchführt, sich also einem *Regime Change* unterziehen lässt, um seine neutrale Position zwischen den USA und China sowie im Syrienkrieg aufzugeben und Teil des westlichen Systems und damit weitere Aufmarschbasis des Westens im Syrienkrieg und *gegen die Neuen Seidenstraßen* im Nahen Osten zu werden.

Die langjährigen und ständig *neuen Kriege im Greater Middle East* weisen allesamt ein Merkmal, wenn nicht ein Muster auf, das sogar die westlichen Medien-Spatzen von den Dächern pfeifen: Der latente Krieg im östlichen Mittelmeer, in dem Frankreich stellvertretend für die NATO mitmischt, ebenso wie der neu inszenierte Krieg (um Bergkarabach im Kaukasus) Armeniens gegen Aserbaidschan werden offen als *Attacken zur Ver- oder zumindest Behinderung der Lückenschlüsse der verschiedenen Neue-Seidenstraßen-Verbindungen*

(Meeresrouten, Pipelines, Bahntrassen) gehandelt. Demnach zielt beispielsweise Armenien auf die Pipelines und Eisenbahnrouten, die Teil der Neuen Seidenstraßen sind und durch Aserbaidschan und Georgien laufen.[329]

Die *UNO* und ihre fachlichen *Unterorganisationen* hatten die USA bereits seit den 1980er Jahren zunehmend ausgebremst und unter Druck gesetzt, indem sie aus zahlreichen Unterorganisationen ausgetreten waren, anderen Unterorganisationen und zum Teil der UNO insgesamt die Mitgliedsbeiträge vorenthielten oder auch, je nach US-kritischen UN-Abstimmungen, kürzten oder verzögert überwiesen. Dies geschah umso mehr, je mehr die USA und die mit ihnen abstimmenden Mitgliedsländer der EU, also der »Westen«, in der UNO und ihren Unterorganisationen (UNESCO, UNEP, FAO, WHO) in die Minderheitsposition gerieten und chinesische und andere »Süd«-Initiativen beständig zu den überwältigenden Mehrheitspositionen wurden.

Trumps Washington begann also, die WTO zu boykottieren, trat aus dem Pariser Klimaabkommen im Rahmen der UNEP aus, wie schon zuvor aus UNESCO, UN-Menschenrechtsrat, dem UN-Palästinenserhilfswerk UNRWA und anderen UN-Organisationen, dem internationalen Atomabkommen mit dem Iran (dem *Joint Comprehensive Plan of Action*, JCPOA) und weiteren internationalen Verträgen, und strich in der aktuellen Corona-Pandemie der WHO den Mitgliedsbeitrag wegen deren zu effektiver und erfolgreicher Kooperation mit China während dessen Kampfes gegen die Epidemie Januar bis März 2020.[330]

Inzwischen ist das Schwellenland *China der zweitgrößte Beitragszahler der UNO.*[331] Und die Reden der Staatspräsidenten der USA und Chinas zum *75. Gründungsjubiläum der UNO* im September 2020 hätten von Inhalt und Stil her unterschiedlicher nicht sein können. China, das, außer einem kleinen Militärkontingent zur Sicherung seiner Investitionen im Hafen von Dschibuti (dort präsent auch: USA, Deutschland, Frankreich, Italien, Japan und Saudi-Arabien), praktisch keine Militärstützpunkte in Drittländern und keine Be-

satzungstruppen besitzt und keinerlei Kriege führt, stellt innerhalb
der UNO mit 40.000 Soldat*innen dagegen das *größte Kontingent an
Friedenstruppen* (»Blauhelmen«) im Rahmen einstimmig beschlos-
sener Interventionen des UN-Sicherheitsrates.[332]

Die vorgebrachten Begründungen Washingtons sind oft abenteuerlich und hinterlassen stets sprachloses Entsetzen in den jeweiligen Fachkreisen der Welt. Aber genau das war es, was auch Trumps
Administration brauchte, besonders mit Blick auf den Wahltermin
Ende 2020, um den richtigen »Stoff« zu liefern für seine im Schnitt
wenig gebildete, oft verarmte, sozial benachteiligte oder sonstwie
frustrierte und gewaltbereite Wählerschaft. Eine durchaus mensch-
heitsgefährdende Mischung, die sich nicht einfach wieder einfangen
lassen wird. Und die USA sind ja die meiste Zeit faktisch im Wahlkampfmodus, weil das Land zutiefst zwischen DEMs und REPs gespalten ist (siehe oben) und es immer um die »Rettung Amerikas«
gegen die »anderen«, die »Feinde Amerikas« geht.

Zum Ziehen der Notbremse durch das Imperium gehörten also
auch die bewusste und offen erklärte *Zerstörung der früheren Prinzipien und Regeln des internationalen Systems,* die ja unter dem bestim-
menden Einfluss des Empire aufgestellt worden waren, ein weiter um
sich greifender Regelbruch, im Bereich geheimdienstlicher und offen-
militärischer Interventionen, der Handelspolitik, des Völkerrechts insgesamt, aber auch im Bereich der internationalen Diplomatie-Kultur,
mit *übergriffigen Frechheiten* selbst gegenüber den eigenen europäischen Anhängern. Verbunden war das mit einem wildwuchernden,
kaum noch überschaubaren, wirtschaftlich-finanziell-personellen
Sanktionsregime[333] gegenüber allen Unbotmäßigen – insgesamt ein
willkürliches Droh-, Interventions- und Kriegssystem. Hinzu kommt
die wildwuchernde *exterritoriale Anwendung* von US-Gesetzen und
-Verfügungen. Das Völkerrecht war ja ohnehin bereits Anfang der
1990er Jahre, unmittelbar nach Zerstörung der Sowjetunion, zugunsten eines willkürlichen Kriegs- und Kriegsdroh-Regimes über Bord
geworfen worden. Und nicht umsonst ist geschrieben worden: »Die
USA – tickende Zeitbombe in der Weltpolitik.«[334]

Hier geht es um den immer wilderen Sanktionierungs-Amok Washingtons, der zunehmend auch willkürlich Individuen in Ämtern betrifft und willkürliches Konfiszieren von Eigentum von Staaten und Individuen beinhaltet, soweit die USA darauf zugreifen können. Zuletzt hatte es zum Beispiel auch Führungspersonal des Internationalen Strafgerichtshofs in Den Haag getroffen. Frau Merkel und Herr Maas in Berlin, die sich in der EU auch gern als Sanktionierer gen Osten hervortun, fanden kein Wort der Inschutznahme der Chefanklägerin des Internationalen Strafgerichtshofs, Frau Fatou Bensouda.[335]

Zum schleichenden immanenten Zerfall der alten Globalisierung (aus ihren inneren Mechanismen heraus), also zur »endogenen De-Globalisierung«, trat so also verschärfend die *aktive politische De-Globalisierung* hinzu. Trump als Person war ja, wie schon bemerkt, keineswegs die Ursache der politisch gemachten De-Globalisierung »on top« der ohnehin stattgefundenen Zerfallsprozesse, sondern Symptom des »*Rückzugs eines herausgeforderten Hegemons von der globalen Bühne*«.[336]

Was das Land übrigens unfähig macht zur weiteren Übernahme der Rolle eines Treibers der globalen Prozesse, so die De-Globalisierungs-Analyse, sind die *Folgen seiner explodierenden sozialen Ungleichheit*.[337]

Diese sahen wir bekanntlich im Sommer 2020 *im Innern* des abtretenden Hegemons auch anhand der Proteste aus Anlass eines weiteren Polizeimordes an einem wehrlosen Schwarzen. Wir erkennen damit generell die sozialen und politischen Konsequenzen von *vier Jahrzehnten neoliberaler Reichenmästung* und Massenverschuldung und -verarmung, sozialer Ungerechtigkeit und *sozialen Zerfalls*,[338] die die US-Eliten wohl nicht mehr in den Griff bekommen werden (vorausgesetzt, sie wollten es überhaupt), wir erkennen ein vielfach gespaltenes Land, Jahrzehnte des Frustrations-, Wut-, Hass- und Gewaltaufbaus.[339] Und ein weiteres Mal haben wir angesichts der Bilder aus den USA fast schon Mitleid mit dem wankenden Tyrannosaurus Rex.

Zurück zur De-Globalisierung: Trotz allem halten wir die plakative Äußerung der neuen Chefvolkswirtin der Weltbank, Carmen Reinhart, für falsch: »[...] COVID-19 ist der letzte Sargnagel für die Globalisierung.«[340]

Was sie meint, ist die *alte Globalisierung*, die seit längerem, spätestens seit den 2010er Jahren, aus inneren Widersprüchen heraus auch quantitativ messbar bereits zurückgegangen war, unter Washingtons »America-First!«-Strategie politisch proaktiv weiter zerstört wurde und deren Wertschöpfungsketten sich unter Corona als hochgradig fragil, nicht nachhaltig und in vieler Hinsicht nicht funktional erwiesen haben. Für diese alte Globalisierung kann »Corona« in der Tat der letzte Sargnagel sein. Wenn die Menschheit die zunehmenden Aggressionsanfälle des niedergehenden Hegemons gegen die aufkommende neue globale historische Normalität und ihren Protagonisten, China, überleben sollte, dann wird es ab 2021 eine *Re-Globalisierung* geben,[341] die aus den alten Fehlern lernen wird. Wir kommen auf Einzelheiten zurück.

Politische De-Globalisierung und Entkopplung Chinas

Offenbar erleben wir also nicht nur das Ende der alten Globalisierung und ihres Hegemonialsystems, sondern auch die aktive Zerschlagung einiger ihrer zentralen Regulierungselemente, also genau dessen, was seit Jahrzehnten als »Globalisierung« gepriesen wurde, und zwar durch den Hegemon selbst. Die eigene alte Globalisierung nützt ihm nicht mehr; die Rolle des (mehr oder weniger sanften oder offenen) Weltdiktators hat ihn ressourcenmäßig überfordert. Seine zum großen Teil privatisierte Armee ist nicht nur absolut, sondern auch pro Soldat mit weitem Abstand eine der teuersten der Welt.

Die aktive Zerschlagung der bestehenden internationalen Strukturen durch die USA selbst fokussiert naturgemäß auf China und wird in immer weiteren Eskalationsstufen betrieben, in Form aktiver politischer, ökonomischer, technologischer und gesellschaftlicher *Entkopplung*, »De-Coupling«, bei Handel, Investitionen, Produktion und Geldwesen, Technologie, Bildung und Wissenschaft, Medien, allgemeinem gesellschaftlichem Austausch – und seit der Corona-Pandemie 2020 auch im Gesundheitswesen.

Im *Medienwesen* zum Beispiel wurden chinesische Journalisten vom Weißen Haus plötzlich als »Agenten« diffamiert und von Pressekonferenzen des Hausherrn ausgeschlossen,[342] während chinesische Studenten und Wissenschaftler von Washington rundweg als Spione verleumdet wurden.

Hier drehte Anfang 2021 Washingtons Hauptvasall, »Groß«-Britanniens »Weltpolitiker« Brexit-Chaos-Johnson an der neuen Kalten-Kriegs-Schraube eine weitere Umdrehung: Er zensierte und stoppte die Ausstrahlung des chinesischen Senders *CGTN* wegen »mangelnder Unabhängigkeit«. Die westlichen Medien schwiegen darüber zwei Tage lang. Erst als Beijing als Reaktion darauf die Ausstrahlung der *BBC* in China verbot, war das »Zensur«-Geschrei im Westen groß.[343] Der Fall lehrt ein weiteres Mal zweierlei: erstens, wie der *Kalte Krieg 2.0* fabriziert wird, und zweitens die immer dreistere Einseitigkeit der westlichen Kartell-Medien.

Im *Geldwesen* kursieren bereits Gerüchte, wonach China aus dem Dollar-Zahlungssystem ausgeschlossen werden soll.[344] Im *Bildungs- und Wissenschaftssystem* und allgemeinen gesellschaftlichen Austausch sehen sich Chines*innen in den USA zudem zunehmendem Rassismus ausgesetzt.[345] Es folgte später im Jahr 2020 eine crashartige provokative Schließung eines chinesischen Konsulats in Houston, Texas, und China ist inzwischen dazu übergegangen, solche Dinge nicht mehr stillschweigend hinzunehmen, sondern mit gleicher Münze zurückzuzahlen, typischerweise allerdings stets mit kleinen Gesten der Deeskalation.

Nach der Konsulatsschließung oder dem Verbot für chinesische Airlines, Ziele in den USA anzufliegen,[346] folgten Mitte 2020 die *Ankündigung eines grenzenlosen Krieges gegen China* mit allen Mitteln und in einer symbolträchtigen Rede des damaligen Außenministers Pompeo die Drohung einer Konterrevolution (»Regime Change«) durch Washington.[347]

Die aktive politische *Anti-Globalisierung*, mit Schwerpunkt des Kampfes gegen China, ergänzt und beschleunigt so die bereits vorhandenen immanenten De-Globalisierungstendenzen der letzten drei Jahrzehnte. Das Globalisierungs-Narrativ wurde ersetzt durch das offene Ziel eines im Grundsatz grenzenlosen *nationalen Egoismus* und der unverhohlenen *Umverteilung* in jeder internationalen Austausch- und Kooperationsbeziehung zum *eigenen Nutzen* und zum Schaden anderer, auf die berüchtigte Formel gebracht: »America first«.

Die Rücksichtslosigkeit nationalistischer internationaler Machtpolitik im Abstieg des Imperiums ist damit zu einer nach unten offenen Skala geworden. Der US-Autor John Feffer hat den »atemberaubenden Niedergang der USA unter Trump« auch als den Wandel Washingtons unter Trump von einem ehemals »liberalen Internationalismus« zu einem »illiberalen Nationalismus« charakterisiert.[348] Wir werden dies noch vertiefen.

An der Wahrnehmung der eigenen *inneren Probleme* der USA war ursprünglich durchaus nicht alles unangemessen und unter »America first!« durchaus nicht alles falsch: Zum Teil richtig gefühlt, aber nicht verstanden. Nach mehr als vier Jahrzehnten neoliberaler Staats-, Wirtschafts- und Gesellschaftszerstörung bräuchte dieses Land einen Multi-Billionen-Mega-Marshall-Plan für sich selbst, angelegt auf mindestens vier Jahrzehnte, wenn nicht gar mehrere Generationen der Heilung der Nation. Wie sich die USA ökonomisch und gesellschaftlich tatsächlich wieder leistungsfähig und für die einfachen Menschen lebenswert machen könnten, steht allerdings auf einem anderen Blatt.

Kein Mensch und kein Land, und schon gar nicht China, kann ein Interesse an einem dauerhaft schwächelnden Land USA haben. Wenn Washington aber nicht hinreichend lernfähig ist und sich als künftige Nummer zwei oder drei nicht konstruktiv neu erfinden kann, wird die Welt nicht warten, und der Niedergang der USA wird krisenhaft und chaotisch werden und für die Menschheit vermutlich hochgefährlich.

Die *Krisenelemente* für die »Pax Americana« jedenfalls sind offenkundig geworden:

1.) die neue systemische Konkurrenz und Herausforderung für die unumschränkte globale Dominanz der USA in Gestalt Chinas,

2.) die immanenten Finanz- und Wirtschaftskrisen des degenerierten internationalen Finanzkapitalismus, von denen die Große Finanzkrise 2008 ff. und die ihr folgende und bis heute andauernde Große Rezession nur die vorläufig letzten waren,

3.) die Umwelt- und Klimakrise eines ökologisch unhaltbaren ökonomischen Systems,

4.) die Völkerwanderungen und Migrationskrisen, die durch die verheerenden Wirkungen der alten Globalisierung und ihres globalen Militär- und Interventionsregimes verursacht werden und soziale und sozialpsychologische Krisen des Kapitalismus nach sich ziehen, und schließlich

5.) die »Corona«-Pandemie als letzter Auslöser einer »finalen Entzauberung der Globalisierung«.[349]

3.
Von der De-Globalisierung
zu einer neuartigen Re-Globalisierung
»Corona« zeigt unhaltbare internationale Wertschöpfungsketten

Exportstopps,
Unterbrechungen der Wertschöpfungsketten

»Corona« hat nun die De-Globalisierung des alten internationalen Systems massiv verschärft, genauer gesagt: die Ruinen der alten Globalisierung schlaglichtartig beleuchtet. Die etablierten überkomplexen Wertschöpfungsketten drohen nun zu zerbrechen.

Und übrigens nicht nur bei industriellen Produkten, sondern, noch gefährlicher, auch bei *agrarischen* Gütern und *Nahrungsmitteln*. Während die Wall Street insgesamt mit mehreren Welt-Jahresernten an Weizen spekuliert und sie spekulativ hortet, entsteht »unter Corona« plötzlich auch eine *globale Wahrnehmung der Fragilität* der Welt-Agrarmärkte: Der Weizenhandel droht zusammenzubrechen, da Weizen produzierende Länder beginnen, ihre Exporte zu blockieren.[350]

Was Trump im Populismus des »America first« mit seinen verqueren Weltvorstellungen, seinem verkorksten Bild von Ökonomie und seinen klientelistischen Steuersenkungen, der Beseitigung ökologischer Rücksichtnahmen, Lohnsenkungen und so weiter vage verbalisierte, nämlich »amerikanische Arbeitsplätze zurückzuholen«, kann angesichts der Komplexität der Wertschöpfungsketten, des internationalen Systems und der laufenden Krisenprozesse in diesem Leben und in dieser Welt nicht gelingen. Neoliberale, angebotsseitige Maßnahmen sind zu dumm und zu kurz gedacht, um in modernen komplexen Ökonomien wirken zu können.[351] Trumps *Tax Cuts and Jobs Act*, faktisch die massiven Steuersenkungen für Konzerne, hatte auch noch zwei Jahre nach seinem Einsatz nachweislich *keinerlei* »*Trickle-Down*«-*Effekt* in Richtung auf Investitionen und Arbeitsplatzschaffung gezeitigt.[352] Dies war lediglich eine konsequente *Fortsetzung des Totalversagens* der alten, vier Jahrzehnte währenden neoliberalen Reichenpamperung in Form der sogenannten *angebots-orientierten* Ökonomik und Wirtschaftspolitik. Im Gegenteil, das jährliche Investitionswachstum sank über die zwei Folgejahre der Gesetzesverabschiedung auf etwa ein Viertel, »allowing corporations and their shareholders to make out like bandits«.[353] Neoliberale Angebotspolitik als reine *Mitnahme*, Reichenpflege eben. Ohne reale Effekte.

Die Amerikanische Handelskammer in China stellte in einer Befragung von 200 US-Unternehmen in China Ende 2020 entsprechend fest, dass *nur 3 Prozent* von ihnen planten, *in die USA zurückzukehren*.[354]

US-Konzerne produzierten in China ja längst nicht mehr wegen der billigeren Löhne. Die Löhne in China sind teilweise bereits höher als in Michigan und anderswo im »Rust Belt« des ehemals produzierenden Amerika. Sie produzieren in China, weil dort das technologische und organisatorische Wissen, die gut ausgebildeten Menschen, flexible Finanzierungsbedingungen, die Sicherheit der Rahmenbedingungen, modernste Infrastrukturen sowie die Offenheit und Kompetenzen der öffentlichen Akteure für modernste Produktion vorhanden sind – und weil genau diese Basis für fortgeschrittene Produktionen in den vom Spekulationssektor ausgeplünderten USA kaum noch existiert. Da kann Washington seine Konzerne noch so sehr nötigen, nach Vietnam, Indien, Thailand und andere Billiglohnländer umzusiedeln.

Die *fragile Zulieferabhängigkeit* im Dreieck China/Südostasien–USA–EU und die entsprechende Vulnerabilität des Kerns der globalen Wertschöpfungsketten hat »Corona« schlaglichtartig deutlich werden lassen. Washington wird das mit noch so gigantischen

Steuersenkungen, Zollerhöhungen und verzweifelten Huawei-Total-verboten[355] Trumps nicht korrigieren oder gar nachhaltiger struktu-rieren können:

> »Chinas Wirtschaft ist deutlich stoßfester als die amerikanische, wes-halb die aggressive US-Handelspolitik einer Selbstverletzung gleich-kommt. [...] Die neue Mischung aus Plan- und Marktwirtschaft [in China – W.E.] kann [...] aus sich selbst heraus eine Dynamik ent-fachen, die für Jahre das Wirtschaftswachstum treibt. Die Integration Chinas in die Weltwirtschaft kann Amerika nicht mehr stoppen.«[356]

Wiederaufbau der Wertschöpfungsketten »nach Corona«

Restrukturierungen der Wertschöpfungsketten werden in der Tat vorrangig *aus China kommen*. Es zeigte sich nämlich auch für Chi-na, dass die alte Globalisierung die *Abhängigkeiten zu groß* und die internationalen Verflechtungen, gemessen an den gegebenen *ge-meinsamen internationalen Steuerungsmöglichkeiten*, zu komplex hat werden lassen. Und China muss den beabsichtigen Todesstößen Wa-shingtons ausweichen und sich seinerzeit vom amoklaufenden Ex-Hegemon entkoppeln.

China wird seinen Weg der Umstrukturierung zu einer mehr autonomen, *sich selbst versorgenden Binnenökonomie*, den es seit 2012 mit bereits deutlichen Strukturveränderungen geht,[357] ver-stärken. Eine Politik mit dem Ziel des *Exportweltmeisters*, von der Deutschland, trotz klar erkennbarer Gefahren, bis zuletzt unfähig war sich zu lösen, hat China schon seit einigen Jahren nicht mehr verfolgt. Eine solche »beggar-thy-neighbor-policy«, das »Erfolgsmo-dell«, mit dem Deutschland nun zwangsläufig in massive Probleme geraten ist, hat China längst hinter sich gelassen. Während *Deutsch-land* noch 2019 einen *Exportüberschuss* (Leistungsbilanzüberschuss) in Höhe von 7,3 Prozent des Sozialprodukts (BIP) aufwies, hat sich *China* schon auf 0,9 Prozent heruntergearbeitet,[358] also die härtes-te aller wirtschaftspolitischen Drogen überwunden.[359] Zu Chinas Sozialproduktswachstum von 6,5 Prozent (2018) hatte der Export-überschuss nur noch unbedeutende 1,5 Prozentpunkte beigetragen.

Chinas Wachstum wird also nur noch zu weniger als einem Viertel vom Exportüberschuss gespeist.[360] Der Exportüberschuss mit den USA ist davon wiederum nur ein Bruchteil.

Wie dumm (oder dumm-ignorant-aggressiv-brutal) müssen die Trump-Berater, Handelsbeauftragter Lighthizer oder »China-Berater« Navarro (beides gelernte Juristen), gewesen sein, ihren »Deal-Maker« in der Illusion zu belassen, die »Strafzölle« auf Importe aus China wären »freies, von China bezahltes Geld« und die USA könnten Beijing mit Zöllen ernsthaft schaden?![361]

Wir kommen darauf zurück und werden noch zeigen, dass es angesichts der tatsächlichen Abhängigkeiten und Reaktionen (»Elastizitäten«[362]*) die importierenden US-Firmen und damit die US-Verbraucher sind, die solche Rechnungen zu bezahlen haben.

Die globalen Wertschöpfungsketten unter der alten Globalisierung »der freien Märkte« (unter der Hegemonie der USA, des Dollars, der US-IT-Konzerne und des US-Militärs) sind bei weitem zu komplex geworden, gemessen an dem, was an relativ simplen, also bei weitem nicht adäquat komplexen, internationalen Regelungsmechanismen (UNO, G7, G20, WTO, IWF, WB und so weiter) existiert. Sie werden daher nun *durch »Corona« naturwüchsig-krisenhaft de-globalisiert*, also vereinfacht und auf die Steuerungsfähigkeit der Nationalstaaten und ihrer möglichen internationalen Vertragsbildungsmöglichkeiten »heruntergefahren«. Eine krisenhafte Korrektur ähnlich einer Vermögenswerte-Eindampfung im Rahmen einer

---

*   Eine Elastizität ist die relative Änderung einer Größe (in Prozent) bezogen auf die relative Änderung einer anderen (»verursachenden« Größe), in diesem Fall die angenommene relative Reduktion der Nachfrage-Mengen bezogen auf eine relative Preiserhöhung. Trump schwebte hier eine große negative Größe (von weit unter -1) vor, also eine große (überproportionale) Reduktion der US-amerikanischen Nachfrage nach chinesischen Konsum- und Investitionsgütern (einschließlich Vorlieferprodukte) in Reaktion auf die Verteuerung chinesischer Güter in den USA durch die Zölle. Tatsächlich reagieren die US-Nachfragen nach chinesischen Gütern so gut wie gar nicht auf Preiserhöhungen. Die Elastizitäten verbleiben bei 0. Es ist offensichtlich, dass in den scheinbar »technischen« Elastizitäten gesellschaftliche Institutionen, Normen und Strukturen zum Ausdruck kommen.

normalen kapitalistischen Überproduktionskrise oder eines Finanz-Meltdown. Die Wertschöpfungsketten werden daher »nach Corona« politisch neu justiert werden müssen.

Regionalisierung, Lokalisierung, Resilienz …

Kritische Ökonomen, Kultur- und Kapitalismuskritiker, Ökologen und Alternative aller Art haben, seit der berühmten Studie »Grenzen des Wachstums« (1972), das Problem des Wachstumszwangs hin zu *Übergröße* und *Überkomplexität* in den letzten fünf Jahrzehnten in zahllosen Formen benannt. Die Analysen und Warnungen gingen vom oft nur moralisch und esoterisch interpretierten »small is beautiful«[363] bis hin zu zahlreichen Analysen über die höhere *Resilienz und Effektivität* von räumlicher Gestuftheit ökonomischer Netzwerke, von lokaler Ökonomie und *Regionalisierung* bis hin zu angemessen organisierter und gesteuerter Internationalisierung, in der ökonomischen Wissenschaft in den letzten zwei Jahrzehnten auch als *Meso-Ökonomie* entwickelt.[364]

»Nach Corona« werden die Wertschöpfungsketten also vermutlich *diversifiziert, verkürzt,* weniger risikoanfällig gemacht und mit *höheren Lagerbeständen* versehen werden[365] und dabei zu einem Teil *re-nationalisiert* und *regionalisiert.*[366/367] Und chinesische Unternehmen waren Mitte 2020 bereits dabei, neben der forcierten Digitalisierung genau diese Lehren aus der Epidemie umzusetzen, wie *McKinsey* aus China berichtete.[368]

Aber künftige höhere *Resilienz* des globalen Austauschsystems sollte nicht mit der spezifischen *De-Coupling*-Strategie der USA gegen China in einen Topf geworfen werden, wie es in manchen Studien geschieht,[369] und künftig höhere Resilienz sollte nicht mit feindlicher »Entkopplung«, sondern im Gegenteil mit differenzierterer und verlässlicherer Kooperation einhergehen.

Das seit Jahrzehnten in der Regionalökonomik verwendete Konzept einer »*Glokalisierung*« wird vermutlich neu belebt sowie systematischer umgesetzt werden. Die Literatur über Globalisierung, De-Globalisierung, *Globalisierungsgrade* und die internationalen Wertschöpfungsketten »nach Corona« wächst seit Frühjahr 2020 erkennbar.[370]

Im Westen werden viele die Dinge dahingehend (miss-)interpretieren (oder eben als willkommenen politischen Anlass dafür nehmen), dass Produktionen von China »zurückzuholen« oder in »sicherere Häfen« (USA!?) zu verlagern seien.[371] Washington jedenfalls nimmt die Corona-Disruption zum Anlass, die *Lieferketten mit China zu zerstören* (zu »sprengen«, oder »cut off« und »blow up«, wie die Presse berichtet),[372] Produktion aus China heraus zu verlagern in andere südostasiatische Länder und eine *konfrontative Blockbildung* USA/EU gegen China, Russland und die Seidenstraßen-Partner voranzutreiben. Auch die Biden-Administration wird daran wenig ändern.

... *versus Destruktion und »Entkopplung«*

Dazu gehörte das erneute Verbot (durch Trump) im Frühjahr 2020 für amerikanische Unternehmen, Chips an *Huawei* zu verkaufen.[373] Ein weiterer verzweifelter Versuch, auf Kosten der eigenen Unternehmen »Abkopplung« zu betreiben, der Huawei allerdings nicht mehr existentiell schaden kann und es mittelfristig nur noch stärker (und die amerikanische Industrie schwächer) macht. Huawei hat sein neuestes Handymodell bereits kurz nach dem Boykott durch Washington international präsentiert, bereits ganz *ohne US-Chips*. Das für Huawei nun gesperrte *Google Android Betriebssystem* konnte von ihm unverzüglich auf Basis der Open-Source-Version von Android durch ein eigenes Betriebssystem ersetzt werden. Eine neue *App-Allianz* wird bald auch neben die Google Play und Apple Stores treten. Und Washington ist es auch nach dem Stichtag für den *Chip-Totalboykott* (15.9.2020) immer noch nicht gelungen, alle Chip-Zulieferer von Huawei einzufangen, die irgendwo US-Produkte verbauen.[374] Washingtons Technologiekrieg pusht vielmehr *Huaweis und Chinas Technologieentwicklung*.[375]

Plötzlich, nach jahrzehntelanger engster wirtschaftlicher Verflechtung der USA mit China, nach jahrzehntelanger struktureller

Abhängigkeit Chinas von den USA, und kurz nachdem Huawei *Weltmarktführer in Netzwerktechnik* geworden war, hatte Washington ja »erkannt«, dass die *europäischen Netzwerke* »sauber« werden müssten, und »die Kommunistische Partei Chinas keine Achtung vor dem menschlichen Leben«[376] hätte. Wow, das war dann nach 40 Jahren Produktion durch amerikanische Konzerne in China aber mal eine tolle Geheimdiensterkenntnis. Plötzlich hatte man auch erkannt, dass »die europäischen Demokratien durch den Big-Brother-Überwachungsstaat bedroht« seien (nein, nicht durch die globale NSA-Überwachung, sondern durch China). Und US-Politiker warnen plötzlich davor, dass »*Deutschland [...] seinen eigenen Weg gehen würde.*«[377]

Und die *immer wilderen Mischungen aus wirtschaftlicher Erpressung, immer absurderen Fakes und immer obszönerer Pseudomoral*, das *Prinzip Trump*, das zum neuen *System Washington* geworden ist, verfängt, in Berlin, Paris und Warschau ebenso wie in London, Kanada,[378] Australien,[379] Neuseeland, Japan, Indien, Brasilien und Singapur, die *neue Gefolgschaft des abtretenden ehemaligen Hegemons*. Trump wirkt (nach).

Da nützt es natürlich auch nichts, dass Huawei, übrigens von der Unternehmensform her eine Genossenschaft, eher weniger Regierungskontakte in China hat als die US-IT-Giganten in Washington,[380] dass *Huawei*, im Gegensatz zum Beispiel zu Intel, Cisco oder Siemens,[381] nachweislich keine Spionage-Hard- oder -Software installiert und den westlichen Regierungen angeboten hat, *alle sicherheitsrelevanten Einstellungen offenzulegen* (die das *Bundesamt für Sicherheit in der Informationstechnik* und andere Bundesbehörden, die für die Beteiligung von Huawei am deutschen Netzausbau votiert haben, ohnehin alle kennen).[382]

Da nützt auch nichts, dass *China eine globale Initiative für weltweite Datensicherheit vorgeschlagen* hat.[383] Es bleibt dabei: »*Der Dieb schreit: Haltet den Dieb!*«[384] US- und deutsche Geheimdienste haben nachweislich seit ewig die sogenannten *Hintertüren* für Spionage benutzt, und es ist in den USA offiziell, dass zum Beispiel *Intel* für seine Exportprodukte solche Hintertüren regelmäßig installiert.[385]

Aber die *neue transatlantische Sammlungsbewegung* wird um die Vorgänge »Huawei«, »TikTok« und andere chinesische Firmen und Produkte als internationale wirtschaftliche und politische *Entkopplungsmaschine gegen China* zusammengeschweißt, aus den Materialien »Fakes«, »Erpressung« und »Abstiegsängste«. Wir kommen am Beispiel der Geschehnisse um Corona & Co. ausführlich auf diesen eigentlichen Hintergrund zurück …

Für die *Billigproduktion des Westens*, für die Chinas Löhne inzwischen ohnehin zu hoch werden und die in China auch nicht mehr gewollt wird, hat man nun das inzwischen politisch konforme, weil hindu-fundamentalistisch regierte und in der Corona-Epidemie daher gleichermaßen chaotische Entwicklungsland *Indien*[386] ausgeguckt.[387]

Den *Neuen Seidenstraßen*[388] haben die USA und ihre engsten Verbündeten, Kanada, Japan, Australien und Indien, im November 2019 im Sinne von De-Coupling und *paralleler Globalisierungsblöcke*[389] die Alternative »*Blue Dot Network*« einer angeblichen globalen Infrastrukturförderung entgegengestellt.[390] Gehört hat man seit der Verkündung nichts mehr davon. Dem Multi-Billionen-Finanzierungspotential der Neuen Seidenstraßen wird hier die Alternative *privater Konzern- und Bankenfinanzierung* entgegengesetzt, die allerdings schon in den 100 Jahren zuvor weder Afrika noch Lateinamerika noch Südostasien wirklich entwickelt hat.[391]

Die *EU* verfolgt dabei ihre eigene global-geostrategische Alternative mit oft *bilateralen Freihandelsabkommen* mit Lateinamerika, Afrika und Südostasien sowie mit sogenannten *Konnektivitätsstrategien* gegenüber diesen Regionen. Die Investitionssummen, die aber hier von Berlin, Paris oder London in den Raum gestellt wurden, sind ebenfalls kaum der Rede wert. Kein Wunder etwa, dass die Afrikanische Union (AU) den für Ende 2020 angesetzten *EU-AU-Gipfel* erstmals mit der Vorab-Forderung versehen hat, dass sie in dieser »Partnerschaft« nicht mehr länger als Rohstofflieferant behandelt wird. Der Gipfel wurde daraufhin erst einmal verschoben. Hintergrund ist, dass Afrika heute attraktive Partneralternativen hat, wie China und seine *Neue Seidenstraße*, auch *Belt and Road Initiative* (BRI) genannt, mit denen es eine echte Industrialisierung erfährt.[392] Das (neo-)liberale Instrument der Freihandelsabkommen, etwa jüngst mit *Mercosur*, ist strukturell unfähig zu Entwicklung und Umweltschutz und trägt zur Schaffung von Agrarwüsten für den Fleischbedarf der EU bei und damit zur Vernichtung des südamerikanischen Regenwaldes.[393]

Die EU und ihre Mitgliedsländer schippern nun auch auf dem »*Entkopplungs*«-Dampfer gegen China mit, mit dem, was sie neuerdings unter »*Industriepolitik*« verstehen, was aber zunächst eine überwiegend *negative und protektionistische Restriktionspolitik* gegen die vergleichsweise geringen chinesischen Investitionen ist, mit der man zum Beispiel Huawei aus der Errichtung des *5G*-Netzes heraushalten will (so Boris Johnson in GB) oder indem Emmanuel Macron der Firma *Renault* Corona-Hilfen zusagt unter der Voraussetzung, dass sie Produktion aus China zurückverlagert.[394] Macron profiliert sich außerdem mit *Anti-Huawei-Gesetzen*, die sogar französische IT-Konzerne zwingen, bis 2028 Tausende von Sendemasten abzubauen, die mit Huawei-Technologie gebaut worden waren.[395] »Freiheitliche Marktwirtschaft« konkret.

Und Japan gibt 2,2 Milliarden USD aus, um *30 japanische Unternehmen aus China abziehen* zu können.[396] Eine positive, konstruktive längerfristige strukturpolitische Konzeption, die international im Sinne von win-win verhandelt werden könnte, ist bei solchem »*Reshoring*« unter Corona noch nicht erkennbar. Wir kommen auf die Lage und Politik der EU zurück.

In jedem Fall aber wird »Entkopplung«, wie gesagt, nicht schnell und einfach gehen und vor allem für die USA und Großbritannien, aber auch für Frankreich nicht einfach werden. Zwar verhandelt zum Beispiel *Apple*, politisch gedrängt von Washington, mit Vietnam über Produktionsverlagerungen aus China, jedoch bietet China eben ein *weltweit einmaliges Geschäftsumfeld für großdimensionierte High-Tech-Produktionen*, die nicht einfach in einem beliebigen anderen, kleineren Land herstellbar sind: »Shenzhen [...] gilt [...] als das einzige Cluster weltweit, wo für die Entwicklung eines neuen Elektronikprodukts das komplette Know-how von Software über Chips und Displays bis zur Fertigungstechnologie vorhanden ist. So etwas ist kaum ersetzbar.«[397]

Und ein Hi-Tech-Cluster wie Shenzhen ist zugleich ein hochattraktiver Finanzierungs-Hub: »Shenzhen unterhält die weltweit erfolgreichste Börse, nicht New York. Seit dem 4. Januar 2019 konnte sich der Shenzhen Component Index um 85 Prozent steigern, der Dow Jones Industrial im gleichen Zeitraum um 19 Prozent.«[398]

Der größte Börsengang bisher, mit einem Kaufwert von circa 37 Milliarden USD, ist der der chinesischen *Ant Group* des *Alibaba* Konzerns, der, obgleich wegen des Vorwurfs monopolistischer Praktiken und Umstrukturierungsforderungen durch die Finanzaufsicht verschoben, nicht mehr in New York, sondern in Shanghai und Shenzhen und eventuell noch in Hongkong stattfinden wird.[399]

Washington gefährdet sich selbst mit seinen Disruptionen gegen China immer mehr. Und Trump konnte ja, wie gesagt, *kaum Industriejobs zurückholen.*[400] Viele neue, modernste Wertschöpfungsketten werden künftig an den USA vorbeigehen.

Beijing hat zum Beispiel auch den US-Unternehmen in China geholfen, ihre Lieferketten aufrechtzuerhalten und schnellstens wieder aus der Corona-Krise zu kommen. *Tesla* zum Beispiel denkt nicht im Traum daran, seine innerhalb von einem Jahr verbaute Milliardeninvestition in China wieder stillzulegen, seinen chinesischen 560-Millionen-USD-Kredit zurückzureichen, die Produktion, die gerade in Rekordzeit angefahren wurde, wieder herunterzufahren oder seine Kooperation mit dem chinesischen Batteriehersteller *CATL* wieder zu beenden. *Walmart* denkt nicht daran, seine geplanten 500 weiteren Filialen in China sausen zu lassen. Keine *US-Bank oder -Versicherung* wird sich freiwillig aus den Kapitalmärkten (Börsen) von Shanghai oder Shenzhen zurückziehen. Und die US-*Chipindustrie* warnte eindringlich, falls Trump sie politisch hätte zwingen wollen, dass sie auf ein 80-Milliarden-USD-Geschäft in China verzichten müsste.[401]

Die *Amerikanische Handelskammer* hatte zum Beispiel auch davor gewarnt, die Interessen der 1.300 US-Unternehmen in *Hongkong* zu gefährden durch weitere Washingtoner Anleitung, Aufheizung, Finanzierung und organisatorische Unterstützung der gewalttätigen Zerstörungen,[402] und die großen britischen Banken verärgern ihren Regierungschef, Brexit-Johnson, damit, dass sie das neue *chinesische Sicherheitsgesetz* unterstützen, das nun den bisher unvollständigen Anhang III des Hongkonger *Basic Law*, das 1997 zwischen GB und China vereinbart wurde, endlich vervollständigt.[403] Sie alle haben eingesehen, wie Trumps und Johnsons Chaosstrategien am Beispiel Hongkongs die Investitionen und Gewinne der eigenen amerikanischen und britischen Banken und Unternehmen und den Finanzplatz Hongkong gefährdet haben.[404] Nach Verabschiedung des Sicherheitsgesetzes fand ein großer Zufluss von Kapital nach Hongkong statt, eine Abstimmung der US- und GB-Konzerne mit den Füßen, gegen die eigenen Regierungen ...[405]

Washington schneidet sich mit seinen Eskalationsstrategien zur Verhinderung des chinesischen Aufstiegs also erkennbar mehr ins eigene Fleisch als in das Chinas.[406] Und London nicht anders. »Teures decoupling.«[407]

Zumal *mit China über alles verhandelt* werden könnte, und China Verhandlungen über alles Mögliche ständig anbietet, eine Option, die jedoch einem auf *kulturellen Endkampf, Weltkrieg und Endsieg* hochgepushten Washington (und seinem Annex London) anscheinend mental nicht mehr zur Verfügung steht.

Dabei hat kein Mensch und kein Land, auch China nicht, ein Interesse daran, dass die *USA (und GB) ohne jegliche moderne industrielle Basis* dastehen, industriell *verletzlich* bis hin zum möglichen *Kollaps* sind und als realökonomische Partner international nur noch sehr begrenzt taugen. Aber unter neoliberaler Finanzialisierung und Globalisierung haben die US-Konzerne die globalen Strukturen so hergestellt. Für eine künftige bessere ökonomische Welt aber taugt das Modell der *Deindustrialisierung* und spekulativen *Finanzialisierung*, das Modell »Wall Street« und »Londoner City«, nicht. Kritische Beobachter bezweifeln sogar, dass die USA überhaupt noch eine wirkliche »Ökonomie« (im Sinne eines funktionierenden Wirtschaftskreislaufs) hätten.[408] Die USA werden sich verkalkuliert haben mit ihrem globalen Wirtschaftskonzept, falls es irgendwann einmal zu einem ausgeglicheneren und nachhaltigeren ökonomischen Weltsystem kommen sollte. Über dann notwendige neue internationale Arbeitsteilungen und Wertschöpfungsketten ließe sich verhandeln, und nur über Verhandlungen lassen sich bessere internationale Strukturen und die bessere Welt erreichen. Chinas konfuzianische Weisheit enthält das seit 2.500 Jahren;[409] Washington weiß es wohl noch nicht und verkämpft sich in den eigenen Sumpf.

Re-Globalisierung und Neue Seidenstraßen

Von China ausgehend werden dagegen nun »nach Corona« die schon bestehenden Initiativen im Rahmen der *Neuen Seidenstraßen* (BRI), mit ihren über *130 Ländern* und über *30 internationalen und UN-Organisationen als Partnern*, bereits weiter verstärkt. Das stellt darauf ab, die Wertschöpfungsketten nicht nur international räumlich neu zu konfigurieren, mit Schwerpunkt in den BRI-Kooperationsländern, zwischen denen der Handel eben nicht mehr politischer Willkür oder den Bedingungen politischer Botmäßigkeit unterworfen ist, sondern auch zu *dezentralisieren* und in neue Regionen zu *diversifizieren*.[410]

Während *Chinas Ökonomie* schon seit Mitte 2020, nach (zunächst) durchgestandener Epidemie, *wieder auf Normalniveau* fährt, wird der *Zeitvorsprung*, den man sich mühevoll und mit hohen ökonomischen Kosten und Risiken erarbeitet hat, tatsächlich auch genutzt. *Chinas Exporte*, vor allem mit den kooperierenden Seidenstraßen-Partnerländern Eurasiens und Afrikas, sind, selbst für Analysten überraschend, sogar im ersten Quartal 2020, in der turbulentesten Zeit der chinesischen Epidemie, um über 3 Prozent gestiegen. Und die proaktiven Partnerländer der Neuen Seidenstraßen werden erkennbar die Gewinner der Restrukturierung der Wertschöpfungsketten sein.

»Belt & Road on track«[411]

Afrikanische Kooperationspartner beispielsweise werden bereits heute so einbezogen, dass sie absehbar als neue industrialisierte Regionen in einen zwischenstaatlich vereinbarten und vertraglich gesicherten *intra-industriellen Austausch* mit China eintreten können und leistungsfähige entwickelte Industrieländer werden können. Chinesische IT-Firmen liefern nicht nur *günstige Mobiltelefone* in afrikanische Länder, sondern organisieren auch einen entsprechenden *Wissenstransfer mit Schulungen in Afrika*.[412] Huawei verankert sich in Afrika immer stärker als der willkommene IT-Alphabetisierer, trotz aller Sanktionsdrohungen der USA gegen Afrika.[413] Diese Re-Globalisierung schließt den Aufbau *regionaler spezialisierter Industriecluster in Afrika* ein, wie es auch bereits in Südostasien, Zentralasien und Russland geschieht.

Die tiefsitzende kulturelle (konfuzianische) chinesische Kooperations-Philosophie[414] scheint mit alter afrikanischer Kooperations-Philosophie (»*Ubuntu*«)[415] zu harmonieren.

Die neuen Wertschöpfungsstrukturen können international über industriepolitische Staatsverträge so gesteuert werden, dass die *neuartige Globalisierung* nicht wieder gegen die Wand fährt wie die alte. Der künftigen (vielleicht sogar reduzierten) Komplexität der internationalen Wertschöpfungsketten wird dann die (offenbar erhöhte) Komplexität der Steuerungsmöglichkeiten entsprechen.[416]

Zur Zeitenwende 2020 ff. gehören also der vielschichtige Prozess der De-Globalisierung, aber eben auch gleichzeitige Prozesse der Re-Globalisierung auf neuer Basis, mit neuen Prinzipien, Regeln, Standards und Instrumenten.[417] China wird eine Re-Globalisierung mit neuen Partnern und neuen Regionen, neuen Arbeitsteilungen, neuen Routen, neuer Logistik und neuen Steuerungsformen fördern.[418]

4.
Die »plötzliche« Gesundheits-Großmacht
*Wie China die Epidemie bekämpfte und
dem Westen wertvolle Informationen
und Zeitvorsprünge bereitstellte*

*China analysiert als erstes Land das neue Virus,
das bereits um die Welt war*

Seit langem ist bekannt, dass die Menschheit viren- und bakterien-
biologisch zunehmend »auf der Rasierklinge« tanzt, da wir es mit
einem jahrzehntelangen, zunehmend kritischen »Rüstungswettlauf« zwischen immer schnelleren und »intelligenteren« genetischen
Mutations- und Adaptionsfähigkeiten und deren medizinischer Erkenntnis, Analyse und Bekämpfung mithilfe von (hinterherlaufen-
den) Serumentwicklungen zu tun haben.

Das neue, und zu der Zeit bereits global verbreitete, »Corona«-
Virus konnte Anfang Januar 2020 *zuerst in China identifiziert und
analysiert* werden,[419] obwohl es bereits im Herbst 2019 »unaufgeklär-
te« Todesfälle nach Lungenkrankheiten unbekannter Symptomatik
in den USA, Frankreich oder Italien gegeben hatte, die man schlicht
aus mangelnder Analysefähigkeit, oder aus mangelndem Analyseinteresse, als »Grippe« ad acta gelegt hatte (dazu noch weiter unten).

Die Gesundheitsorganisation der UNO, die *WHO*, hatte wiederholt und auf verschiedensten Ebenen höchste fachliche Wertschät-
zung für den chinesischen Umgang mit der Epidemie geäußert. Kein
anderes Land der Welt habe solch gut ausgearbeitete Pläne, Umset-
zungsfähigkeiten und Schutzmaßnahmen bezüglich der öffentlichen
Gesundheit wie China.[420] China hatte damit, zur Überraschung des
westlichen Normal-Medien-Konsumenten, seine enorm gewachse-

nen Kapazitäten in Medizin, »Life Sciences« und »Public Health« unter Beweis gestellt. Kein Vergleich mit der Situation zur Zeit des Ausbruchs des SARS-Virus im Jahre 2002/03, so die WHO.

Nach Aussage des WHO-Exekutivdirektors Michael Ryan wurde auch die schnellste Identifikation und Charakterisierung eines neuen Pathogens (Ermittlung der Genomsequenz) in der bisherigen Geschichte geleistet, die zudem dann unmittelbar international geteilt wurde:[421]

> »China tut das Richtige und reagiert massiv. Ich bringe von meinen China-Besuchen den Eindruck einer absoluten Verpflichtung der chinesischen Regierung mit, die Gesundheit der Bevölkerung an die erste Stelle zu setzen (»health of people first«). Solch intensive Meetings mit einer Verpflichtung der Regierung bis hinauf zum Staatspräsidenten hat es nach meiner Erinnerung noch nie gegeben.«[422]

WHO-Generaldirektor Tedros Adhanom Ghebreyesus sprach in einer Pressekonferenz von täglichen Treffen mit dem chinesischen Gesundheitsminister und Treffen mit dem Staatspräsidenten Xi und zeigte sich »sehr ermutigt und beeindruckt vom detaillierten Wissen des Staatspräsidenten über die Epidemie und dessen persönliche Einbindung in alle Maßnahmen. Für mich eine seltene Form von Führungsverhalten.«[423]

Man vergleiche allein die *Ermittlungszeiten der Genomsequenzen* in früheren Epidemien: Bei der Ebola-Epidemie in Afrika 2014 brauchte das US-amerikanische CDC (Center for Disease Control and Prevention) dafür zwei Monate.[424] Bei der Schweinegrippe in den USA 2009, mit 55 Millionen Infizierten und 55.000 Toten, brauchte das CDC noch mehr als sechs Wochen. China schaffte es dieses Mal in knapp zwei Wochen. Zur exakten Chronologie der Ereignisse noch später.

Die sozialen, staatlich-organisatorischen und logistischen Leistungen der chinesischen Quarantäne-Maßnahmen waren einzigartig: Dutzende Millionen Menschen wurden mithilfe von circa acht Millionen Helfern dezentral in ihren Wohnungen und Häusern mit Lebensmitteln versorgt.[425] Entgegen westlichen medialen

Räuberpistolen, wonach »Schwache zurückgelassen« wurden, war die Nachbarschaftshilfe und -verbindung mit Hilfe von *WeChat*-Anwendungen (dem chinesischen Äquivalent des amerikanischen *WhatsApp*) offenbar gut organisiert.[426] Aus meinen eigenen direkten E-Mail-Kontakten berichtete mir eine Studentin zu meiner Überraschung, dass sie zweimal am Tag die angelieferten Nahrungsmittel vom Hauseingang abholte, sie in den Etagen, für die sie sich zuständig erklärt hatte, verteilte und die Leute an die Messung und Weiterleitung ihrer Temperatur erinnerte. Leistungsfähige Anwendungen sozialer Medien dienten auch der schnellen Erkennung und Meldung neuer Krankheitssymptome. Eine *WeChat*-Anwendung erinnerte die Menschen zweimal täglich daran, Fieber zu messen und die Daten einzusenden.

Fakten statt Fakes: Eine kurze Chronologie der Epidemie

Da heutzutage westliche Politik und Medienpolitik ja aufgrund des Wildwest-Vorgehens des *Washingtoner Fakezentrums* immer mehr *regel-, standard-, normen- und ethikfrei* zu werden droht, ein globales politisches US-Freestyle-Wrestling für den hybriden Krieg, werden ja selbst nachprüfbare Fakten heutzutage, arm an Verständnis, aber reich an Dreistigkeit, infrage gestellt und geleugnet. Man kann daher nicht oft genug die nachweisbaren Fakten in Erinnerung rufen.

Bereits am 31.12.2019 informierte China die WHO offiziell über die ersten Infektionsfälle mit Lungenentzündungen neuartiger, noch unbekannter Art und den ersten Toten.

Ab 3.1.2020, vor dem Hintergrund von erst wenigen Infektionen, informierte China die WHO und die Welt über die dafür vorhandenen speziellen Epidemie-Websites offiziell über eine drohende neuartige Epidemie, und von da ab regelmäßig und quasi in Echtzeit über den Verlauf der Infektionen.

Bereits am 8.1.2020 konnte China den neuen Erreger SARS-CoV-2 identifizieren. Auch dies wurde international mitgeteilt.

Bereits am 10.1.2020 konnte die vollständige genetische Struktur (Genomsequenz) des Virus analysiert werden, und sie wurde sofort international online gestellt, so dass im Westen noch etwa *acht Wochen Zeit* gewesen wären, die nötigen Test-Sets zu entwickeln, Schutzmasken und -bekleidungen sowie Atemgeräte, da unter Bruch der internationalen Regeln über Notfallpläne fast nirgendwo gelagert, nun endlich zu beschaffen und Intensivplätze und Krankenhauskapazitäten aufzubauen.[427]

Am 20.1.2020 konnte aufgrund eingehender epidemiologischer Analysen nachgewiesen werden, dass der Erreger von Mensch zu Mensch übertragbar ist und somit eine Pandemie drohte.

Am 23.1.2020 wurden die Multimillionenstadt Wuhan und dann die Region Hubei vollständig abgeriegelt, unter Quarantäne gestellt und die in der *WHO vereinbarten lokalen, regionalen und nationalen Notfallpläne* umgesetzt.

Die gesamte Chronologie des Auftretens von »COVID-2« in China ist unter anderem auf der WHO-Website dokumentiert.[428/429]*/[430] Wir kommen auf Details zurück.

WHO gegen Washingtoner China-Bashing

Die WHO, deren Experten die Lage anfänglich noch etwas anders einzuschätzen schienen als die chinesischen Experten und Behörden, die bereits maximal konsequent gegen das Virus vorgingen, gaben im Januar und Februar 2020 zwar entsprechende *internationale Warnungen* heraus, die für die Fachwelt und die Behörden in allen Ländern völlig unmissverständlich waren, erklärten aber erst am 11.3.2020 die Epidemie formal zur *Pandemie*. Diese Verzögerung in der fachlichen Beschlussfassung dürfte sich durch das Drängen Washingtons gegenüber der WHO erklären, den Notstand schnellstmöglich auszurufen, um China sofort international isolieren und eine China-Bashing-Kampagne starten zu können. Dagegen hat sich die Fachorganisation WHO zu Recht gewehrt. Die Verzögerung lie-

---

* Die exakte Chronologie der internationalen Ereignisse seit der Entdeckung und Entschlüsselung von COVID-19 in China ist tagesgenau rekonstruiert worden, und damit auch das unentschuldbare Zögern des Westens nach den Warnungen Chinas [vgl. Endnote 429].

ferte aber keinerlei Entschuldigung für das wochenlange Fehlverhalten, das Nichthandeln, der führenden westlichen Regierungen. Alle
fachlichen Informationen lagen schließlich weltweit auf dem Tisch,
und die Virologen haben ihre jeweiligen Regierungen rechtzeitig
aufgefordert zu handeln.

Wer daraufhin heute erklärt, die WHO habe in irgendeiner Weise
»versagt«, wie Trumps Washington und seine üblichen »Follower«
es taten, setzt bewusst und gezielt Lügen in die Welt, um vom *eigenen gigantischen Versagen, der eigenen unglaublichen Unfähigkeit
und dem entsetzlichen Chaos im eigenen Land* abzulenken, wie der
genannte international erfahrene Schweizer Arzt *Paul Robert Vogt*
betonte. Alle relevanten Informationen waren, wie gesagt, ab Anfang
Januar 2020 international online und nahezu in Echtzeit verfügbar,
und mehr als 3 Milliarden Menschen auf der Welt verfolgten die
COVID-19 *Updates aus China alle 15 Minuten* allein an den Dash-
boards der WHO und der *Johns Hopkins Universität*.[431]

Zwei Monate bevor die Pandemie auch in Europa und den USA
– bis dahin als »Grippe« ad acta gelegt – unübersehbar, erkannt und
anerkannt wurde. Dort traf sie dann jedoch auf ein *völlig unzuläng-
liches Gesundheitswesen und völlig unvorbereitete staatliche Hand-
lungsstrukturen.*

*Aber die westlichen Mainstream-Medien versuchen uns bis heute
einzureden, China hätte »vertuscht«. Wenn jemand etwas vertuscht
hat, dann die Länder, die ab Sommer 2019 die früheren Mutationen
des Coronavirus in ihren Krankenhäusern nicht erkennen wollten.*

Washington hatte also die WHO frühzeitig gedrängt, einen maximal scharfen Pandemiebeschluss zu fassen, allerdings offensichtlich
in völligem Desinteresse an der Sache selbst, denn anderenfalls wären massive eigene Vorbereitungen getroffen worden. Vielmehr geschah das aus dem durchsichtigen *geostrategischen* Interesse heraus,
China maximal schnell und umfassend vom Rest der Welt zu isolieren
in der Hoffnung, es *wirtschaftlich schädigen zu können* und dort *soziale Unruhen zu provozieren*, entsprechend den Drehbüchern der
Netflix-Produktion und der Film-Doku, die das »Event 201« in Sze-

ne gesetzt haben. Eine in vieler Hinsicht für die USA selbst geradezu fatale Fehlbeurteilung der Lage!

Dass sich die WHO zunächst gesträubt hat, sich zum geostrategischen Instrument degradieren zu lassen, war nachvollziehbar, veranlasste Washington aber später (ab April 2020) dazu, die *WHO unter Generalverdacht* zu stellen, ihr die *US-Mitgliedsbeiträge zu sperren* und schließlich ganz aus ihr *auszutreten*. Durchaus eine konsequente Fortführung der jahrzehntelangen Methode Washingtons, eine politisch nicht mehr steuerbare UNO und ihre »unbotmäßigen« Fachorganisationen mit finanzieller Erpressung und Austrittsdrohungen unter Druck zu setzen.[432]

Wir kommen noch zurück auf die eigentliche *ideologisch-propagandistische Seite* der Abläufe, für die die Corona-Pandemie – mitten in einer der größten humanitären Krisen der Welt und vor allem der USA selbst, ebenso Italiens, Spaniens, Frankreichs und der engen Trump-Follower GB, Indien und Brasilien – missbraucht wurde und immer noch wird.

Auch westliche Ärzte gegen Medienkampagne

Die Fakten sind, wie gesagt, nicht nur bei der WHO und auf chinesischen und internationalen Websites tagesgenau dokumentiert worden, sie sind zum Beispiel auch bekannt geworden durch eine Reihe *US-amerikanischer Ärzte, die in China* arbeiten, oder durch die *WHO-Inspektionsteams*, die in Chinas Corona-Kampf involviert waren und daher die neuesten Informationen aus Chinas Daten und Analysen selbst auch direkt und frühzeitig in die USA gemeldet hatten. So zum Beispiel durch den Arzt *John Ross* vom Chongyang Institute in Beijing, der die *Website »Lernen von China«* betreibt.[433]

Sogar einige wenige westliche Medien redeten daher gelegentlich und kurzfristig einmal Klartext, indem sie die verschiedensten medialen Kampagnen (gelegentlich auch ihre eigenen; dazu noch unten) immer wieder einmal auf den Punkt brachten. So etwa das *Handelsblatt*:

»Die permanenten Angriffe des US-Präsidenten Donald Trump auf die
Weltgesundheitsorganisation WHO, sie hätte China in der Corona-
Krise geschützt, entbehren offenbar jeder Grundlage. Vielmehr über-
mittelten mehr als ein Dutzend amerikanische Forscher und Medizin-
experten, die bei der WHO in Genf arbeiten, direkt Informationen, als
Sars-CoV-2 […] ausbrach. Nach einem Bericht der *Washington Post*
war das Weiße Haus voll im Bilde, allerdings kam dem Hausherrn die
WHO als Sündenbock zupass.«[434]

Es ist inzwischen auch bekannt, dass, während die Corona-Forschung seit vielen Jahren (seit SARS 2002/03) mindestens in den USA,
England und China stattfindet, *nur in China* massive prophylaktische
Konsequenzen aus der SARS-Epidemie gezogen wurden. Nur in China wurden die *Notfallpläne* auf Krankenhaus-, kommunaler, Provinz-
und nationaler Ebene, die die WHO daraufhin damals gefordert hatte,
aufgebaut, die notwendige Schutzkleidung in ausreichender Qualität und Menge hergestellt und eingelagert, entsprechende Kranken-
haus-, medizinische und pflegerische Kapazitäten aufgebaut und
vorgehalten und vor allem die *Corona-Forschung* selbst intensiviert.

Die chinesische Corona-Forschung war daher vor dem allgemein
sichtbaren Ausbruch der Epidemie im Januar 2020 soweit gediehen,
die biologische und genetische Struktur von Coronaviren bei Fledermäusen zu erkennen, so dass schon seit 2016 und zuletzt noch
einmal Anfang 2019 die Welt darüber informiert werden konnte,
dass eine Pandemie eines mutierten Coronavirus erwartet werden
müsse.[435] Auf dieser Basis konnte China dann auch in Rekordzeit das
neuartige Virus schon nach den ersten wenigen Dutzend Infizierten
und ersten Verstorbenen identifizieren.

Dass eine *Pandemie »in der Luft lag«*, zeigte auch das berühmte und bereits genannte »*Event 201*«, in dem im Oktober 2019 das
World Economic Forum, die Gates Foundation und die Johns Hopkins Universität öffentlich-private Partnerschaften bei einer anstehenden Pandemie übten.[436] Oder die detaillierte Diskussion über
das Virus beim *World Economic Forum* in Davos bereits im Januar
2020.[437] War es also eine »Krise mit Ansage«?

Chinas Notfallpläne wurden dann jedenfalls in der Tat sofort in enger Zusammenarbeit mit der WHO inganggesetzt: »Nach einer Schrecksekunde hat das dortige Gesundheitssystem generalstabsmäßig reagiert und die im Westen bis heute vertretene Logik – hohe Fallzahlen gleich hohen Todesraten – gebrochen.«[438]

Dabei sind inzwischen auch mehrere anfängliche Fakes von der Fachwelt klargestellt worden, und wir kommen auch darauf im Zusammenhang der hetzerischen Medienkampagnen noch einmal zurück.[439]

Das oft verunglimpfte *Institut für Virologie in Wuhan* (WIV), das offenbar in der genetischen Analyse des Coronavirus bei Fledermäusen am weitesten fortgeschritten war, ist *kein Biowaffen-Institut*, wie anfänglich im Westen behauptet wurde. Dies wurde auch von westlichen Ärzten, die jahrelang dort gearbeitet hatten, zurückgewiesen.[440]

Das neue Coronavirus ist nicht in diesem Institut »entwickelt« worden, noch ist es von dort »*entwichen*«, weder beabsichtigt noch als Unfall, wie in Washington anfänglich behauptet wurde.[441] Auch das hat im Februar 2021 die *WHO-Expertengruppe* bestätigt, die einen *abschließenden Bericht* über die Ausbreitung des Virus und seiner verschiedenen Mutationen erstellt. Das Virus hatte auch, was heute weitgehend virologischer Konsens ist, *keinen künstlichen Ursprung* (siehe ausführlicher unten), obwohl die Behauptung vom Entweichen aus dem Wuhan Institut für Virologie (WIV) durch eine aus Hongkong geflüchtete und in der Obhut der US-Behörden befindliche Virologin im September 2020 im US-TV-Sender *Fox* noch einmal aufgewärmt wurde: Das Virus sei nicht nur in China künstlich hergestellt, sondern auch absichtlich freigelassen worden. Dies wurde aber umgehend von zahlreichen Virologen weltweit als unhaltbar zurückgewiesen. Der diesbezügliche Stand der internationalen Virologie (dass es nicht künstlichen Ursprungs ist und nicht aus einem Labor freigesetzt wurde) ist endgültig niedergelegt in mehreren Gruppenveröffentlichungen in den einschlägigen Top-Journals *The Lancet* oder *Nature*.[442]

Dieses Nachklapp-Fake des Weißen Hauses und ihm naheste-
hender einschlägig-dubioser Stiftungen[443] war dann wohl doch ein
zu grober Keil. Twitter sperrte den Account der Dame, und Facebook und Instagram versahen deren Auslassungen mit Warnhin-
weisen von Faktencheckern. Keine Frage, dass sich ihr ursprüngli-
ches Hongkonger Institut von ihr distanzierte. Das Weiße Haus war
dumm genug, sich damit auch gegen die eigenen Geheimdienste
zu stellen, denn die »Five Eyes«, die verbündeten Geheimdienste
der USA, Kanadas, des Vereinigten Königreiches, Australiens und
Neuseelands, hatten sich bereits im April 2020 öffentlich davon
überzeugen lassen, dass COVID-19 kein künstliches Laborprodukt
sein kann.[444]

Die *chinesischen Zahlen* sind aufgrund der *flächendeckenden Test-
häufigkeit*, der laufenden eingehenden Analysen, und der intensi-
ven Präsenz der WHO-Inspektionsteams offensichtlich die qualitativ validesten und quantitativ verlässlichsten weltweit.[445] Dagegen
hat anscheinend *kein westliches Land hinreichend Interesse an, oder
auch die Fähigkeit zu, wenigstens repräsentativen Tests und Analysen.* Hier sind daher alle Infiziertenzahlen letztlich ein *Stochern
im Nebel.* Nachdem die schlimmsten Turbulenzen der Epidemie
in China bewältigt waren und die *gründlichen Nachanalysen* vorgenommen werden konnten, wurden die Zahlen aus eingehender
Aktenanalyse weiterhin akribisch fortgeschrieben. Dies ist international üblich für Epidemien. Daraus den Strick eines unehrlichen
Umgangs mit Zahlen drehen zu wollen, ist fachlich betrachtet lächerlich. Eine Reihe westlicher Mediziner, die selbst in China gearbeitet haben, wie auch die WHO bestätigen, dass die *chinesische
Gesundheitsstatistik valide und verlässlich* ist – eben weil China als
eines von wenigen Ländern (mit Hongkong und Taiwan, sowie
Südkorea, Singapur, Vietnam und zum Teil auch Japan) in der Lage
war, flächendeckend zu testen und damit überhaupt erst eine verlässliche statistische Bezugsgröße (die sogenannte Grundgesamt-
heit) zu generieren. Schon allein die mangelnden Testkapazitäten im
Westen lassen die Corona-Statistiken hier eher zu jenem Tasten im

Nebel werden, wie auch staatliche Epidemie-Institute freimütig gestehen.

China hat mit seiner frühzeitigen, radikalen und konsequenten Art der Epidemiebekämpfung laut WHO konsequent das *Lebensinteresse der Menschen* in den Mittelpunkt gestellt (»people first!«) und so vermutlich »Hunderttausenden von Patienten das Leben gerettet«[446], *ohne Rücksicht auf wirtschaftliche Belange* und ohne Rücksicht nehmen zu müssen auf zu geringe *Krankenhauskapazitäten*, die eben auch *kurzfristig hinreichend zur Verfügung* standen.[447]

Internationale Netzwerkanalyse
bestätigt COVID-19 schon vor »Wuhan«

Aufgrund anhaltender Propaganda unter Washingtoner Regie und entsprechender anhaltender Fakes unter der westlichen Medien-Käseglocke (oft im Widerspruch zu eigenen anderen Meldungen) haben die 194 Mitgliedstaaten der WHO im Frühjahr 2020 beschlossen, eine *internationale Untersuchung über Ursprung und Verbreitungswege von COVID-19* durchzuführen. Seitdem werden dazu nationale Materialien und internationale Studien zusammengetragen.

China reagierte relativ schnell und stellte sein gesamtes Material, das ohnehin bei der internationalen genom-epidemiologischen Fachseite GISAID (München)[448] und auf der offiziellen WHO-Seite seit Anfang Januar 2020 in Echtzeit abrufbar war und seitdem auch milliardenfach angeklickt worden war, zur Verfügung (ausführlicher zur Chronologie unten, Abschnitt 9).

Aus den USA hat die WHO bisher noch keinerlei Substantiierung der abenteuerlichen Vorwürfe erhalten. Dies ist auch nicht zu erwarten. Im Gegenteil, der abschließende WHO-Bericht wird eines Tages die Fake-Maschine von »*Sinophobia Inc.*«[449] bloßlegen. Erste Ergebnisse des *internationalen WHO-Teams*, das Anfang 2021 zuerst nach *Wuhan* gereist ist, weil dort die besten medizinischen Daten über das Virus vorhanden sind, bestätigen bereits, dass es vor dem Ausbruch der agressiveren Mutation im Dezember 2019 in Wuhan nicht vorhanden war. Die harmloseren *Vorgänger-Varianten* waren in der Tat *bereits um die Welt* und kamen *von außen nach Wuhan.*[450]*

Die einschlägigen *Mainstream-Massenmedien* berichten immer wieder heute dies und morgen das dazu, halten sich also selten selbst an die eigenen Erkenntnisse, die sie zuvor bereits berichtet hatten, fallen also stets und zum Teil gezielt gerne wieder *in die »Wuhan-Theorie« zurück*, obgleich *alle wissenschaftliche Evidenz*, die sie, kurz genug, berichtet hatten, und alle *wissenschaftlichen Nachauswertungen*, die erst aufgrund der *chinesischen Sequenzierungen vom Januar 2020* möglich wurden, klar bestätigen, dass das Virus *vor Wuhan um die Welt* war. Diese Wahrheit wird stets nur scheibchenweise und in allen möglichen Desorientierungen verpackt (zum Beispiel der sinnleere Satz, China verbreite die »These vom Ursprung in anderen Ländern«) dem westlichen Publikum zugemutet. Auch ältere Erkenntnisse, die bereits berichtet waren, werden oft Monate später wieder als neue verkauft, so etwa, dass das Virus *bereits im September 2019 in Italien* aufgetaucht ist.[451]

So hält man sein Publikum hinreichend verwirrt, verunsichert und reif für künftige Fakes und künftige nützliche Kampagnen. Und ein kontinuierlicher Erkenntnis- und Wissenszuwachs wird dem westlichen Publikum auf diese Weise verunmöglicht.

Je mehr Nachuntersuchungen jedoch weltweit vorgenommen werden, ein umso früheres Auftreten des Virus in anderen Teilen der Welt (als China) wird erkannt. Die jüngste *Nachuntersuchung in*

---

*   Erst Anfang 2021, nachdem weitere und infektiösere Mutationen aus England, Südafrika und anderenorts auftauchten und die Virenpopulationen schnell übernahmen, scheint in der allgemeinen Öffentlichkeit überhaupt erst ein Bewusstsein dafür entstanden zu sein, dass »Virus« quasi gleichbedeutend mit »Mutationen« ist. Beides ist nicht voneinander zu trennen. Damit dürfte einigen auch deutlich werden, wie sehr wir im Laufe des Jahres 2020 medial unwissend gehalten wurden (und noch werden) mit der Saga vom »Entstehen des Virus in Wuhan«. Denkende Menschen wissen längst, dass auch Wuhan nur eine Zwischenstation war in einer endlosen Kette von Mutationen, seitdem die Coronaviren gelernt haben, von Tier auf Mensch und von Mensch auf Mensch überzugehen. Wissen und Wissenschaft spielen eben nur sehr bedingt eine Rolle im täglichen (Corona-)Rummel der Medienindustrie.

Frankreich vorverlegt das erste Auftreten des Virus dort nun sogar in den *August 2019*.[452]

Auch wurde nun von der WHO endgültig die Mär widerlegt, dass das Virus, versehentlich oder absichtlich, aus dem *Wuhan Institute of Virology* entstamme, wie in Washington immer wieder »gefaked« worden war. Es stammt, wie von chinesischer Seite frühzeitig analysiert, weltweit dokumentiert und nun vom internationalen WHO-Expertenteam bestätigt, vom Tier, und zwar mit höchster Wahrscheinlichkeit eben von der Fledermaus, sei es direkt oder über Zwischenwirte.[453]

Sogar Twitter sperrte bereits die Seiten von »Zeugen«, die im Herbst 2020 erneut, entgegen aller internationalen virologischen Erkenntnisse und, wie gesagt, sogar entgegen der offiziellen Feststellung der berühmten fünf Geheimdienste »Five Eyes«, das Narrativ vom »menschengemachten« Virus aufwärmen wollten. Ein weiterer Propagandaflop, den man peinlich berührt medial schnell beiseitelegte.

Wir haben oben bereits kurz den Stand der virologischen (Nach-) Forschungen berichtet, die allesamt zeigen, *dass das Virus bereits um die Welt war*, namentlich in den USA, in Frankreich und Italien, als es in *Wuhan* in einer *aggressiveren Mutation* einen der ersten größeren Hotspots generierte. Zwischenzeitlich erscheinen methodisch innovative internationale Studien virologischer Forschungsinstitute, die diese Tatsache weiter untermauern und qualifizieren.

Aus den modernen Komplexitätswissenschaften heraus betrachtet liegt es nahe, eine sogenannte *Netzwerkanalyse* im *globalen geographischen Raum* anzuwenden. Hierbei können die verschiedensten Falldaten zu Corona aus GISAID, einschließlich und nun vor allem auch der später in Nachprüfungen erst als Corona identifizierten Fälle in den USA und Europa, »komparativ-statisch« (also über die verschiedenen mathematisch diskreten Zeitpunkte hinweg) in ihrer (Quasi-)*Ausbreitungsdynamik* rekonstruiert werden. Man arbeitet dabei naturgemäß »*phylogenetisch*«, kann also die jüngere Stammesgeschichte des Coronavirus anhand seiner wichtigsten Mutationen mit den verschiedenen Erhebungszeitpunkten und den geographischen Erhebungsorten kombinieren.

Genau dies hat eine internationale Gruppe von Genetikern aus Cambridge (UK), Münster und Kiel im Frühjahr 2020 mit den Daten von GISAID durchgeführt,[454] mit erstaunlichen zusätzlichen Informationen und Erkenntnissen.

Demnach konnten über die Zeit *seit Herbst 2019* und *über den globalen Raum* hinweg drei Corona-Hauptgruppen (der Einfachheit halber A, B, C genannt), also drei wesentliche Mutationen identifiziert werden, die sich allerdings deutlich durch ihre Infektiosität unterscheiden. A gilt als Ursprungsvariante von COVID-19, die wohl aus Fledermaus-Coronastämmen hervorgegangen war. In Wuhan aber fand man vor allem einen Typ B, was belegt, dass *Wuhan nicht der Ursprungsort* von COVID-19 war. Wir hatten ja schon früher auf die Tatsache hingewiesen, dass unter den ersten Toten in China Ende Dezember 2019 / Anfang Januar 2020 nur einer überhaupt einen Kontakt zum Wuhan Seafood Market hatte.[455] »A« wurde dagegen vermehrt in der südchinesischen Provinz Guangdong nachgewiesen, mit ihren globalen Boomtown-Zentren *Hongkong* und *Shenzhen*.

Auch C ist eine weniger infektiöse Mutation. C aber ist anfänglich in *Singapur* und in *Europa* und *Nordamerika* aufgetreten. Auch A ist bereits früh bei Europäern und US-Amerikanern bestätigt worden. Wenn also A in der Umgebung von *Hongkong* und *Shenzhen* und C in *Singapur* erstmals aufgetreten sind, wird erklärbar, dass Corona (A und/oder C) frühzeitig, nämlich bereits *Ende 2019* aufgrund intensiver Reisebeziehungen in *Europa* und den *USA* aufgetreten ist, als weniger virulente Varianten aber keine für alle offensichtliche Pandemie auslösten.

In Europa führten die Spuren interessanterweise nach *Norditalien* und *Frankreich*, aber eben auch nach *Süddeutschland* (*Bayern, Baden-Württemberg*). Da man aber politischerseits, was den Ursprung betrifft, allzu lange *auf die medialen »Wuhan«-Narrative hereingefallen* war, habe sich, so die Studie, die Aufklärung der Infektionsketten soweit verzögert, dass letztlich Norditalien und Frankreich, dann aber, relativ in Deutschland, eben auch Süddeutschland und auch

Österreich anhaltende Hotspots wurden. *Norditalien* hat A und/oder C laut Studie möglicherweise aus *Bayern* bezogen, dann aber die stärker infektiöse Variante B später noch einmal über Wuhan. Die Studie zeigt auch, dass die Epidemien in den hart betroffenen Ländern *Mexiko* und *Brasilien* tatsächlich über *Italien* bezogen wurden.

Unter den bereits zahllosen Corona-Mutationen allein des Jahres 2020 wurde eine Variante namens »B-D614G« als die damals virulenteste identifiziert. Diese Variante trat bereits im Januar 2020 in *China* und in *Deutschland* auf, dann im Februar in *Italien*. Sie war dann im März in *Südostasien* bereits die am häufigsten vorkommende Variante, da sie die »fitteste« und sich damit am schnellsten ausbreitende ist.

Wuhan hatte hier, im Nachhinein betrachtet, allerdings aus noch unklaren Gründen und möglicherweise zufällig, möglicherweise weil Austragungsort der *Militärolympiade* im Oktober 2019, möglicherweise schlicht weil ein großes Agglomerationszentrum, als eine Art *Katalysator* für diese relativ infektiöse Variante gewirkt. Hieraus erklärt sich die entsprechende Einschätzung der chinesischen Wissenschaftler und Behörden, die zu den frühzeitigen radikalen Quarantäne-Maßnahmen in Wuhan/Hubei führte.

Allerdings ist bis heute noch nicht alles endgültig klar. Wir wissen nur, und wussten es natürlich auch schon vor »Corona«, dass die wichtigste Konstante von Virenpopulationen die *ständige Mutation* ist. Die unendliche »Klugheit« und Vielfalt der Natur rührt eben schlicht aus dem permanenten Experiment und dem permanenten Wandel, beides Teile der Evolution: »Versuche etwas Neues um zu sehen, ob du dich damit besser vermehren kannst!« Neue, immer *infektiösere* Mutationen, wenn auch keineswegs nicht notwendigerweise *letalere*,[456][*] kursieren seitdem, und die Bedeutung der Mutation ist inzwischen im Bewusstsein der Durchschnittsbürger »angekommen«. Damit sollte auch dem letzten begreifbar gemacht werden

---

[*] Die höhere »Fitness« (relative Vermehrungswahrscheinlichkeit) hängt eben nicht notwendig damit zusammen, dass das Virus seinen Wirt töten kann. Das könnte unter Umständen sogar kontraproduktiv für das Virus sein.

können, dass »*Wuhan*« eine relativ infektiösere und relativ letalere *Mutation* war und nicht »der Ausbruch«: Wir alle wissen, dass es wahrscheinlich nicht da [in Wuhan – W. E.] angefangen hat«[457], aber sind immer noch nicht sicher, *wo* es angefangen hat. Das »*Wo*« hängt auch mit der Frage zusammen, *ob es tatsächlich von der Fledermaus direkt* auf den Menschen oder über einen Zwischenwirt überge-sprungen ist.[458] Wir kommen darauf im Zusammenhang des inter-nationalen *WHO-Untersuchungsteams* zurück.

Wir kämpfen im Jahre 2021 mit *infektiöseren* und zum Teil leta-leren Mutationen gegenüber dem Virus, der in Wuhan erstmals se-quentialisiert, also erstmals wirklich erkannt und analysiert wurde. Und sie übernehmen, weil oft »fitter«, oft die gesamte Virenpopula-tion in kürzester Zeit. Diese Mutationen »kommen« aber nicht aus Spanien,[459] Großbritannien oder Südafrika, wie die jüngsten infek-tiösesten, sie wurden dort zunächst einmal nur als erstes entdeckt.

Im Westen aber dachte zu der Zeit (Januar, Februar 2020) noch kein Politiker und keine Gesundheitsbehörde daran, das chinesische Signal ernst zu nehmen. Die Wissenschaftler und Ärzte im Westen, die es über WHO und GISAID bereits besser wussten, standen mit ihren Warnungen noch alleine da, hatten noch keine Medienauf-merksamkeit, da die »Sinophobia Inc.« zu der Zeit noch mit China-Häme zu tun hatte. Und im Westen herrscht eben das *Primat der Medienindustrie* statt das Primat der Politik oder, wie bei Pandemie-ausbrüchen angemessen wäre, ein Primat der Wissenschaft.

Südostasiatische Mentalität und chinesische Gesellschaftsbedingungen

Man hat die *sozialkulturelle Mentalität* Chinas als Resultat der *neo-konfuzianischen plus sozialistisch-solidarischen Philosophie* er-klärt,[460] die die ruhig-gelassene Reaktion von Hunderten von Mil-lionen Menschen ermöglicht hätte (entsprechend abgewandelt mit Buddhismus und Taoismus für andere südostasiatische Länder). Die ganzheitliche, kommunitaristische, prozessorientierte, dialekti-sche sowie Gegensätze und Widersprüche aushaltende Konfuzianische Philosophie integriert sich heute in China produktiv mit der prozessorientierten, dialektischen und ganzheitlichen Philosophie in der europäischen Tradition, von Hegel und Marx. Sie steht im Gegensatz zur Newton'schen linearen Mechanik, wonach alles immer unmittelbar erkennbar und erklärbar, machbar und lösbar ist, sonst gibt es Vertrauensverlust, Unruhe und Protest, wie wir unter Corona im Westen noch sehen werden: »Compare this with the prevalent fear, panic and hysteria mostly fed by the corporate media across the West.«[461]

Eine Studie von *McKinsey*[462] erklärt das *(südost-)asiatische Erfolgsmodell der Sicherung von Gesundheit und Lebensgrundlagen* (McKinseys Formulierung!) mit einer Reihe von technisch-organisatorischen Faktoren, in der Erwartung, dass der Westen wenigstens diese Dimension imitieren könnte. Faktor eins: »Implementiere ein wasserdichtes System von *Infektionsverfolgung, Testen und Quarantäne*«. In China zum Beispiel wurde *Tencent*s Website mit dem Gesundheits-QR-Code (einschließlich der Erinnerung an Temperaturmessungen zweimal täglich über *WeChat*) bereits im ersten Monat der Epidemie sechs Milliarden (!) mal aufgerufen.[463] Ein weiterer Faktor: »Kommuniziere *transparent und zeitnah* mit der *Öffentlichkeit*«. In China war genau dies ein Erfolgsfaktor. So konnte zum Beispiel auch die Zeit für die Entwicklung eines COVID-19-Tests mit Hilfe von Big Data und Künstlicher Intelligenz von früheren Entwicklungszeiten, 2-3 Monaten, auf 2-3 Wochen verkürzt werden.

Manche Autoren betonen auch, dass die (konfuzianisch beeinflusste) soziale Disziplin einhergeht mit »unendlich mehr Respekt vor dem rational gebildeten Geist«.[464]

Aber im Washingtoner China-Eindämmungs-Modus hat es das alles, was McKinsey als Erfolgsmodell detailliert untersucht, um den Westen zu qualifizieren und brauchbares Wissen für Entscheidungsträger im Westen bereitzustellen, nicht gegeben, sondern einfach mal eben nur das Gegenteil davon.

Ökonomisch konnte China zudem etwas zustande bringen, was dem Westen ebenfalls systembedingt verschlossen ist: Im Wesentlichen wurden während der mehr als drei Monate währenden Quarantäne der Provinz Hubei alle Unternehmen angewiesen, die *Löhne unverändert weiterzuzahlen, Entlassungen waren untersagt,* ebenso wie *Mietkündigungen* oder Kündigungen von *Versicherungsverträgen,* auch wenn die entsprechenden Miet- oder Prämien-Zahlungen coronabedingt nicht erfolgen konnten.[465] Coronabedingte opportunistische Preiserhöhungen standen unter Strafe. Neben dem sozialen Kern (man vergleiche die über 40 Millionen offiziell registrierten Arbeitslosen in den USA im Mai 2020[466], und die dort bereits lokal aufgetretenen Hungerprobleme), ist der ökonomische Kern dieser Art der Krisenbewältigung, dass das Problem des *Wiederanfahrens der chinesischen Produktion und des Wirtschaftskreislaufs* an Komplexität verliert und mögliche zirkuläre Blockaden zwischen Angebots- und Nachfrageseite vermieden werden können: Das Wiederanfahren der chinesischen Wirtschaft wird zumindest von der Seite der privaten Konsumnachfrage nicht sofort wieder ausgetrocknet und lahmgelegt,[467] eine Gefahr, die sich aufgrund von Massenarbeitslosigkeit und Einkommenskürzungen beim Wiederanfahren der Ökonomien im Westen bemerkbar macht und einen Neustart wieder abwürgen könnte.[468] Man konnte sich in China bei der staatlichen Hilfe zum ökonomischen Wiederanfahren auf die Unternehmensseite konzentrieren, während der *Konsum* in der Tat relativ schnell wieder anzog.[469] Der *Volkswagenkonzern* berichtete schon Mitte 2020, dass in China die Zuversicht der Konsumenten wieder da ist und schon im April 2020 dort mehr Volkswagen verkauft wurden als im Vergleichszeitraum 2019.[470] Von den 2,6 Milliarden Euro Gewinn, die VW bis Ende Oktober 2020 gemacht hatte, steuerte das China-Geschäft mit 1,2 Milliarden gut 46 Prozent bei.[471] *BMW* verkaufte in China 2020 560.000 Autos, in den USA nur noch 200.000. Dem China-Geschäft ist es zu verdanken, dass BMW 2020 überhaupt Gewinn meldete. BMW stockte prompt sein *Joint Venture* mit dem chinesischen Autohersteller *Brilliance* auf einen Anteil von 75 Prozent auf. Dort wir der *E-Mini* gebaut.[472] *China als Konjunkturlokomotive* für Deutschland wie bereits nach

2008: »Der chinesische Automarkt zieht wieder an. Er gibt damit der deutschen Volkswirtschaft mehr Impulse als jedes staatliche Konjunkturprogramm.«[473] Verallgemeinernd: »Ohne Chinageschäft hätte die deutsche Volkswirtschaft schon vor Jahren das Wachstum eingestellt.«[474]

Deutsche Konzernchefs äußern sich in Interviews überrascht und bewundernd, aber im systemischen Kern rollenbedingt verständnislos, über die schnelle wirtschaftliche Erholung Chinas und Südostasiens, den dortigen »Veränderungswillen«, die Agilität und Anpassungsbereitschaft, so zum Beispiel Merck-Chef Stefan Oschmann. Dessen Wunsch aber: »Wir als Unternehmer und Führungskräfte könnten in dieser Hinsicht gut und gerne etwas asiatischer werden«[475] (er vermeidet natürlich, »chinesischer« zu sagen), mag er individuell in Grenzen verwirklichen können, den systemischen Effekt im neoliberalen Westen herzustellen, aber wird eine Illusion bleiben: »There is no free lunch«, sagen die coolen Amerikaner gern, um soziale Ansprüche abzuschmettern, hier aber passt es mal. In alter deutscher Ausdrucksweise: »Wasch mir den Pelz, aber mach mich nicht nass«, heißt das: Du bekommst das Systemergebnis nicht ohne den Prozess der Systemveränderung.

Deutsche Unternehmensvertreter dürften allmählich mal damit beginnen, sich für eine *Kultur langfristiger verlässlicher internationaler Kooperation mit China, und gegenseitiger Achtung bei allen Unterschieden* einzusetzen und den *transatlantischen Trumpisten* in ihrem großmannssüchtigen und herrenmenschlichen Konfliktverschärfungsmodus die klare Kante der Pragmatiker entgegenzusetzen, die das Geld auch für die grünen, blauen, gelben, rosanen und schwarzen Polit-Zampanos verdienen müssen. Auf die neue transatlantische (Fast-)Allparteienkoalition und China-»bashende« Sammlungsbewegung, die Kooperation, Entspannungspolitik und Völkerrecht wohl langweilig, dagegen Washingtoner Rüpelwesen (Prinzip »Trump«), Cowboy-Dominanzansprüche sowie ein bisschen mit dem Krieg zu spielen irgendwie doch cool finden, kommen wir noch zu sprechen.

US-Umfragen in China

Die chinesische Regierung konnte die Bevölkerung nicht zuletzt mit der in China historisch bedeutungsvollen Metapher vom »Volkskrieg« beziehungsweise einem »Langen Marsch« (gegen das Virus) wirksam mobilisieren. Allerdings konnten das Bild und die historische Analogie auch nur wirken, weil sie bis in die höchste Staatsspitze hinein auch persönlich gelebt und glaubhaft umgesetzt wurden. Eine Panik, wie in den US-Szenarien in den entsprechenden US-TV- und Netflix-»Dokus« beschrieben, hat es in China zu keinem Zeitpunkt auch nur ansatzweise gegeben.

Sogar westliche Untersuchungen, etwa Studien der Harvard Universität[476] in Boston (Massachusetts) oder der Universitäten Stanford und San Diego (Kalifornien)[477] dokumentieren einen erheblichen *Autoritätsgewinn staatlicher Akteure in China und der KPCh* auf allen staatlichen Ebenen (kommunal, provinzial, national). Während nach 2012 (Beginn der Regierung Xi/Li) jahrelang nur die nationale Regierung an Ansehen in der Bevölkerung gewann, sind es in den letzten Jahren, und insbesondere seit der Corona-Krise alle staatlichen Ebenen, die Ansehen gewinnen. Bemerkenswerterweise wächst die Zufriedenheit der ärmeren, ländlichen Bevölkerung sogar überdurchschnittlich.

Und es wurde zum Beispiel durchaus vermerkt, dass die Einzelhandelsoligopole *Carrefour* (Frankreich) und *Walmart* (USA) in China während der Corona-Epidemie über Preispolitiken Kaufpaniken auszulösen versuchten.[478] Wofür sie dann allerdings (zum wiederholten Male) in China zu erheblichen Strafzahlungen und zum Teil Inhaftierungen ihres Führungspersonals verurteilt wurden und (auch zum wiederholten Mal) kritische Prüfungen versprachen.

China erneut die Welt-Konjunkturlokomotive ... und mehr

Während in China somit in der Tat eine »*V*«*-Entwicklung* möglich wurde, also ein relativ schneller Neustart, wird im Westen, insbesondere in seiner »Leitökonomie« USA, eine mehr oder weniger lang gestreckte »*U*«-*Entwicklung* (wenn nicht gar ein von einigen befürchteter *L-Verlauf*) erkennbar.[479]

China hat sich durch die kompromisslose Bekämpfung des Virus auch einen zeitlichen Vorsprung bei der *Re-Globalisierung* verschafft, sagt zum Beispiel der Vorsitzende des *Asien-Pazifik-Ausschusses der deutschen Wirtschaft und Siemens-Chef Kaeser* im Interview.[480] Chinas Firmen seien schon wieder bei großen Projekten, im Innern wie entlang der Seidenstraßen.[481] (Und Siemens, SAP und andere deutsche Unternehmen sind beim chinesischen Aufbau massiv integriert, nicht zuletzt übrigens auch beim Ausbau »sicherheitsrelevanter« IT-Infrastrukturen.)

Schon während der Krise wurde zudem massiv wirtschaftspolitisch gegengesteuert und *in Infrastrukturprojekte investiert*. Und selbst in der Krise, die Trump unter anderem damit bewältigen wollte, die ökologischen Standards in den USA zu schleifen, lässt China nicht nach auf seinem *Modernisierungsweg*, zum Beispiel zur *ökologischen Nummer 1*.[482] Die Programme und Ziele der technologischen, ökologischen und sozialen Standarderhöhung bleiben unverändert.

So könnte China dann auch für den Westen erneut, wie schon 2008 ff., wieder die Konjunkturlokomotive sein, und diesmal mit erheblich größerem Gewicht als damals: »Hoffnung kommt in diesen Tagen […] aus China […] China kann es mehr denn je gelingen, die Weltwirtschaft anzuschieben«.[483]

Die Wirtschaftspresse stellt entsprechend fest, dass China »ahead of the curve« sei, ein Land, das »die Lehren [aus der Krise – W. E.] bereits umfangreich angegangen«[484] ist, in dem Denken, Reflektieren, Analysieren, Planen und Handeln Hand in Hand gehen können, auf den Punkt genau, das Land und seine Menschen nach vorne bringend. Man vergleiche das unerträgliche, aggressive, und auch unerträglich von den Problemen ablenkende, zusammenhang- und konzeptionslose Gewusel des »mächtigsten Mannes der Welt« im Weißen Haus, der keines der großen Probleme seines Landes auch nur einen Millimeter einer Lösung näher gebracht hat.[485]

Es ist, vor allem im Nachhinein und im Vergleich zum *anhal-*

tenden Wabern der Pandemie im Westen mit ihren *Double-, Triple-
und Multiple-Dips* wiederkehrender Epidemiewellen, nicht mehr zu
übersehen, dass China, mit aller Ruhe, Voraussicht und Konsequenz,
vieles – viele Ärzte und Virologen sagen: fast alles – richtig gemacht
hat in der Corona-Krise, mit einer Politik, die sich an Fakten und
wissenschaftliche Erkenntnisse hält, und die Menschen mitnimmt,
so dass es in wenigen Monaten einen »Quantensprung« der relativen
Stärkung gegenüber dem hilflos erscheinenden Washingtoner Koloss
auf tönernen Füssen gemacht hat.

Von China profitieren:
Von China lernen? China imitieren? Mit China kooperieren?
Deutsche Unternehmen schauen gerade beim Neustart nach China
und fragen sich, »(w)as wir von chinesischen Unternehmen lernen
können«,[486] und, besonders bemerkenswert im Vergleich deutscher
international erfahrener Unternehmer mit deutschen lokal und national beschränkten Politikern: »Inwiefern haben viele hier in Europa ein
falsches Bild von China [...]?«[487]

So wird China laut Weltbank-Prognose die einzige größere Ökonomie sein, die sogar 2020 noch wächst,[488] die neue Welt-Konjunkturlokomotive, insbesondere mal wieder für die deutsche Wirtschaft. Die deutschen Autobauer liefern inzwischen mehr als 50 Prozent ihres Exports
nach China, und China ist *erstmals Deutschlands größter Exportkunde*.[489] China hat die *V-Entwicklung aus der Krise* tatsächlich geschafft.[490]

Die meist klug beobachtende *Sahra Wagenknecht* meint im *Focus*
sogar, »China zeigt, wie Wirtschaft geht«.[491] Aber Vorsicht, gnä' Frau,
hier liegen Äpfel dicht neben Birnen: China hat zunächst einmal gezeigt, wie planmäßiges, vertrauensbasiertes, wissenschaftsbasiertes
gesellschaftliches und staatliches kollektives Handeln im Umgang mit
einer neuartigen Virenepidemie geht. Das ist in westlichen Systemen
schlicht *nicht imitierbar*: »Nicht die Augen vor der Krise verschließen,
sondern China zum Vorbild nehmen«, dürfte also schlicht nicht gehen
und somit ins Leere stoßen.

Dass das dann in China auch noch erfolgreich durch massives Investieren, eine kluge *makroökonomische Strategie* der Sicherung der Nachfrage, Schaffung von *Verbrauchervertrauen*[492] und eine vorwärtsweisende Industriepolitik, die tatsächlich die Krise in Zukunftschancen transformieren konnte, abgesichert wurde, war eigentlich fast schon die leichtere Aufgabe. Aber ebenso wenig vom Westen imitierbar. Wagenknechts Ratschlag, wenigstens einmal eine *Industriepolitik zu be- und überdenken*, aber trifft unseres Erachtens den Kern und könnte sogar erreichbar sein, wenn der politische Wille entsteht und staatliches Handeln sich entsprechend qualifizieren würde …

Dass China jetzt die Strategie der *dual circulation* fährt, das heißt globale Integration so weit wie möglich, aber weitere *Stärkung der Binnenökonomie*,[493] hat übrigens nichts mit Abkopplung zu tun, wie manchmal zu lesen ist, sondern ist eine Reaktion auf das anhaltende Ausbleiben der Nachfrage aus dem Westen.[494] Deutsche und andere westliche (einschließlich US-)Unternehmen (Siemens, SAP, Honeywell, Dell, Intel, Microsoft, Qualcomm und andere) werden stattdessen mehr denn je dazu eingeladen, an Chinas strategischen Projekten, auch am »sicherheitsrelevanten« IT-Ausbau (5G-, 6G-Netze) teilzuhaben.[495] Und ein *Investitionsschutzabkommen* wird zwischen der EU und China verhandelt[496] … Wie infam, aggressiv und hinterhältig von den Chinesen …

Derweil besuchte hochrangiges Washingtoner Personal, so der Milliardär und Pompeo-Stellvertreter *Keith Krach*,[497],* die Chefetagen der deutschen, französischen und anderer europäischer Konzerne sowie die politischen Spitzen, um sie, in Verbindung mit der Drohung (und den *Drohbriefen*) der einschlägigen rechtsextremistischen Ausputzer im US-Kongress, à la Senatoren Ted Cruz und Bob Menendez, *Unternehmern »finanziell zu zerstören«*, von russischen und chinesischen Projekten und Unternehmenskooperationen zu »entkoppeln«, die deutschen Kommunikationsnetze zu »säubern«[498] und in den Fängen der umfassenden US-Überwachung (und der US-Fracking-Industrie) zu halten.[499]

---

* Nomen est omen!?

5.
USA:
Sträfliches Unvorbereitetsein, Hilflosigkeit, Chaos ... und schleichender Faschismus

Wir haben damit begonnen, »Corona« als letzten Auslöser (im Finanzsektor), aber zum Teil auch als massiven Verstärker (in der Realwirtschaft) *sich überlappender Krisen*, auch der alten Globalisierung, der alten internationalen Arbeitsteilung und Wertschöpfungsstrukturen, zu beschreiben. Eine Pandemie als »Brennglas«, Auslöser und Verstärker, jedoch nicht als eigentliche Ursache, für schon länger erkennbare Krisen,[500] für die nur scheinbar »überraschenden« *Abstiegs- und Aufstiegsprozesse*, insgesamt für eine Zeitenwende und ihre entsprechende *Konfliktkonstellation und -eskalation.*

Nun sind also, scheinbar ebenso überraschend, das beschriebene Auftauchen Chinas als neue Gesundheits-»Weltmacht« und auch dessen Entsprechung, die Krise der westlichen neoliberal-kaputtgesparten Gesundheitssysteme,[501] hinzugetreten. Die schlimmste Pandemie seit Jahrzehnten als »Spotlight« einer *Zeitenwende auch im öffentlichen Gesundheitswesen* der Welt.

Washingtoner Selbstsucht:
Hilfeverweigerung, verschärfte Sanktionierungen ...

Zu dieser Zeitenwende gehörten nun, für viele im Westen besonders überraschend und schockierend, die *Hilfsverweigerung* (oder Unfähigkeit zur Hilfe) der USA, sogar gegenüber ihrer eigenen NATO-Gefolgschaft (Italien, Spanien, Frankreich und andere).

Ein Aspekt der globalen Solidaritätsverweigerung in einer der größten Menschheitskrisen ist zunächst einmal die Aufrechterhaltung der *Sanktionsregime* und zum Teil *Sanktionsverschärfungen*, sogar für die teilweise ums nackte Überleben kämpfenden schwächsten (beziehungsweise am stärksten betroffenen) Länder (Syrien, Iran, Venezuela, Kuba, Simbabwe und etwa 25 andere Länder[502]), auch in der größten Not der Pandemie.[503] Venezuela zum Beispiel wird in dieser Situation vom IWF sogar offen aus geostrategischen Gründen ein Corona-Notkredit verweigert beziehungsweise von einem von Washington geforderten »Regime Change« abhängig gemacht.

Völkerrecht, Rechtsstaat, Rechtssicherheit, Schutz vor Willkür oder »My home is my castle« und ähnliche historische bürgerliche Errungenschaften waren vorgestern ... Die US-Sanktionsverschärfungen wurden angesichts von Corona-Tragödien in diesen Ländern (mit Ausnahme des medizinisch gut organisierten Kuba) sogar als Beihilfe zu vielfachem Mord charakterisiert.[504]

Während gleichzeitig der *UN-Generalsekretär* António Guterres die Welt aufrief, die Waffen für die Zeit der Corona-Pandemie ruhen zu lassen, die *Sanktionsregime* gegen die Schwächsten einzustellen und die Ressourcen für die Bekämpfung der Pandemie einzusetzen. Nun, den hasst oder, wahlweise, verachtet man in Washington ohnehin. Und das Abstimmungsverhalten der immer weitgehend isolierten USA im Abstimmungspaket Ende 2020 in der UN-Vollversammlung zu den Themen Abrüstung, Armut, Sanktionen und Menschenrechte spricht Bände.[505]

Aber den Papst in Rom, den würde man in Washington eher nicht so gerne offen runterputzen, und auch der forderte in seiner Osteransprache 2020 die Einstellung aller Kriege und Aufhebung aller Sanktionen. Aber auch er wird ja im Headquarter des Imperiums faktisch als dummer August behandelt.

Christ sein? Ok, wenn's in die Geostrategie passt und wenn man sich der »Weltöffentlichkeit« mit einer Bibel in der Hand präsentieren kann. Mal darin lesen und verstehen, wäre nützlich, wie der zuständige Washingtoner Pfarrer Herrn Trump vorschlug.

Keine Frage daher, dass *UN-Sicherheitsrats*-Anträge für Feuerpausen und Einstellungen der Sanktionsregime während der Pandemie bereits im Vorfeld formaler Abstimmungen auf das Veto Washingtons stießen.[506]

Der *Moral- und Sittenverfall* des ehemaligen Hegemons ging so weit, dass eine ausländische (in dem Fall eine deutsche) Firma mit fortgeschrittener Impfstoffforschung direkt durch die Trump-Administration *exklusiv für die USA eingekauft* werden sollte oder dass, Medienberichten und Politikeräußerungen zufolge, chinesische Hilfslieferungen für Frankreich und Deutschland auf internationalen Flughäfen mit Bargeldüberbietungen aufgekauft und in letzter Minute in die USA umgeleitet wurden.[507] Der *nationale Egoismus* wurde also soweit gesteigert, dass man versuchte, die deutschen Wissenschaftler, die an einem Serum arbeiteten, beziehungsweise die gesamte Tübinger Firma (namens *CureVac*) für die exklusive Nutzung ihres Wissens durch die USA abzuwerben beziehungsweise »wegzukaufen«.[508]

Unsere »Führungsmacht« setzt ihre lebenslange Tradition des Imports von »Brain« aus Europa kontinuierlich fort, die seit Beginn der USA aufgebaut und etwa mit der Übernahme der Raketenforscher der Nazis nach dem Zweiten Weltkrieg fortgesetzt wurde und bis heute gilt, wo CIA-Firmen etwa in deutsche Unternehmen der Raketenentwicklung einsteigen.[509] Imperiale Schutzmacht ...

Innere Unfähigkeit einer Plutokratie: Arbeitslosigkeit, Krankenversicherungs-Elend, Gesellschaftszerfall ...

Dass allerdings Washington kaum noch hinreichende intellektuelle, emotionale, physische und organisatorische Kapazitäten für die Bekämpfung der eigenen Epidemie besaß, und alle *Maßnahmen den bekannten Taktiken und üblichen Bodenlosigkeiten des anlaufenden US-Wahlkampfes unterworfen* wurden, haben die Dramatik der Epidemieausbreitung, das Elend seiner massiv verspäteten, dann auch noch völlig planlosen und rein verbalen »Bekämpfung« und damit die *weit überdurchschnittlich vielen Toten* der Epidemie in den USA der Welt in ebenso »überraschender« und atemberaubender Weise vor Augen geführt.[510]

Schätzungen der Columbia Universität (New York) haben übrigens ermittelt, dass Trumps Corona-Leugnung und sein chaotisches und konzeptionsloses Epidemie-Management etwa *58.000 zusätzliche Todesfälle* (bereits bis Anfang September 2020) generiert haben.[511] Auf die deutsche Situation übertragen, hätten wir umgerechnet knapp 49.000 statt der tatsächlichen 9.400 Toten zu verzeichnen (Stand 11.9.2020).[512]

»I can't breathe!« … gilt anscheinend für US-Polizeimorde ebenso wie für die Triagierung in einem heruntergewirtschafteten Gesundheitssystem …

Und die Welt sah erstaunt und erschüttert die *Fragilität* und die in jeder Hinsicht brüchigen sozialen, ökonomischen und organisatorischen Grundlagen *des Hegemons*.

Während sich in Los Angeles (»Die Engel«) unter Quarantäne Müll und Dreck türmten, Ratten die Straßen beherrschten und Coyoten einwanderten,[513] zeigte die Realwirtshaft in den USA eine Brüchigkeit wie in kaum einem anderen Land. Dutzende Millionen Menschen (inoffizielle Zahlen sprachen von bis zu 45 Millionen, einer faktischen *Arbeitslosenquote* von 27 Prozent)[514] verloren in den ersten Chaosmonaten ihre Jobs und viele davon (mehr als 16 Millionen) damit auch ihre *Krankenversicherungen*.[515] Sie erhöhten damit die Zahl der bereits etwa 30-40 Millionen Menschen, die in der US-Plutokratie ohnehin ohne Krankenversicherung waren. In Trumps Amtszeit hatte sich schon »vor Corona« die Zahl der Menschen ohne Krankenversicherung um zwei Millionen erhöht.[516]

Dabei ist gerade die *US-Arbeitslosenstatistik*, die viele Millionen Arbeitslose gar nicht erfasst, voller Tricksereien und manche Experten schätzen die US-Arbeitslosenquote im Jahr 2020 eher in Richtung 30 Prozent.[517]

Circa 40 Millionen Amerikaner lebten daher geschätzt von staatlichen *Essensmarken*, während im Casino der Wall Street der Champagner spritzt und die Kurse (vorübergehend) wieder von einem Rekord zum anderen hetzten.[518] Nun, das *Casino* hat mit der realen Welt nichts mehr zu tun, es lebt aus sich und für sich selbst, das beweist es täglich. Aber die vielen überschüssigen nominalen Billionen USD wollen wenigstens zocken. Möglicherweise weiß die Wall Street aber auch ein bisschen mehr als die Normalbürger, zum Beispiel dass ihnen (den 99 Prozent) »nach Corona« noch mehr das Fell über die Ohren gezogen wird, oder dass vielleicht sogar ein Putsch von oben nicht auszuschließen war ... Und im Zweifel kann sie sich immer noch auf die Geldschwemmen der Fed verlassen. Oder in den Worten des bekannten kritischen Finanzökonomen *Michael Hudson*: »Die USA retten den Finanzsektor, nicht die Wirtschaft.«[519] Er meint sogar, die in weiten Teilen der Wählerschaft Trumps als »gottgesandt« wahrgenommene oder besser: gerechtfertigte Epidemie werde den Westen vernichten.[520]

Das US-Sozialprodukt brach im Jahr 2020 »coronabedingt« in einzelnen Monaten massiv ein. Eine massive *Sozialproduktsschrumpfung*[521] wurde dann aber mit Billionenauszahlungen an die Privathaushalte abgefedert. Das Sozialprodukt schrumpfte im Gesamtjahr 2020 um 4,3 Prozent.[522]

Auch das aktuelle *Farmensterben*, nachdem aufgrund von Trumps Handelskrieg gegen China die chinesische Nachfrage nach landwirtschaftlichen Gütern der USA nachhaltig einbrach, dürfte als »Symbol für den Verfall der (einstigen) Supermacht USA«[523] zu sehen sein.

Der Handelskrieg gegen China führte natürlich nicht zum kurzfristigen Aufbau neuer Produktlinien in den USA. Dafür fehlen dem Land inzwischen schlicht die Voraussetzungen. Tatsächlich blieb die *strukturelle Warenabhängigkeit der USA von China* bestehen. Die coronabedingten Scheckzahlungen der US-Regierung an die Privathaushalte landeten vielmehr in der Nachfrage nach chinesischen Gütern, und das *Handelsbilanzdefizit der USA* wuchs in 2020 weiter (in der Ära Trump insgesamt übrigens um 75 Prozent[524]). Das bedeutet umgekehrt, dass Chinas Exportüberschuss mit den USA, wie auch mit der Welt insgesamt, sogar im Corona-Krisenjahr 2020, eher ungewollt, wieder stieg.[525]

Allein in den ersten zwei Monaten der Corona-Epidemie (zwischen dem 18. März und dem 19. Mai 2020) ist dagegen laut *Forbes* das *Ver-*

mögen der 660 Milliardäre in den USA *um 434 Milliarden USD angewachsen* (eine Steigerung um 15 Prozent in zwei Monaten),[526] und von März bis Dezember 2020 um über 1,1 Billionen USD (+40 Prozent).[527] Allein die zehn reichsten Personen der Erde haben gemäß der *Oxfam-Studie*, die anlässlich des *World Economic Forum* im Januar 2021 veröffentlicht wurde, in 2020 in einem knappen Jahr ihr Vermögen um 540 Milliarden USD erhöht. In Deutschland stieg das Vermögen der Superreichen im gleichen Zeitraum, wohlgemerkt in der größten Krise seit 90 Jahren, um 35 Prozent.[528] Hinsichtlich *Einkommensungleichheit* hatte sich Deutschland in den Zeiten von Kohl, Schröder und Merkel (seit Mitte der 1990er) unter den vergleichbaren größeren Ländern ohnehin schon mit Abstand an die Spitze geschoben.[529]

Ähnlich die Einkommen: Die Top 0,1 Prozent sahen in 40 Jahren Neoliberalismus (1979-2019) eine Einkommenssteigerung um 345 Prozent, die unteren 90 Prozent Lohnbezieher lediglich um 26 Prozent.[530]

»Freiheit« als Unfreiheit der Anderen – Sozialdarwinismus, Triagierung und Todeskult

Mitte des Jahres 2020 bereitete man sich in den USA auf eine *zweite Welle* der schon bis dahin kaum bekämpften Epidemie, mit damals täglich circa 3.000 Toten, mit selbstverständlicher *Triagierung*, selbstverständlichen Horrorszenen in den Krankenhäusern und selbstverständlichen Infektionen des medizinischen Personals vor, während die herrschende Administration und ihr tumbes Wählergefolge nach *schnellstmöglichem Exit* aus den wenigen Wochen einer kaum ausgehaltenen Quarantäne riefen.[531] Während die zweite Welle von der ersten kaum zu unterscheiden war, wurde die faktische Hilflosigkeit des Imperiums zur *sozialdarwinistischen* (wahlweise auch »gottgewollten«) Rechtfertigung einer *faktischen Eugenik*, vor allem bei den Millionen von Trumps sozial »abgehängten Anhängern«.

In Los Angeles zum Beispiel war das Personal der Krankenwagen seit Herbst 2020 angewiesen, schon in der Wohnung der Erkrankten zu entscheiden, ob hinreichend gute Überlebenschancen bestehen,

anderenfalls die Kranken nicht mehr in die überfüllten Krankenhäuser zu bringen.[532]

Bei 4 Prozent Anteil an der Weltbevölkerung hatte Trumps Washington es geschafft, etwa 20 Prozent aller COVID-19-Todesopfer
zu produzieren.[533] Chinas Zahlen im Vergleich: bei fast 20 Prozent an
der Weltbevölkerung schon im Sommer 2020 nur etwa 0,5 Prozent
der COVID-19 Toten (heute natürlich noch viel weniger).

Sie reden von »Freiheit« und von »Amerikaner sein« und frönen
faktisch einem religiös verbrämten, nihilistischen »*Todeskult*«: Nach
mentaler Abstumpfung am Ende die *Todessehnsucht*, zunächst möglichst für die anderen, Schwächeren, dann, wenn es sie selbst trifft,
konsequenterweise »todesmutig« auch für sich selbst. Der erbärmli-
che, verzweifelte »Ehren«- oder »Heldentod« als letzter, verzweifelter
Ausweg aus dem erbärmlichen Leben des White Trash der USA. Erbärmliches Leben und erbärmliches Sterben integriert in die Ideologie der Opfer …

Todeskult, Todessehnsucht und Todesverherrlichung äußern sich
allesamt im *vorzeitigen, gewaltsamen Sterben*, Sterbenlassen und eigenen Sterben, das eigene Sterben dann als konsequente *Vollendung
eines »stolzen« »Heldenlebens«* mystifiziert. Dabei kann der millionen-
fache »suprematistische« »White Trash« sein reales erbärmliches, und
betrogenes, Leben bestenfalls in den Computer-Kriegs- und Baller-
spielen, wenn nicht in realen Schießereien in der Nachbarschaft, als
Held fantasieren.

Das Mitreißen der anderen und der eigene Untergang waren schon
immer charakteristisch für niedergehende Systeme. Die Nazis haben es
vorgemacht: Wenn offenbar alles verloren ist, gibt es *für das Töten und
Sterben keine Grenzen* mehr. Und wenn man sich eben als »schwach«
erwiesen hat, dann ist auch das Töten und Sterben der eigenen Leute,
des eigenen Volkes eben nur noch konsequent. Wie Hitler am Schluss
sagte: Das deutsche Volk hat sich als nicht würdig erwiesen …

Solche mentalen Konstellationen, Mechanismen und Dynamiken
bieten offenbar keine guten Aussichten für die Menschlichkeit und die
Menschheit.

Die berüchtigte zweite Welle der Infektionen begann in den USA nach entsprechenden *vorzeitigen Öffnungen* des »normalen Lebens« ja schon, als die erste Welle noch gar nicht abgeebbt war. Nicht nur die Armen, auch die Unternehmen der USA und alle zahlten sehenden Auges einen hohen *Preis für den aus ökonomischer Not, aber auch institutionalisierter Raffgier geborenen ideologischen Sozialdarwinismus, Nihilismus und Defätismus als Kehrseite der kollektiven Handlungsunfähigkeit* und für das mentale, konzeptionelle und faktische Chaotentum ihrer Führung.[534] Schon während des Jahres 2020 taumelte das Land hilflos von einem Infektions- und Totenrekord zum nächsten.

Das Land, zusätzlich in jenem bekannten Selbstzerfleischungsprozess, den man in den USA »*Wahlkampf*« (für einen Imperator auf Zeit) nennt, spaltete sich auch politisch immer weiter (im Wesentlichen entlang der Parteienspaltung) in Bundesstaaten, die erneute Lockdowns einführten, und solche, die die Erbärmlichkeit ihrer Führung mit hilflosem Trotz, Aggressivität, brutaler Menschenverachtung und gegebenenfalls Selbstopferung übertünchten. Angesichts fehlender politischer Führung mussten die Unternehmen für sich selbst entscheiden.[535]

Der berühmte amerikanische Ökonom *Thorstein B. Veblen* (1857-1929) diagnostizierte für die USA bereits frühzeitig einen »Triumph der schwachsinnigen Institutionen über das Leben und die Kultur.«[536]

Der Direktor der US-Seuchenbehörde CDC, *Robert Redfield*, fasste das Elend Mitte 2020 etwas allgemeiner zusammen: »COVID-19 hat die Nation in die Knie gezwungen.«[537]

Kein Wunder, dass Trump dem CDC die *Kontrolle über die Epidemie-Meldedaten entzog.*[538] Die waren zu katastrophal. Sie will man lieber direkt in der Regierung behalten und »faken«. Der Rechtsextremist Bolsonaro in Brasilien hatte dasselbe versucht, war aber gescheitert.

Aber natürlich war es nicht »das Virus«, sondern die nach vier Jahrzehnten neoliberaler Plutokratie zerstörten sozioökonomischen, institutionellen und kulturellen, öffentlichen und staatlichen Strukturen und die *konsequente Politik der Orientierungslosigkeit der 0,1 Prozent* und ihrer Führung. Nicht wenige erkannten in der Pandemie, dass »der amerikanische Konzernkapitalismus ein gigantischer Misserfolg ist. Das System ist bankrott und veraltet in Bezug auf seine Funktion als ein gangbarerer Weg, die Gesellschaft zu organisieren und die Ressourcen human und nachhaltig zu verteilen.«[539]

Was folgte, konnte man sich an fünf Fingern abzählen: »Aus der Sicht der herrschenden Klasse der Vereinigten Staaten von Amerika, zu der Oligarchen wie Trump gehören, ist es eine absolute Notwendigkeit, China zum Sündenbock zu machen.«[540]

Und natürlich wird uns genau das noch beschäftigen müssen.

Der »Suprematismus« des »White Trash«: Opioid-Katastrophe, Verzweiflungs-Suizide und sinkende Lebenserwartung

Im allgemeinen gilt die Entwicklung der Lebenserwartung (bzw. der Sterblichkeit) in einem Land als allgemeinster Indikator seines Entwicklungsstandes. Als hochaggregierter Indikator bleibt sie normalerweise recht stabil und bewegt sich nur sehr langsam weiter, bisher historisch stets nach oben. Sie näherte sich aufgrund von Hygieneverbesserungen, Verbesserung der Wohnsituation und allgemein wachsender Versorgung mit privaten Gütern und öffentlichen Dienstleistungen in den entwickelten kapitalistischen Ländern über das 20. Jahrhundert hinweg kontinuierlich einem hohen Plateau an, das sich dann durch Verbesserung der medizinischen Forschung und des Gesundheitswesens eines Landes nur noch marginal nach oben verschieben kann. Absenkungen der durchschnittlichen Lebenserwartung um nur wenige Lebensjahre zeigen daher massive humanitäre Krisen in der Tiefenstruktur einer Gesellschaft (Einkommenseinbrüche, Verschlechterung der Wohnsituation, der Ernährung, des Gesundheitswesens, der Sozialversicherung, ferner Drogenkonsum, Kriminalität, allgemeines Stressniveau und anderes). Nach der Zerstörung der Sowjetunion 1990/91 zum Beispiel und dem zeitweisen Zugriff der USA auf die russischen Ressourcen unter Boris Jelzin brach die durchschnittliche Lebenserwartung in Russland für mehr als 20 Jahre um über sechs Jahre Lebenszeit ein. Dies korrelierte eng mit dem allgemeinen Zusammenbruch von Wirtschaft und Gesellschaft, die sich erst langsam unter Putins Neuorientierung auf die nationalen Interessen erholen konnten.

Heute nun sind es die USA, die seit 2015 Einbrüche bei der Lebenserwartung aufweisen. Und überraschenderweise, bei sozialer, ethnischer und altersmäßiger Disaggregation, am stärksten bei den *weißen Männern mittleren Alters*, der *traditionellen Kernpopulation*, die eigentlich mit die höchste Lebenserwartung in der Bevölkerung haben sollte.[541] Wir reden hier inzwischen über die Absenkung um circa zwei Lebensjahre. Eine solche hatte es in den USA seit 1918 nicht mehr gegeben. Dabei rangieren *Drogentod* und *Selbstmorde* als Erklärungsfaktoren obenan.[542] Man kann sich nur ungefähr vorstellen, welcher massiven Änderung der Lebensumstände weiße Männer mittleren Alters in den letzten Jahrzehnten unterworfen wurden, so dass ein solcher, eigentlich wenig reagibler Indikator beginnt, sich nach unten zu entwickeln.[543]

Inzwischen überholt das »Entwicklungsland« China mit nur einem Sechstel des formalen durchschnittlichen »Wohlstands« (Bruttoinlandsprodukt pro Kopf) die USA bei der Lebenserwartung.

Während die USA bereits in den 1920er Jahren das Phänomen einer Massenabhängigkeit von *Opiaten/Opioiden* (Opiumderivaten) aufwiesen, zum Beispiel den berüchtigten Eukodalismus, die Sucht nach dem Opioid Oxycodon, hat sich die Suchtabhängigkeit in den 2000er Jahren zu einer *nationalen Epidemie* und zu einem 2017 offiziell erklärten *nationalen Gesundheitsnotstand* ausgewachsen, indem[544]

- die Suchtabhängigkeit nach *Heroin* und anderen Opioiden von einem szenetypischen Phänomen zum *Massenphänomen* wurde, mit 360 Millionen Käufen von 76 Milliarden opioidhaltigen *»Schmerztabletten«*, über 72.000 an *Überdosen* Gestorbenen (2017) (davon fast 48.000 an Opioid-Überdosen Gestorbenen, einer Versechsfachung seit 1999),

- die Rauschgiftabhängigkeit durch *De-Regulierung* (teilweise *Aufhebung von Verschreibungspflichten* aufgrund des *Lobbying der Pharmaindustrie*) und *aggressive Werbung* der Pharmahersteller (zum Beispiel der Firma Johnson & Johnson) und *Einzelhandelsketten* (Walmart, Walgreen, CVS und so weiter) für zum Teil stark opioidhaltige »*Schmerzmittel*«, auf dem Weg von der billigen illegalen Szenedroge Heroin zum »*Medikament*«, legalisiert und als »Alltagsbegleiter« legitimiert wurde,[545]*

- die legale und legitimierte Drogenabhängigkeit (»Schmerzmittelabhängigkeit«) aus den *Slums* und *Szenevierteln* der Großstädte in die *weiße Mittelschicht der amerikanischen Provinz* schwappte, und schließlich

- das private Mixen und Strecken von Heroin und zum Teil sehr viel stärkeren Schmerzmittel-Opioiden zu unüberschaubaren Cocktails führte, die die Zahl der ungeplanten Überdosen hat explodieren lassen.

Das besonders starke Wachstum der Sterblichkeitsrate gerade unter jenen, die am anfälligsten sind für die »*White-Supremacy*«-Ideologie, die so gern auf ihr Land, ihre Region, ihre »Rasse«, ihre Hautfarbe, ihr Männlichsein »stolz« sind (oder zumindest wären), die aber statt »Suprematisten« leider meist eben nur noch »*White Trash*« sind, zeigt die ganze Verzweiflung des früheren Kerns einer vergangenen aufstrebenden Wirtschaftsgesellschaft. Hier grassiert ein »Tod durch Verzweiflung«,[546] der mit Krankheiten aller Art einhergeht, und der simple, blanke *Suizid*.[547] Beides trifft heute eben besonders die männlichen Weißen der mittleren Alterskohorten, bei denen Selbstbild, Hoffnungen und die Realität eines verunmöglichten sozialen Aufstiegs am stärksten auseinanderklaffen.[548] Eine anhaltende »kognitive Dissonanz«, aus der es kein Entrinnen gibt, macht bekanntlich krank. Kein Wunder, dass gerade sie das große und gefährlichste Potential einer extrem gewaltsüchtigen Szene künftiger Bürgerkriegs-

---

*   Aus dem einstigen leicht ironischen »Mother's little helper« der Rolling Stones (1966) wurde so auch ein »Father's little helper« ... till his busy dying day.

banden in den USA bilden, die schon seit Jahren schwerstbewaffnet bei Demonstrationen auftreten dürfen (sogenannte *Boogaloo Bois*).

Das Erklären des medizinischen Notstands durch Trump im Oktober 2017 war übrigens nicht begleitet von irgendwelchen besonderen Maßnahmen oder der Bereitstellung von Mitteln für die Problembekämpfung.

Dieses Land hat also eine Tradition und reichhaltige Erfahrung mit anhaltenden und *unbehandelten Epidemien* und scheint insofern gewöhnt an *hohe Totenzahlen* als quasi *natur- oder gottgegeben* wie die Plagen des Alten Testaments. Als hätte es in den 5.000 Jahren, seit dessen Geschichten aufgeschrieben wurden, keinerlei menschliche, soziale oder Erkenntnis-Entwicklung gegeben. Gesellschaftlicher und staatlicher, verbrämt durch religiösen Defätismus, generiert eben jene schon beschriebene eigenartige *Todesrechtfertigung und -beschönigung*, die wir, im Umgang mit Tod durch Epidemien, Drogen oder organisiertes Verbrechen, heute in den »failing states« USA, Brasilien oder Indien beobachten können.

Der nationale Egoismus scheint daher nun bei genauerer Betrachtung auch nichts als die angemessene, und das heißt auch: gleichermaßen hilflose, Reaktion auf die hausgemachte, zuvor über mehr als vier Jahrzehnte neoliberal hergestellte Situation der *staatlichen, kollektiven Hilflosigkeit*, im aktuellen Fall: des Gesundheitswesens, dessen enge Grenzen nun den Rahmen vorgeben für das, was im Westen gegen »Corona« überhaupt noch getan werden kann.

Vier Monate vor Wuhan: Corona in den USA, unerkannt

Unaufgeklärt wird angesichts des gravierenden *Mangels an Test- und Analysekapazitäten* (und an Test- und Analyseinteresse) in den USA übrigens auch der schon beschriebene Sachverhalt bleiben, dass *unerklärte Todesfälle infolge Lungenerkrankungen unbekannter Symptomatik in den USA bereits im September 2019* in Wirklichkeit bereits die ersten Corona-Fälle waren, die aber nicht als solche untersucht und stattdessen als »Grippe« zu den Akten gelegt wurden, wie der Direktor des CDC einräumte.[549]

Während Trump »Untersuchungen« über China fordert, untersucht China daher die Vermutung, dass das Virus *im Oktober/ November 2019 anlässlich der internationalen Militärolympiade in Wuhan* mit den circa 300 US-amerikanischen militärischen Teilnehmern dort hingekommen ist. Auch ist zu hoffen, dass der *WHO-Endbericht* 2021 Aufklärung liefert.

Die ganze Sache flog in den USA überhaupt erst auf durch den Fall eines *japanischen Ehepaares,* das im *Februar 2020* nach seiner Rückkehr von *Hawaii* (USA) in Japan positiv auf COVID-19 getestet wurde, ohne jemals Kontakt zu Chinesen gehabt zu haben.[550]

Andere Analysten haben sogar die Frage nach einem Zusammenhang mit der Schließung des unsicheren *militärischen Biowaffenlabors Fort Detrick* im August 2019 gestellt.[551] Die im Sommer 2020 in der WHO beschlossene *internationale Untersuchung zum Corona-Ausbruch* wird hoffentlich Klarheit bringen. China hatte der WHO bereits im Herbst 2020 seinen nationalen Berichtsteil zur Verfügung gestellt.

Allerdings wird im Westen von den dominanten Medien schon prophylaktisch verbreitet, der *WHO-Abschlussbericht* werde kein allgemein akzeptiertes Ergebnis hervorbringen.[552] So kann man schon vorwegnehmen, dass man *weiterhin keinen sachlichen Grund in die Debatte* bekommen und kein Ende des China-Bashing in dieser Frage zulassen will. Die Pandemiefrage soll eine »*Schuldfrage*« bleiben, obwohl die »Schuldfrage« bei Epidemien bekanntlich sinnlos ist,[553] also nur eine Frage für Dummhasser, also für eine Unzahl Trump-Wähler und -follower in deutschen »Bild«-Medien und überall auf der Welt. Und die Frage soll *politisiert bleiben* …

Sollte sich bewahrheiten, dass Corona in den USA zuerst ausgebrochen und von den US-Militärs zur internationalen Militärolympiade nach Wuhan eingeschleppt wurde, dann wäre Chinas Botschaft, unabhängig von Absicht, Versehen oder Unfähigkeit auf Seiten der USA, auch diesbezüglich frühzeitig und klar gewesen: »Mit uns ist eine existenzgefährdende Epidemie nicht zu machen.«

Wie wir noch im Kontext aktuellerer, tiefergehender epidemiologischer Diffusionsanalysen und des seit Januar 2021 arbeitenden

13-köpfigen internationalen WHO-Untersuchungsteams zeigen werden, könnte der *Ursprung* der Coronavirus-Pandemie der Jahre ab 2019 in einer früheren harmloseren Mutation im Stadtgebiet *Hongkong/Shenzhen* gelegen haben, aber auch anderenorts von der Fledermaus über *Zwischenwirte* (wohl Schuppentiere) auf den Menschen übergegangen sein; Mutationen des Coronavirus sind jedenfalls auch bei Fledermäusen in *Japan* und *Kambodscha* entdeckt worden.[554]

In jedem Fall ist China auf gutem Weg, die multiplen (wirtschaftlichen, technologischen und nun biologischen) Herausforderungen durch gleichzeitigen Handels- und Technologiekrieg, durch Wettrüsten, *Umzingelung durch US-Militärbasen*[555]* und schließlich durch die Virenepidemie zu bewältigen. Die ökonomischen Konsequenzen der Epidemie sind dort schon im Jahr 2020 praktisch überwunden worden. Ein Zeichen nationaler und systemischer Handlungs- und Leistungsfähigkeit.

Weitere Fälle, zum Beispiel in *Frankreich Ende 2019*, mit Datum 27.12.2019, also ebenfalls noch *vor dem ersten Todesfall in China*, so meldete es im Mai 2020 sogar das Portal *tagesschau.de*.[556]

Weitere Fälle von Ende 2019 (ebenfalls *vor Wuhan*) sind wie gezeigt ebenso aus *Italien* berichtet worden. Zum Beispiel wurden bereits in den Weihnachtsferien 2019 Fälle von Lungenentzündungen unbekannter Symptomatik in *Bergamo*, im Kontext einer Fußball-Großveranstaltung, die man nicht wagte abzusagen, bekannt.[557]

---

* Das Pentagon ist, wie am Beispiel Trump schon gezeigt, keineswegs immer unter dem effektiven Befehl des US-Präsidenten, sondern dann eben logischerweise in eigener Machtvollkommenheit unterwegs. Es unterhält jedenfalls *95 Prozent aller weltweiten exterritorialen Militärstandorte.* Offiziell sind das 800, inoffiziell, allerdings vom Pentagon öffentlich zugestanden, sind dies *4.800 militärische Orte der USA in 164 Ländern.* Ein in der Menschheitsgeschichte einzigartiges Gewaltnetz über fast die gesamte Erde gezogen. Das erklärt übrigens eine andere Unregelmäßigkeit, dass nämlich zwischen 1998 und 2015 21 Billionen USD im US-Budget als »vermisst« ermittelt wurden [zu alledem vgl. Endnote 555]. Bezüglich der immer engeren Umzingelung Russlands und Chinas durch inzwischen die meisten der 800 offiziellen US-Militärbasen gilt bei kritischen Beobachtern inzwischen das geflügelte Wort: »Eine Frechheit von Russland und China, dass sie ihre Länder so nah an die US-Militärbasen herangeschoben haben.«

Nach einer neueren Studie befanden sich auch bereits im Dezember 2019 *Coronaviren in den Abwässern italienischer Großstädte.*[558]

Wir haben bereits berichtet über die Corona-Forschung in Wuhan seit 2002/03, die seit 2016 zu dem Schluss kam, dass ein Überspringen des Virus auf den Menschen mit Sicherheit bevorstünde, was kontinuierlich in den internationalen Fachmedien publiziert wurde. Eine Studie des renommierten University College London (UCL) hat im Mai 2020 darauf aufbauend berechnet, dass das Virus bereits Ende 2019 auftauchte und sich bereits damals in rasantem Tempo rund um die Erde ausbreitete und dass man den genauen Ausgangspunkt der Pandemie noch nicht feststellen könnte.[559]

Mit anderen Worten, als eine infektiösere Mutation des Virus *in Wuhan erstmals analytisch isoliert*, identifiziert und dann genetisch decodiert werden konnte, *war es bereits auf der Welt verbreitet*, allerdings nirgends ernsthaft analysiert worden. Über die Ursprünge der Vorläufer-Mutationen wissen wir aber 2021 wie berichtet, nach der globalen Netzwerkanalyse aller nachgerechneten Daten (siehe oben, Abschnitt 4) deutlich mehr als noch damals im Mai 2019.

Aber die westliche Corona-Medien-Schlacht um das »Wuhan- oder China-Virus« geht meist unbeirrt weiter.

Plutokratie im selbstmörderischen Dauer-Wahlkampf-Modus »Imperialer Zusammenbruch«

Washington zeigte, dass, je größer die eigene innere Corona-Krise wurde, umso mehr mit dem Finger auf andere, eben auf China und die WHO als »Schuldige« für das bodenlose amerikanische Versagen, gezeigt wurde. So grub man zum Beispiel alte Geheimdienstaufzeichnungen gegen das WHO-Führungspersonal aus.

Die Trump-Administration schob, im US-Wahlkampf-Modus, den Schwarzen Peter aber auch gerne mal unbotmäßigen (demokratischen) Gouverneuren von US-Bundesstaaten zu, die Washingtons Fehlleistungen kritisierten, und zerfleischte sich 2020 im Parteienduopol in einer permanenten Wahlkampf-Schlacht. So erhielten die meisten von den DEMs regierten (»blauen«) US-Bundesstaaten schon mal »sicherheitshalber« praktisch keinerlei Hilfe aus dem Billionen-Stützungsprogramm der Trump-Administration.[560] Weitere Opfer Washingtons, diesmal sogar im Inland, denen man dann später Unfähigkeit vorwerfen kann.

Inzwischen häufen sich *Niedergangs- und Untergangsanalysen für die USA*, die sich gesundheitspolitisch, sozial, infrastrukturell und ökonomisch als Koloss auf tönernen Füssen erwiesen haben,[561] selbst von ehemaligen administrativen Funktionsträgern. Der schon erwähnte Patrick Armstrong, Analyst und ehemaliger Berater der kanadischen Regierung, analysierte die *Überraschungen des Jahres 2020*, den »*imperialen Zusammenbruch*«: »Die umfassenderen Auswirkungen werden erst in einiger Zeit bekannt sein, aber ein Ergebnis ist sicherlich, dass der Ruf des Westens, effizient zu sein, einen riesigen – vielleicht tödlichen – Schlag erlitten hat.«[562]

Er zitiert auch eine Reihe anderer Analysen:

- »Wir leben in einem gescheiterten Staat: Das Coronavirus hat Amerika nicht gebrochen. Es hat enthüllt, was bereits zerbrochen war.«
- »Das weltweite Ansehen der USA erreicht den Tiefpunkt durch Trumps Coronavirus-Reaktion.«
- »Die Welt hat die USA geliebt, gehasst und beneidet. Jetzt haben wir zum ersten Mal Mitleid mit ihnen.«[563]

Und er zeigt, dass in China die *USA* inzwischen offen als *primitive Gesellschaft* bezeichnet werden.

Ähnlich äußern sich andere internationale Experten, wie der schon kurz erwähnte singapurische Ex-Diplomat, Politikprofessor und Buchautor Kishore Mahbubani (»Has China Won?«, 2020): Washingtons Reaktionen auf COVID-19 hätten das Ansehen Chinas in der Welt noch zusätzlich erhöht.[564]

In Moskau, dessen Originaltöne leider nie bis unter die westliche mediale Käseglocke dringen, *gilt Washington inzwischen als »nicht vereinbarungsfähig«.*[565] Putin hat Verhandlungen mit Washington mit einem »Schachspiel mit einer Taube« verglichen, wie berichtet wird: Der Vogel laufe übers Schachbrett, scheiße wahllos, werfe Figuren um, erkläre seinen Sieg und fliege davon.[566]

Während sich *vergleichende Umfragen* zu den USA und China häufen und durchaus unstete und unterschiedliche Ergebnisse vorgetragen werden, sprechen eine Reihe von internationalen Umfragen zum *Vertrauen der Menschen in die verschiedenen Führungsnationen* doch in der Tat eine recht deutliche Sprache: China überflügelt inzwischen die USA.[567] Nach einer repräsentativen Umfrage der »*Münchener Sicherheitskonferenz*« sahen 2019 in Deutschland 53 Prozent der Befragten China als die führende Macht, während es 2009 lediglich 28 Prozent waren.[568] Auch die Hamburger *Körber-Stiftung*, gleichermaßen jeglicher Zuneigung zu China unverdächtig, dokumentiert Umfragen in der EU, wonach ein wachsender Teil der Bevölkerung die Beziehungen zu China für wichtiger hält als die zu den USA, unter den 18- bis 34-Jährigen sogar eine deutliche relative Mehrheit von 46 Prozent. Viele Befragte geben an, ihr China-Bild sei positiver geworden. Eine im Juni 2020 durchgeführte Befragung durch den *German Marshall Fund*, *Bertelsmann-Stiftung* und *Institut Montaigne* geht in die gleiche Richtung. Zwei Drittel der befragten Deutschen sagen, ein Gespräch über China im Bekannten- oder Freundeskreis verlaufe positiv oder neutral.[569]

Ex-CIA-Chef, bekennender Lügner, Betrüger und Dieb, sowie Kriegshetzer *Pompeo*, »We lied, we cheated, we stole«[570], seines Zeichens US-Außenminister unter Trump, behauptete in ein und demselben Interview sowohl, das Coronavirus sei (in China) menschengemacht, als auch, es sei natürlichen Ursprungs. US-Geheimdienstberichte, so noch einmal Armstrong, stammten inzwischen mehr aus Medienberichten denn aus originärer Geheimdienstarbeit. Und auch er verweist auf die früheren Fälle mit unbekannter Symptomatik in anderen Ländern, die nicht professionell analysiert worden seien.[571] Die Ablenkung durch die Beschuldigung Chinas sei »kindisch und wird Abscheu hervorrufen.« Und schließlich: »Keine dieser Veränderungen ist zum Vorteil des Imperium Americanum.«[572]

All diese »Überraschungen« der Zeitenwende des Jahres 2020 hätten lediglich langjährig sich entwickelnde Schwächen aufgedeckt.

US-Faschismus auf dem Vormarsch ...

Faschismus ist nicht einfach zu definieren und daher in der Gefahr, inflationär und in kontraproduktiver, etwa verharmlosender Weise verwendet zu werden. Das liegt unter anderem daran, dass er kein einheitliches äußeres Erscheinen hat, keine allgemeinen erklärten Prinzipien und praktisch keinerlei Theorie besitzt, typischerweise *mit den gängigen nationalen »Werten und Symbolen«* daherkommt und die *»wahren« »nationalen Besonderheiten«* betont.

Viel mehr, als dass er die internationale *Herrschaftsreserve des Kapitalismus*, die fünfte Kolonne der Herrschenden für die gewalttätige »Drecksarbeit« auf den Straßen in dessen existentiellen systemischen Krisen ist, wie der großen internationalen Wirtschaftskrise 1929 ff., können wir an dieser Stelle kaum sagen, obgleich es eine große und gut ausgearbeitete Theorie des Faschismus gibt. Faschismus ist natürlich Gewalt und *Massenterror* gegen Linke, Liberale, Minderheiten und Anders-Seiende und, wo immer möglich, ist er *Krieg* und *Völkermord* im Interesse der bestehenden kapitalistischen Strukturen.

Für die USA haben kritische Beobachter aber stets davor gewarnt, dass eine faschistische Machtergreifung nur schlecht identifizierbar sein könnte, da sie immer mit den *Narrativen der »Freiheit«*, »eingehüllt in die amerikanische Fahne« und als wahre Vertreterin der *»alten amerikanischen Werte«* auftreten würde.[573]

Die Aktualität des US-Faschismus, als allgemeines Thema und als tatsächlich erneut *heraufkommende Massenbewegung*, hing auch mit »Trump« zusammen, der Präsidentenperson und dem *Prinzip »Trump«*, das gekommen ist, um zu bleiben, als *verheerendste und aggressivste der möglichen Reaktionen des Imperialismus auf seinen Niedergang* und auf den Wandel der Welt. Wir gehen auf das Prinzip »Trump« in diesem Buch unter den verschiedensten Aspekten ein. Unter dessen, die meisten Menschen fassungslos und sprachlos machenden Ergüssen von (verbalen) Entmenschlichungen, Beleidigungen, Lügen, Vergiftungen der Hirne und Herzen, Feindproduktionen und abenteuerlichsten Erfindungen über die Welt leidet nicht nur *China*, leiden *Schwarze* und *Latinos* in den USA, *Liberale*, *Intellektuelle* und alle gutwilligen Menschen auch nach seiner Ära noch. Trump wirkt. Nicht umsonst ist daher das Thema »Faschismus in den USA« in jüngster Zeit auch in einer Reihe von Analysen akut geworden.

Ein Merkmal des Faschismus, das in einer Liste seiner Kernelemente nicht fehlen darf, ist der *Rassismus*.[574] Und der geht in den USA bis auf deren *Ursprünge* zurück: Für eine *auf Massenimmigration beruhende Gesellschaft*, deren weiße europäische Mitglieder aus einer (früh-)*neuzeitlichen* und frühindustriellen Gesellschaft emigrierten und auf die steinzeitliche Kultur der Urbevölkerung des Kontinents stießen, ließen sich deren Landraub, die Verdrängung und der Völkermord an der Urbevölkerung am leichtesten mit Rassismus, also *weißer europäischer Suprematie* legitimieren. Der Rassismus wurde so ein »Kern-Gen« der US-Gesellschaft und -Nation.

Er wurde konsequent fortgesetzt durch den *Massenimport schwarzer Arbeitskräfte als Sklaven* aus den afrikanischen Kolonien Englands und Frankreichs in den Süden der USA, nachdem die Ureinwohner soweit dezimiert waren, dass sie den Sklavenbedarf nicht decken konnten. Der Rassismus der Südstaaten wurde so zu einer verschärften Variante des allgemeinen US-Rassismus.

Nach der Niederlage der Südstaaten im US-Bürgerkrieg endeten weder faktische Sklaverei noch Rassismus. Sklaverei und Schwarzenunterdrückung wurden in anderen Formen fortgesetzt, und die *Reaktion auf die militärische Niederlage* und die formale Wiedereingliederung in die USA unter Yankee-Dominanz führte im Süden zu unmittelbarer Reaktion in Gestalt der rassistischen *Mord- und Lynchbewegung Ku-Klux-Klan*, der dort sogar zum Teil die lokalen und regionalen Staatsstrukturen ersetzte. Fälschlicherweise aber werden die Wurzeln des heutigen US-Faschismus erst im Ku-Klux-Klan lokalisiert, während sie ja in Wirklichkeit, wie angedeutet, tiefer und zeitlich früher liegen.

Der Ku-Klux-Klan und seine Pogrome haben nie aufgehört, trotz Bürgerrechtsbewegung und zeitweiser liberaler Dominanz in der

US-Innenpolitik. Und der US-Faschismus hat sich in den USA des 20. Jahrhunderts tatsächlich aus den Wurzeln des Klan, aber auch aus anderen Wurzeln heraus in vielen Formen, Bewegungen und Gruppen massiv entwickelt.[575] Eine der Inspirationen des US-Faschismus war, für viele heutzutage überraschend, weil dem lange gepflegten »antifaschistisch-demokratischen« Eigen-Narrativ der USA widersprechend, in der Tat der italienische und deutsche Faschismus der 1920er und 1930er Jahre, auf den sich einige faschistische Bewegungen der USA explizit beriefen. Deren Narrative aber waren dem dann dominanten liberal-demokratischen und Anti-Hitler-Narrativ letztlich unterlegen.

Eine weitere Motivation bezogen die US-Faschisten aus der Bekämpfung der fortschrittlichen *New-Deal*-Regierungen unter F. D. Roosevelt nach der Weltwirtschaftskrise, die die Kräfteverhältnisse in den USA vorübergehend tatsächlich in liberal-demokratische Richtung verschieben konnten, aber eben auch nicht zufällig mit verstärkten faschistischen Umsturzbewegungen einhergingen. Die reichten zum Teil, nach deutschem Vorbild, bis in vermögende Kapital- und Konzernkreise des liberalen Nordostens der USA hinein. In den 1930er Jahren nahm man in Washington einen anstehenden faschistischen Umsturzversuch sehr ernst. Verherrlichungen des »New Germany«, »Friends of Hitler« und Massenveranstaltungen mit Hakenkreuzen waren in den USA keine Seltenheit. In einigen Südstaaten war der Faschismus in Gestalt faschistischer Gouverneure sogar tatsächlich phasenweise an der Macht und scheiterte in der Regel nur an der zu offensichtlichen Ungeschicktheit bei den ersten Terrormaßnahmen.[576]

Die diversen Faschismen lernten trotz ihres national(istisch) *beschränkten Charakters international durchaus voneinander*. Die *deutschen Nazis beispielsweise lernten von den US-Rassengesetzen* und dem real marschierenden und lynchenden Faschismus in den Südstaaten.[577] Übrigens auch, was die uniformierten Farbhemden betrifft. Die uniformierten Hemden-»Farben« schließen heute die »Hawaii-Hemden« der faschistischen »Boogaloo Bois« ein.

Klan und faschistische Gruppen währen in Wellen bis heute fort und haben sich in die *Ideologie von Polizei* und Sicherheitskräften hinein ausgebreitet. Zu Recht wird von einem *institutionalisierten Rassismus* der USA gesprochen. Damit wären wir bei den aktuellen Geschehnissen von Polizeirassismus und aufflackerndem Bürgerkrieg des Zeitenwende-Jahres 2020 angelangt.

Durch den Hegemon geförderte Arbeitskräfteimmigration aus allen Kontinenten und entsprechende soziale Turbulenzen, gleichzeitige neoliberale Plutokratisierung mit Deindustrialisierung, Infrastrukturverfall, Verfall der öffentlichen Dienstleistungen, massenhafter Verarmung und Bildungsarmut, der Demütigung der weißen Arbeiterklasse, deren Erniedrigung zum White Trash und ihr späteres Abgleiten in die Opioid-Epidemie, sowie altes weißes patriarchalisches und antisemitisches extremistisches Christentum (Evangelikalismus) im ländlichen mittleren Westen der USA, aber längst nicht mehr nur dort – bilden heute den Nährboden für einen *neuerlichen Vormarsch des US-Faschismus* in Gestalt neuer, zahlreicher werdender Gruppen, nunmehr mit militärischer Bewaffnung und der nun auch in den Städten demonstrierten *Bereitschaft zum Bürgerkrieg* und zum Losschlagen.

Und nun war da – und ist auch nach seiner Abwahl noch – endlich auch ein *Führer, und nun auch wieder ein potentieller Führer für 2024.* Der sie unverhohlen hofiert und erklärt, dass er auf sie setzt, wenn es darauf ankommt. Und sie haben seine Botschaft verstanden. Und laufen nach seiner Aufforderung, »sich bereitzuhalten«, ausgesprochen im Desaster-Fernseh-»Duell« (mit Biden), prompt mit T-Shirt-Aufdrucken herum: »Sir, wir sind bereit!«[578]

Vier Jahrzehnte neoliberaler Plutokratie haben die US-Gesellschaft reif geschossen für einen faschistischen Aufstand.[579] Und nun sind sie alle wieder da, zahlreicher als jahrzehntelang zuvor, und werden zum großen Teil gar nicht mehr als Faschisten wahrgenommen, sondern als »gute Amerikaner«, »Amerikanisten«, »*America-First*«-ler. Und die Trump-Bewegung wusste schon 2016 genau, was sie tat, als sie »*America First*«, den Namen einer faschistischen Bewegung der 1920er Jahre, der bis in die 1960er Jahre hinein benutzt wurde,[580] übernahm.

Was die verschiedenen US-Faschistengruppen heute (nur) noch brauchen, ist ein *Führer*, der das *Signal* gibt und das dann auch »durchzieht«, vielleicht konsequenter als am 6.1.2021. Und der könnte, insbesondere nach dem von den REPs *abgeschmetterten zweiten Impeachment-Verfahren*, nun *für 2024* bereitstehen.

Und mit den Faschistengruppen parallel agieren inzwischen auch bereits die *neuen halblegalen paramilitärischen Truppen des Justizministeriums* und die *neuen undefinierten Truppen der Homeland Security des Innenministeriums*. Dies sind im Einzelnen die sogenannten »*Jump-out-boys*« der neuen Verbände der

- Immigration and Customs Enforcement (ICE),
- Customs and Border Protection (CBP) und
- Homeland Security Investigations (HSI).

Und sie haben bereits bei den Anti-Rassismus-Demonstrationen im Sommer 2020 (nicht zufällig in der durch und durch fortschrittlichen Stadt Portland, Oregon) ihren Probelauf gehabt.

Dazu gehört im Zweifel die *Nationalgarde*, während die offizielle *US Army* für einen faschistischen Putsch anscheinend eher nicht zu haben ist. (In der Army-Führung hat Trump nach eigenem Bekunden anscheinend keine Basis, und sein »Verteidigungsminister« war der einzige in der Trump-Administration, der ihm je widersprochen hat, bemerkenswerterweise in der Ablehnung seiner Forderung nach Einsatz der Army bei den Anti-Rassismus-Demonstrationen.)

Interessant ist hier noch einmal der Blick in die Geschichte und eine sozioökonomische Charakterisierung. *Karl Marx* hatte den Staatsstreich des *Louis Bonaparte oder Napoléon III.* in der Konterrevolution gegen die Revolution des Jahres 1848 analysiert.[581] In Paris hatte sich, anders als in der bürgerlichen 48er Revolution im zurückgebliebenen Deutschland, bereits das frühe Proletariat als eigenständige Kraft gezeigt ... und dem verarmten Kleinbürgertum und den verarmten Bauern Angst gemacht. Marx analysierte die damalige putschistische Massenbewegung der Straße, die Louis Bonaparte

mobilisieren konnte, als *Lumpenproletariat*, das zwar aus arbeitenden Klassen kam, aber entwurzelt und (noch) nicht ins Proletariat
integriert war (und vielleicht nie dort integriert werden konnte).

Die weißen (überwiegend männlichen) Massen der USA sind
ehemalige Arbeiter, Farmer, Handwerker, deindustrialisiert, de-
proletarisiert, ohne Chance, je wieder Proletarier werden zu können,
also Lumpenproletariat, mit tiefsitzender, existentieller Abstiegsangst, während sie den Abstieg längst hinter sich haben, perspek-
tivlos und damit, wie Marx analysierte, eine *gefährliche Klasse.*
Gefährlich, weil jederzeit *korrumpierbar für jeden gewalttätigen Stra-
ßenterror* gegen jede demonstrierende demokratische Bewegung.[582]

Die Analogien zu den heutigen USA sind frappierend. Aber wer
ist das US-Lumpenproletariat? Und wer sind nun die aktuellen Faschistengruppen, deren Mitglieder schon mal mit ihren Autos in demokratische Demonstrationen rasen, Verletzte hinterlassen ... und
entkommen? Im disruptiven ersten Halbjahr 2020 waren sie für 90
Prozent aller Terroranschläge verantwortlich,[583] und »nie war die Bewegung so [...] sichtbar wie heute – und so gewaltbereit.«[584]

Für sie sind Einwanderer, Juden – und China für COVID-19
verantwortlich. Sie hatten schon im April 2020 das Kapitol des US-
Bundesstaates *Michigan* besetzt, kämpften für die »Freiheit« gegen
COVID-19-Beschränkungen, terrorisieren Kommunen mit »*Bürgerwehren«.* Wir hatten bereits über die relativ neuen

- Boogaloo Bois (auch ähnliche Hawaii-Hemden-Träger: Boog
  Bois, Boojahideen)[585]

gesprochen. Daneben wird man in Zukunft wohl noch von den folgenden Gruppen hören:

- Oath Keepers (»die dem Eid treu bleiben«)
- 3-Percenters (»3 Prozent Kämpfer reichen für den Sieg«)
- Militias (formal in vielen Bundesstaaten verboten, jedoch unge-
  straft agierend)[586]
- Patriot Prayers
- Bikers for Trump oder
- Proud Boys.[587]

Sie agieren bereits gemeinsam mit den halblegalen »Grenzschutz«-Truppen der »Homeland Security« an der Grenze der USA zu Mexiko.

Die *Trump-Bewegung* hat also nun alle *Komponenten* beisammen, die ein faschistischer Putsch braucht: neue *halblegale Truppenverbände*, die nur auf Trump hören, *Freikorps* also wie beim ersten deutschen (damals noch gescheiterten) faschistischen Putschversuch, dem Kapp-Putsch 1920. Ferner hat er die *gewaltbereite und militärisch bewaffnete lumpenproletarische Massenbewegung*, die inzwischen wieder einige Millionen Mitglieder besitzt, und er hat sich, den *Führer*.

Und auch die *Detention Camps* (Internierungslager) stehen seit langem in den USA bereit, mit denen sich Washington traditionell auf größere Krisen und Bürgerkriege vorbereitet hat. Es handelt sich um über 960 Lager,[588] über die gesamten USA verteilt.[589]

Wer wollte vor diesem Hintergrund seine Hand dafür ins Feuer legen, dass nach Trumps Abwahl in den USA politisches »Business as usual« zurückkehrt? Der US-Politikwissenschaftler und Autor Clyde W. Barrow jedenfalls schreibt über die »gefährliche Klasse« und endet pessimistisch, ohne Happy End für die US-Gesellschaft.[590] Der US-Faschismus ist gekommen, um zu bleiben … und um seine Chancen endlich zu nutzen. Die USA werden nie wieder das sein, was sie (vielleicht) mal waren …

Und ... Washington bleibt im sinophoben Modus

Niemand dürfte das Ergebnis des »historischen« Pandemiejahres 2020, das sich mit der gesundheits- und gesellschaftspolitischen Versagens-Orgie des ehemaligen Hegemons verwob und sich zum Ende hin mit der *US-*»*Wahlkampf-Schlacht*« zu einem modrigen Brei vermengte, mit mehr Autorität und klarer auf den Punkt bringen als der international ausgewiesene Journalist Finian Cunningham: »Donald Trump oder Joe Biden sind an diesem Punkt irrelevant. Die korrupte Zweiparteienscharade in den USA ist selbst Teil der Krankheit.«[591]

Wir haben bereits auf Ereignisse hingewiesen, und werden dies leider auch noch einige Male tun müssen, in denen international aggressive Vorgehensweisen, wie etwa erpresserische *Briefe an deutsche und europäische Unternehmen, sie »finanziell zu zerstören«*, sowohl von Kongressmitgliedern der REPs wie von solchen der DEMs gezeichnet, initiiert oder vertreten werden. REPs und DEMs wetteifern im Kongress um die wütendste *Kriegstreiberei* und das wütendste *China-Bashing*. Die DEMs haben jahrelang (allerdings ohne Beweise präsentieren zu können und damit letztlich ohne jeden Erfolg) versucht, Trump mit einer *antirussischen* verbalen Schlammschlacht zu bekämpfen.

Im Anti-China-Amok versuchen die DEMs, einschließlich des ansonsten mumienhaft-energielosen *Biden* selbst, verzweifelt, Trump und die REPs noch zu überbieten. Liberal denkende Amerikaner, wie etwa der bekannte Sozialwissenschaftler *Amitai Etzioni*, konstatieren mehr oder weniger resignierend: »Biden joins the Anti-China Chorus«.[592]

Da hilft auch nicht der Hinweis, dass selbst das irrwitzige China-Bashing Trumps dessen Wahlchancen nicht erhöht hat,[593] wie überhaupt Argumente einer *kleinen verbliebenen rationalen Minderheit* in den USA nicht mehr helfen, geschweige denn gehört werden, in einer Kultur, die von rivalisierenden oligopolistischen Konzernmedien beherrscht wird. Das *US-Medienoligopol*, letztlich als Kartell agierend, hat sich im Niedergang des ehemaligen Hegemons der Einfachheit halber in den Konflikt-, Kriegs- und Bashing-Modus begeben und sich, wie kritische Beobachter analysiert haben, als »Sinophobia Inc.« und »anti-China industrial complex«[594] konstituiert. Der renommierte US-Ökonom *Jeffrey Sachs* spricht von einem »*Kreuzzug der USA gegen China*« und analysiert die Anti-China-Rhetorik der Trump-Administration.[595]

Biden hat als Vizepräsident Obamas (DEM) mehr Kriege mitbegonnen, -fortgeführt und -ausgeweitet als dessen Vorgänger Bush (REP) und Nachfolger Trump (REP): Libyen, Syrien, Jemen, Ukraine, Somalia, Pakistan begonnen, Irak fortgeführt und Afghanistan ausgeweitet, die »extralegalen« Drohnentötungen etabliert, mehr Bomben werfen lassen und höhere Rüstungsausgaben getätigt als Vorgänger Bush. Alle US-Nuklearverbände wurden unter Obama/ Biden komplett erneuert. Aber Biden hat auch seine eigene Geschichte und seine eigenen »Leistungen«: Als Senator von Delaware repräsentierte er einen US-Bundesstaat, der eine der wichtigsten Steueroasen der Welt für Briefkastenfirmen ist, er hat dort mit daran gearbeitet, das Strafrecht so zu verschärfen, dass auch Bagatelldelikte mit Gefängnis bestraft werden, und er hat die Militarisierung der Polizei in Delaware vorangetrieben.

Für die *Zeit nach der US-Präsidentenwahl* sind für die USA alle *möglichen Szenarien* denkbar. Die Gewalt-Milizen haben *am 6. Januar 2021 ihren symbolischen Erfolg* gehabt, auch wenn sie jetzt im Kleinen vom FBI handverlesen verfolgt und angeklagt werden. Dieses Potential, diese »Bewegung« wird dadurch kaum gebrochen werden. Alle ihre *Faktoren* sind noch da:

- ihre sozialökonomische Lage,
- das US-Bildungsdesaster,
- daher auch die Dummheit, ihr Hass und ihre Frustration,
- ihre eher weiter perfektionierte paramilitärische Ausstattung,
- ihre Verbündeten bei den informellen staatlichen Militärorganisationen (»Grenzschutz«), Polizei und Nationalgarde
- der potentielle Führer,
- die Fake-Maschinen,
- die putschistische Mehrheit der REPs und möglicherweise
- eine Biden-Administration und -Politik, an der sie sich wieder aufheizen können.

Die *New York Times* schrieb daher unter dem Titel »The American Abyss« (der amerikanische Abgrund): »Nach dem Putsch ist vor dem Putsch.«[596]

Was sicher ausgeschlossen ist, eben auch unter einem Präsidenten *Biden* und einer vielleicht späteren Präsidentin Harris, ist ein notwendiger Wandel der US-Politik in Richtung auf proaktive Anpassung an die neue globale Lage, eine Selbst-Neuerfindung und

Neudefinition der USA im Innern wie im Äußeren, eine Beendigung
der Washingtoner Plutokratie als solcher, der katastrophalen neoliberalen Umverteilung nach oben, der katastrophalen Bildungs-,
Gesundheits-, Sozialpolitik, der Infrastrukturpolitik, des Rassismus
und des gesellschaftlichen Gewaltpotentials … und damit eben auch
der *aggressiven Wendung der existentiellen inneren Spannungen ins
Äußere*, in die internationalen Beziehungen. Wir werden leider noch
darauf zurückkommen müssen und weitere Ereignisse und Entwicklungen auf unser aller Zukunftsaussichten hin abklopfen.

6.
Entsolidarisierung und Existenzkrise der EU

An den Fundamenten der EU:
Chaotische Grenzschließungen für Waren und Menschen
Die EU hat unter »Corona« ihre eigene spezifische Tragödie durchgemacht, oder besser: aufgeführt. Sie wurde angesichts der unverzüglichen Abschottung der Mitgliedsländer untereinander, also des schnellen *Exportverbots für medizinische Hilfsgüter*, einseitiger Grenzschließungen für den Personenverkehr, sogar medizinischer *Hilfeverweigerung* im März 2020 (in fast allen Fällen ging Deutschland voran) sowie zunächst des *Fehlens jeglichen gemeinsamen Handlungsansatzes*, wie von den EU-Verträgen vorgeschrieben, vorübergehend als »stehend tot« diagnostiziert.[597]

Deutschland hatte früh und einseitig, am 4.3.2020, mit dem Exportverbot für medizinische Güter begonnen, nur wenige Tage, nachdem Italien die EU-Mitgliedstaaten um Nothilfe ersucht hatte.[598] Das Hilfegesuch wurde praktisch nicht beantwortet. Deutschland war es auch, das am 16.3.2020 einseitig die Grenzen schloss, wiederum wenige Tage, nachdem Frankreichs Präsident Macron in einer Fernsehansprache dazu aufgerufen hatte, solche Maßnahmen auf EU-Ebene, also gemeinschaftlich zu entscheiden.[599]

Die EU, die, wie in ihrem *Lissabon-Vertrag* aus dem Jahr 2000 formuliert, zufälligerweise exakt im Jahre 2020 der »wettbewerbsfähigste und dynamischste wissensgestützte Wirtschaftsraum *der Welt*« sein wollte, zerfiel also beim ersten größeren Krisentest schlagartig in *nationale Egoismen* und sogar Hilfsverweigerungen der Starken für die Schwachen – da die »Starken« und sonst stets Dominierenden eben gleichermaßen zu wenig kollektive Leistungsfähigkeit in ihrem

Gesundheitswesen aufwiesen, weil sie trotz SARS und Ebola jahrelang mangelnde Daseinsvorsorge an Medikamenten, Schutzkleidun-
gen, Krankenhauskapazitäten, Apparaturen und Personal geleistet
hatten.[600] Die *Gesundheitsämter* zum Beispiel sind nach jahrzehnte-
langem neoliberalem Kahlschlag bis heute nicht wieder in der Lage,
ihre elementaren gesundheitspolitischen Aufgaben des Seuchen-
schutzes zu erfüllen,[601] wie jeder Bürger selbst erfahren haben dürfte,
der unter der Pandemie zwangsläufig mit einem Gesundheitsamt zu
tun hatte. Und

> »[f]ür einen Paradigmenwechsel bei der medizinischen und pflegeri-
> schen Versorgung […] fehlen die Akteure […] [Es] spricht viel dafür,
> dass das falsche Spiel mit substanzlosen Ankündigungen nur in die
> nächste Runde geht. Für Weichenstellungen in Richtung einer substan-
> tiellen Aufwertung […] fehlt der politische Wille. Konsequenterweise
> folgte auf warme Worte und Applaus dann auch umgehend ein un-
> würdiges Geschachere um die Finanzierung eines Einmal-Bonus«.[602]

Das Gleiche setzte sich dann zunächst auch bei der *Finanzierung* der
zur Rettung der Wirtschaft in den Mitgliedsländern aufgelaufenen
Staatsschulden fort.

Der freie Güterverkehr (die *Zollunion*), womit 1957 in Rom alles begonnen hatte, und der freie Personenverkehr, die allgemeine
personelle *Freizügigkeit*, die uns seit mehr als einem halben Jahrhundert als eines der grundlegendsten Menschenrechte schlechthin
angepriesen wird, gleichsam als »Menschenrecht auf Tourismus«,
also die *Schengen-Union*, mithin zwei ökonomische und politische
Grundpfeiler des EU-Projekts, waren durch willkürliche nationale
Alleingänge statt des verfassungsmäßig verankerten kollektiven Be-
schlussverfahrens, außer Kraft gesetzt worden.[603]

Der Staatspräsident Serbiens, Aleksandar Vučić, eines Landes,
dem immerhin seit langem der Status eines Beitrittskandidaten
der EU als Möhre vor die Nase gehalten wird, brachte, nachdem
Deutschland Hilfe verweigert, die Grenzen geschlossen und Exportverbote verfügt hatte, und nachdem der Rest der EU entsprechend
nachgezogen war, die Entsolidarisierung auf den neuralgischen

Punkt – »China«: »Jetzt ist jedem klar, dass die europäische Solidarität nicht existiert. Es war ein schönes Märchen!« Und: »Das einzige Land, das uns helfen kann, ist China.«[604]

In der *Panik* der ersten Tage und den *Triagierungs*-Katastrophen in italienischen, französischen und spanischen, in der *zweiten Epidemiewelle* dann sogar deutschen[605] Krankenhäusern in den Wochen danach wandten sich aber nicht nur Serbien, sondern vor allem Italien, Spanien und Frankreich und schließlich auch Luxemburg und Deutschland an China, einige davon später auch an Russland und zum Teil sogar an Kuba.

Es wurde aber auch berichtet, dass Lieferungen, die dann aus China kamen und für Italien bestimmt waren, wo bereits die *humanitäre Katastrophe offen ausgebrochen* war, in Polen und Tschechien zumindest vorübergehend festgehalten wurden.[606]

Das rechtsextrem regierte *Warschau* praktiziert ja nicht nur zunehmend eine Rolle als verlängerter Arm und *militärische Aufmarschbasis Washingtons*, sondern auch eine Rolle als aufmüpfiger *Tabubrecher bei der antidemokratischen Rechtsentwicklung der EU* und ermöglicht so Washingtons NeoCon-Kräften ein *spalterisches Hineinregieren in die EU*.

Entsolidarisierung ist keine Überraschung

Aber auch die Entsolidarisierung der EU ist nun nicht wirklich eine Überraschung, denn deren *Geschäftsgrundlage und Mechanismus der EU* sind faktisch keineswegs »Solidarität« und Zusammenwachsen der sozioökonomischen Basis im »Integrationsraum«, sondern ein *labiler Interessenausgleich* zwischen »*Kern*« und »*Peripherie*«:[607] Deutschland und einige andere »im Norden« profitieren dabei als Exportüberschussländer massiv von der Zoll-, Kapital- und Währungsunion und zahlen dafür als Kompensation überproportionale Beiträge in den EU-Haushalt und die EU-Strukturfonds, aus denen die Benachteiligten überproportionale Zahlungen erhalten.

Die spezifisch deutsche ökonomische Struktur ist, inzwischen mit dem Begriff »*Exportismus*« gekennzeichnet, als eine langfristige

ökonomische Schwäche, eine Art Abhängigkeitserkrankung zu sehen.[608]

So berechnete die Bertelsmann-Stiftung allein für das Jahr 2017
einen Einkommenszuwachs Deutschlands nur aus dem EU-Binnenmarkt in Höhe von 86 Milliarden Euro, und das Freiburger »Centrum
für Europäische Politik« bezifferte den Gewinn Deutschlands aus der
Währungsunion im Zeitraum 2002 bis 2017 auf 1,9 Billionen Euro,[609]
also rein rechnerisch circa 127 Milliarden Euro pro Jahr. In der Summe aus Binnenmarkt und Währungsunion würde Deutschland also
einen jährlichen Gewinn von über 210 Milliarden Euro ziehen.

In der sogenannten Staatsschuldenkrise (am Ende vor allem
Griechenlands) im Anschluss an die Bankenrettungen (»Bail-Outs«)
durch die Regierungen nach der Finanzkrise 2008 ff. bildete sich
ein weiterer Umverteilungsmechanismus in der EU zugunsten der
Starken heraus: Die Kapitalmarktfinanzierung der deutschen *Staatsverschuldung* profitierte zusätzlich von der Flucht des Spekulations-
kapitals in die »soliden« deutschen Staatsbonds (Staatsschuldverschreibungen) und von der Spekulation gegen die Staatsfinanzierung
der defizitären (Süd-)Länder. *Deutsche Staatsschuldverschreibungen*
stiegen als »sicherer Hafen« für internationales Spekulationskapital
derart im Kurs, dass die reale Verzinsung, die der deutsche Staat
für seine Kapitalmarktschulden zu zahlen hatte, über Jahre hinweg
negativ war, während Griechenland oder Italien dementsprechend
erhebliche zusätzliche Zinslasten zu bewältigen hatten. Auch solche Extraprofite ließ sich die deutsche Regierung einiges kosten,
indem sie überproportional zum sogenannten Europäischen Stabilitätsmechanismus – ESM beitrug, aus dem heraus Extra-Kredite
an die schwächeren Mitgliedsländer ausgereicht wurden. Dies allerdings mit den üblichen politischen und sozialen Austeritäts-, Um-
verteilungs- (nach oben) und Privatisierungs-Daumenschrauben
à la IWF, diesmal durch die diktatorische »*Troika*« aus EZB, IWF
und EU-Kommission, allesamt nur weit entfernt demokratisch legitimiert, die vor allem in Griechenland bereits ein Jahrzehnt der
humanitären Katastrophe verursacht haben. Die deutschen Ban-

ken machten mit dem zusätzlichen, durch den ESM abgesicherten Kreditvolumen zusätzliches Geschäft, und die deutschen Konzerne durften sich die Rosinen der griechischen Wirtschaft (Telekom, Versicherungen, Airlines, Flughäfen und so weiter) herauspicken und sie aufkaufen. Auch durch die Kapitalflucht in die deutschen Staatsschuldverschreibungen zulasten Griechenlands, Italiens, Portugals und Spaniens hat Deutschland also seine Staatsverschuldung praktisch zum Nullzins finanzieren können und so *Dutzende von Milliarden Euro an Zinszahlungen erspart*, während die Staatsverschuldung der Südländer tendenziell immer untragbarer wurde. Die EU als vielfacher Umverteilungsmechanismus. Soviel zur Basis der »Solidarität« in der EU.

Aktuelle Analysen der EU und ihrer Währungsunion (Eurozone) zeigen, wie »Corona« nur (nach 2008 erneut) etwas zum Vorschein kommen ließ, was sich bereits seit Gründung der Eurozone 1999 herausgebildet hatte, nämlich die Fehlkonstruktionen neoliberaler Austerität[610] und damit auch eine *zunehmende Polarisierung* in Exportchampions und verschuldete Länder, damit letztlich wachsende und schrumpfende Mitgliedsländer.[611] *Divergenz* ist bereits seit den 1970er Jahren die Regel (nachdem der anfängliche Effekt der Zollunion verbraucht war) statt Integration und Konvergenz, und der zunehmend *technologisch ungleiche Handel* macht die Schwächeren immer mehr *strukturell von den Stärkeren abhängig*.[612] Kein Wunder, dass die Eurozone (EU-19) im Corona-Jahr 2020 sogar noch schwächer aussieht als die Gesamt-EU (EU-27).[613]

Der Maastricht-Vertrag über die Währungsunion und den Euro aus dem Jahr 2000 folgte sowohl geldpolitisch als auch finanzpolitisch dem neoliberalen Zeitgeist und der Übermacht der deutschen Bundesbank, ein »zutiefst fehlerhaftes Regime«,[614] das unter anderem asymmetrisch, vor allem gegen Wachstum wirkt, mit dem Ergebnis von Stagnation und Deflation.[615]

So etwas kann nicht unendlich lange gutgehen, und es wirft ein bezeichnendes Licht auf die »clevere Governance« der EU unter der Hegemonie Berlins.

Nicht umsonst ist die EU einkommensbezogen das am meisten
ungleiche staatliche Gebilde im Westen: Die *Ungleichheit in der EU
zwischen den Pro-Kopf-Einkommen der Mitgliedsländer* ist sogar höher als etwa die in den USA.[616]

Neoliberale Fehlkonstruktion »Währungsunion«

Die EU-Währungsunion (Eurozone) ist damit alles in allem ein
neoliberal-monetaristisches Fehl-Projekt, das das Pferd der regionalen Integration von hinten aufzäumt.[617] Das, was nur die Krö-
nung einer funktionalen Integration sein kann, eine einheitliche
Währung mit einem einheitlichen Geld- und Kapitalmarkt und
einer Zentralbank, kommt in der geldfetischistischen monetaristi-
schen Konzeption zuerst, in der Wahnvorstellung, der einheitliche
Zinssatz und der einheitliche Außenkurs der einheitlichen Währung würden die Schwachen und Faulen so disziplinieren, dass
sie durch Lohn- und Sozialstandardsenkung, durch Nacheifern
des »deutschen Austeritätsmodells« alle zu »effizienten«, »wett-
bewerbsfähigen« kleinen »Exportweltmeistern« würden. Wie eine
Welt von Exportweltmeistern aber logisch möglich sein soll, bleibt
das Geheimnis des Berliner, Brüsseler und Straßburger politischen
Personals und seiner neoliberal-neoklassischen ökonomischen
Einflüsterer. Ein verkorkstes Projekt, hinter dem ganz offenbar ein
ganz *anderes sozialökonomisches Programm* mit den entsprechenden
beabsichtigten Ergebnissen der Umverteilung nach oben stecken,[618]
das aber an seinen Widersprüchen früher oder später scheitern
muss und heute seinem Scheitern auch näher zu sein scheint als
je zuvor.

Sowohl der *einheitliche Zinssatz* im Innern wie auch der *einheitliche Währungskurs* werden in der sozialökonomischen Krise stets
zum Sprengsatz, der die *Divergenzen* verschärft: Für die Starken zu
gering, für die Schwachen zu hoch. Dagegen können alle EU-Strukturfonds nicht ansubventionieren.

Kapitalmarkt-Berater haben dazu in einer realistischen Analyse
ebenfalls schon Klartext geredet: »Corona versetzt Euro den Todes-

stoß – Deutschland braucht eine neue Währung.«[619] Und Italien und andere bräuchten ebenso eine eigene neue Währung.

Die EU-Währungsunion scheitert also an dem neoliberal-monetaristischen *Fehlverständnis von Wirtschaft und Geld*, wie die kritische Ökonomik immer wieder festgestellt hat.[620] Eine einheitliche Währung bei zugrundeliegender Unterschiedlichkeit der wirtschaftlichen Strukturen, Kulturen und Entwicklungen, Stärken und Schwächen, bei massiv fehlenden und verweigerten Solidar- und Ausgleichsmechanismen und einem Berliner Austeritätsdiktat gegen die schwachen Mitgliedsländer, muss die *Zentrifugalkräfte* befeuern. Die Währungs- und Kapitalmarktunion ist dann ein von hinten aufgezäumtes Pferd.

Währungsunion und sogar der Binnenmarkt erweisen sich damit als labile Konstrukte, die im gegenwärtigen Zustand nicht lange bleiben können, weil sie destruktive und divergierende Dynamiken und Regressionstendenzen generieren und entweder »durchgestartet« oder zurückfallen werden.[621]

Gerade mal ein knappes Jahrzehnt konnte das Ganze mit Anstrengung und großen finanziellen Kompensationszahlungen für die Verlierer zusammengehalten werden. Mit zunehmend ungünstiger werdenden inneren und äußeren Bedingungen implodiert die Eurozone und mit ihr womöglich die gesamte EU. Das *Handelsblatt* schrieb schon früh in der Corona-Krise, im April 2020, unter der Überschrift »*Sanierungsfall Europa*«, dass die Investitionsdefizite bei Infrastrukturen, Bildung, Forschung und Innovation EU-weit kritische Werte erreicht haben: »Das Geschäftsmodell der Europa AG funktioniert nicht mehr.«[622]

Autoritäres finanzpolitisches Regime gegen die schwächeren Länder

So ganz versteckt war jenes neoliberale »Geheim«-Programm der EU und ihrer Währungsunion allerdings nicht. Das Austeritätsregime, der sogenannte »*Stabilitäts- und Wachstumspakt*« sah für die Staatshaushalte stets ein antidemokratisches, hyperbürokratisches und autoritäres *Top-down-Überwachungs-, Kontroll- und Bestra-fungssystem* vor, genannt »*Europäisches Semester*«, nationale Wahlen und Parlamente hin oder her.

Im Vergleich zweier Beispielländer mit hohen Verschuldungs-ständen, von *Italien vs. Japan,* konnte so gezeigt werden, dass Japan stets noch erhebliche nationale Aktionsspielräume behielt, während der Käfig des EU-Währungs- und Fiskalregimes Italien von allen Möglichkeiten nationalen Handelns zur Selbsthilfe abgeschnitten hat.[623]

So war denn auch das *gesundheitspolitische Desaster der EU 2020* unter »Corona« faktisch über Jahre hinweg durch die neoliberale EU-Politik vorbereitet worden. Eine Auszählung der Anweisungen der Brüsseler Bürokratie an die Mitgliedstaaten dazu hat jüngst ergeben:

- Seit Einführung des *Europäischen Semesters* im Jahr 2011 allein bis 2018 forderte die Kommission die Mitgliedstaaten ständig auf, das gesetzliche Renteneintrittsalter anzuheben und/oder die öffentlichen *Ausgaben für Renten und Altersvorsorge zu senken.*
- Es gab seither 63 Aufforderungen, die *Ausgaben für die Gesund-heitsversorgung zu kürzen* und/oder die Auslagerung oder Priva-tisierung von Gesundheitsdienstleistungen voranzutreiben.
- An die Mitgliedstaaten wurde 50 Mal die Aufforderung gerichtet, das *Lohnwachstum zu unterbinden,* während *Anweisungen zur Verringerung der Arbeitsplatzsicherheit, des Beschäftigungsschut-zes vor Entlassungen und der Rechte von Arbeitnehmern und Ge-werkschaften* auf Tarifverhandlungen 38 Mal erteilt wurden.
- Zusätzlich zu den routinemäßigen Forderungen, die Staatsaus-gaben für Sozialdienstleistungen generell zu senken, hat die Kommission 45 spezifische Forderungen gestellt, die darauf ab-zielten, die *Leistungen für Arbeitslose, schutzbedürftige Menschen und Menschen mit Behinderungen zu verringern oder zu streichen,* unter anderem durch Strafmaßnahmen, um diese Personen in den Arbeitsmarkt zu zwingen.[624]

Diese EU spricht für sich selbst (oder besser: gegen sich selbst). Eine solche EU braucht – außer den »1 Prozent« – niemand. Und eine solche EU ist weder objektiv (von ihren Grundmechanismen her) noch subjektiv (von ihrer praktizierten Ideologie und Politik her beurteilt) reformierbar.

Kraft für einen neuen Ausgleich?

Der einzige, der zwischen Berlin und Paris verstanden zu haben schien, dass eine Währungsunion allerspätestens 2020 zumindest einen kleinen Ansatz *fundamentaler gesellschaftlicher Ausgleichsmechanismen* braucht, um nicht weiter zu zerfallen und um nicht demnächst mit einem zweiten spektakulären, dann wieder für alle »überraschenden« *Exit*, möglicherweise sogar mehrerer Länder, konfrontiert zu werden,[625] war der Ex-Investmentbanker *Macron*. Er hatte verstanden, dass die EU vor einem »Moment der Wahrheit« stand: »Wir brauchen Finanztransfers […] damit Europa durchhält.« Und es sei »zu entscheiden, ob die Europäische Union ein politisches Projekt oder nur ein Marktprojekt ist.«[626]

Verglichen mit ihm und seinen analytischen und visionären Fähigkeiten, die man auch als »Nicht-Macronist« durchaus anerkennen kann, also auch wenn man nicht sein Parteigänger ist, wirkte das politische Personal in Berlin lange Zeit eher arrogant, verstockt und dumpf. Macron schien dann aber Merkel zur Einsicht gebracht zu haben, dass etwas mehr als Aussitzen und »Business as usual« angesagt war, und die EU wurde ein weiteres Mal für einige Zeit gekittet. Keines ihrer Grundproblem wurde dadurch jedoch gelöst.

Die genannten Zusammenhänge erkennt auch der »*Mann auf der Straße*« durchaus, etwa in *Italien*. Kein Wunder also, dass sich Mitte 2020 nach Umfragen die Hälfte der italienischen Bevölkerung für einen *Austritt aus der EU* aussprach und 45 Prozent unter »Feinde« Italiens Deutschland auf Platz 1 nannten.[627] »Wut auf Europa« wird auch von anderen Orten der EU-Peripherie berichtet.[628]

Und dass die EU nun nicht mehr die Kraft und Handlungskompetenz aufbringt, ihrem Mitgliedsland *Griechenland* zu helfen, in dem eine *dauerhafte humanitäre Katastrophe der Flüchtlingsunterbringung* grassiert, spricht ebenfalls Bände über ihre Fähigkeit und ihre »Solidaritäts«-Basis. Tausende von Flüchtlingen mit ihren Kindern, 12.000 insgesamt, vagabundieren hilf- und ziellos auch noch Monate nach dem verheerenden Brand im Flüchtlingslager von Moria auf Lesbos in Städten, Dörfern und Feldern der Insel. Eine der schlimmsten humanitären Katastrophen auf der Welt, mitten in der EU, der Organisation der entwickeltsten kapitalistischen Industrieländer ... das bedarf keines weiteren Kommentars. Merkel ist geradezu zu bedauern, wenn sie selbst sagt: »An Lesbos und am Lager Moria zeigt sich das ganze Elend der europäischen Migrationspolitik, die keine ist.«[629]

Und wir dürfen an dieser Stelle für »Migrationspolitik« auch Finanzpolitik, Wirtschafts- und Industriepolitik, Sozial- und Gesellschaftspolitik, Regional- und Kohärenzpolitik, Rechts-, Kultur- und Bildungspolitik, Außenpolitik und anderes einsetzen ...

Der Kampf um die Finanzierung des Wiederaufbaus

Wie schon angesprochen wurde, wäre eine *gemeinsame Risikoschulterung* (und damit zugleich *durchschnittliche Risikoverringerung* für alle)[630] in Form von *Euro-* oder *»Corona-Bonds«* (auch Recovery-Bonds genannt, nach dem European Recovery Program – ERP, dem sogenannten Marshall-Plan der USA für Westeuropa nach dem Zweiten Weltkrieg, ein möglicher Einstieg in einen rationaleren, weil jahrzehntelange Umverteilungen korrigierenden und zugleich integrationsfördernden (»solidarischeren«) Mechanismus. Er könnte die Bereicherung der Stärkeren zu Lasten der Schwächeren über den Umverteilungsmechanismus staatlicher »Kapitalmarkt-Spekulation« beenden. Weshalb sich aber unter den gegebenen Umständen die Stärkeren »naturgemäß« dagegen wehren. Die errechneten 12 Milliarden Euro, die gemeinsame Staatsschuldverschreibungen der Eurozone (die sogenannten Euro-Bonds) zum Beispiel Deutschland rechnerisch in Form verminderter »Windfall-Profits« (den oben genannten ersparten Zinszahlungen) gegenüber dem Status Quo kosten würde,[631] waren für Berlin anscheinend zunächst zu viel an Solidarität.

Als dies auf Empörung in der EU stieß und sogar öffentliche Überlegungen in Italien provozierte, aus ihr auszusteigen, hat man in Berlin wohl nochmal nachgerechnet (oder hatte ihnen der beschlagene Macron das vorgerechnet?) und die oben genannten jährlichen mehr als 210 Milliarden Gewinn für Deutschland aus Binnenmarkt und Währungsunion gegen die 12 Milliarden Verlust aus dem Ansatz einer Staatsschuldenunion gehalten … mit dem klaren Schluss, dass Berlin die Gefährdung von Binnenmarkt und Währungsunion auf keinen Fall riskieren kann und sich das Geschäft immer noch lohnen würde. Es kam nach wochenlangen Verhandlungen schließlich zu jenem *Ansatz einer gemeinschaftlichen Schuldenaufnahme*, mit einer geringeren Risikolast für alle – und unter Inkaufnahme einer gewissen Rückverteilung zu Lasten Berlins.

Berlin und Paris hatten es möglich gemacht. Nach langen Krisensitzungen hatte es also ein wenig geruckt. Tatsächlich wird ja nur der Kapitalmarkt-Spekulationsgewinn der deutschen Staatsverschuldung zu Lasten der Defizitländer nicht mehr vollständig realisiert. Nur die Gralshüter deutscher »Solidität« (statt Solidarität) in der deutschen akademischen Ökonomik und der Deutschen Bundesbank stöhnten vor Schmerzen auf.

Gemeinschaftliche Bonds (statt Euro-Bonds jetzt auch Recovery-Bonds genannt) sind mit entsprechenden Ergebnissen ja längst durchgerechnet worden. Vernünftig, rational, professionell und konsequent installiert *reduzieren* sie in der Tat die gemeinsam getragenen *Risiken* und damit die *Gesamtlast* gegenüber dem fragmentierten Status Quo. Dies würde übrigens bereits in einer kleineren Koalition von »Willigen« funktionieren, sogar ohne Deutschland, die Niederlande, Österreich und andere Kapitalmarktprofiteure des Status Quo.[632]

Recovery-Bonds kämen dem Namen nach der Sache in der Tat am nächsten,[633] auch weil nach mehr als vier Jahrzehnten neoliberaler Austeritätspolitik, aktiver politischer Finanzialisierung und Umverteilung nach oben der *reale Investitionsstau* in öffentliche Infrastruktur allein in Deutschland auf hohe dreistellige Milliardenbeträge aufgelaufen ist. Die EU, ebenso wie die USA, bräuchte in Wirklichkeit einen *auf Jahrzehnte angelegten Marshall-Plan 2.0* in Billionenhöhe.[634]

Das säkulare *neoliberale* »Markt«-Programm der *Machtverschiebung* zu den Großen und Mächtigen, der *Umverteilung* zu den *1 Prozent*, die, wie schon gesagt, heute mehr Geld-Kapital und Realvermögen besitzen als die 99 Prozent zusammen,[635] und der *Finanzialisierung* hat eine Diktatur der großen Geld-Kapital-Vermögen über die reale Welt, über die reale Ökonomie, die Natur, Ressourcen, Gesellschaft und Politik, installiert, in der letztere dem Vermögens- und Machtzuwachs des Finanzkapitals zu dienen haben. Das große Geld-Kapital interessiert sich nicht für die reale Welt, hat kein anderes Ziel, als »*kürzestfristig mehr Geld-Kapital*« zu schöpfen, und missbraucht für diesen seinen einzigen Zweck die reale Ökonomie, produzierende Unternehmen, Milliarden Arbeitnehmer und Privathaushalte, wie auch die Politik, die es sich kauft. So ist auch in der und durch die EU ein perverses finanzialisiertes System gegen Unternehmen und Menschen entstanden.

Viele *neoliberale Ökonomen* drehten sich übrigens, ebenso wie die meisten Regierungen, in der Corona-Krise 2020 *um 180 Grad*. Plötzlich war vieles möglich, was jahrzehntelang zuvor des Teufels war und ein Tabu: Der Direktor des neoliberalen Grals des »Instituts der deutschen Wirtschaft«, Hüther, schaffte es tatsächlich, im Mai 2020 gemeinsam mit einem modernen Keynesianer, dem Direktor des gewerkschaftlichen »Instituts für Makroökonomie und Konjunkturforschung«, Dullien, ein langfristiges Programm für öffentliche »massive Modernisierungs-Investitionen« zu fordern.[636] *Was interessiert die neoliberale Ökonomik (und die neoliberalen Regierungen) ihr (offenbar taktisch-interessengeleitetes) Geschwätz vom »Sparen« der letzten 40 Jahre?*

Im *nationalen Rahmen* waren die erforderlichen Ausgleichsmechanismen als reale Basis einheitlicher nationaler Währung und der Nationalstaatsbildung übrigens immer die einheitlichen Arbeitsmärkte, Sozialversicherungen, Arbeitslosenversicherungen, regionalen und nationalen Länderfinanzausgleiche, also der *einheitliche Sozialraum* neben dem einheitlichen Kapitalraum. Die EU aber hatte seit 1957 stets nur den Unternehmen, dem Realkapital und dem *Finanzkapital einen exklusiven strategischen Raum* und damit einen riesigen zusätzlichen Machtvorsprung geschaffen, den einheitlichen Sozialraum aber immer verhindert. Der wäre für die nationalstaatlichen Machtstrukturen zu gefährlich geworden.

Corona-Wiederaufbauhilfen:
Konkurrenz der Mitgliedsländer stärkt Deutschland

Und während die Grenzschließungen zu Beginn der Krise einseitig, unterschiedlich und zum Teil planlos und willkürlich gehandhabt wurden, während im kleinen (grenznahen) wie im großen grenzüberschreitenden Verkehr unterschiedliche Maßstäbe angewendet wurden und zum Teil Fremdenfeindlichkeit wuchs,[637] verfuhr die EU selbst nach Monaten nicht gemäß der eigenen Verträge und entschied je nach Stand der »Corona-Wellen« über wiederholte Grenzschließungen im Sommer und Herbst 2020 nicht nach gemeinschaftlichen Verfahren, sondern nach nationalen Opportunitätsüberlegungen.

Auch die *nationalstaatlichen Corona-Finanzierungshilfen* in der EU sind unkoordiniert und daher höchst unterschiedlich verteilt und *verschärfen die Ungleichheiten* zwischen den Mitgliedstaaten weiter. Die EU-Wettbewerbskommissarin; Margrethe Vestager, rechnete schon im Mai 2020 vor, dass keine europäische Regierung die eigene Wirtschaft so alimentiere wie die deutsche. Fast die *Hälfte aller Staatshilfen in der EU falle auf Deutschland.* Das verzerre den Wettbewerb und untergrabe den Binnenmarkt, und dies sei bereits Realität.[638]

Gleichwohl ist die liberale Frau Vestager kurz danach eingeknickt und hat einen 600 Milliarden Euro schweren Berliner Rettungsfonds durchgewunken.[639] Der *EU-Wiederaufbaufonds* dagegen hat für alle 27 Länder zusammen nur ein Volumen von 750 Milliarden Euro.

Die EU gab damit die staatlichen Beihilfeprogramme *aller* Mitgliedsländer frei, entgegen dem eigenen früheren scharfen Beihilferecht. Und zu Recht wurde kommentiert: »Mehr Geld – weniger Zusammenhalt: Wettbewerb der Subventionen.«[640]

»*Wettbewerb*«, was war das nochmal? Offiziell war da mal was mit »*gleichen Wettbewerbschancen*«. Aber auch die liberale Gralshüterin der »Märkte« hat keine praktische Definition dessen, was eigentlich ein »guter Markt« sein könnte (weil es diese nicht gibt). Daher waren praktisch die Reichen und Starken im »Markt« bekanntlich schon immer »gleicher« in ihren Chancen. Und so ist es nur konsequent, dass sie gleich auch auf eine Linie einschwenkt, die die Herstellung von EU-Champions in der Autoindustrie, bei Bahnzulieferern (Siemens, Alstom) und anderen Branchen mit *Industriepolitik* verwechselt. Auch hier hat man zu Recht kommentiert, es handele sich um »nicht weniger als eine Zeitenwende in der europäischen Wettbewerbspolitik.«[641]

Arme »Liberale«, niemand hat mehr Illusionen über die »natürliche Optimalität« des »Marktes« und den Segen des »Wettbewerbs«. Zu einer *proaktiven wirklichen Industriepolitik* (in der EU), die erhebliche staatliche Planungs-, Handlungs-, Standardsetzungs-, Infrastruktur-, Ge- und Verbots-Kompetenzen voraussetzen würde,[642] reicht das natürlich längst nicht …

Ablenken vom eigenen Desaster – »Fingerzeigen« auf Russland und China

So viel zur realen Lage der EU und wie sie »unter Corona« zutage befördert wurde. Wir haben beschrieben,

- wie die EU in der *ersten Corona-Welle* an ihren »Grenzen« stand und
- monatelang brauchte, sich wieder zu fangen.
- Der Sommer 2020 ging mit *Nicht-Vorbereitung* verloren.
- Seitdem ist sie eigentlich permanent im *Krisenmodus* verblieben: Sie wurde zum globalen *Epizentrum der zweiten Corona-Welle*,
- hat nach einem Jahr immer noch weder hinreichende *Testkapazitäten* noch eine *Teststrategie* entwickeln können,

- noch eine hinreichende *Sequenzierungsanalytik*, um die grassierenden neueren *Mutationen* zu verfolgen.
- Schließlich ging ihre Strategie der eigenen *Impfstoffproduktion* und der globalen *Impfstoffbeschaffung* im internationalen Vergleich erheblich »daneben«. In der faktischen Impfung der Bevölkerung rangiert die EU international abgeschlagen.[643]

Das Ganze hörte sich am Ende des Sommers 2020 von den Etiketten her gut an: Beschlossen wurde der Corona-Fonds »*Next Generation EU*« in Höhe von 750 Milliarden Euro, darunter die »*Aufbau- und Resilienzfazilität*« als Kredite in Höhe von gut 670 Milliarden Euro. Dieser Corona-Fonds, über den den ganzen Sommer 2020 lang gerungen worden war, kam zu spät. Anfang 2021 wurden erste Auszahlungen erst für Mitte 2021 in Aussicht gestellt.

Im Zuge dieses Pakets wurden, neben den wenigen hart umstrittenen *Transferzahlungen* an die schwächsten Mitglieder, auch besondere *Corona-Kreditfazilitäten* bereitgestellt im Rahmen des sogenannten *Europäischen Stabilitätsmechanismus* (ESM), der nach der Finanz- und der (in der EU anschließenden) Staatsschuldenkrise nach 2009 geschaffen worden war. Diese Kredite jedoch wurden wegen unpassender und schlechter *Konditionen* von keinem der Mitgliedsländer, die sie ja alle beschlossen hatten, auch nur angerührt.[644]

Der reale Zustand der EU zeigt sich schon allein daran, dass sich selbst die schwächsten *Mitgliedsländer im Alleingang* günstiger verschulden können als über die EU und deren ESM.[645] Die Haushaltsverhandlungen für 2021 kreuzten zudem noch den Prozess der verwaltungsmäßigen Umsetzung des Corona-Programms. Der EU droht »noch eine *verlorene Dekade*«.[646] Warum das so ist, haben wir oben beschrieben. Wie lange die EU das alles noch durchstehen will, bleibt ein Rätsel …

Aber statt den eigenen Zustand zu sanieren, was Jahrzehnte in Anspruch nehmen dürfte, ist der neueste Sport »transatlantischer« deutscher und EU-Politiker, Russland und China zu unterstellen, sie würden böse Falschmeldungen über die EU verbreiten. Was für Falschmeldungen, die schlimmer wären als die Realität dieser EU,

könnten sich Russland oder China eigentlich ausdenken, um sie verbreiten zu wollen? Diese EU ist doch offenbar ihr eigener größter
Feind.

Aber Fingerzeigen und Schuldzuweisen ist in einem Politikbe-
trieb, der sich quasi permanent im Konkurrenz-, Profilierungs- und
Wahlkampfmodus befindet, natürlich leichter, als Probleme zu lösen.
Was die EU fast ausschließlich und immer wieder nur außenpolitisch einigen kann, ist ihre *Staatsdoktrin der Russophobie:* Mit antirussischen und neuerdings auch antibelarussischen Sanktionen ist
man schneller bei der Hand als man die Begründungen dafür nach-
liefern kann, während man sich unter der deutschen Regie (oder
Knute?) vom neo-osmanischen Imperialisten und Neu-Sultan in
Ankara unbegrenzt auf der Nase herumtanzen lässt, solange der die
Migrationswellen in seinen Lagern auf- und gefangen hält.[647]

Der tage- und nächtelange *Gipfelmarathon* im Juli 2020 um den
genannten *Wiederaufbaufonds*[648], ein höchst relativer und fragiler Ei-
nigungserfolg nach größter Kraftanstrengung, dessen Tragfähigkeit
noch immer nicht bewiesen ist, demonstrierte der Welt noch einmal das *Drama fehlender Basis-Ausgleichsmechanismen* in der EU-
Grundkonstruktion.

Einige haben vor diesem Hintergrund einen möglichen Todesstoß für die EU analysiert,[649] andere bereits Nachrufe auf das »Kon-
strukt der Europäischen Union« geschrieben und argumentiert, es
sei an der »Zeit, sich Gedanken über eine Welt nach dem Scheitern
der Brüsseler Union zu machen«.[650]

7.
Zwei Systeme der Epidemiebekämpfung
Nationaler Frontalangriff auf das Virus oder gelenkte Herdendurchseuchung – Konkurrenz aller gegen alle, Triagierung, Sozialdarwinismus, Eugenik ...?

Entsprechend der Entsolidarisierung im Westen, genauer: der *schlaglichtartig deutlich werdenden fehlenden Basis für Solidarität*, und angesichts des Kampfes jedes einzelnen Landes mit seinen eigenen Unzulänglichkeiten geht es auch technisch-organisatorisch im Westen nicht darum, die *Zahl der Opfer zu minimieren*, koste es wirtschaftlich, was es wolle. Das würde zum Beispiel voraussetzen, der WHO-Empfehlung zu folgen, massenhaft, überall und jederzeit, also *flächendeckend zu testen*,[651] um das Virus in seinen Verbreitungswegen zu erkennen und zu verfolgen und diese Wege zu unterbrechen, eine Strategie, die in China und Südostasien verfolgt wurde und gelang. Der chinesische Ansatz der Epidemiebekämpfung aber ist dem Westen von den medizinisch-gesundheitspolitischen Fähigkeiten, der allgemeinen sozialen Mobilisierung für einen gemeinsamen nationalen Kampf und der öffentlich-kollektiven Handlungsfähigkeit her verschlossen.[652]

»Gelenkte« Herdendurchseuchung und »Kurvenstreckung«

Der Westen kann daher die Epidemie immer nur soweit abschwächen und strecken, dass die über Jahrzehnte abgeschmolzenen Krankenhaus-, Medikamente- und Schutzkleidungs-Kapazitäten nicht überfordert werden.[653] Diese Kapazitäten bilden das letzte Kriterium westlicher Epidemiebekämpfung. Dem Westen bleibt daher als Strategie nur ein permanentes *Auspendeln zwischen (1) dem »Strecken der Infektionskurve«* und *(2) der Lockerung zugunsten »der Wirtschaft«* und *Setzen auf eine möglichst sanfte »Herdeninfektion und -immunität«, die die Krankenhauskapazitäten nicht überfordert.*[654]

Und »die Wirtschaft« sowie viele Kräfte in Politik, Medien und Gesellschaft drängten bereits nach zwei bis drei Wochen allgemeiner Quarantäne, vor allem im Exportweltmeister Deutschland, zunehmend auf schnelle Wiederaufnahme der Wirtschaftsabläufe und ein generelles Ende der Quarantänen.[655]

So tendiert im kapitalistischen Westen faktisch, auch wenn es sich, so formuliert, unmoralisch anhört, alles nach einer *Abwägung wirtschaftlicher Verluste gegen Tote.* Die *stillschweigende Kapitulation* gegenüber dem Virus und die im Extremfall völlig *freie Herdendurchseuchung,* die vor allem das führende angelsächsische politische Personal und seine Anhänger (Trump, Johnson, Modi, Bolsonaro, Morrison) der Einfachheit und fachlich-organisatorischen Unfähigkeit, aber auch der politischen Herrschaftssicherung durch »Schock und Angst« (»shock and awe«) halber anfänglich vertrat und womit es zum Teil später durchgängig experimentierte, wird immer nur begrenzt durch das pragmatische Ziel, die *Krankenhauskapazitäten* nicht zu überfordern und *keine unangenehmen Bilder aus den Intensivstationen herausdringen zu lassen,* die Unruhe oder Protest schüren könnten.

Im 19. Jahrhundert war man noch in der Lage, Epidemien wie *Cholera* oder *Kinderlähmung* komplett zu stoppen und die entsprechenden Viren auszurotten. Was ist passiert, dass dieser Kampf im westlichen Kapitalismus heute nicht mehr konsequent geführt werden kann? Hat es doch etwas mit niedergehender kollektiver Handlungskompetenz zu tun?

Man adaptiert die Strenge der Epidemiepolitik daher stets pragmatisch an der Grenzlinie zwischen begrenzten Gesundheitskapazitäten und der berüchtigten *Triagierung,* und die Schutz- und Quarantäne-Maßnahmen werden so ausgerichtet, dass die *Infek-*

tionskurven soweit gestreckt werden, dass die Kapazitäten ausreichen und eine Triagierung in größerem Umfang vermieden wird. Ein *Mehr an Toten* gegenüber der radikalen südostasiatischen Variante ist aber logischerweise impliziert, wie ja auch die jeweiligen Kurven zeigen: die südostasiatischen Infektionskurven wurden frühzeitig »abgeknickt« und verblieben dann auf einem Plateau (mit quasi null Neuinfektionen), einer technisch möglichen Minimierung von Infektionen und Toten. Die pragmatische Abflachung der Kurven nach dem Kriterium der Krankenhauskapazitäten impliziert also logischerweise mehr Infizierte und Tote als das theoretische, technisch mögliche Minimum. Man kann es auch zugespitzter formulieren:

> »Im Modell des Westens, nämlich dem der in Kauf genommenen ›Durchseuchung‹ (und des bangen Hoffens auf die Impfung), lässt man Menschen sterben. Im zweiten Modell, dem chinesischen, wird das Virus eingedämmt, sobald es sich zeigt. Mit härteren, aber kürzeren Maßnahmen. Und, wie in Wuhan 2020, bei vollem Lohnausgleich und mit dem Ziel, so viele Leben wie möglich zu retten.«[656]

Soweit harte Fakten und Klartext im allgemeinen »Freiheit-und-Demokratie-gegen-Diktatur«-Gewusel.

Das pragmatische Ausbalancieren der Kurvenanstiege zeigt sich im Westen in verschiedenen Varianten, der mehr Tote in Kauf nehmenden *angelsächsischen* (und auch schwedischen, indischen, australischen oder brasilianischen) Varianten oder der etwas mehr steuernden *deutschen* Variante oder den notgedrungen massiver steuernden *romanischen* (französischen, spanischen und italienischen) Varianten.

Vom »freien Wettbewerb« zur Eugenik?

So oder so gleitet man damit notgedrungen immer auch schnell in Malthusianische »*Bevölkerungsgesetze*« ab, wonach es in der Menschheitsgeschichte zu zyklischem Massensterben kommen muss (bei Thomas Malthus, 1798, noch wegen relativ unzureichender linearer Nahrungsmittelproduktion gegenüber der exponentiellen Bevölke-

rungsvermehrung). Um die Ecke der kapitalistischen Konkurrenz-
gesellschaft lauern immer, je nach Krisenintensität und faktischem
organisatorisch-kapazitativem Unvorbereitetsein gegenüber einer
Epidemie, sogleich der *Sozialdarwinismus*[657] und seine intellektuelle »Schwester«, die *Eugenik*, als mögliche nachträgliche Apologetik
der eigenen Versäumnisse:[658] Die »Starken« (die »Guten«, »Reichen«,
»Schönen« und »Celebrities«) sind erfolgreich und werden leben, die
»Schwachen« bleiben erfolglos und arm und müssen sterben. Das
kapitalistische Prinzip der Konkurrenz, nun unter Krisenbedingun-
gen einer Epidemie eben um eine Umdrehung schärfer gestellt. Und
Sozialdarwinismus und Eugenik endeten bekanntlich in der *Euthanasie* des faschistischen Regimes.

Hinter dem US-amerikanischen »*libertären*« *Konzept* steht aktuell zum Beispiel auch das *brasilianische* Regime des neoliberalen
Faschisten Bolsonaro, von dem der aktuelle *sozialökonomische Kollaps* in die Leugnung der Epidemie und in offiziöse *Programme des
Sterbenlassens* der Armen, Indigenen, Alten und so weiter umge-
formt wird, unterstützt durch Mord und Totschlag an Indigenen
durch Horden des »White Trash«, wodurch dann eine »Entlastung
der Sozialsysteme«, »Verbesserung der Sozialstruktur«, oder »Ef-
fizienzsteigerung der Nation« möglich werden soll.[659] Euthanasie
ist eben nicht nur »einmalige« deutsche Nazi-Geschichte, sie lebt
unter der Corona-Krise heute wieder auf, im größten Land Lateinamerikas, und bleibt eine *Option des neoliberalen Kapitalismus* auch
in den USA, England, Indien und so weiter, je nachdem wie weit
er in eine Krise gerät und wie sehr er kapitulieren muss gegenüber
realen Problemen, im aktuellen Fall gegenüber den Problemen der
Epidemie.

Dass die Prozesse in der Leitnation des Westens, den USA,
und einem seiner Kollapssysteme, Brasilien, sozialpsychologisch
und mental gar nicht so weit auseinander liegen, möglicherweise
nur um wenige Monate Kapitulation vor dem Virus und Krisen-
verschärfung, zeigen einschlägige Demonstrationen in den USA
von frisch Bewaffneten und zum Teil Vermummten (der bereits

erwähnten Boogaloo Bois Bewegung), die sogar Staatskongresse stürmen (zum Beispiel im US-Staat Michigan) oder (im US-Staat Tennessee) unter Plakaten marschieren mit der Aufschrift: »*Opfert die Schwachen*«.[660]

Und für eine *zweite oder gar mögliche dritte Epidemiewelle*, oder für Steigerungswellen der anhaltenden ersten Welle, die in den USA nicht verhindert werden konnten angesichts einer föderalen Administration ohne Plan, können sich die USA einen *weiteren Lockdown* gar nicht mehr leisten, wollen sie nicht ökonomisch und sozial kollabieren. Finanzminister Mnuchin sprach es schon frühzeitig, bereits Mitte 2020, offen aus: »Wir können die Wirtschaft nicht wieder herunterfahren.«[661] Das würde nur zu noch mehr Schäden führen, nicht nur ökonomischen.

Auch in Deutschland gehen, neben einem bestimmten, stets vorhandenen Bodensatz an Alltags-Dummen und -Ignoranten, denen es schon an der Fähigkeit mangelt, den Sinn von Regeln, minimaler kollektiver Rationalität, Koordination und minimalem kollektivem Handeln überhaupt zu verstehen, Mischungen von religiösen Sekten und Esoterikern, rechten Chaos- und Schockstrategen, aber zum Teil auch ernsthaft um Freiheit und Demokratie Besorgten, Radikaldemokraten und Linken, für eine Beendigung jeglicher Quarantäne auf die Straße. Dabei unvermeidbar Seite an Seite mit Parteien wie FDP und AfD und Teilen anderer etablierter Organisationen, die sich wiederum in engster *geschäftlicher Kollaboration mit »der Wirtschaft«* befinden, um die »Geschäfte« schnellstmöglich wieder zum Laufen und die entsprechenden Spendenflüsse zur Aufrechterhaltung ihrer Art von Demokratie wieder zum Sprudeln zu bringen. Und zwar, koste es (bei den Infektionszahlen), was es wolle. Wie gesagt, die Gefährdung demokratischer Errungenschaften ist gerade in einer tiefen Krise und unter einer gesellschaftlichen Schocksituation allfällig und daher aufmerksam zu beobachten. Das Land explodierte gleichsam in Meinungen, Richtungen, Weltbilder und »Theorien« (genauer: Hypothesen oder auch nur vage Annahmen). Die faktisch vorhandene und rasant zunehmende Zersplitterung der Gesellschaft spiegelte sich darin, dass je zwei aufgeheizte meinungsstarke Debattierer drei Axiome produzierten. Mehr »Theorien«, Unterstellungen, Vermutungen als Menschen.

Im ersten Pandemieschock hieß die Hauptparole noch »*Solidarität*«. »Leave no one behind« wurde an Häuserwände gesprüht. Nach vier Wochen auch nur recht sanfter Quarantäne aber waren Stärke, Disziplin und *Leidensfähigkeit* einer großen Masse von Kampf-, Zwangs-, Party-, Druck- und Konsum-Lebenden und -Liebenden in Deutschland aber schon völlig *erschöpft*. Die tatsächliche, wenngleich heimliche, unausgesprochene und tabuisierte Parole lautete also wiederum »Über Leichen gehen«. Mehr Infizierte wagen, und wenn nötig am Ende mehr Leichen.

Das hört sich stärker moralisch-verurteilend an, als es ist; denn es ist im Kern einfache Logik.[662] Da uns der ostasiatische Weg aus systemischen (staatlich-organisatorischen, unternehmensorganisatorischen, kulturellen und subjektiv-emotionalen) Gründen verschlossen ist und uns nur der Weg der »Kurvenabflachung« bleibt, wird eben die Stellschraube »Quarantäne« heruntergedreht, sobald man das Gefühl hat, es seien Krankenhauskapazitäten frei und die Lage sei insoweit wieder entspannt. So viele Infektionen wie möglich, so dass, entsprechend gegebener Hospitalisierungsrate, maximal so viele Hospitalisierungen wie Krankenhauskapazitäten bestehen, so viele Beatmungen wie Intensivbetten und Beatmungsgeräte und, entsprechend der gegebenen Todesrate pro Hospitalisierung, so viele Tote wie dadurch gerade eben entstehen, ohne böse Bilder von Triagierungen zu generieren. So kann man im Kontrast der Ansätze die zunächst überraschende Aussage der WHO-Ärzte bereits vom Frühjahr 2020 verstehen, wonach China konsequent »People first!« praktiziert hätte.

Eine simple, unabweisbare, wenn auch vielleicht überraschende und manche schockierende Logik des westlichen Ansatzes eines Krisen-»Muddling-Through«. Aber wir leben ja eben in der Zeitenwende, mit vielen solchen Überraschungen, Schocks und Ängsten, über die wir zu einem großen Teil ja bereits berichtet haben.

»Wirtschaft first!« und Idealisierung staatlicher Unfähigkeit

Im Innern rechtfertigt dann der *staatlich-kollektive Kontrollverlust* gegenüber »Corona«, je größer die wirtschaftlichen Verluste, auch bei uns jene *sozialdarwinistischen Eugenik-Tendenzen* der »Wirtschaft«-Freunde. Der Grünen-Politiker Boris Palmer hat sie für Deutschland auf den Punkt gebracht, um Quarantänen schnellstmöglich beseitigen zu können: »Ich sag es Ihnen mal ganz brutal: Wir retten in Deutschland möglicherweise Menschen, die in einem halben Jahr sowieso tot wären.«[663]

Der CDU-Politiker und Bundestagspräsident Wolfgang Schäuble stößt ins gleiche Horn: »Wenn ich höre, alles andere habe vor dem Schutz von Leben zurückzutreten, dann muss ich sagen: Das ist in dieser Absolutheit nicht richtig.«[664]

Die Dystopie des Science-Fiction-Films *Soylent Green* aus dem Jahr 1973 zwei Jahre vor der darin vorausgesagten Zeit: In diesem Film werden die »Unbrauchbaren« zum »freiwilligen Sterben« gebracht, zu Energie verheizt und zu Nahrungsmitteln verarbeitet, die es anderweitig auf der Welt nicht mehr gibt, damit eine reiche Minderheit überleben kann.[665] Die Vorahnungen des Buchautors Harry Harrison und des Regisseurs Richard Fleischer waren sensationell: Der Film spielt im Jahre … 2022! Der deutsche Titel des Films lautete entsprechend »… Jahr 2022 … die überleben wollen«. 2022 ist – vom Ausbruch der Corona-Krise aus gesehen – morgen.

Die Pusher »der Wirtschaft« wollen möglicherweise vergessen machen, im großen »Corona«-Topf verrühren und unsichtbar machen, dass die deutsche Wirtschaft, wie schon angesprochen, ja immanent und corona-unabhängig in einer massiven Krise ist, einer zyklischen und einer handelspolitischen und de-globalisierungs-bedingten strukturellen Krise, die sich bis Ende 2019 bereits klar gezeigt hatte.[666]

Dabei wird auch übersehen, dass die Hilfsargumente für »schnelle Öffnungen«, wonach vier Wochen Quarantäne, Fußball-, Party-, relativer Konsumverzicht und so weiter quasi bereits zu einer *sozialpsychologischen, ja geradezu zivilisatorischen Krise der Nation* geführt hätten, mit massenhaften psychologischen Problemen, zunehmender *häuslicher Gewalt* gegen Frauen und Kinder, aber auch erkennbar *explodierender, und meist sinnfreier, Gewalt in der Öffentlichkeit*, mit beschleunigter sozialer Benachteiligung der Armen aufgrund deren mangelnder Ausstattung mit und Kenntnis von Internet-Technologien und so weiter, Schüsse ins eigene Knie sind. Sie verdeutlichen nur noch mehr das Politikversagen – nach vier Jahrzehnten neoliberaler Individualisierung, Verarmung, Vereinzelung, Stresserhöhung, Konsum-, Fußball- und Partysucht – die soziale Spaltung und die kollektive Handlungsunfähigkeit, die *Unfähigkeit des Systems, Krisen zu bewältigen*, und die *Kapitulation vor einer Virenepidemie*, von deren Art weitere in der Zukunft kommen werden. Die notwendige kollektive Koordination, das notwendige kollektive Handeln (Solidarität) haben die Pusher des »Normalen« anscheinend bereits verabschiedet.[667/668]

Es geht uns hier, wie gesagt, nicht um Demonstrationen, (»Verschwörungs«-)Theorien oder virologische und epidemiologische Argumente und Gegenargumente. Es geht uns um die *alternativen systemischen Aspekte und Implikationen einer großen globalen Zeitenwende*, die die Pandemie beschleunigt ans Tageslicht gebracht und überdeutlich gemacht hat.

Dass (nicht nur in den USA, England, Indien, Brasilien, Australien …) die Masse der Sterbenden die »*Working Poor*«, Afroamerikaner, Immigranten oder andere ausgegrenzte Minderheiten sind, die Millionen ohne Krankenversicherung und die Millionen, die mitten in der Pandemie ihre Krankenversicherung verloren haben, liegt auf der Hand.[669] Eine *Eugenik des »Marktes«* – dessen logische Konsequenz und Fortsetzung des »Marktes«.

Studien bestätigen, dass wenn wir eine gewisse Herdendurchseuchung laufen lassen, wir dann automatisch auch mehr Tote in Kauf nehmen müssen, selbst wenn wir »die Kurve soweit strecken« können, dass sie krankenhauskapazitäten-konform ist.[670] Aber wo »optimieren« wir die Abwägung? Die Option der frühestmöglichen Abflachung der Kurve der Infektionszahlen auf Nullanstieg, wie sie in China und Taiwan, in Südkorea, Vietnam und Singapur zunächst gelungen ist, ist dem Westen nicht gegeben.

Kein geringerer Kronzeuge als der *IWF* selbst hat jüngst, nach Auswertung der Erfahrungen von 128 Ländern, die *angebliche Alternative »Gesundheit« oder »Wirtschaft«* als unhaltbar analysiert.[671] Die westlichen Narrative, wonach »ohne Lockdowns« wirtschaftlich alles besser laufen und die Aufhebung von Restriktionen die wirtschaftliche Lage automatisch verbessern würde, erwiesen sich als Illusionen, die den realen Erfahrungen nicht standhalten. Unter anderem etwa deshalb, weil die Masse der Menschen selbst entscheiden würde, dass, wenn die Infektionsgefahr hoch ist, sie selbst bei Aufhebung von Restriktionen freiwillig auf Aktivitäten (Einkäufe, Restaurant-, Bar-, Café-Besuche etc.) verzichteten und sich freiwillig räumlich distanzierten. Typisch Trump'sche (Johnson'sche, Modi'sche, Bolsonaro'sche, Morrison'sche, Löfven'sche usw.) neoliberale Cowboy-Paradigmen (»Wir ziehen das ohne Lockdowns durch!«) laufen dann exakt ins Leere. Im Gegenteil: »Strenge, zeitlich eng befristete Lockdowns bewirken offenbar mehr als milde, langwierige Maßnahmen«, so die IWF-Experten.[672]

Womit wir wieder beim *chinesischen/südostasiatischen Paradigma* wären: Nichts nützt der Wirtschaft mittelfristig mehr als der frühzeitige, konsequente Lockdown, der dann auch vergleichsweise schnell wieder beendet werden kann. Der chinesische und südostasiatische Wiederaufschwung bereits ab dem 2. Quartal 2020 spricht Bände.

Dem *unentschlossenen, opportunistischen* und immer wieder korrigierenden und *nachsteuernden* »Strecken und Schieben der Kurven« – unter dem sozialen Druck *ungeduldigen und zwanghaften* Konsumierens und Partyfeierns sowie unter dem Druck »der Wirtschaft« pro Kurzfristgewinn – generiert, scheinbar paradoxerweise, genau das Gegenteil, so die IWF-Studie, nämlich einen *Schrecken ohne (schnelles) Ende.*

Aber wie schon an anderen Stellen immer wieder angesprochen (»Von China lernen?«, »China imitieren?«), die entscheidende Frage ist, ob das »bessere« Paradigma dem neoliberalen finanzialisierten

Westen überhaupt zugänglich ist. Dieser Frage weicht auch die IWF-Studie dezent aus. In diesem Buch zeigen wir aus unterschiedlichen Blickwinkeln, dass genau das aus den verschiedensten Gründen, die insgesamt den systemischen Unterschied ausmachen, nicht oder nicht mehr möglich ist.

Sollte der Westen gesundheitspolitisch dem südostasiatischen Raum längerfristig hinterherhinken, wird niemandem gedient sein. Neue Mutationen und neue Pandemien könnten zum globalen Zerfall in *parallele gesundheitspolitische Welten* führen: In eine Teilwelt, die den Kampf gegen Virusmutationen verliert, daher aufgibt und die resultierenden hohen Totenzahlen hinnehmen muss und wird, und einen Teil der Welt, der sein gesellschaftliches und politisches Handeln qualifiziert und international zu kooperieren lernt, der sich so die Chance erhält, im »Rüstungswettlauf« mit den Coronaviren in Forschung, Gesundheitswesen, sozialer Organisation und bei sozialer Mobilisierung mitzuhalten und seine gesundheitliche Resilienz langfristig zu erhöhen …

Bertelsmann: »Wir brauchen nur halb so viele Kliniken«

Stichwort neoliberale Gesundheitspolitik und Krankenhauskapazitäten: Man erinnere sich, dass einer der mächtigsten neoliberalen Takt- und Stichwortgeber der Politik, der Think-Tank *Bertelsmann Stiftung*, noch Mitte 2019 die nächste neoliberale »Raketenstufe« für das deutsche Gesundheitswesen zünden wollte, mit der Botschaft aus einer entsprechenden »Studie«, die, wie üblich, schnell in die Medien- und Politikzirkel Eingang fand: »*Eine bessere Versorgung ist nur mit halb so vielen Kliniken möglich.*«[673]

Aber da kam ihnen »Corona« dazwischen. Pech gehabt! Jedenfalls vorerst. Man stelle sich vor, »Corona« wäre zwei Jahre später auf ein *auf die Hälfte geschrumpftes deutsches Krankenhauswesen à la Bertelsmann* getroffen. Noch weniger Krankenhäuser, noch weniger Personal, vermutlich noch weiter abgeschmolzene Pandemievorbereitung, noch weniger Lager für Schutzkleidung für die Gesundheitsbeschäftigten …

Die zwei Systeme »nach Corona« ...

Eine *internationale Implikation* der zwei konkurrierenden Systeme der Epidemiebekämpfung für die Zukunft der Re-Globalisierung ist allerdings, dass Viruskontrolle in Ostasien auf verschiedenste Grade von »Herdenimmunität« im Westen trifft, wenn die Welt wieder aus den Quarantänen herausgetreten sein wird. Eine zum Beispiel (idealerweise) zu 70 Prozent durchseuchte (und dann hoffentlich relativ immune) Bevölkerung (nach einem relativ hohen Zoll an Toten) gegen zu fast 100 Prozent organisatorisch geschützte Bevölkerungen? Das passt nicht zusammen und könnte das Wiederanfahren der globalen Wirtschaftsverflechtungen zusätzlich belasten.

Die Lösung wird auf mittlere Sicht, 2021/22, die schnelle und massenhafte Verfügung eines Serums für die ostasiatischen Bevölkerungen sein, die es dann mangels »westlicher« Herdendurchseuchung vermutlich dringender brauchen als die westlichen Bevölkerungen, die ja bereits notgedrungen eine gewisse Durchseuchung durchgemacht haben. China konnte seine Impfstoffe interessanterweise mangels Ansteckungen nicht im eigenen Land testen. Aber China impft, auch wenn jeder Ausbruch durch klare Quarantäne-Maßnahmen schnell »im Keim erstickt« werden kann. Auf wiederholte harte Quarantäne-Maßnahmen kann man und muss man längerfristig verzichten und die Immunität der Bevölkerung mit Impfstoffen ebenfalls herstellen.

Zeitenwende oder humanitäre Katastrophe

Die Welt jedenfalls hat sich im *Zeitenwende-Jahr 2020* die Augen gerieben und in der Corona-Krise plötzlich Führungs- und Kernländer des hochentwickelten Westens in existentieller Unfähigkeit und Hilfsbedürftigkeit gesehen, eine neue, unerwartete Erfahrung. Das wird für die *mentale und sozialpsychologische Weltlage* mittelfristig und strukturell nicht ohne Konsequenzen bleiben. Im Höhepunkt herrschte regional die humanitäre Tragödie des *Triagierens*, die politisch notwendig gemachte Entscheidung der Ärzte darüber, wer noch behandelt und gerettet werden kann und wen man sterben lassen muss. Ein tragischer Tiefpunkt menschlich-kultureller Entwicklung. Und am Ende stand auch das vielfache *Sterben der Corona-Ärzt*innen und Pfleger*innen*, die in endlosen Überstunden und unter eklatant mangelnden Schutzbedingungen gezwungen waren, über sich und ihre Ängste hinauszuwachsen. Dabei wusste man aus China bereits, dass dort die Effektivität des Gesundheitssystems noch einmal schlagartig angestiegen war, als man die *Arbeitsschichten des Krankenhauspersonals* auf sechs Stunden reduziert hatte. Eine *humanitäre Katastrophe*, die die »Werte«-Imperialisten seit Jahrzehnten immer gerne andernorts beschwören, um die nächste militärische Intervention zu rechtfertigen, nun in den eigenen Kernländern des Westens.

Und im Frühjahr 2020 ergingen verzweifelte *Hilferufe* von westlichen Krankenhäusern, Regionen und nationalen Regierungen in alle Welt …

8.
»Hilfe, die Chinesen helfen!«[674]
»Luftbrücken« nach Europa und
die »Neue Seidenstraße der Gesundheit«

In Europa war vom Empire wie beschrieben wenig Hilfe zu erwarten. Die Welt musste vielmehr zusehen, wie das Empire nicht mehr in der Lage war, sich selbst zu helfen, was »America first!« bedeuten konnte, und was man unter der Parole noch alles zu erwarten hatte.

China revanchiert sich für zuvor erfahrene Hilfe

Als *neue* »*Weltmacht*« *des gesundheitspolitischen Helfens* erschien vielmehr »plötzlich« – eine weitere Überraschung für die meisten Menschen im Westen – China auf dem Radar der westlichen Medien. Russland durfte als erstes sogar den USA medizinische Güter spenden.[675] Schließlich ging aber selbst für die USA, zumindest für einzelne Bundesstaaten, kein Weg daran vorbei, auch von China Hilfe anzunehmen. Von den drei großen Helfernationen in dieser Phase hatte China die Epidemie glimpflich hinter sich gebracht, Russland hatte sie noch vor sich, und Kuba hatte sie mit seinem vorbildlichen Gesundheitswesen nahezu komplett verhindern können.

China hatte die Corona-Krise ja nach der Variante »Virusausbreitung stoppen« in den Griff bekommen, mit einem erstaunlichen *Vertrauen* und einer erstaunlichen *Disziplin und Ruhe* der Bevölkerung, wie man schnell auch an den Umfragewerten zum Vertrauen in *staatliches Handeln* ablesen konnte, aber auch mit einer erstaunlichen sozialen Mobilisierung. Keine »Explosion häuslicher Gewalt«, keine sozialpsychologische Krise der Gesellschaft, stattdessen intensive *Nachbarschaftshilfe* sowohl auf freiwilliger individueller Basis

wie auf Basis der Mobilisierung der ohnehin bestehenden Nachbar-
schaftsorganisationen.[676]

Da China selbst in der kritischen Anfangsphase der Epidemie
international geholfen worden war, schien es normal-menschlich betrachtet das Selbstverständlichste auf der Welt (nicht so natürlich für
die westliche China-Bashing Industrie), dass *China jetzt das Gute zu-
rückgab*. Und zwar in guter systemischer Psychologie, die auch starke
Bezüge zur chinesischen Philosophie und Psychologie hat, gibt man
vom »Bösen« immer etwas weniger zurück und vom »Guten« immer
etwas mehr,[677] wenn alle langfristig gut miteinander überleben sollen. So tat es China. (Und selbst mitten im verbalem Amoklauf von
Trumps Washington inmitten der Corona-Krise bot es ein weiteres
Mal den USA Zusammenarbeit an und schlug vor, mögliche Koope-
rationsfelder zu identifizieren.[678])

Ein ganz praktischer Aspekt dabei war übrigens, dass das chinesische medizinische Personal die *neuesten Diagnose- und Therapie-
erfahrungen den Medizinern im Westen weitergeben* konnte. Diese
Erfahrungen wurden an über 100 Länder, einschließlich Japan und
Südkorea, weitergegeben.[679]

Deutschland hatte zunächst, da scheinbar weniger betroffen, chinesische Hilfsangebote kühn zurückgewiesen. Die Sache endete aber
nur wenige Wochen später mit einem Telefonat der Bundeskanzle-
rin mit dem chinesischen Staatspräsidenten über die Lieferung von
Milliarden von Schutzmasken und Dutzenden Millionen Schutzbe-
kleidungen aus zertifizierter chinesischer Produktion, zu Normal-
preisen, und mit einer »*Luftbrücke*« von China nach Deutschland.[680]
Über die »Luftbrücke« wurden wochenlang *täglich 25 Tonnen medizinischer Güter von China nach Deutschland* eingeflogen.

Eine »Luftbrücke« ist gerade für die Deutschen eine historisch
besetzte Metapher: Es waren die Kohlen, Nahrungsmittel und – als
Belohnung fürs Durchhalten – Kaugummis der USA für Westberlin,
die symbolschwangere Speerspitze des »Freien Westens« mitten im
»Ostblock«, die die »Rosinenbomber« der USA 1948 über der Front-
stadt abwarfen.

Luftbrücken nach Italien, Spanien, Frankreich, Serbien, ... nach Köln und Heinsberg

Mehrere ähnliche Telefonate wie das von Merkel und Xi hatte es schon Wochen vorher, zum Beispiel des französischen Staatspräsidenten Macron mit Xi, gegeben, mit dem Ergebnis einer »Luftbrücke« auch nach Paris mit Hunderten von Millionen Atemschutzmasken.[681] Und wiederum davor ein Telefonat des italienischen Ministerpräsidenten Conte. Die erste »Luftbrücke« hatte daher Norditalien mit China verbunden.

In Italien war neben dem chinesischen medizinischen Personal auch ein Ärztekontingent mit den aus zahllosen internationalen Hilfseinsätzen erfahrenen Ärzt*innen und Pfleger*innen aus *Kuba* im Einsatz. Während kubanische Ärzt*innen in den letzten Jahrzehnten in fast hundert Entwicklungsländern im Noteinsatz waren, zunehmend auch von der WHO zu Hilfe gerufen, war der Einsatz von Mediziner*innen aus dem kleinen, vom Empire nebenan sanktionsgebeutelten Kuba, selbst Entwicklungsland, in einem hochindustrialisierten Kernland und G7-Mitglied ein Novum. Auch das ein Aspekt der Zeitenwende.

China half den großen EU-Mitgliedsländern, half Serbien, zahlreichen afrikanischen und asiatischen Ländern (Pakistan, Irak, Iran, verschiedenen Staaten in Südostasien), lateinamerikanischen Ländern und ... dem deutschen *Landkreis Heinsberg* in Nordrhein-Westfalen, einem frühen Hotspot der Epidemie, nachdem der CDU-Landrat ein Hilfeersuchen an Präsident Xi geschrieben hatte.

Ein atemberaubender Wandel der Welt, der damit zum Vorschein kam. Ereignisse, die nur wenige Jahre zuvor niemand hätte vorhersagen können. Und was für ein *Wandel in den Tiefenstrukturen der Welt* musste hinter diesen neuartigen Ereignissen stecken! Was für eine »Überraschung«, eine mental zu bewältigende *Disruption des alten Weltbildes* für den durchschnittlichen westlichen Bürger: China als nicht nur effektiver Epidemiebewältiger, sondern auch solidarischer Helfer mit medizinischen Gütern, Beatmungsgeräten und medizinischem Personal für Europa. Letztere brachten, wie gesagt, ihre Erfahrungen aus der Bekämpfung des Virus mit und entwickelten mit den europäischen Ärzt*innen und Pfleger*innen vor Ort die *neuesten Diagnose- und Behandlungspläne.*[682] Eine *Neue Seidenstraße der Gesundheit* entstand.[683]

Allein in den beiden Monaten März und April 2020 wurden laut Statistik des chinesischen Zolls *28 Milliarden Schutzmasken* in alle Welt geliefert, das sind 5 Masken pro Weltbewohner außerhalb Chinas.[684]

Luftbrücke und Containerzüge

Tatsächlich ist die »Luftbrücke«, wie die Seidenstraßen insgesamt, inzwischen auch ein *Landweg* geworden: Die 2011 eingeführte ununterbrochene *Schienenverbindung* zwischen chinesischer Ostküste und europäischer Westküste wird zunehmend das Rückgrat der Seidenstraßen und ersetzt zunehmend den ökologisch katastrophalen Schiffs-(Diesel-)Verkehr. Die Züge machen die 10.000 bis 12.000 Kilometer lange Strecke inzwischen in 11 Tagen und weniger und sie waren *weniger corona-anfällig* als Flug- und Schiffsverkehre. Die Logistikdienstleistungen auf der Strecke konnten corona-konform kontaktlos organisiert werden. Mit den fast 2.000 Zugfahrten im ersten Quartal 2020 (15 Prozent Zuwachs gegenüber 2019), mit ihren 175.000 Container-Einheiten, kamen dann ab März 2020 eben auch Hunderte Tonnen medizinischer Güter nach Europa.[685] Im Jahr 2020 waren es dann schon mehr als 12.000 Güterzüge (3.000 mehr als 2019).[686] (Und inzwischen fahren sie auch fast voll wieder zurück und verschaffen der notorisch darbenden Deutschen Bahn endlich auch Geschäft im Cargo-Bereich.)

Hilfe als »Bedrohung« ...

Dieses vor kurzem noch arme Entwicklungsland China, diese frühere Dreckschleuder der westlichen Auftragsproduktion, zugleich »kommunistische Diktatur«, die »gelbe Gefahr« des alten kolonialistischen Denkens (demgegenüber das eigene schlechte Gewissen in Aggression umgemünzt wird), also mit einem Wort, der Teufel in Person, neuerdings nun angeblich die »*größte Bedrohung der nationalen Sicherheit*« des Imperiums, die, in der westlichen psychologischen Projektion eigener kolonialer und imperialer Verbrechen,[687] angeblich nichts anderes im Sinn hat, als die USA von der Weltkarte zu löschen, hatte nicht nur dem Westen acht wertvolle Wochen Vorbereitungszeit verschafft, es zeigte »plötzlich« eine *Hilfsbereitschaft ohne Rücksicht auf Systemunterschiede* und dies, wie in der Neuen Seidenstraßen-Initiative und in allen seinen Außenbeziehungen, *ohne jede politische Vorbedingung*,[688] ein Grundprinzip chinesischer Außenbeziehungen.[689]

Dabei werden die »*Bedrohungs*«*-Narrative Washingtons* immer irrer, hemmungs- und *grenzenloser*: Was als angebliche »Bedrohung« der physischen Existenz der USA, irre genug, begann, wurde inflationiert zu einer »Bedrohung« der amerikanischen »Vorstellung« (!) davon, wie die Welt organisiert sein sollte (»[…] threat […] to the American idea of how the world should be organized«[690]). Die »Bedrohung« einer »Vorstellung« als Grund für Wirtschafts-, Technologie-, Medien- und potentielle heiße Kriege!

... oder als Solidarität der Völker

China hat in seiner Geschichte, auch zu den Höchstzeiten seiner internationalen Macht im frühen 15. Jahrhundert, der Zeit seiner riesigen »Drachenflotten« und seiner internationalen Expeditionen, nie ein kolonialistisches System à la Europa aufgebaut, fast nie ein anderes Land existentiell bedroht, nie rassistisch motivierte Kriege und Kreuzzüge durchgeführt. Es war sich selbst stets genug und brauchte für seinen eigenen Wohlstand nicht die Ausplünderung anderer. Im Gegenteil, in Chinas Geschichte war der Austausch großer Geschenke zwischen regionalen Herrschern und dem chinesischen Kaiser die Grundlage für Handelsbeziehungen. China kannte und kennt weder Kolonialismus noch Imperialismus, außer als Opfer, dem es sich nie wieder zu unterwerfen entschlossen hat. Das neue China hat vom ersten Tag seiner Existenz die Süd-Süd-Kooperation praktiziert und vielen ehemaligen europäischen und

US-Kolonien bei der Befreiung und Nationalstaatsbildung geholfen.[691] Es bedroht heute kein Land der Welt, plant und führt keine
Kriege, und der Schwerpunkt seiner Militärtechnologie ist klar de-
fensiv. Obwohl man nach jahrelanger Kriegsdrohung aus Washington inzwischen auch Langstreckenraketen vorzeigen kann, die mit
vielfacher Schallgeschwindigkeit, halb ballistisch, halb steuerbar,
auch US-Ziele erreichen können. Eine andere Sprache scheint das
sich selbst immer weiter aufputschende Imperium nicht mehr zu
verstehen.

Jene *Solidarität* – dieses potentiell subversive Wort war ja für ein
paar Wochen des ersten Schocks in fast aller Munde –, war auch darin zu erkennen, dass neben den später von den europäischen Regierungen auch kommerziell georderten medizinischen Gütern, die
Lieferungen zunächst einige Wochen lang als *chinesische Spenden*
kamen, und zwar nicht nur von Seiten der Regierung oder einzel-
ner Provinzen und Städte, sondern auch von Firmen, der *Jack Ma
Stiftung*, bis hin zu chinesischen Gewerkschaftsgliederungen, die
Sammlungen medizinischer Güter an ihre italienischen oder französischen Gewerkschaftskollegen sandten. Die chinesische Partner-
stadt Kölns, Beijing, lieferte noch gegen Ende April 2020 mehrere
Tonnen medizinischer Güter, darunter neueste Beatmungsgeräte
und High-Tech-Thermometer.[692/693]

Die Pakete aus China an Italien zum Beispiel hatten Aufkleber
mit der italienischen und chinesischen Flagge und Aufschriften wie
»Siamo con voi …« (Wir sind mit Euch …«).[694] Und auf Hilfsgütern
des chinesischen Elektronikkonzerns *Xiaomi* an den italienischen
Zivilschutz stand jener schon zitierte Gedanke zu lesen: »Wir sind
Wellen desselben Meeres, Blätter desselben Baumes und Blumen
desselben Gartens.«[695]

Der Präsident der Region Ligurien, Giovanni Toti, schrieb, indirekt unser Argument der Zeitenwende bestätigend, die Hilfe aus
China sei »unerwartet« gekommen, und: »Danke an euch, dass ihr
zuerst den Notfall bewältigt habt und dass ihr jetzt, wo ihr diesen
Kampf gewinnt, nicht zögert, uns die Hand zu reichen. Wenn alles

vorbei ist, werden wir uns daran erinnern, wer da war … und wer
nicht da war.«[696]

Eine solche *Zeitenwende in den Köpfen zahlloser Europäer* durfte sich nun aber nicht verfestigen. Menschliche Gefühle von Region
zu Region, von Menschen zu Menschen mit China, da schrillten in
Washington und Brüssel die Alarmglocken. Und die China-Bashing-
Industrie stand schon bereit. Dies musste konterkariert und rückgängig gemacht werden. Und postwendend war zu erkennen, wie
Washington Gas gab beim Lancieren abenteuerlichster Räuberpistolen um China und die WHO, und wie in Washingtons gut vertäutem
Schlepptau die meisten »*Leitmedien*« in der EU, von denen einige bis
dahin oft recht sachlich über China berichtet hatten, nun aber *schar-
fe antichinesische Wendemanöver* nachvollzogen.[697] Plötzlich ist die
Welt voller chinesischer Lügen, chinesischer Schuld, Vertuschungen,
Macht- und Unterdrückungsstreben und anderer hinterhältiger Ab-
sichten …

9.
»... weil nicht sein kann, was nicht sein darf«[698]
Verstärkter Medienkrieg und China-Bashing

Und sofort gibt es auch hier die bekannten Pawlow'schen Reflexe in den westlichen Medien, die sich seit einiger Zeit immer mehr in einen *Rechtfertigungs-, Verteidigungs- und Revanchemodus*, erkennbar aus einer Position des fehlenden Selbst-Bewusstseins heraus, gegenüber dem »Herausforderer« China begeben haben.

Das Prinzip »Trump« wirkt ... auch in der EU
Die extremistische Variante des Washingtoner Amoklaufes gegen den Abstieg, der *Trumpismus*, hatte damit auch *in West- und Mitteleuropa gesiegt*. Er wirkt, entgegen dem Selbstverständnis allgegenwärtiger Trump-Schelte in unseren Mainstream-Medien! Die Washingtoner Strategie des Kampfes gegen den Abstieg hat es geschafft, die Welt in einen Ort *allgegenwärtigen Misstrauens, der Angst und hemmungslosen Aggressionen* umzufunktionieren. Ein umfassender westlicher Kulturzerfall.

Trump ist nicht Hitler, aber vielen kritischen Kommentatoren hat sich der Vergleich zunehmend aufgedrängt. Und die Hitlers und Goebbels hatten es zuvor ebenso geschafft, Millionen von Hirnen zu verseuchen und Seelen zu verkrüppeln. Und Göring hatte es am Rande der Nürnberger Prozesse noch einmal als gemeinsames Herrschaftsprinzip aller Länder erklärt, wie man die Bevölkerungen in Angst und Schrecken versetzt und zum Krieg bereit macht.[699] Das Ergebnis ist bekannt. Es braucht bekanntlich stets Generationen, bis die Heilungsprozesse gesellschaftlich beendet sind.

Der seit Anfang 2020 im *Wahlkampfmodus* befindliche und zunehmend verzweifelt um seine Wiederwahl, oder vielleicht auch um Putschmöglichkeiten kämpfende US-Präsident, von den Medien früher gern und oft gescholten, ließ seine Geheimdienstapparate nach alten Aktenaufzeichnungen durchsuchen, um die Welt mental und psychisch der bekannten *Schockstrategie* unterwerfen zu können,[700] gab dabei die Stichworte, wilden Verdächtigungen und Fake-Statements vor, die durch die EU-Medien begierig aufgegriffen wurden. Das Anfang 2020 in wenigen Wochen entstandene *positive China-Bild* musste schnellstens wieder demontiert werden. Die geleistete *Überlebenshilfe* für europäische Kernländer und das schockierende Bild der USA müssen vergessen gemacht werden. Die Zeitenwende darf mental nicht ankommen unter der westlichen, von den Medien errichteten Käseglocke. Und das unschlagbare Prinzip der Trump'schen Variante der Fake-Strategie ist eben: *Etwas bleibt immer hängen*!

Washingtons Dauer-Wahlkampf-Modus und Schockstrategie: Bitte anschnallen!

Also, bitte anschnallen: »Fasten your seat belts: the US *hybrid war against China* is bound to go on frenetic overdrive, as *economic reports* are already identifying COVID-19 as the tipping point when the Asian – actually Eurasian – century truly began.«[701]*/[702]**

---

*   »Bitte anschnallen: Der hybride Krieg gegen China wird in einen ungezähmten höheren Gang geschaltet, während Wirtschaftsberichte COVID-19 schon als den Wendepunkt identifiziert haben, an dem das asiatische, tatsächlich aber das eurasische Jahrhundert wirklich begann.«

**   Escobar zeigt in diesem Bericht [vgl. Endnote 702] übrigens den Mechanismus, wie das kolonialistische Europa seit dem 17. Jahrhundert bei der Konfrontation mit China/Ostasien ideologisch zu kämpfen hatte, das offenbar keine einheitliche messianische, absolutistische oder Staatsreligion besaß und dennoch effektiv organisiert und technologisch und zivilisatorisch viel weiter entwickelt war. Das wirkte hochattraktiv auf die europäische Intelligenz der *Aufklärung*, ließ die Herrschenden aber nicht ruhen, bis sie *Narrative rassischer Überlegenheit der* »*Weißen*« *gegenüber den* »*Gelben*« entwickelt hatten, die von da ab Rationalität, Weltlichkeit und Aufklärung in Europa zunehmend zuguns-

Die täglichen Ansprachen Trumps an die Medien waren zu wilden Mischungen von Irreführungen, Schuldzuweisungen und Drohungen geworden: »Trump's Virtual Town Hall: A Vehicle for Deception, Finger-Pointing and Threats.«[703] (Trumps virtuelle Bürgerversammlung: Ein Instrument für Täuschung, Fingerzeigen und Drohungen.)

Und man kann es auch so ausdrücken: »US-Präsident Donald Trump ist der erste Politiker, der geradezu seriell Verschwörungstheorien verbreitet. Ihn interessiert nicht, ob sie stimmen. Ihn interessiert, dass sie in seiner Zielgruppe ankommen.«[704] Nach den schon erwähnten Worten des US-Außenministers Pompeo, Ex-CIA-Direktor, nichts Neues: »We lied, we cheated, we stole.«[705] (Wir logen, wir betrogen, wir stahlen.)

Da wurden nun zunächst die WHO und ihr Führungspersonal fundamental angegriffen, zum Beispiel mit jahrzehntealten biographischen Fakten. Nun, eine WHO mit ihren Analysekapazitäten und Standards ist dem Hegemon, der sich nun gesundheitspolitisch als ein Entwicklungsland entblößt hat, ein Dorn im Auge, wie die vielen anderen UN-Spezialorganisationen, und wie überhaupt die gesamte UNO, in der die USA nur noch Vetos einlegen können, aber für eigene Initiativen keine Mehrheiten mehr erzielen. So wurde eine *Kampagne gegen die WHO* vom Zaun gebrochen, mit neuen Verdächtigungen (»Versagen in der Corona-Krise«, Verschwörung mit China), Altbekanntem (»die leitenden Direktoren fliegen erster Klasse, reisen zu viel, übernachten in Fünf-Sterne-Hotels«) und uraltem Geheimdienstmaterial. Herr Ghebreyesus sei Mitglied einer äthiopischen nationalen Befreiungsorganisation, die heutzutage mit an der Regierung ist und früher von den USA als »terroristisch« betrachtet wurde. Und so weiter.

---

ten von Dumpfheit und Aggressivität in den Hintergrund drängten. Ähnliches ließe sich über die religiös pluralen frühen *Perserreiche* oder bis zum Ende des 15. Jahrhunderts über die *Herrschaft der religiös toleranten und pluralistischen Sarazenen in Spanien* und Südfrankreich sagen, deren Herrschaft vom spanischen Feudalismus und der katholischen Kirche mit der Einführung der Inquisition abgelöst wurde.

Auf verschiedene wild in die Gegend geschossene Verdächtigungen, wonach – zunächst – das Institut für Virologie in Wuhan mit dem COVID-19 eine »Biowaffe« generiert habe, alternativ – später vorgebracht – ihm in einem Unfall das Virus entwichen sei (wie »US-Diplomaten« und Geheimdienste in »internen Berichten« angeblich vorausgesagt hätten),[706] ergänzend dann, China das Virus »gemacht« hätte, dann aber auch wieder nicht, China die Ausbreitung des Virus hätte »verhindern« können, es aber nicht getan hätte – natürlich bösartigerweise, um zunächst sich selbst massiv zu schädigen und dann zu hoffen, Monate später die USA und Europa schädigen zu können –, sind wir schon eingegangen. Dass die Verdächtigungen von Washington ziellos gleichzeitig in mehrere Richtungen (WHO-Versagen, China-Versagen, China-Bösartigkeit und so weiter) abgefeuert wurden, macht die irre, konfliktsüchtige Motivation deutlich.

Die Geheimdienste der »*Five Eyes*« (USA, GB, Australien, Kanada, Neuseeland) hatten sich ja darauf verständigt, dass das Virus nicht menschengemacht war, also kein künstlicher Ursprung, und sie folgten insofern den Ergebnissen der internationalen Virologie.

AIDS/HIV als »amerikanisches Virus«?

Eine geradezu mittelalterliche mentale und emotionale Verfasstheit der Trump-Administration versuchte trotz aller gegenteiligen Erkenntnisse und internationalen Standards weiterhin, *ein »Wuhan«- oder »China-Virus« zu sprachregeln*. Viele in seiner »vertwitterten Gemeinde« folgten dem Meister wie immer umgehend und übersetzten zum Beispiel WHO als Wuhan Health Organization oder »faketen« Schlimmeres, wie zum Beispiel manipulierte Online-Fotos Fledermäuse essender Chinesen, um *Rassismus* und Chauvinismus zu forcieren.[707]

Die »*Spanische Grippe*« war in entsprechender Geistes-Verfasstheit 100 Jahre zuvor ja auch nur deshalb so genannt worden, weil Spanien im Ersten Weltkrieg zufällig neutral war, daher keine militärische Nachrichtenzensur besaß und deshalb die ersten Fälle der neuen Krankheit aus Spanien gemeldet wurden, während alle anderen ebenfalls bereits befallenen Länder der Informationssperre unterlagen. Ähnlich erging es der »*Französischen Krankheit*« (Syphilis), dem »*Englischen Schweiß*« oder dem »Marburg-Virus«.

Die WHO hat ja bekanntlich seit langem klare Regeln aufgestellt, um Krankheiten, ausgelöst von zum Teil 100 Millionen Jahre alten Lebewesen in ihrer permanenten genetischen Adaption und Mutation gegenüber ihren möglichen Wirten, nicht nach heutigen Nationen, Ethnien oder Rassen zu benennen. Daran wurde erneut appelliert, weshalb Trump der WHO am Ende die Mitgliedszahlungen und dann die Mitgliedschaft aufkündigte. Allerdings konnte er sich noch nicht einmal bei den Partnerstaaten des Westens mit seiner Rhetorik vom »Wuhan-« oder »China-Virus« durchsetzen.

Aber die üblichen westlichen *Follower-Medien*, denen Trump die Schlagzeilen und die benötigten Umsätze lieferte, wissen dennoch genau, dass China selbst mit seiner medizinischen Hilfe für andere Länder nur die übelsten Motive verfolgen kann … während Deutschland zwei Monate zuvor, in Chinas akutester Krisensituation, medizinische Güter dorthin geliefert hatte, ohne dass irgendein Massenmedium auch nur auf die Idee gekommen wäre, solche Unterstellungen zu machen. Die westlichen Reflexe tautologischer Zirkelschlüsse, sind in langer Tradition[708] gut trainiert und tief im »vegetativen Nervensystem« der kolonialen und imperialen Kultur eingegraben: China will Böses! Warum? Weil China böse ist! Ach so, alles klar!

»China ist schuld«: Washingtoner, Londoner und Brüsseler Fieberfantasien und irre Schadensersatzforderungen

Entsprechend brillierten die westlichen Mainstream-»Qualitäts«-Medien, in den Wochen der größten chinesischen Epidemiekrise im Februar 2020, als sie noch auf dem höchsten Ross saßen und sich in *selbstherrlicher Häme* eine Pandemie im Westen noch nicht einmal vorstellen konnten, mit Idiotien wie dem angeblich bevorstehenden chinesischen »System-Infarkt« (*Zeit*), dem »Virus des Widerstands« (*Süddeutsche*) oder »Chinas Tschernobyl-Moment« (*Financial*

Times).[709] Wunschdenken, Kinderträume! Nix Professionalität. Nix Journalismus.[710] Selbst elementares virologisches und epidemiologisches Wissen wird dem ideologischen Vorurteil geopfert.

Eines der weltweit größten »Qualitätsmedien«, das bekanntlich eher für »Bilder« als für das Lesen und Denken zuständig ist, »schlag«-zeilte zum Beispiel: »Können wir den Chinesen vertrauen?«[711] Feindseligkeit und imperiale Überlegenheitsfantasien allenthalben. Einige führende Islamisten beteten sogar öffentlich dafür, das Virus möge China »auslöschen«.[712]

Medien, die ohnehin als wechselseitiges Zitationskartell funktionieren und ein Zitationskarussell nach dem anderen drehen,[713] nabeln sich und ihr europäisches Zielpublikum naturgemäß zunehmend vom tatsächlichen Weltgeschehen ab. Sie seien »selbst Teil des Problems«, so ein Insider, das sie so gern beklagten, propagierten ein »*zementiertes Weltbild*«, praktizierten »*Lagerdenken*« und »[blendeten] große Teile der Realität uniform aus«.[714]

Ein zunehmender Teil des Weltgeschehens wird somit notgedrungen über sie und ihre Konsumenten hinweggehen. Und unter der dünnen Decke der Feindseligkeiten, in der von der EU ausgerufenen »*globalen Schlacht der Narrative*«,[715] wird dabei zunehmend eine *mentale Konstellation der Schwäche* erkennbar statt eines gesunden Selbstbewusstseins, das uns in die Lage versetzen würde, mit China in eine solide, langfristig verlässliche Kooperation zu kommen. Medienkritiker sprechen von »*Propagandakrieg*«,[716] andere von einem Aufleben neokolonialer und rassistischer Sprache.[717] Souveräne, friedliche Gelassenheit und Kooperationsfähigkeit sehen anders aus. Auf einer nach unten offenen Skala »sinkt die Qualität der Vorwürfe ins Bodenlose«.[718]

Aber es geht immer noch aggressiver: Das bereits zitierte deutsche Leit- und Qualitätspapier, das von gedruckten »Bildern« und großen Buchstaben lebt, fälschlicherweise »Zeitung« genannt, griff Trumps verzweifelt albernes Narrativ auf, *China sei schlicht an der gesamten Pandemie und ihren Auswirkungen Schuld*, und präsentierte China die »Corona-Rechnung: Was China uns jetzt schon schuldet«.[719] Ein

Versuch, mit Trump eine *neue »transatlantische« Sammlungsbewegung* aufzubauen. Hier werden von Deutschland *»schmerzhafte Entscheidungen für das ein oder andere Lager«* verlangt.[720] Der Chef des Springer-Konzerns, Döpfner, mit eben jenem rechten Kampfblatt für die einfach gehaltenen Gemüter an der Spitze, hat genau hier seine Lebensaufgabe entdeckt: den *Westen endlich zu vereinigen, gegen den endlich gefundenen gemeinsamen Feind, China* (und Russland). Ein geostrategischer Kleingernegroß, der sich dann sogar berufen fühlte, einen Brief im Kolonialstil eines Willem Zwo an den chinesischen Staatspräsidenten zu schreiben, mit kruden Schuldvorwürfen und frechen *Entschädigungsforderungen.*[721] Der Brief dürfte in Beijing kaum über den Schreibtisch eines Unter-Referenten hinausgelangt sein, der ihn dann wahrscheinlich in seinem Ordner »Witziges und Kurioses aus aller Welt« abgeheftet hat. Solche Kombattanten hatte (brauchte?) Trump!

Eine Gruppe von Tory-Abgeordneten hatte sich zuvor dazu verstiegen, eine »Rechnung« in Auftrag zu geben, die der erzkonservative und militaristische Tory-nahe Think-Tank »Henry Jackson Society« dann wunschgemäß erstellte, und forderte die britische Regierung auf, von China 351 Milliarden britische Pfund Entschädigung »für Corona« zu verlangen, dafür gegen China zu klagen, und, im Wissen um die Aussichtslosigkeit solchen Abenteurertums, hilfsweise und prophylaktisch doch am besten gleich die Beziehungen zu China zu verändern.[722] Aber Brexit-Corona-Chaos-Johnson, im Kern einer von ihnen, so harmlos-verworren er auch erscheinen mag, folgte brav, wollte schnell *drei Millionen Hongkonger Kolonialfans »heim ins (englische Kolonial-)Reich«* holen und schloss kurzerhand *Huawei* im Königreich aus. Na denn, viel Spaß, Boris!

Die Studie aus dem rechten Unterholz praktizierte sogleich auch *kreatives Rechnen,* um die sozialen Kosten der eigenen jahrzehntelangen neoliberalen Kahlschlagspolitik China an- und aufzulasten: »Mit einberechnet waren absurderweise auch kurzfristige Investitionen in den National Health Service, die durch Kürzungen und Privatisierungen der letzten Jahrzehnte überhaupt erst nötig wurden.«[723]

Und kaum überraschend: »Britische Zeitungen griffen diese Milchmädchenrechnungen sofort auf.«[724]

Die »*neue transatlantische Normalität*« scheint nun werden zu sollen, dass nichts mehr zu bodenlos ist, um nicht noch aufgegriffen und aufgeblasen zu werden.

Kein Wunder, die *Medienindustrie* hat ihre eigenen Überlebenskämpfe um Auflagen, Leser, TV-Gucker, Werbeeinnahmen, Umsätze und Gewinne zu führen und kann auf das, was einst Journalismus war, keine Rücksicht mehr nehmen.

Ein ehemaliger Außenminister Großbritanniens, dessen Namen man sich nicht merken muss, machte ganz dicke Backen, so wie der deutsche Springer-Boss, und kündigte »harte Fragen« an China darüber an, wieso es dem Land nicht gelungen sei, »die Ausbreitung des Virus zu verhindern«.[725] Schon einige Wochen später zeigten schon allein die knapp 5.000 Corona-Toten in China im Vergleich zu den in diesem Zeitpunkt bereits 50.000 in »Groß«-Britannien die unfreiwillige Komik des Herrn.

Man stelle sich vor, China kündigte »harte Fragen« an London dazu an, warum es ihm eigentlich in Jahrzehnten nicht gelungen ist, ein halbwegs funktionierendes Gesundheitswesen auf modernem zivilisatorischem Niveau aufzubauen und die von der WHO geforderten Vorsorgebestände vorzuhalten, und warum es in der Corona-Krise über Monate derart konzeptionslos agiert und derart versagt, dass es im weltweiten Vergleich weit überdurchschnittlich viele Tote in Kauf nimmt.

Dem britischen Kleingernegroß der globalen Geostrategie, in seinen »besten« Jahren bekanntlich einer der brutalsten, ausbeuterischsten und zerstörerischsten Kolonialherren, könnte China auch mal eben die *Gegenrechnung* präsentieren für jahrzehntelangen *Opiumschmuggel*, für *zwei Opiumkriege* und das bewusste Abhängigmachen von Millionen Chinesen von der zerstörerischen Droge mit entsprechenden mentalen und körperlichen Zerstörungen. »Groß«-Britannien, der (ehemalige) staatliche Drogendealer, dürfte in seiner Lebenszeit gar nicht mehr so viel produktiv leisten können, wie es allein in China in einem Jahrhundert Besatzung und Diebstahl an Schaden angerichtet hat.

Den Vogel schießen in ihrem Niedergangsmodus mal wieder die USA ab, die ja in der Pandemie real am stärksten mit dem Rücken zur Wand stehen und die meisten Toten produzieren. Der REP-gesteuerte US-Bundesstaat *Missouri* beispielsweise reichte wegen der wirtschaftlichen Folgen der Pandemie bei einem US-Bundesgericht *Klage gegen China* ein.[726] Die Regierung in Beijing habe die Welt unter anderem über die Gefahr durch das Virus »angelogen«. Eine ähnlich lancierte Sammelklage (prophylaktisch gleich mit für 32 Millionen US-Unternehmen!) hatte zuvor schon mal eben 20 Billionen USD (!) von China gefordert.[727] Man beruft sich dabei auf die »Tatsachen«, die in US-Medien (!) vorgebracht worden seien, und auf ominöse »Geheimdienstberichte«, kolportierte (in den Klageschriften der jeweiligen US-Rechtsanwaltskonzerne) zum Beispiel wieder die »Biowaffen«-These, die ja von den westlichen Geheimdiensten in der Zwischenzeit nicht mehr aufrechterhalten wurde, ersatzweise aber auch gleichzeitig die Unfall-These. Wieder ein verzweifeltes Ballern in alle Richtungen, wie es der Washingtoner »Chefarzt« und weltbester Virologe vorgemacht hat! Wie gesagt: Irgendwas wird schon hängenbleiben …

Schon Deng Xiaoping hatte (lange vor der Ära Trump) erkannt: »Der amerikanische Präsident sagt etwas während der Wahl, sagt etwas anderes, wenn er ins Büro einzieht, sagt wieder etwa anderes zur Halbzeit seiner Amtsperiode, und wiederum etwas ganz anderes, wenn er geht.«[728]

Das Ganze ist leider nicht nur zum Totlachen. Reales Ziel und Objekt der Begierde ist es, im Falle gerichtlichen Erfolgs, im Land der unbegrenzten Unmöglichkeiten durchaus denkbar, die *komplette Konfiszierung des chinesischen, in den USA investierten Sachkapitalvermögens*, aber auch des chinesischen Finanzanlagevermögens, der bei US-Banken deponierten US-Staatsschuldverschreibungen und so weiter.

Während also die eigene mentale und strategische Hilflosigkeit in Sachen öffentliche Gesundheit vor aller Welt zur Schau gestellt wird, werden die Anklagen irrer, die Methoden aggressiver und unberechenbarer, das Raffen fremden Eigentums, wie in anderen Fällen schon geschehen, verlockender. Völkerrecht? War da mal was? *Das US-System droht der Menschheit aus dem zivilisatorischen Ruder zu laufen.*

Nachahmungstäter sind gleichwohl sofort zahlreich zur Stelle. Und die üblichen Verdächtigen sitzen nicht nur in den westlichen Medien oder in der englischen, indischen, brasilianischen, kanadischen, australischen, neuseeländischen, baltischen oder polnischen Politikszene, den Hauptverbündeten der USA.[729]

Aber da die Dämme der mit dem Aufstieg der bürgerlichen Gesellschaft entwickelten internationalen Umgangsformen schon mal gebrochen sind, darf auch das *EU-Parlament*, euphemistisch »Europa-Parlament« genannt, nicht abseits stehen. Neuerdings auch eine gute Plattform zugleich für die dortigen Grünen (und einige Linke), sich als »Europäer« (bzw. als regierungsbeteiligungs-fähig) zu beweisen. In der sprechblasen-geschwängerten Luft dieses Vertretergremiums ohne (die üblichen) Parlamentsrechte, schwebten dann plötzlich in den Beschlusstexten eine »aggressive Propaganda Chinas« (und natürlich Russlands) durch die heiligen Hallen und Lobbys. Dieser heiligste aller Grale »Europas«, in dem sich inzwischen zahlreiche alte Nazifreunde, Ultranationalisten, Klimaleugner und Homophobe, nicht nur aus Mittel- und Osteuropa, tummeln, muss sich bei seinen Entschließungen auch nicht um Faktenbasierung bemühen. Es reicht, dass China (und Russland) aggressiver- und propagandistischerweise mit Milliarden von Gesichtsmasken, Schutzanzügen und Personal geholfen haben, nur um der EU zu schaden, indem es sie als hilfsbedürftig bloßstellte.[730] Diese Peinlichkeit verlangt nach Satisfaktion …

Um alle Illusionen über die Grenzenlosigkeit (nach unten) der *neuen transatlantischen Parlamentariersammlung* zu zerstreuen, sei deutlich gemacht, wie man sich in diesen Fragen in den USA bereits positioniert und wo man sich am Ende auch in der EU einfinden dürfte:

> »So kündigte […] die durch Beschluss des US-Kongresses gegründete ›Victims of Communism Memorial Foundation‹ an, dass weltweit alle

am Coronavirus Verstorbenen in die Statistiken der ›Opfer des Kommunismus‹ einberechnet werden – Statistiken, die im Übrigen auch im
Zweiten Weltkrieg umgekommene Faschisten als ›Opfer‹ beinhalten.«[731]
Ist nur konsequent: über eine halbe Million Corona-Tote (März
2021) sind ja keineswegs überwiegend Opfer der westlichen Politik
des Leugnens und Ignorierens, der gesundheitspolitischen Konzep-
tionslosigkeit und Unfähigkeit oder des organisatorischen (organisierten?) Chaos, sondern ganz offensichtlich »Opfer des chinesischen
Kommunismus«. Westlicher Fundamentalismus vereint dann konsequent alle »Krieger gegen den Kommunismus« als Freunde, und die
faschistischen Schlächter des Naziregimes sind dann als »Opfer des
Kommunismus« freundschaftlich einbezogen und geehrt. Zu diesem
politischen Fluchtpunkt drängen sie in ihrer wachsenden Krise und
Not dann alle, die REPs, NeoCons, Tea Parties, frustrierten männlichen (und einige weibliche) weißen »Suprematisten«, der deprivierte
»White Trash«, die US-»Exzeptionalisten«, die GB-Tories, Nationa-
listen, Rassisten, AfDler, Homophobe, australische, brasilianische
und US-Klimaleugner und Regenwaldverbrenner, baltische Kom-
munistenfresser, ukrainische Hitler-Verehrer und alle, die noch von
der Waffenbrüderschaft mir den Nazis träumen, und andere Krieger
gegen Natur, Leben, Zukunft, Menschheit und Menschlichkeit, die
in ihrer historischen Defensivität und Hilflosigkeit keinen anderen
Ausweg mehr erkennen, als in einen neuen *Endkampf* zu ziehen.
Und geht der »Endsieg« in die Hose, dann war ihn, wie gehabt, im
Zweifel sogar das eigene Volk nicht wert.

   *Die große Aufgabe der Menschheit wird es sein, diese Kräfte von
den gefährlichsten Macht- und Gewaltmitteln abzudrängen und sie zu
isolieren.* Der auf vollen Touren laufende *Zweite Kalte Krieg* wäre wie
der erste durch eine *Zweite Entspannungspolitik* zu verdrängen. Aber
ein *Willy Brandt 2.0* ist leider nirgends erkennbar.

   Die aktuelle *Medienschlacht* »unter Corona« muss damit wohl leider auch in eine für länger gedachte und größere Washingtoner und
gesamtwestliche *Militärstrategie* eingeordnet werden, die als soge-
nannter *hybrider Krieg* auf ideologischen, informatorischen, techno-

logischen, biologischen und anderen Dimensionen, vorläufig noch
unterhalb der Schwelle des heißen Krieges, geführt wird.[732] Der Pawlow'sche Reflex des Westens auf die *neue alte historische Normalität*,
den eigenen Abstieg und den Aufstieg Chinas, von aller Welt »unter
Corona« »plötzlich« erkannt, ein *Beißreflex* statt einer selbstkriti-
schen und *selbstklärenden, vorwärtsweisenden und nachhaltigen strategischen Neuerfindung und Neuaufstellung*, wird damit anscheinend,
trotz aller internen Zerrissenheiten, Interessendivergenzen und
Kämpfen, in Zukunft wohl leider den kleinsten gemeinsamen Nenner des Westens bilden. Und die USA und viele Mitglieder der EU
sind dabei doch wohl eher im Gleichschritt. Wir hätten die Zusammenhänge – wie hier einige Monate vor den US-Präsidentschaftswahlen formuliert – nicht besser auf den Punkt bringen können als
Jörg Kronauer von *German Foreign Policy*:

> »Die Coronakrise trifft sowohl die EU als auch die USA in [...] einer
> gewissen strategischen Schwäche. Die Vereinigten Staaten haben, weil
> ihr ökonomischer und politischer Machtvorsprung gegenüber China
> seit Jahren kontinuierlich schrumpft, einen brutalen Wirtschaftskrieg
> gegen die Volksrepublik gestartet, der ihnen selbst einige Kraft abver-
> langt. Dass nun aber China allem Anschein nach mit erheblich ge-
> ringeren Schäden aus der Pandemie hervorgehen wird als sie selbst,
> [...] das motiviert die Regierung um US-Präsident Donald Trump
> dazu, den Druck auf Beijing noch weiter zu erhöhen. Die EU wiede-
> rum, deren Hauptmächte eigentlich danach streben, machtpolitisch
> auf Augenhöhe mit den USA zu kommen – ›strategische Autonomie‹
> zu erreichen, wie es in Brüssel heißt –, wird zunehmend von Diffe-
> renzen zwischen ihren Mitgliedstaaten geschwächt. Die Coronakrise
> verstärkt dies [...], während zugleich einige EU-Länder, Italien etwa,
> ihre Beziehung zu China intensivieren [...]. Berlin und Paris sehen
> ihren Anspruch auf alleinige Kontrolle in der EU in Frage gestellt. Sie
> verstärken den Druck auf Beijing daher ebenfalls [...]. Durch die Pan-
> demie ökonomisch und politisch geschwächt, finden die transatlan-
> tischen Mächte in einer neuen Kampagne gegen ihren chinesischen
> Rivalen zusammen.«[733]

Westlichen Ärzten und Sinologen platzt der Kragen

Ärzten aus dem Westen, die China bereist und in China gearbeitet haben, die dessen Gesundheitssystem und die Motive und Verhaltensweisen seiner Institutionen, seiner Führung und der im Gesundheitswesen arbeitenden Menschen kennen, ferner Sinologen und anderen Wissenschaftlern und Fachleuten platzte vor dem Hintergrund erstarkender Kräfte im Westen, die die Menschen zurück in die Schützengräben eines neuen Kalten Krieges zerren wollen, gelegentlich der Kragen.

Der Bonner *Sinologe Wolfgang Kubin* beispielsweise wies auf die simple, massenhafte Erfahrung von China-Reisenden hin, die selber stets eine Divergenz zwischen ihren eigenen Erfahrungen und der deutschen medialen Debatte erfahren haben, wofür jeder China-Reisende tatsächlich genügend Beispiele mit nach Hause bringen kann. Hinter der Hybris des Westens verberge sich eben schlicht die *Abstiegsangst,*. Die Angsthaltung zeige sich zum Beispiel eben auch darin, dass etwa die Landesregierung *Nordrhein-Westfalens*, der von der FDP vorgegebenen Parole folgend, den *Wissens- und Kulturaustausch* zwischen China und Deutschland durch die *Konfuzius-Institute* zensiert und ganz *abwürgen* will. Die Deutschen sollen gemäß den früheren »Liberalen« besser nicht allzu viel über China wissen. Seine Wortmeldung konnte Kubin sogar (etwas versteckt) in *FAZ online* unterbringen.[734]

Zur Anti-Konfuzius-Kampagne in einigen deutschen Bundesländern haben wir berichtet. Auf das aktuelle Zensurbeispiel kommen wir gelegentlich wieder zurück. Notabene: Die neuen transatlantischen Kalte-Kriegs-Inquisitoren der FDP halten natürlich die vier Goethe-Institute in China für das Selbstverständlichste der Welt.

Weiter noch ging der schon erwähnte *Schweizer Herzchirurg Paul Robert Vogt*, der in China genau an jener Zentralklinik in Wuhan gearbeitet hatte. Seine Wortmeldung bei der *Mittelländischen Zeitung* der Schweiz Anfang April 2020[735] und seine daraufhin folgenden weiteren Wortmeldungen wurden im Netz schnell viele hunderttausend Male »geklickt«. Unter der Hauptaussage »Dummes China-Bashing soll eigene Fehler vertuschen« räumte er auch mit den massiven Fehlern auf, die vor allem auch die Schweizer Regierung, stets besorgt um den Schweizer Finanzsektor, während der Epidemie machte. Das führende Presseorgan des Landes aus Zürich tut sich ja auch beim China-Bashing stets hervor. Vogt stellte unter anderem einen besonders delikaten Denkfehler der westlichen Leitmedien heraus: Wer ständig verbreite, Zahlen aus China seien sowieso geschönt, gehe offensichtlich davon aus, dass die Pandemie noch viel gefährlicher sei als dargestellt. Umso dramatischer wäre das Versagen der westlichen Behörden.

China habe tatsächlich Hunderttausenden von Patienten das Leben gerettet. Aber: »Statt sich auf das eigene Versagen zu konzentrieren, wird die Bevölkerung durch ein fortgesetztes, dümmliches China-Bashing abgelenkt.«[736]

Durch Chinas Vorarbeit hätte man in Europa wochenlang Zeit gehabt, wenigstens die Maskenbestände gemäß den eigenen Notfallplänen aufzufüllen. Aber das Maskentragen wurde von den Schweizer Behörden für unnötig gehalten, »weil man schlicht nicht genügend Masken zur Verfügung stellen konnte«.

Schließlich:

»Reicht es nicht, dass der Westen zu Beginn dieser Pandemie hochnäsig und mit einer gewissen Schadenfreude nach China geschaut hat? Muss jetzt die Unterstützung der westlichen Staaten durch China auch noch bösartig diffamiert werden? […] Nicht Chinas angeblicher Weltmachtsanspruch, sondern das Versagen der westlichen Länder hat dazu geführt, dass der Westen buchstäblich am medizinischen Tropf Chinas hängt.«[737]

Einen weiteren medialen Vogel schoss die *WirtschaftsWoche* ab. Dieses letzte Rettungsring-Argument muss man sich als noch denken könnender Zeitgenosse auf der Zunge zergehen lassen. Zu dem angeblich »verschwundenen« Milliardär Jack Ma wird ernsthaft vorgetragen: »Allein, dass man es im Ausland für möglich hält, dass der verschwundene Alibaba-Chef Jack Ma festgenommen wurde, sollte Peking zu denken geben. Schon die reine Spekulation wirft kein gutes Licht auf den Wirtschaftsstandort China.«[738]

Nach diesem tautologischen Zirkelschluss ist nun China Schuld an den Verleumdungen der westlichen Medienmaschine. Da kann für die Bashing-Industrie nichts mehr schiefgehen: Der Beschuldigte hat seine Unschuld zu beweisen. »Freiheitlich-rechtsstaatliche Medien«!

Übrigens war weder Jack Ma jemals »verschwunden« noch sind es die zahlreichen Milliardäre, die in Chinas »Wild-Ost«-Zeiten ihre Milliarden mit Korruption gemacht haben: Sie waren ab 2012, als es für sie gefährlich wurde in China, bis vor kurzem in Hongkong zu finden, und sind es heute in der Londoner City und der New Yorker Wall Street. Da würde selbst die *WirtschaftsWoche* schnell fündig und bräuchte keine »reine Spekulation« mehr zu verbreiten. Wenn sie denn wollte.

Hybrider Krieg oder Willy Brandt 2.0?

Die schon erwähnte, in vieler Hinsicht dumme Frage jenes Blattes, das viele fälschlicherweise für eine »Zeitung« halten, nämlich, ob »wir« China vertrauen könnten, werden wir am Ende dieses Buches fundierter beantworten können, und zwar mit einem qualifizierten »Versucht's doch einfach mal!« Willy Brandt, komme über sie!

»Aber ist nicht am Ende doch ›das System‹ Schuld?« wabert es in unserem Unterbewusstsein nach all dem einseitigen Medienkonsum. Die »System«-Frage haben wir mit überraschenden Aspekten an anderer Stelle diskutiert, nachdem wir dort 300 Seiten lang Fakten zusammengetragen hatten.[739]

Trump hat es geschafft, die halbe Welt in den *Modus rückwärtsgewandter Schuldzuweisung, Angst und Misstrauen statt zukunftsorientierter Problemlösung* zu zerren. Also keine Illusion, das *Prinzip »Trump«* hat schon gewirkt, und wirkt weiter, untergründig, hinterhältig. Der schon eingetretene sozialpsychologische Schaden in der Welt ist unermesslich, und der Begriff »*Fake-Industrie*« charakterisiert die Gefährlichkeit des Prinzips »Trump« nur höchst unzureichend. Und dieses Prinzip wird mit dem Verschwinden der Person aus dem Weißen Haus nicht verschwinden, die Dämme sind gebrochen auf dem *Weg zu einer schlechteren Welt*, einer Welt, die einem großen Krieg fast täglich näher rückt: die *Misstrauens-Spirale* der *Thukydides-Automatik* oder Thukydides-Falle[740] … »Angst essen Seele auf«.[741]*

Und zwar unsere Seelen im Westen, die ja auch immer Hauptobjekt des Prinzips »Trump« waren. Wir sind aus der *bleiernen Zeit* des ersten Kalten Krieges der 1950er und 1960er Jahre kurzfristig in eine *Entspannungspolitik* übergegangen und haben damals, Ende der 1960er Jahre, angefangen zu atmen. Das freie Denken und Atmen haben uns neue Kalte Krieger und die neoliberale Wolfsgesellschaft[742]** aber schnell wieder genommen. Nach einem guten Jahrzehnt waren Ende der 1970er und Anfang der 1980er viele Hoffnungen schon wieder begraben. Können wir im angelaufenen 21. Jahrhundert noch einmal den Mut und die Kraft aufbringen für eine *Neue Entspannungspolitik*? Obwohl das Empire den ersten (und auch den zweiten) Platz in der Welt in den nächsten Jahren räumen muss? Visiere hochklappen, sich gegenseitig ansehen und wahrnehmen, voneinander lernen, kooperieren? Das alles *mitten in einer dramatischen Zeitenwende*?

Dreh- und Angelpunkt für unsere Zukunft: Das ausführliche chronologische Faktengerüst der Pandemie

Halten wir abschließend noch einmal das *Faktengerüst* gegenüber den typischen China-Basher-Mustern fest:

1.) China hat das Coronavirus SARS-CoV-2 *nicht im Labor gezüchtet.* Das Virus ist inzwischen als natürlichen Ursprungs erwiesen. Es ist ein neuer Typ aus der seit Jahrzehnten bekannten Gruppe der Coronaviren. Alles deutet darauf hin, dass es einen natürlichen tierischen Ursprung hat und kein von Menschen erzeugtes Virus ist. Gunnar Jeremias, Leiter der Interdisziplinären Forschungsgruppe zur Analyse biologischer Risiken an der Universität Hamburg: »So etwas kann man im besten Labor der Welt nicht herstellen!«[743] Dies haben inzwischen auch die größten westlichen Geheimdienste (»Five Eyes«)

---

*   Bekannter Filmtitel von R. W. Fassbinder, 1974.

**   Sorry, Wölfe, eine solche Metapher habt ihr nicht verdient.

eingeräumt.[744] Es gibt derzeit auch nur Vermutungen über Zusammenhänge mit Fledermäusen und Schuppentieren.[745]

2.) Das SARS-CoV-2 ist *nicht durch einen Unfall* aus dem Labor des
Wuhan Institut für Virologie (WIV) entwichen. Das Nationale Labor
für Biologische Sicherheit des WIV hat die biologische Schutzstufe 4
(vergleichbar mit dem Hochsicherheitslabor S4 des Robert-Koch-
Instituts in Berlin), zertifiziert für den Umgang mit den tödlichsten
Krankheitserregern der Welt. Vor der Übergabe der ersten Proben
von COVID-19-Patienten am 30. Dezember 2019 gab es kein SARS-
CoV-2 im Labor. Es ist auch niemand im WIV mit COVID-19 in-
fiziert worden.[746] Dies wird von *mehreren westlichen Ärzten* bestä-
tigt, die das Institut von innen kennen, so die bereits Zitierten, der
Schweizer Arzt P. R. Vogt und der amerikanische Arzt J. Ross, ferner
auch Peter Daszak, Präsident der EcoHealth Alliance mit Sitz in New
York, der seit 15 Jahren mit dem WIV zusammenarbeitet. In einem
Interview am 16.4.2020 sagte Daszak: »Die Vorstellung, dass dieses
Virus aus einem Labor entwichen ist, ist reiner Unsinn. Es gab im
Labor des WIV kein kultiviertes Virus, das irgendetwas mit dem
SARS-CoV-2 zu tun hatte. Es ist also einfach nicht möglich.«[747] Die
Washingtoner Verschwörungstheorie über das Entweichen von CO-
VID-19 aus dem WIV wird daher verglichen mit der über angebliche
irakische Massenvernichtungswaffen, die nie gefunden wurden, aber
den Vorwand für den US-geführten Krieg gegen den Irak lieferte.[748]

3.) Das neuartige Coronavirus ist *kein »China-Virus« und kein
»Wuhan-Virus«.* Wuhan ist der Ort, in dem es *wegen der hohen medizinischen Test- und Analysekapazitäten zuerst entdeckt* wurde. Auch
bei der *»Spanischen«* Grippe (Influenza) stellte sich erst später durch
weitere Tests und Analysen heraus, dass ein amerikanischer Marine-
soldat auf einem US-Kriegsschiff der »Patient Nr. 1« war. Das *AIDS/
HIV*-Virus zum Beispiel wurde erstmals in den *USA* gemeldet, seine
Herkunft aber liegt höchstwahrscheinlich in Westafrika; und AIDS
wird auch nicht das *»New-York-Virus«* oder *»San-Francisco-Virus«*

genannt. Das im hessischen Marburg zuerst entdeckte »*Marburg-Virus*« hatte seinen Ursprung wahrscheinlich in Uganda. Ebenso war *Wuhan auch definitiv nicht der Ursprungsort* von »COVID-19«. Wir hatten schon gezeigt, dass es bereits im September 2019 in den *USA* erste Tote durch eine Lungenkrankheit mit unbekannter Symptomatik gegeben hatte, später im Jahr dann auch in *Italien* und *Frankreich*, die aber angesichts der beginnenden Grippesaison und mangels Analysekapazität oder -interesse allesamt als »Grippe« bezeichnet wurden.[749] Die Sache wurde in den USA ja überhaupt erst publik, nachdem ein japanisches Ehepaar, das keinerlei Kontakte zu China oder Chinesen hatte, im *Februar 2020* von einer Reise nach Hawaii zurückkehrte, dort auf »Grippe« behandelt worden war, sich aber als COVID-19-infiziert erwies.

Die erwähnte Studie des Londoner UCL vom Mai 2020, die auf die jahrelange Wuhan-Forschung aufsetzen und die *Entstehung des Virus* nun genauer berechnen konnte und *auf Ende 2019 vordatieren* musste, stellte fest, dass das Virus Ende 2019, als es in Wuhan erstmals analytisch identifiziert werden konnte, faktisch *bereits in der gesamten Welt verbreitet* war.[750] Niemand in der Welt hatte bis dahin die neuen unbekannten Symptomatiken der Lungenkrankheiten von Gestorbenen zum Anlass genommen, genauere Tests und Analysen vorzunehmen. In den USA wurde dazu immerhin nachträglich im März 2020 eine öffentliche Anhörung im Kongress durchgeführt, in der der Direktor des US-Seuchenkontrollzentrums CDC diese Fakten eingestehen musste. Auch in Frankreich wurden die Fälle nachanalysiert und als *frühe COVID-19-Fälle* bestätigt – allesamt *zeitlich vor den Wuhan-Fällen*! Vor diesem Hintergrund von einem »China- oder Wuhan-Virus« zu sprechen, ist schlicht unterirdisch und kriminell.

Während die WHO, um Verunglimpfungen und Stigmatisierungen zu vermeiden, 2015 Empfehlungen herausgab, wie neue Infektionskrankheiten zu benennen sind, nämlich unter Vermeidung von Orts- und Ländernamen, Namen von Menschen und Tieren oder Begriffen, die Angst machen und eine Panik auslösen könnten,[751] rief die renommierte Wissenschaftszeitschrift *Nature* in einem Leitartikel vom 7.4.2020 dazu auf, das Washingtoner Coronavirus-Stigma zu stoppen.[752] Aber Trumps rassistische Karte soll ja auch nicht bei US-Bildungsbürgern oder gar -Wissenschaftlern, den Bürgern der US-Nord-Ost- und Nord-West-Küsten verfangen, sondern bei den Dümmsten, Benachteiligtsten, Frustriertesten und Aggressivsten dieser Welt im großen »Rest« der USA, und sie soll jene Gewalttätigkeiten gegen Anders-Aussehende und -Denkende auslösen, die ja stets Methode und Ziel der *Schockstrategien zwecks Herrschaftssicherung* der extremen Rechten weltweit war und ist.[753] In den USA jagen inzwischen »weiße Suprematisten« Asiaten und nutzen, legitimiert durch ihren bisherigen Aufputscher in Washington, die Corona-Krise für ihre Angst-, Frustrations-, Hass- und Gewaltorgien.[754]

China war also nicht der Ausgangspunkt der Corona-Pandemie. Die wahre *Ursprungsgeschichte* wird nun nach internationalem Beschluss *durch die WHO offiziell untersucht.* Die Wahrheit wird dann auch hochoffiziell, wenngleich erheblich verspätet, ans Tageslicht kommen. Und mit viel Glück erreicht sie über die westlichen Medien dann auch im Westen den »Mann auf der Straße« …

4.) Schaut man auf die Fakten, so ist auch mehr als unwahrscheinlich, dass China die Epidemie verheimlicht haben soll. (Wieso wurden eigentlich die Fälle in den USA seit September 2019 verheimlicht?) Mit welchem Aufwand und welcher *einmaligen Test- und Analysekapazität* es China gelungen ist, mitten in einer Reisewelle (Neujahrsfest) und mitten in der Grippe-Saison, aus den neuen Krankheitssymptomen das neuartige Virus herauszufiltern und zu identifizieren, was anscheinend Monate zuvor in den USA nicht leistbar war oder versäumt wurde, hat den Fachleuten weltweit vielmehr höchsten Respekt abverlangt.

Die Top-Virologen der Welt erklärten in der führenden medizinischen US-Fachzeitschrift *The Lancet* wiederholt ihre hohe Anerkennung und volle Unterstützung für die chinesischen Anstrengungen des Testens und der Datengenerierung, der Analysen und Behandlungstherapien sowie der Quarantäne-Maßnahmen.[755]

Am Tag des epidemiologischen Alarms durch die Stadt Wuhan, am 31.12.2019, lagen Erkenntnisse erst über 27 Fälle von Lungenentzündung unbekannter Symptomatik vor, und nur über sieben Fälle mit einem schweren Verlauf. Eine wissenschaftlich-analytische und organisatorische Hochleistung, nicht zuletzt hinsichtlich der Geschwindigkeit der Informationsgewinnung und -bereitstellung. Einen Ausbruch einer neuartigen Infektionskrankheit mit grippeähnlichen Symptomen in einer Stadt mit elf Millionen Einwohnern zu erkennen und als solche zu identifizieren, ist nämlich virologisch ein hochkomplexes Problem. Es gab zum Zeitpunkt des Ausbruchs kaum wissenschaftlich verwertbare Beweise dafür, dass es sich bei der neuartigen Viruserkrankung um den Beginn einer gefährlichen Epidemie handeln könnte. Zur nachprüfbaren und nirgends infrage gestellten Chronologie der Anfangsereignisse daher auch noch einmal zusammenfassend:

- Am 27.12.2019 wurde der erste Fall von Lungenentzündung mit unbekannter Symptomatik im Zentralkrankenhaus von Wuhan aufgenommen.
- Am 31.12.2019 informierte China die WHO über Fälle von Lungenentzündung unbekannter Symptomatik, den ersten Todesfall und eine mögliche Epidemie.
- Ab dem 3.1.2020 informierte China die WHO, seine Nachbarn sowie andere Länder, wie die USA, regelmäßig online über den Verlauf der beginnenden Epidemie.
- Am 8.1.2020 konnte der neue Krankheitserreger SARS-CoV-2 identifiziert werden. Dies wurde sofort weltweit bekannt gemacht.
- Am 12.1.2020 stellte China fünf vollständige Genomsequenzen des COVID-19 der *globalen Plattform GISAID* zur Verfügung und teilte die genetischen Daten mit der WHO. Spätestens ab diesem Zeitpunkt hätten weltweit Testkits entwickelt und die anderen Vorbereitungen getroffen werden können.
- Am 16.1.2020 war in China ein Testkit fertig entwickelt worden.
- Am 20.1.2020 bestätigte China aufgrund von umfangreichen epidemiologischen Untersuchungen die Übertragbarkeit von Mensch zu Mensch und warnte erneut öffentlich vor einer Pandemie.

Die WHO lobte ausdrücklich die Leistung der chinesischen Ärzte und Gesundheitsbehörden.[756] Nur dadurch hatte der *Rest der Welt circa acht Wochen Zeitgewinn* zur Vorbereitung auf die Pandemie, eine Zeit, die *im Westen weitgehend ungenutzt* blieb, *in südostasiatischen Nachbarländern Chinas durch enge Kooperation mit China aber effektiv genutzt* wurde.

Gleich nach der Bestätigung der Mensch-zu-Mensch-Übertragung und einer zu erwartenden höheren Fallsterblichkeitsrate als bei einer normalen Grippe hat die chinesische Regierung die Öffentlichkeit alarmiert und massive Maßnahmen zur Eindämmung der Epidemie eingeleitet. Am 23.1.2020 wurden Wuhan und am 25.1.2020 die Provinz Hubei mit insgesamt 60 Millionen Einwohnern abgeriegelt.

Als Wuhan abgeriegelt wurde, gab es in China erst 571 bestätigte Infizierungen, im Rest der Welt offiziell gemeldet nur 10 bekannte Fälle und offiziell bekannt noch keinen einzigen Fall in Europa. Als China am 27.1.2020 sämtliche touristischen Reisen ins Ausland aussetzte, gab es in diesem Land 2.741 Fälle, im Rest der Welt offiziell bekannt nur 37 und offiziell davon nur 3 in Europa. Am 23.2.2020, einen Monat nach dem Lockdown von Wuhan, gab es von den weltweit 78.811 Fällen offiziell nur 2,2 Prozent außerhalb Chinas.[757]

Bis dahin wurden, außer in Ostasien, weder in Europa noch in den USA Präventionsmaßnahmen eingeleitet. Der Washingtoner Zampano redete noch bis Anfang März 2020 die Gefährlichkeit der Epidemie klein, obwohl zu diesem Zeitpunkt bereits seit mehr als sechs Wochen deutliche Warnungen aus China mit rasant wachsenden Infektionszahlen vorlagen. Diese *historische Fehlleistung des offiziellen Washington* bestätigte sogar die *New York Times* am 11.4.2020.[758]

5.) China hatte angeblich Ärzte, die früh vor dem Virus warnten, verhaftet, um den Ausbruch zu vertuschen. Die Story hielt sich lange und unabänderlich als Stehsatz in fast allen offiziösen westlichen Medien. Der »*Fall*« Li Wenliang wurde dabei prominent zitiert und, obwohl längst vollständig aufgeklärt und aufbereitet, immer noch lange Zeit zu skandalisieren versucht. Tatsächlich wurden Li und seine

Ärztekollegen, die einen möglichen Ausbruch gemeldet hatten, *vom Staat ausgezeichnet*. Aber chronologisch: Am 30.12.2019 schickte der niedergelassene Augenarzt Li eine Patienten-Scanaufnahme und einige Nachrichten an eine private Chat-Gruppe, die er mit einigen Kollegen, Ex-Kommilitonen aus dem Medizinstudium, unterhielt. Er meinte darin, dass es bereits »sieben bestätigte Fälle von SARS« gebe. Seine Botschaft kursierte als Screenshot schnell in den sozialen Netzwerken. Da das Zentralkrankenhaus und die Behörden von Wuhan ab dem 31.12.2019 bereits wussten, dass es sich eben *nicht* um das alte SARS-Virus handelte, zitierte ihn die Polizei von Wuhan am 3.1.2020 zu sich und forderte ihn in einem Verweis auf, die Verbreitung von Gerüchten einzustellen, denn seine (in der Tat ja sachlich falsche) Vermutung, es handele sich um die Wiederkehr des SARS-Virus von 2002/03, hätte eine Massenpanik auslösen können. Nach Ermahnung konnte er zurück in seine Praxis. Mitte Januar infizierte er sich dann während einer Patientenbehandlung in seiner Praxis. Er wurde am 30.1.2020 als COVID-19-infiziert bestätigt. Am 7.2.2020 verstarb er an der Krankheit. Die Nationale Gesundheitskommission kondolierte öffentlich am gleichen Tag.[759]

Li war kein »Whistleblower« und »warnte« auch nicht die Öffentlichkeit vor einer behördlichen Vertuschung. Die Gesundheitsbehörden von Wuhan waren ja bereits ab dem 27.12.2019 über die ersten ungewöhnlichen Virenfälle in Kenntnis gesetzt. Die Stadtregierung war also bereits drei Tage vor Li aktiv und gab am 31.12.2019 die erste öffentliche und internationale Virus-Warnung heraus.

Am 7.2.2020 beschloss die *Nationale Aufsichtskommission*, ein *Untersuchungsteam* nach Wuhan zu entsenden, um den »Fall Li« zu untersuchen. Am 19.3.2020 veröffentlichte das Team die Ergebnisse und hielt eine Pressekonferenz ab.[760] Als Ergebnis der Untersuchung gab auch die Polizei von Wuhan eine Presserklärung heraus, in der sie den Verweis für Li wieder aufhob. Am 2.4.2020 erhielt Li von der chinesischen Regierung posthum die höchste Ehrung. Keine Frage, dass der gesamte Fall von der *chinesischen Öffentlichkeit* mit großem Engagement und großer Anteilnahme in den *Sozialen Medien* begleitet wurde.

6.) China ist insgesamt also offenbar jederzeit *transparent und effektiv mit den Zahlen umgegangen* und seinen *internationalen Meldepflichten* in nahezu vorbildlicher Weise nachgekommen, selbst in der Frühphase großer analytischer Unsicherheiten. Es gibt wohl kein anderes Land, das derart schnell derart verlässliche Daten bereitgestellt hat. Wir haben bereits über die höhere *Validität und Reliabilität der chinesischen Krankheitsstatistik* aufgrund der praktisch *flächendeckenden Testung und Analyse* berichtet.

Der heimliche und offene Neid westlicher Medien auf die am Ende erheblich niedrigeren Opferzahlen Chinas und deren durchsichtige nachträgliche Infragestellung geht ebenfalls an den allseits und international bekannten und nachprüfbaren Fakten vorbei. Die verhältnismäßig niedrigen Zahlen der Infizierten und Toten in China sind ausschließlich auf die frühzeitige Einführung der umfassenden Test-, Analyse- und Quarantäne-Maßnahmen ohne Rücksicht auf »die Wirtschaft« zurückzuführen.

Laut einer Studie des renommierten Magazins *Science* hätte es ohne diese Maßnahmen weitere mehr als 700.000 Corona-Infizierte in China gegeben.[761] Allein mit Chinas Ansatz der Bekämpfung konnten die Infektionsketten tatsächlich durchbrochen (statt wie im Westen nur mehr oder weniger »gestreckt«) werden. Das ist sogar in westlichen Medien (so etwa im *Handelsblatt*[762]) gelegentlich anerkannt worden.

Am 17.4.2020 hat China die *Zahl* der Corona-Toten von 2.579 auf 3.869 *korrigiert*. Dies wurde in westlichen Medien überwiegend wider besseres Wissen als Beleg der Unzuverlässigkeit der chinesischen Zahlen verbreitet. Bei Epidemien aber ist eine Nachkontrolle der Aktenlage durchaus üblich. Nachdem die akute Epidemie im Großen und Ganzen unter Kontrolle gebracht worden war, richteten die Behörden eine epidemiologische Task Force ein, die im Detail jeden der bestätigten Infektions- und Todesfälle überprüfte. Solche *Datenrevisionen* bei hochinfektiösen Krankheiten *aufgrund nachträglicher genauerer Aktenanalyse sind gängige internationale Praxis.* Es wurde von der WHO im Übrigen positiv konnotiert, dass China »keinen Todesfall undokumentiert« gelassen habe.[763]

7.) Angeblich hatte China auch die WHO »manipuliert«, etwa damit sie positiv über seine Epidemiebekämpfung berichte. Aber anders als etwa die USA oder die private US-basierte Gates-Stiftung, als die bis dahin größten Zahler und Spender mit entsprechend großem Einfluss in der WHO, hätte China sie kaum manipulieren können. Wenn man Mitgliedsbeiträge und Spenden zusammenrechnet, war China bis zum Austritt der USA in der Rangliste der wichtigsten Geldgeber nur auf Platz 6.[764] In der WHO sind 194 UN-Mitgliedstaaten, und unter den 21 Mitgliedern des Führungsgremiums der WHO in Genf ist *nur ein Mitglied aus China*. Dieses ist seit Januar 2016 als beigeordneter Generaldirektor der Organisation für HIV/AIDS, Tuberkulose, Malaria und vernachlässigte Tropenkrankheiten zuständig.[765]

Nun haben China und andere Länder (unter anderem die führenden EU-Mitgliedsländer) jüngst einen Teil der Ausfälle durch die USA-Zahlungsverweigerung mit eigenen Spenden ausgeglichen, um lebensrettende WHO-Programme in aller Welt nicht unmittelbar kollabieren zu lassen.

Und überhaupt, dem *Personal der WHO* generell Korrumpierbarkeit zu unterstellen, ist abwegig; es handelt sich um medizinische Fachkräfte und Experten für öffentliches Gesundheitswesen mit langjährigen Erfahrungen bei der Epidemiebekämpfung. *Fast alle Mitgliedstaaten unterstützen daher die WHO nach wie vor ausdrücklich*.[766] Die Behauptung, der WHO-Chef sei jemand »von Chinas Gnaden« und dass China ihn ins Amt gehoben habe, ist leicht nachprüfbar falsch und lächerlich.

Allerdings rumort es in Washington seit langem, weil China aufgrund jahrelanger konstruktiver Mitarbeit ohne machtpolitische Erpressungen eine große Autorität in der UNO und ihren Spezialorganisationen, und so auch in der WHO, erworben hat.

8.) Auch die Behauptung, *Taiwan* habe die WHO schon am 31.12.2019 vor der Mensch-zu-Mensch-Übertragung des neuen Coronavirus gewarnt, dies sei aber von Beijing ignoriert worden, ist leicht widerlegbar. Taiwan hat die WHO nicht gewarnt, sondern

nach der Bekanntmachung durch die Stadtregierung von Wuhan am
31.12.2019 die WHO und die Nationale Gesundheitskommission
Chinas um weitere Informationen gebeten und eine entsprechende
Antwort erhalten. Noch am selben Tag verschickte Taiwan eine Mail
an die WHO, die aber weder eine Warnung noch eine Information
über die Gefahr einer Mensch-zu-Mensch-Übertragung enthielt und
auch nicht enthalten konnte, da Taiwan selbst noch überhaupt nicht
betroffen war und daher auch keinerlei eigene Informationen zum
neuen Virus besitzen konnte. Die E-Mail deckte sich vielmehr mit
den Informationen, die die Stadtregierung von Wuhan bereits gemeldet hatte. Auch die WHO hat mehrfach betont, dass es sich nicht
um eine »Warnung aus Taiwan« handelte, sondern lediglich um eine
Bitte, die Entwicklungen in Wuhan im Auge zu behalten.[767] Erst am
21.1.2020 wurde der erste COVID-19-Fall in Taiwan selbst bestätigt.
Bis dahin konnte Taiwan keinerlei eigene klinische Erkenntnisse
über eine etwaige Mensch-zu-Mensch-Übertragung besitzen.

9.) Über die absurden Versuche, China für den Ausbruch der Pandemie »*verantwortlich*« zu machen und zu »*Entschädigungszahlungen*« an die Staaten USA, Großbritannien und Australien[768]* (gegebenenfalls tauchen noch weitere US-Follower wie Indien, Brasilien,
Kanada, Neuseeland, Norwegen, Polen oder das Baltikum auf)

---

*   Das Verhältnis Australiens zu China wurde in den letzten Jahren in besonderer
     Weise verschlechtert: Chines*innen waren seit Beginn der Corona-Pandemie
     in Australien in starkem Maße rassistischen Übergriffen ausgesetzt, so dass
     am Ende die chinesische Regierung ihre Student*innen offiziell davor war-
     nen musste, zum Studieren zurück nach Australien zu gehen. Der Klima- und
     Corona-Leugner Morrison, Ministerpräsident und der Trump Australiens,
     hat nicht nur nichts gegen die verheerenden Mega-Buschfeuer in Australien
     2019 und 2020 unternommen, in denen geschätzte 1,5 Milliarden Großtiere
     verbrannten, während er nach Neuseeland in Urlaub fuhr und den wenigen
     (ausschließlich freiwilligen) Feuerwehren Australiens das Wasser zum Löschen
     fehlte. Er profiliert sich auch damit, den Bundesstaaten bereits abgeschlosse-
     ne Kooperationsverträge mit China, etwa im Rahmen von Belt-and-Road-
     Investitionsabkommen, zu untersagen und diese nachträglich aufzulösen.
     Morrison verbietet natürlich auch chinesische Direktinvestitionen und schließt
     natürlich auch Huawei aus [vgl. Endnote 768].

aufzufordern, haben wir bereits berichtet. Dieser Versuch stellt ein internationales Verhalten wie aus dem dumpfesten Mittelalter dar. China ist ebenfalls Opfer des Ausbruchs und nicht »Täter«, zumal, wie berichtet, der Ausbruch ja wohl im September 2019 in den USA geschah. Die genannte internationale Untersuchung wird sicherlich alles ans Tageslicht der Weltöffentlichkeit befördern.

Der *zivilisatorische Fortschritt der Neuzeit* bestand bekanntlich dereinst in der Entwicklung des *Völkerrechts*. Das Völkerrecht aber sieht vor, dass ein Land für Schäden nur haftbar gemacht werden kann, wenn es eine »unerlaubte internationale Handlung« begangen oder gegen seine internationalen Verpflichtungen verstoßen hat.

Mit seinen Analysen, Informationen und Maßnahmen aber hat China seine internationalen Verpflichtungen in der COVID-19-Pandemie vorbildlich erfüllt. Die WHO erklärte die Epidemie zwar erst am 30.1.2020 zur Pandemie, einer *Public Health Emergency of International Concern*. Das war einen Monat nach der ersten Meldung aus China, was allein schon deutlich macht, dass es keine Spur von Verzögerung bei seinen Meldungen gab. Wir haben die Gründe für die vorübergehende Zögerung der WHO erörtert, aber auch gezeigt, dass alle entscheidungsrelevanten Informationen zu dieser Zeit international verfügbar waren.

Nach Völkerrecht und den *Internationalen Gesundheitsvorschriften* von 2005 *sind Staaten nicht für den Ausbruch einer Pandemie haftbar zu machen*. Würde China für den »Ausbruch« (die erste analytische Feststellung und Meldung), von COVID-19 verantwortlich gemacht und zu Entschädigungszahlungen verpflichtet werden, hätten, wie gesagt, die *USA die globalen Schäden von HIV/AIDS*, Spanien die der »Spanischen« Grippe, England die des »Englischen Schweißes«, Frankreich die der »Franzosenkrankheit« oder die deutsche Stadt Marburg die des Marburg-Virus und so weiter zu bezahlen. Auf solche Ideen wäre früher niemand gekommen. Aber die neue »Geostrategie« des niedergehenden Empire hat erstmals eine Pandemie nun derart politisiert, dass die »*Fake-Skala*« nach unten offen geworden ist.[769] Autorität gewinnt man vor der Weltbevölkerung auf

diese Weise wohl kaum. Aber noch einmal: Die *Methode* »*Trump*«
wirkt, zumindest im Westen, und vor allem in den verzweifelten
Klassen und Schichten der USA, doch auch in unseren Medien, trotz
offizieller Trump-Kritik, hintenherum sozusagen.

10.) Unterstellt wurde auch, China hätte anderen Staaten nur geholfen, um geopolitischen Einfluss zu erhalten. Psychologen nennen
es Projektion: Die eigenen tatsächlichen Untaten dem anderen als
Absicht zu unterstellen. Tatsächlich hilft China bestimmten anderen Ländern, insbesondere Entwicklungsländern, bereits seit seiner
Gründung in jahrzehntelanger Süd-Süd-Hilfs- und Kooperations-
Tradition.[770] Die Hilfe für andere, wie den entwickelten Mitgliedern
der EU in deren akuter Not, war eine Erwiderung der zuvor erfahrenen Hilfsbereitschaft.

In den Telefonaten des Außenministers Chinas mit dem deutschen Außenminister und dem Vertreter der EU für Außen- und
Sicherheitspolitik war dies auch klar.[771]

11.) In der Folge der chinesischen Hilfslieferungen für die EU-Län-
der wurde auch das Gerücht verbreitet, *aus China bezogene medizinische Schutzausrüstung sei fehlerhaft.* In der Tat »besorgten« einige
europäische Länder in ihrer anfänglichen Not und Panik auch in
China Masken und Handschuhe wild »vom Markt« und nahmen dabei, was sie kriegen konnten. Darunter waren im anfänglichen Chaos
in der EU eben auch nicht-zertifizierte Güter, die meist explizit nicht
für medizinische, sondern für sonstige handwerkliche Zwecke hergestellt worden waren.

Am 28.3.2020 zum Beispiel berichteten einige niederländische
Medien, dass das niederländische Gesundheitsministerium aufgrund von Qualitätsproblemen mehr als 600.000 aus China gekaufte
Masken zurückgerufen habe. Diese Masken genügten offenbar nicht
den Erfordernissen für das Personal auf Intensivstationen. Eine
Untersuchung ergab, dass sie als *Masken für nicht-medizinische Zwecke* (Non-Surgical Masks) eingeführt worden waren. Das war von

der importierenden niederländischen Firma auch so kommuniziert und verzollt worden.

Später erst wurden auch Staatsverträge über die kommerzielle Beschaffung medizinischer Güter zwischen den EU-Ländern und China geschlossen (die schon erwähnten Telefonate Merkel-Macron-Conte-Xi).

Allein in den fünf Wochen vom 1.3.2020 bis 4.4.2020 wurden von China knapp 4 Milliarden Masken, 3,8 Millionen Kittel, 2,4 Millionen Infrarot-Thermometer, 16.000 Beatmungsgeräte, gut 2,8 Millionen Testkits und 8,4 Millionen Schutzbrillen geliefert.

Unabhängig von europäischen Klagen führte China bereits am 1.4.2020 aber auch eine *verschärfte Qualitätskontrolle* für medizinische Produkte ein, die für den Export vorgesehen sind.[772]

Weitere gemeldete Qualitätsmängel resultierten aus falscher Anwendung. Im tschechischen Radio wurde behauptet, dass bis zu 80 Prozent der von China gelieferten Coronavirus-Schnelltestkits nicht ordnungsgemäß funktionierten. Der tschechische Vize-Gesundheitsminister Roman Prymula widersprach dieser Darstellung: Die Fehlerquote läge bei 20 bis 30 Prozent, und sie sei durch unsachgemäße Anwendung zu diagnostischen Fehlinterpretationen zustande gekommen. Die Schnelltestkits waren tatsächlich nur als ergänzende Testmethode für den Nukleinsäuretest zu verwenden und nicht als alleiniges Testinstrument gedacht.[773]

12.) *Chinas Wildtiermärkte und Essgewohnheiten* seien eine Gefahr für Virenepidemien, wurde gerne suggeriert. Der angebliche Huanan-»Wildtiermarkt« von Wuhan ist in Wirklichkeit allerdings ein reiner Fischmarkt, auf dem weder Fledermäuse noch Gürteltiere gehandelt werden. Und auf dem Wuhan Huanan Seafood Market wurden auch keine sonstigen Schuppentiere oder Hunde (sondern eben nur Meeresfrüchte) verkauft.[774]

Und unter den ersten fünf Corona-Toten in China hatte nur einer überhaupt Kontakt mit dem Huanan Market, während die anderen Infektionen an ganz anderen Stellen auftraten und diese Infizierten

keinerlei Kontakt mit dem Wuhan Fischmarkt hatten. Die angeblichen »Wildlife Wet Markets«, die die westlichen Medien erfunden
hatten, gibt es in China überhaupt nicht.

Und die *unerkannten ersten Corona-Fälle in den USA* vom Sep-
tember 2019 sowie in *Frankreich* und *Italien* vom November und
Dezember 2019 sprächen ohnehin gegen den Wuhan Fischmarkt als
Ort des Überspringens von COVID-19 auf Menschen.

Gleichwohl wurden prophylaktisch *alle Wildtiermärkte in China
Ende Februar 2020 für immer geschlossen.* Am 24.2.2020 hat der Ständige Ausschuss des Nationalen Volkskongresses (NPC) ein sofortiges
Verbot des Handels mit Wildtieren sowie deren Verzehr verhängt.[775]
Wir werden über die Krisenreflexion und den Schub der Regel- und
Verhaltensmodernisierung in China nach der Corona-Krise noch
berichten. Der *World Wildlife Fund* (WWF)[776] und andere internationale Tierschutzorganisationen begrüßten diese Entscheidung und
forderten, dass nun »auch der Westen endlich sein Verhältnis zu und
seinen Umgang mit Hühnern, Kühen, Schweinen und Truthähnen
infrage stellen (muss)«.[777]

Dass diese Entscheidung in Sachen *Natur- und Tierschutz* sowie
Essgewohnheiten im Kontext einer ohnehin seit Jahren stattfindenden *strukturellen Modernisierung Chinas* und mit einigen Moderni-
sierungskonsequenzen aus der Corona-Krise zu sehen ist, und keine
Bestätigung der Wuhan-Fischmarkt-These darstellt, erläutern wir
noch in der Diskussion von Chinas Modernisierungsschub »nach
Corona«.

Zu behaupten, Chinesen würden Fledermäuse essen, ist übrigens
so abwegig wie die Behauptung, alle Deutschen würden sich von
Saumägen oder Rinderzungen und alle Franzosen von Froschschen-
keln ernähren. Weder Fledermäuse noch Hunde gehören, außer in
wenigen kleinen randständigen und noch traditionellen lokalen eth-
nischen Kulturen, zur chinesischen Speisekarte.

Das berüchtigte in den sozialen Netzwerken kursierende Video,
in dem eine chinesische Reiseleiterin »Fledermaus-Suppe« isst, wurde 2016 aufgenommen und gepostet und entstand auf Palau, einem

Archipel im westlichen Pazifik (!). Die Reiseleiterin nahm dort mit ihrem Team ein Tourismus-Video auf und probierte in diesem Zusammenhang unter anderem auch Fledermaus-Suppe.[778]

13.) Eine der Anschlusskampagnen besagte schließlich, dass es anlässlich von »Corona« in der Provinz Guangdong Diskriminierungen und rassistische *Übergriffe gegen Afrikaner* gegeben habe. Nationalistische und rassistische Äußerungen, die geeignet sind, das friedliche Zusammenleben der Völker zu beeinträchtigen, ob »offline« oder zum Beispiel in sozialen Medien, sind im Gegensatz zum Westen in China allerdings strikt verboten und werden, ebenfalls anders als im Westen, auch konsequent verfolgt und bestraft.[779] China hat seit der Gründung der Volksrepublik 1949 eine ununterbrochene Tradition der *Süd-Süd-Kooperation* und Hilfen zur Dekolonisierung und Nationalstaatsbildung in Afrika aufzuweisen. In China studieren heute circa 400.000 afrikanische Studenten,[780] und China ist ein Einwanderungsland auch für afrikanische Arbeitskräfte. In der Provinz Hubei, dem Hotspot der chinesischen Epidemie, lebten im Januar/Februar 2020 circa 3.000 afrikanische Studenten, von denen ein einziger infiziert wurde, aber schnell genesen ist. Am 13.4.2020 berichtete die Stadt Guangzhou (Provinz Guangdong) von 19 einreisenden Afrikanern, die infiziert waren. Am 18.4.2020 berichtete der Dekan des Konsularischen Corps Afrikas in Guangzhou, dass alles getan worden sei, um die Afrikaner zu schützen und sie genesen zu lassen. Entsprechend äußerste sich am 13.4.2020 der Vorsitzende der Afrikanischen Union.[781]

Entsprechend schwierig ist es, im Internet unter den in den westliche Medien angegebenen Links etwas Handfestes zu finden, etwa Bilder von den immer wieder behaupteten rassistischen Ausschreitungen. Fehlanzeige. Ein *BBC*-Bericht vom 17.4.2020, der in den Sozialen Medien verbreitet wurde und ein kenianisches Ehepaar zeigt, das angeblich wegen »Corona-Imports« in den Straßen von Wuhan attackiert wird, erwies sich als tatsächlich in New York aufgenommen.[782]

10.
»Entkopplung« oder Kooperation
Globaler Ruin oder globaler New Deal?

Wir haben oben bereits, und an anderer Stelle ausführlicher und anhand zahlreicher Beispiele aus allen Entwicklungs- und Politikbereichen Chinas,[783] argumentiert, dass wir im eigenen (europäischen und deutschen) Interesse die Position der Schwäche, aus der heraus unsere Leitmedien uns in eine informatorisch-autistische Sackgasse ideologischer Aggressivität lenken wollen, verlassen und eine *Position des Selbst-Bewusstseins* (das heißt auch: der besseren Selbst-Kenntnis) entwickeln sollten, aus der heraus wir uns zu einem langfristig verlässlichen reziproken (statt einseitig exportorientierten) Kooperationspartner für China, Eurasien und den Rest der Welt entwickeln könnten.

Das setzt allerdings voraus, dass wir uns selbst soweit verstehen lernen, dass wir ein *Minimum kollektiver (sozialer, privat-organisatorischer und staatlicher) Handlungsfähigkeit aufbauen* können, um eigene struktur-, technologie-, investitions- und gesellschaftspolitische Ziele zu formulieren und entsprechende Handlungsstrategien zu generieren – eine Kompetenz, die den westlichen Staaten in vier Jahrzehnten neoliberaler Ideologisierung und finanzialisierter Reichen-Pamperung allerdings weitgehend abhandengekommen ist. Aber erst dann könnten wir ein langfristig adäquater Partner für China werden, mit dem auf Augenhöhe strukturpolitische Ziele verhandelt, Interessenabwägungen vorgenommen, Win-Win-Potentiale definiert und Kooperationen ausverhandelt werden könnten.

Exakt das ist es, was Unternehmen, die ihre Brötchen (und die unserer parlamentarischen Vertreter) in internationaler Kooperation (vor allem mit China) verdienen müssen, von der Politik Deutschlands und der EU erwarten. Der Vorsitzende des Asien-Pazifik-Ausschusses der deutschen Wirtschaft, Siemens-Chef Kaeser, zum Beispiel fordert schlicht das Offensichtliche, nämlich »eine radikale Fokussierung auf Zukunftstechnologien, um im weltweiten Wettbewerb mithalten zu können.«[784] Aber dazu müsse sich die EU »*technologisch souveräner*« machen.[785] Das heißt interne Koordination, Kooperation und eine umfassende, zukunftsorientierte Industriepolitik.

Sogar die Banken sehen jetzt ihre Chancen in einer proaktiveren Rolle des Staates. So macht etwa die *Deutsche Bank* einen *Mangel an »strategischem Kapital«* im Vergleich zu China und den USA aus. Natürlich soll der Steuerzahler mit ins Boot: Der Staat solle zusammen mit den Banken strategisches Kapital bereitstellen und das Ausfallrisiko teilweise übernehmen. Dazu gehörten auch *Staatsbeteiligungen an Firmen*; sie sind ja längst kein Tabu mehr.[786] Das *Handelsblatt* beobachtet richtig: »Die steigende Leistungskurve von China […] fordert die Herolde der sozialen Marktwirtschaft sichtbar heraus.«[787]

Auch die Wirtschaftsminister von Deutschland und Frankreich sekundieren und werben für die Idee einer *industriepolitischen Wende*. Und der deutsche Wirtschaftsminister hat durchaus recht, wenn er sagt: »Wir sollten nicht akzeptieren, wenn große Teile der Wertschöpfung der Zukunft komplett außerhalb Europas stattfinden.«[788]

Wenn er denn die richtigen Konsequenzen aus der Erkenntnis zöge, die Visiere endlich hochklappte und eine langfristige, verlässliche Verhandlungs-, Abstimmungs- und Kooperationsstrategie mit China entwickeln würde.

Aber sind neoliberale Gesellschafts-, Wirtschafts- und Politiksysteme zu so etwas fähig? In den Köpfen ganzer Politikergenerationen (und ihrer bürokratischen Apparate) ist komplexes Zukunftsdenken ja ausgemerzt worden, weil die Zukunft ja angeblich »der Markt« macht und die Gesellschaft dann immer nur erstaunt hinterdrein gucken darf.

Aber erst dann würden Deutschland und die EU auch ein adäquater Verhandlungspartner mit einem Grad an *Selbstklärung und
Handlungskompetenz* werden, wie China sie hat und von adäquaten
Partnern bräuchte. Mit jemandem, der nicht weiß, was er will und
was und wie er in 10, 20 oder 30 Jahren sein will, kann man nicht
verhandeln, keine *Interessenabgleiche* machen, keine Win-Win-
Situationen ausloten und keine langfristig verlässlichen Kooperationen eingehen. Unter solchen Umständen könnten Deutschland und
die EU irgendwann einmal unattraktive Partner für China werden.
Ein Konzern wie Siemens würde sich sicherlich auch noch lange alleine im globalen Geschäft halten können. Mit strukturell geklärter
öffentlicher Koordination und Rückendeckung könnte es aber langfristig stabiler und erfolgreicher gehen. Das ließe dann vielleicht
wieder einen produzierenden Kapitalismus entstehen, der technologisch, organisatorisch, ökologisch, wachstumsbezogen und sozial
wieder vorantreiben kann.[789]

So jedenfalls kann man deutschen Unternehmen und Fachkräf-
ten in China, aus dem Wahn einer »finalen Kulturkriegs«-Ideologie
heraus, die stets hinter dem westlichen »Werte«-Absolutismus gelau-
ert hat und bei Krisen schnell mal hervorspringt, auch die Bedingungen des Geschäftemachens in China untergraben.

Aber dass uns das *Entkoppeln und Fragmentieren der Weltwirtschaft teuer zu stehen kommt*, hatte Springer-Chef Döpfner ja schon
angekündigt und als unumgänglich erklärt. Da müssen die da unten
eben schon mal wieder den Gürtel enger schnallen. Das Gleiche in
Grün heißt dann zum Beispiel, Nord Stream 2 bei 95-prozentiger
Vollendung abzubrechen und stillzulegen, dafür teures »transatlan-
tisches« *Fracking-Gas* per Dampfer nach Europa einzuführen. Irrational? Unpragmatisch? Die »höhere Ethik« und die neue transatlantische Großkoalition, von Washington und seinen Jagdhunden Ted
Cruz&Co. über Maas, Grüne und »Bild« bis zu polnischen Rechts-
extremisten, haben eben ihren Preis.[790]

Nach Merkel wird sich im Politgeschrei die *transatlantische Wende nach 2021* wohl durchsetzen, da helfen auch keine pragmatischen

ostdeutschen Ministerpräsidenten wie Kretschmer (Sachsen) oder Platzeck (ehemals Brandenburg) mehr. Von einer *Spaltung der CDU* wird dann wohl eher keine Rede sein. Eher von der *Spaltung der Nation* zwischen einer Politikerkaste im Aggressionsmodus und wirtschaftspragmatischen Unternehmenschefs, Ingenieuren, Technikern und Leuten, die aus Erfahrung oder allgemeinem Menschenverstand heraus wissen, dass Deutschland nur in sachlicher Kooperation mit China seinen Wohlstand wird halten können.

Die Aggressivität aber auch Selbstüberschätzung der neuen grünen transatlantischen »*ethischen Imperialisten*«[791] ist geradezu abenteuerlich. Da plappert eine grüne Politikerin im quasi-staatlichen *Deutschlandfunk* die Elemente eines Programms zur Zerstörung der Beziehungen mit China nach Washingtons *Entkopplungs-Strategie* herunter:

- Bedingungen für Demokratie vorgeben,
- Sanktionierungen wegen Menschenrechtsverletzungen,
- Klagen vor dem Internationalen Gerichtshof,
- Einreiseverbote für chinesische Politiker,
- chinesische Vermögen in der EU konfiszieren ...[792]

Natürlich stehen die Grünen nicht alleine da. Auch einer, der schon seit längerem nicht mehr sonderlich viel Geld verdient, jedenfalls nicht produktiv und nicht in China, sondern eher mit Trump privat und als Ghetto-Schreck in der US-Subprime-Krise 2007/08 Geld gemacht hat,[793] der Deutsche-Bank-Chef Sewing, hat jüngst ohne Not eskaliert, dafür seine Duftmarke gesetzt und für »Atlantikbrücke« vor »Seidenstraße« plädiert.[794]

Eine künftige deutsche Politikergeneration wird hoffentlich noch rechtzeitig gelernt haben, dass China Deutschland nicht braucht, wohl aber Deutschland China ... bevor der geostrategische deutsche Karren ein weiteres Mal vor die Wand gefahren wird.

Man könnte ja ganz einfach mal, therapie- und coaching-erfahren wie ganze Generationen heutzutage ja nun sind, aus der *Beziehungspsychologie und -therapie* und der Coaching-Praxis lernen:

> »Wir können zulassen, dass andere in ihren Beziehungen für sich selbst verantwortlich sind. Wir können zulassen, dass sie ihre Pro-

bleme untereinander bereinigen. [...] Wir vermitteln Frieden, wenn
wir selbst ruhig bleiben und keinen Aufruhr heraufbeschwören. Wir
stiften Frieden, wenn wir nicht noch mehr Chaos dadurch anrichten,
dass wir uns in die Angelegenheiten und Beziehungen anderer ein-
mischen.«[795]

Und:

> »Wir erweisen anderen einen großen Dienst, wenn wir ihnen die Fä-
> higkeit zutrauen, dass sie selbst herausfinden, was für sie am besten
> ist, dass sie das Recht haben, ihren Weg zu finden, Fehler zu machen
> und zu lernen.«[796]

Solches ist nicht von ungefähr durch *asiatische Philosophie und Psychologie* inspiriert. Die europäisch-angelsächsische mechanische
Philosophie, der Individualismus, Kolonialismus und Imperialismus haben nie die dafür nötige *Kraft zum Loslassen* der Welt gefunden.

Aber die Erde, sie dreht sich doch. Und »Corona« hat innerhalb
weniger Monate die Welt verändert, hat neue globale Strukturen
sichtbar werden lassen, Aufsteiger und Absteiger identifiziert, verzweifelte Abstiegskämpfe und eine globale Konfliktverschärfung in
den Vordergrund gerückt. »Corona« hat im Innern des Finanzkapitalismus zentrale fiskalpolitische Tabus des neoliberalen Austeri-
tätsregimes, der »Schuldenbremsen« und »Schwarzen Nullen« wie
Kartenhäuser zusammenfallen lassen, und viele Menschen, denen
jahrzehntelang erzählt wurde, was alles haushalts-, ausgaben- und
schuldenmäßig *nicht* geht, reiben sich ein weiteres Mal die Augen
und staunen, was plötzlich doch alles geht ... wenn auch im Zweifel
eher für Banken, Airlines und Automobilkonzerne. International
schauen sie auf neue Dynamiken in den neuen zentralen Wachs-
tumsregionen der Welt und in deren Mitgliedsländern, auf neue
Technologie-, Ökologie- und Gesundheits-Weltmächte, insbesondere China.

Dass China plötzlich die Triebkraft einer neuen, anderen (Re-)
Globalisierung ist, dass es nun auch eine Neue Seidenstraße der
internationalen Gesundheitskooperation für ein globales *Kollektivgut*

der Menschheit, eben die Gesundheit, anbietet, dass es »plötzlich«
auch als Gesundheits-Weltmacht erkannt wird,[797] die plötzlich den
»Hochentwickelten« hilft, das alles konnte, wie gesagt, nur diejeni-
gen überraschen, die sich bisher noch nicht mit China, Südostasien
und Eurasien beschäftigt hatten und vielleicht noch im Modus der
globalen Schlacht der Narrative gefangen sind.

Aber wenn China (immer wieder) Kooperation anbietet und
Signale der Konfliktabschwächung sendet, Solidarität praktiziert, die
gemeinsame Lösung der bekannten gemeinsamen Menschheitsprobleme (der vielzitierten »Global Commons«) anmahnt, stößt es im
Westen auf zu viele negativ-verbiesterte, »ethische« und wertabso-
lutistische imperiale oder individualistisch-nihilistisch-arrogante
Kräfte, denen das alles verdächtig, romantisierend oder wahlweise
völlig »uncool« erscheint.[798]

11.
Chinas Modernisierungsschub »nach Corona«
Die Zukunft von Gesellschaft, Ökologie und Demokratie

Blick zurück nach vorn

Wir haben an anderer Stelle ausführlich die Tiefenstrukturen und -prozesse anhand internationaler Dokumente, Erfahrungen und Studien, anhand konkreter Fallbeispiele,[799] die es China möglich machen, jene zwei »Wunder« zu vollbringen, beschrieben und untersucht:

Erstens, *langfristig*, stetig, zielgerichtet und systematisch von einem der ärmsten Länder, einem in mehr als hundert Jahren vom Westen fast völlig zerstörten armen Entwicklungsland *wieder zur Nummer 1 aufzusteigen*. Keiner »Diktatur« und keiner »Autokratie« übrigens ist so etwas jemals gelungen und könnte es jemals gelingen, da solche, bevor sie nachhaltig aufsteigen können, an ihren eigenen inneren Widersprüchen, die sie typischerweise als Aggression und Krieg nach innen und außen tragen müssen, zugrunde gehen, oder, alternativ, nach anfänglicher Goldgräberstimmung, meist als strukturell abhängige kleinere kapitalistische Länder, unter der Knute ihrer Oligarchien schnell in die Fallen der Ungleichverteilung, damit ausbleibender sozialer Mobilisierung und ausbleibender Entwicklungsdynamik sowie hoher Systemturbulenz rutschen, in die sogenannte *Middle-Income Trap*, mit zwar mittleren Durchschnittseinkommen, aber ausbleibender sozialer Mobilisierung und Innovation und daher zurückfallender Produktivitätsentwicklung.

Zweitens, ein nur durchschnittliches Sozialprodukt (pro Kopf) von aktuell (2020) etwa 12.000 USD pro Jahr, mit dem es erst vor kurzem in die Gruppe der Länder mit *mittlerem Durchschnittseinkommen* aufgestiegen ist, über mehr *Gleichheit und Inklusion* und damit möglich werdende nachhaltige *soziale Mobilisierung* produktiver und kreativer Ressourcen eines 1,4-Milliarden-Volkes und über soziale *Partizipation*, umfassend »*hochzuhebeln*«. Nur so konnte es eine solche kollektive, organisatorische und staatliche Handlungsfähigkeit erlangen, dass es sich in fast allen Entwicklungs- und Politikfeldern in die *Spitzengruppen* technischer, wirtschaftlicher, ökologischer und im weitesten Sinne sozialer Leistungen hineinarbeiten konnte, und zunehmend sogar die jeweilige Spitze definiert.[800]

Wir haben an der angegebenen Stelle, noch zur Hochzeit der Corona-Epidemie in China, diese analysiert und, vor dem Hintergrund dieser Kenntnis von Gesellschaft, Wirtschaft, Staat und System Chinas, zwei Prognosen gewagt, die sich danach in der Tat schnell bewahrheitet haben beziehungsweise sich erkennbar realisieren.[801]

Erstens, China wird die Corona-Epidemie auf *schnellstmöglichem Wege* bewältigen, mit dem *radikalen* (im Westen nicht machbaren) *Ansatz* der maximal möglichen Rettung von Menschenleben (»*people first*«) und konsequenter Unterbrechung der Diffusionsketten des Virus als Fokus, unter maximalem technisch-wissenschaftlichem und organisatorischem Einsatz und sozialer Mobilisierung, ohne Rücksicht auf »die Wirtschaft« und ihre möglichen Verluste. Und es wird das Virus danach konsequent unter Kontrolle halten. Dies ist schneller eingetreten (bereits im März 2020) als Anfang Februar 2020 (für das »Frühjahr 2020«) erwartet.

Zweitens, China wird aus dieser Krise *gestärkt hervorgehen* und einen *weiteren Zivilisierungs- und Modernisierungsschub* in vieler Hinsicht vollziehen.

Chinas neue Tier- und Ernährungsethik

Und Letzteres nun begann in der Tat mit dem *Verbot des Handels mit und kurz danach auch der Zucht und des Konsums von Wildtieren*, das bereits kurz nach Ausbruch des Virus ausgesprochen wurde.

Eine Tier-Mensch-Übertragung soll als Risikofaktor minimiert werden. Dieses Verbot hatte, wie gesagt, nichts mit dem Wuhan Fischmarkt zu tun, sondern schloss vielmehr an die in China bereits
lange stattfindende Kampagne zur Einschränkung des Konsums
und Handels von Wild-, aber auch von Haustieren an, über die wir
ebenfalls an anderer Stelle bereits ausführlich berichtet hatten[802] –
alles motiviert durch, miteinander verwobene, *ökologische, virologische, gesundheitliche, ernährungs- und tier-ethische Erkenntnisse und
Diskussionen.*

Dieser Modernisierungsschub zeigte sich aber auch in der enor-
men sozialen Mobilisierung und Organisation von Freiwilligen während der Epidemie; die WHO-Inspektionsteams sprachen von einer
ungekannten Dimension gesellschaftlicher Solidarität. Er reicht bis
zu neuen Erkenntnissen auf so diversen Feldern wie öffentliche Ge-
sundheitsvorsorge, Epidemiologie, Genom- und Systemforschung,
Krisen-Management von Multi-Millionen-Städten, Therapieverfah-
ren und Behandlungsmethoden von COVID-19 oder neue Formen
internationaler Geld-, Sach- und Personal-Hilfen.

In China gibt es nicht erst heute, nach »Corona«, heftige und
konstruktive Debatten über die Zukunft. Solche Zukunftsdebatten
sind typisch für China. Wenn der Chefredakteur der offiziösen *Global Times* im chinesischen Kurznachrichtendienst *Weibo* schreibt
»[d]ieser Ausbruch hätte in einem Land wie China nicht passieren
dürfen, das über fortschrittliche medizinische Standards und soziale Organisationsfähigkeiten verfügt«,[803] so ist das keineswegs eine
»(post-)stalinistische« oder kulturrevolutionäre »Kritik und Selbst-
kritik«, wie die westlichen Medien zu skandalisieren versuchten,
sondern Standard heutiger gesellschaftlicher Diskussion in China.
Dass man dem Westen bei alledem, was man hier macht, nicht gefallen wird, nicht gefallen muss und auch nicht mehr gefallen will,
scheint sich ohnehin inzwischen im allgemeinen Bewusstsein verankert zu haben und wird zumindest in offiziösen Aussagen wie dem
oben genannten Kommentar formuliert.

Was zeigt der »Fall« des Arztes Li Wenliang?

Bemerkenswert auch im Kontext des nationalen Zieles eines modernen *glaubwürdigen China* (»*credible China*«) und einer realen, zukunftsfähigen *Rechtsstaatlichkeit* (»*Rule of law*«) ist noch einmal das oben beschriebene Beispiel des Arztes *Li Wenliang*. Dieser wurde ja im Westen zum Whistleblower, Helden, Aufklärer, Dissidenten, Widerstandkämpfer, Verfolgten und Märtyrer aufgeblasen. Der Fall wurde schnell aufgeklärt, und Li wurde *öffentlich rehabilitiert*. Er habe es nicht besser wissen können (dass es sich bei COVID-19 nicht um das alte SARS handelte), weil er nicht die fortgeschrittensten Analysemethoden zur Verfügung gehabt habe, aber sein Motiv und das seiner Kollegen sei lobenswert gewesen, weil sie das Wohl der Allgemeinheit im Sinn gehabt hätten.

Li wurde national belobigt. Zu seinem (zufälligen und mit dem Vorgang in keinerlei Zusammenhang stehenden) Infektionstod kondolierten die Regierung Chinas und die Führung der KPCh. Li war bekanntlich *langjähriges Mitglied der Kommunistischen Partei Chinas*, was die westlichen Medien ihren Lesern, Hörern und Zuschauern übrigens überwiegend vorenthielten. Hätte wohl nicht zur Häme-Kampagne gepasst.

Das Verhör und die polizeiliche Verwarnung wurden als ein polizeilicher Fehler bezeichnet, und die Polizei von Wuhan entschuldigte sich öffentlich für die Verwarnung Lis.[804] Ein Vorgang, den man im Westen bei polizeilichem Fehlverhalten in sozialen Krisensituationen gelegentlich gerne einmal sehen würde …

Shenzhen preschte vor, nationales Gesetz folgte

Ein weiteres Beispiel dafür, dass in China *keine Krise ohne gesellschaftlich-politische Selbstreflexion* und vor allem zügige reale *strukturelle Konsequenzen* für die Zukunft vorübergeht, war das Verbot des Konsums von domestizierten Tieren (»Haustieren«, vor allem Hunden und Katzen) mit einer ausgesprochen *tierschutz-rechtlichen und tier-ethischen* Begründung in der Boom-City und Multimillionenstadt *Shenzhen*, über das wir schon berichtet haben – ein Motiv,

das man hierzulande eher von als Esoterikern verschrienen Tierschützern kennt. Die Begründung, diese Tiere und der Mensch hätten so enge Beziehungen aufgebaut, dass der Konsum ethisch nicht
mehr zu verantworten sei, signalisiert ebenfalls radikale Modernisierungsprozesse, von denen wir im »zivilisierten« Europa mit dem Essen von Abermillionen misshandelter Rinder, Kälber, Schweine und
Hühner möglicherweise noch einige Jahrzehnte entfernt sind. Eine
vergleichbare Diskussion des Konsumverbots sowohl hiesiger Wild-
tiere (Wildschweine, Rehe, Hirsche, Rebhühner, Wildenten usw.) als
auch domestizierter Tiere gibt es hierzulande jedenfalls noch kaum.

Die Shenzhen-Initiative wurde noch im Frühjahr 2020 auf die
nationale Ebene gehoben: Das chinesische Landwirtschaftsminis-
terium teilte Anfang April 2020 mit, dass eine Richtlinie geändert
wird, wodurch konkret Hunde nicht mehr als Nutztiere angesehen
werden: »Was Hunde betrifft, so sind sie aufgrund der Fortschritte
der menschlichen Zivilisation und der Entwicklung der öffentlichen
Sorge und des Tierschutzes zu Haustieren geworden.«[805]

Westliche Tier- und Naturschützer feiern Erfolge ... in China

Den westlichen Tierschützern, Ethikern, Ernährungsbewussten,
Grünen (im Denken und Fühlen) und Naturschützern dürfte das
Herz höher geschlagen haben, und sie haben zum Teil sogar ihr Verhältnis zu China überdacht. Der WWF würdigte den Fortschritt ausführlich.

Im Juni 2020 fand allerdings noch einmal das vieldiskutierte
»Hundefleisch-Fest« in der südchinesischen Stadt Yulin in der Autonomen Provinz Guangxi, der Region des Volksstammes der Zhang,
statt. Chinesische und internationale Tierschutzorganisationen waren mit der chinesischen Regierung schon 2017 übereingekommen,
dass diese Tradition beendet wird. Das Fest war seitdem offiziell verboten und fand 2020 nur mit stark vermindertem Besuch statt. Die
Regierung hat nun aber noch einmal unmittelbar reagiert und das
neue Gesetz gegen Hundefleischverzehr nachgebessert, so dass dies
nun wohl das letzte »Hundefleisch-Fest« gewesen sein wird.[806]

Welches tierische Protein Menschen im Übrigen in den verschiedenen Kulturen zu sich nehmen, ist kulturhistorisch ja bekanntlich höchst relativ, hängt zum Beispiel von den klimatischen Bedingungen, von Vegetation und Fauna ab und ist jedenfalls kein Grund für irgendwelche kulturellen Überlegenheitsfantasien.

Bis 2018 war es übrigens noch in *44 Bundesstaaten der USA* erlaubt, das Fleisch von Hunden und Katzen für den menschlichen Verzehr zu importieren und die Tiere für den entsprechenden Export zu züchten.[807]

Interessanterweise aber reagieren wir instinktiv und kulturhistorisch bedingt auf einen toten hängenden Hund immer noch anders als auf eine beim Fleischer hängende Schweine- oder Rinderhälfte. Food for thought …

Auswilderung von Beluga-Walen aus Freizeitparks

Die westlichen Natur- und Tierschutz-Organisationen scheinen jedenfalls seit Jahren ihre größten Erfolge in China zu erzielen. Seit einiger Zeit geht zum Beispiel die Organisation *Sea Life Trust* gemeinsam mit den chinesischen Behörden daran, *Beluga-Wale aus Freizeitparks auszuwildern*.[808] Den Anfang machte die *Chang Feng Ocean World* in Shanghai. Die Wale können sich in einem ersten Meeresreservat vor Island an die Freiheit gewöhnen. Ähnliche Fortschritte werden von WWF & Co. übrigens auch aus Vietnam berichtet. Im Westen blockiert in solchen Fällen oft das privatwirtschaftliche Gewinn- und Arbeitsplatzargument den *strukturellen, ökologischen und kulturellen Fortschritt.*

Die Beispiele für die genannten strukturellen Trends könnten fortgesetzt werden, etwa im Bereich der *Tierversuche*, wo China neuerdings erhebliche Verbesserungen beispielsweise bezüglich der Herstellung und des Imports von Kosmetika durchführt.[809] Aber wir müssen es an dieser Stelle dabei belassen.

Über rasante chinesische Modernisierungsprozesse, von Essgewohnheiten bis zu allen anderen Verhaltensweisen und zu sektoralem Strukturwandel, haben wir also noch einiges positiv Überraschende zu erwarten. *McKinsey* zum Beispiel bestätigt in einem Report über die »Nach-COVID-19«-Zeit ausführlich mehrere *Modernisierungstrends, bei* denen China führend sein wird:[810] neben der erwarteten Digitalisierung, sonstigen technologischen Trends und der Binnenorientierung eben auch das *Konsumverhalten* und das Aufkommen *sozialer Sektoren.*

»Glaubwürdiges China«, »Herrschaft des Rechts« und neues Bürgerliches Gesetzbuch

Auch in Sachen *Demokratie der Zukunft* könnte es einem werteabsolutistisch-arroganten Westen, der glaubt, sein Modell parlamentarischer Parteien-/Vertretungs-Demokratie sei das letzte Wort der Menschheitsgeschichte, passieren, von Südostasien und insbesondere China in Sachen *tatsächlicher demokratischer Partizipation* der Menschen *»überholt ohne eingeholt« zu werden.*[811]* Der erste Nationale Volkskongress (NVK) »post-Coronam« im Juni 2020 hat zum Beispiel nach langer Vorbereitung den Weg freigemacht für ein *chinesisches Bürgerliches Gesetzbuch*, das weit hineinreicht in die Gesellschaft des 21. Jahrhunderts. Ziel ist eine

- Wohlstands-Zivilisation mit *Persönlichkeits- und Eigentumsrechten* und modernem Vertragsrecht,
- IT-Zivilisation mit *Informations- und Meinungsrecht* und dem Schutz persönlicher Daten,
- *soziale Zivilisation* mit dem konkreten Schutz der sozialen Rechte des Volkes, dem konkreten Recht auf Wohnen und Beschwerderechte, und schließlich eine
- *ökologische Zivilisation* mit konkreten, einklagbaren ökologischen Schutzrechten und der konkreten Pflicht zur ökologischen Nachhaltigkeit aller öffentlichen Maßnahmen, etwas was bisher in einer nationalen Verfassung *einmalig auf der Welt* sein dürfte.[812]

---

* »Überholen, ohne einzuholen« war einst eine interessante dialektische Formel Walter Ulbrichts für die Entwicklung des europäischen Staatssozialismus im Verhältnis zum Kapitalismus [vgl. Endnote 811].

Wir haben an anderer Stelle bereits ausführlicher über konkrete Auswirkungen der neuen *Rule of Law, Eigentumsformen*, die *IT-Realität, soziale Rechte* und die entstehende *ökologische Zivilisation* gesprochen.[813] US-amerikanische Konzerne werden in China keineswegs willkürlich verboten und enteignet, amerikanisches Vermögen wird nicht staatlicherseits gestohlen und konfisziert, amerikanische Unternehmen können vielmehr sogar vor dem Obersten Gerichtshof klagen, etwa auf Verletzung von Markenrechten ... und erhalten nicht selten Recht.[814]

Die englische Wirtschaftszeitschrift *The Economist* sieht diesen neuen »Civil Code« Chinas als »*a mark of how China has changed*«.[815] Man darf gespannt sein, wie eine künftige sozialistische Gesellschaftsform Rechtsstaatlichkeit, individuelle Freiheits- und Schutzrechte, soziale und Arbeitsrechte, *Demokratie von unten*, die *Herrschaft des Rechts*, *Glaubwürdigkeit und Vertrauen*, den allmählichen Abbau von Formen einer Entwicklungsdiktatur sowie den *Frieden mit der Natur* und der Welt auf innovative und bessere Weise entwickeln kann als der neoliberale Finanzkapitalismus mit seiner immer offeneren und brutaleren Plutokratie, seiner immer ungerechteren Verteilung, seiner Massenarmut und Bildungsarmut angesichts obszönen Reichtums, seinem Staat eines etablierten Parteienkonglomerats und organisierter Unfähigkeit, und seinen vielfältigen aktuellen antidemokratischen Trends. Da hilft auch leider nicht mehr die wiederholte Beschwörung abstrakter »Menschenrechte«.

Überholen, ohne einzuholen ...

12.
Die Zukunft des Konflikts USA – China
*Von der Entkopplung zum heißen Krieg? Und
warum der große Krieg nicht kommt, sofern ...*

Zeitenwende und der »Game Changer« China

Betrachtet man vor dem beschriebenen Hintergrund der »Corona«-
Ereignisse des Jahres 2020 die gegenwärtigen Weltprozesse genauer,
so erkennt man, dass das, was »plötzlich« in Europa und der Welt als
Zeitenwende stattfindet, erlebt und wahrgenommen wird, ein »Phasenübergang« von einem Zustand des Weltsystems zu einem anderen ist, in dem die Welt nach anderen Prinzipien und Mechanismen
»tickt«. Dieser ist in Wirklichkeit alles andere als überraschend, kam
ganz und gar nicht plötzlich und war keineswegs unvorhersehbar.
Und das sowohl von den Krisen des neoliberalen finanzkapitalisti-
schen Weltsystems her betrachtet als auch vom erkennbaren neuen,
alternativen Weltsystem einer größeren »*multi-zivilisatorischen*«
internationalen Kooperation,[816] das sich zum großen Teil nun um die
Neuen Seidenstraßen herum, mit inzwischen mehr als *130 Ländern*
und *40 internationalen Organisationen als Partnern*,[817] entsprechender internationaler Transparenz von Planungen und Finanzierungen
(durch multinationale Banken) und einem aktuellen Finanzvolumen
von 6,5 Billionen USD, entwickelt.[818]

Die Neuen Seidenstraßen werden mehr Wohlstand für alle Beteiligten bringen, so wie es die alten bereits taten, ein »Initiativmodell der
Kooperation und Entwicklung zum gegenseitigen Vorteil«,[819] ein »Rollentausch im Welthandel«, ein »Gegenpol zum angelsächsischen Isolationismus«.[820] So gesehen war es in der Tat »an der Zeit, über neue Formen der weltweiten Kooperation statt Konfrontation nachzudenken.«[821]

Aus Anlass der Corona-Pandemie hat China bereits den 77 ärmsten Partnerländern ein *Schuldenmoratorium* gewährt.[822] Zwischen 2000 und 2019 hat es nach Studien den ärmsten Ländern Afrikas mindestens 3,4 Milliarden USD *Schulden erlassen* und etwa 15 Milliarden USD umgeschuldet. Dabei wurde auf vertraglich vereinbarte Strafzinsen verzichtet, ebenso wie auf die vertraglich üblichen Vermögensbeschlagnahmen wegen Zins- oder Tilgungsverzugs.[823]

Und auf Sondergipfeln Chinas mit Entwicklungsländern anlässlich der COVID-19-Krise, etwa dem *Außerordentlichen China-Afrika Gipfel über solidarische Zusammenarbeit gegen COVID-19* im Juni 2020, versicherten Staatspräsident Xi und Ministerpräsident Li in ihren Reden, dass der zu entwickelnde *Impfstoff* erstens weltweit und zweitens mit Vorrang den ärmsten afrikanischen Ländern zur Verfügung gestellt werden wird.[824]

Die Seidenstraßen-*Finanzierungsinstrumente* sind, wie schon gezeigt, meist *multilateral* angelegt und daher meist nicht in alleiniger Entscheidung Chinas (siehe BRICS-Bank, AIIB und so weiter). *Multilaterale Seidenstraßenfonds*[825] unterstützen zusätzlich *Multinationalität* und *Transparenz*.

All das, was wir also als scheinbar plötzliche Zeitenwende beschrieben haben, hatte sich in beiden Systemen lange vorbereitet und war zunehmend erkennbar geworden. Und mitten im »Phasenübergang« des komplexen Weltsystems erkennt man die sogenannte »Bifurkation«, die möglichen *alternativen Gravitationszentren* und »Fluchtpunkte« künftiger Entwicklung des globalen Systems, zwischen denen eine Zeitlang viele mögliche Einzelzustände und -entwicklungen hin- und herspringen können. Wie es aber konkret weitergeht, kann in solchen Phasen, also Entwicklungsübergängen komplexer Systeme, typischerweise nicht prognostiziert werden.

Neue alte historische Normalität – Multipolarität gegen Hegemonie

Sicher aber ist die historische *Rückkehr Chinas* in die Rolle der »Nummer 1«, eine Rückkehr *historischer internationaler Normali-*

tät,[826] zugleich eine Rückkehr *geostrategischer Normalität*,[827] nämlich der zentralen Rolle des historischen »*Herzlandes*«[828], *Eurasien.*

Chinas Motive und Werte heute sind geprägt von dieser seiner Geschichte und Geographie, nämlich die *eigene Zivilisation* wieder voranzubringen und anerkannt zu werden, inzwischen fast zwei Jahrhunderte der *Demütigung und strukturellen Abhängigkeit endlich auch materiell zu beenden*, anstatt die Weltherrschaft des alten Imperiums durch eine neue Weltherrschaft zu ersetzen: »[…] Chinese leaders want to rejuvenate Chinese civilization, they have no missionary impulse to take over the world and make everyone Chinese. […] [But] America convinced itself that China has become an existential threat.«[829] Und: Chinas »alternative vision for global leadership, now widely termed as the ›China Model‹«,[830] ist gerade, und zwar konsequent und nachprüfbar, seit Jahrzehnten, die *Infragestellung einer globalen Hegemonie*, wie sie unter dem Neoliberalismus praktiziert wurde und zur vollen monopolaren Ausprägung gelangte. Das »*China-Modell*« der internationalen Beziehungen ist in der Tat eine bereits praktizierte umfassende Alternative zum westlichen neoliberalen Hegemoniemodell.[831] China wird vielmehr die Regeln des globalen Systems *rekonfigurieren*, ein »Game Changer«, und zwar durch Förderung kollektiver Handlungsfähigkeiten nach innen und außen, »as it develops fresh and potentially more powerful regulatory capacities.«[832]

Aber wird, ja kann, Washington diese Botschaften noch verstehen? In ganz Asien seien die Eliten zunehmend »erstaunt« über »the American system's total inability to make strategic adjustments to this new phase in history«,[833] sagt der singapurische Politikwissenschaftler und langjährige UN-Diplomat *Kishore Mahbubani.*

Kann Washington die Zeitenwende noch mitvollziehen? Oder droht die Thukydides-Falle?

Und seine, möglicherweise überlebensentscheidende, Frage ist: »Can America make U-turns?«[834] Der Konflikt mit der Hauptmacht des bisherigen globalen Systems dürfte also nach zunächst altbekanntem historischem Muster der *Konfrontation der Absteiger mit den Aufstei-gern* stattfinden, statt einer aus schmerzlichen geschichtlichen Erfah-rungen gespeisten aufgeklärten globalen Kooperation zum Nutzen aller. Die *Thukydides-Falle* eines *unvermeidlichen Krieges* aufgrund einer unaufhaltsamen *Misstrauens-Spirale* nach unten … ?

Das bedeutet auch eine Fortsetzung und Verschärfung der Stra-tegie des »*Kicking away the ladder*«, das der Hegemon und sein neo-liberales Weltsystem seit Ende des Nachkriegsbooms und Beginn des Neoliberalismus (seit Ende der 1970er Jahre) stets, und erfolgreich, gegen fast alle potentiellen Aufsteiger praktizierten, das nun aber fokussiert wird auf den zum existentiellen Feind, zur *existentiellen Bedrohung* einer diffusen »nationalen Sicherheit« und eines »Way of Life« Washingtons dämonisierten Aufsteiger China.

Dem zugrunde liegt wiederum der Ideologie- und Strategiean-satz eines finalen globalen, *existentiellen Kulturkampfes und Krieges mit potentiell allen Mitteln*. Die Deutschen kennen diese Ideologie aus den Narrativen, mit denen die deutsche Herrschaftselite, das an-geblich von seinen Nachbarn und Konkurrenten in seiner Existenz bedrohte Volk »ohne Kolonien« (Wilhelm II.), später das »Volk ohne Raum« (Hitler), im Streben, das 20. Jahrhundert endlich zum »deut-schen Jahrhundert« zu machen, in den Ersten und dann den Zweiten Weltkrieg trieb.[835] Dabei hauptsächlich in die Raub- und Vernich-tungs-Feldzüge gegen den Osten, gegen »den slawischen Untermen-schen«. Das Ende dieses Alptraums der Menschheit war kürzlich gerade eben erst 75 Jahre her.

Kulturalistisch gefärbter *Sozialdarwinismus*, in dem alle Völker ihre Überlebensberechtigung ständig in einem umfassenden und permanenten Krieg aller gegen alle beweisen müssen, ist im Westen faktisch wieder populär gemacht worden. Und zwar aus *mangelnder Reflexion des globalen Strukturwandels und des eigenen Abstiegs* he-raus. Und daher aus dem dumpfen und defensiven Gefühl heraus, dass »wir« nicht mehr ohne Weiteres auf der Gewinnerseite der glo-balen Ressourceflüsse stehen, mit denen wir jahrhundertelang auf Kosten der südlichen Hemisphäre leben konnten.

Mit dem Machtantritt Trumps in Washington im Januar 2017 brach die Idee des finalen, *unbegrenzten Kultur- und Nationenkampfes*, als Kampf gegen den eigenen Abstieg, aber auch als *Verweigerung der notwendigen eigenen Neuerfindung*, praktisch übrigens auch eine gemeinsame Hauptlinie von DEMs und REPs,[836] offen und hemmungslos aus, wurde hoffähig gemacht, in die Politik der Medien und das Bewusstsein von Millionen Menschen im Westen transplantiert. Und das *Prinzip »Trump«*, Maximierung von Hass und Misstrauen *mit allen Mitteln*, funktioniert, wie bei früheren Regimes, die glaubten, existentiell und rücksichtslos um ihren Vorteil kämpfen zu müssen und zu dürfen, stets überhöht als Existenzkampf. Es wirkt und hat die Welt einem Abgrund bereits deutlich näher gebracht.

In aller Klarheit: Ein *Farben- und Personalwechsel im Weißen Haus* wird nur wenig ändern am Verhalten des niedergehenden Hegemons, an Militarismus, Sanktionismus und China-Bashing, denn das alles wird parteiübergreifend getragen.[837] Und die eher Hemmungslosen sind in Washington in den letzten Jahren eher im Aufwind.[838] Kaum erwähnenswert, dass dabei keines der zunehmend drängenden Probleme, weder der USA, geschweige der Menschheit, gelöst wird.

Chinas Staatspräsident Xi hielt im Januar 2021 die Eröffnungsrede des World Economic Forum mit ein paar simplen Worten:

»Die Geschichte hat wiederholt deutlich gemacht, dass die Strategie der Konfrontation, sei es in der Form eines Kalten Krieges, eines richtigen Krieges, eines Handels- oder Technologiekrieges am Ende den Interessen aller Länder schadet und das Wohlergehen aller untergräbt.«[839]

Erreichen uns solche Worte noch? Oder hören wir da nur die Sonntagsreden, mit denen uns schon tausendmal alles Mögliche versprochen wurde? Nun, die Zeiten solcher Sonntagsreden sind im Westen seit langem vorbei. Wir sind einfache Worte auch nicht mehr gewöhnt; unsere Sprache in Politik, Medien und Alltag ist ja viel aufgeladener. So wäre es mal schön, solche Worte und Gedanken wieder von einem westlichen Politiker zu hören. Hatten wir seit Willy Brandt nicht mehr. Sowas dürfte dann auch in einer langweiligen Sonntagsrede daherkommen …

Todes-Kult oder globale Problemlösung?

Stattdessen verbreiteter Helden-Todes-Rausch unter Trumps beachtlicher Wählerschaft. Man kennt das alles noch aus der Mitte des 20. Jahrhunderts. Und wir haben dies unter der Perspektive des Corona-Jahres 2020 in seiner Dramatik, (nahezu vollendeten) Unumkehrbarkeit und Gefährlichkeit dokumentiert.

Es ist ein ökonomischer, finanzieller, machtpolitischer und geostrategischer Niedergang, der solche »Endkämpfe« ums »Überleben« rechtfertigen und die »Stärksten herausselektieren« soll. Geht dieser Endkampf verloren, dann mit allen Konsequenzen für das »eigene« Volk, das dann den jeweiligen eigenen Cäsaren und den Sieg nicht verdient hat. In Hitlers Worten hatte das deutsche Volk am Schluss »sich als das schwächere erwiesen und dem stärkeren Ostvolk gehöre dann ausschließlich die Zukunft. Was nach dem Kampf übrigbliebe, seien ohnehin nur die Minderwertigen; denn die Guten seien gefallen.«[840] 60 Millionen Tote im Zweiten Weltkrieg als »kämpferischer Leistungsnachweis«. Am Ende des Wahnsinns steht irgendwann also konsequentes Todes- und Mordstreben, Mord- und Todeskult.

Prinzip »Trump« wirkt, tief und langfristig

Wir haben oben Handels- und Zollkrieg, Wirtschafts- und Investitionskrieg bis zum Technologie- und Wissenskrieg, der letztlich auch den *Ideen- und Kulturaustausch* in Wissenschaft, Hochschulausbildung, Kunst und so weiter erdrosseln will, dokumentiert und diskutiert, bis hin zur angestrebten *umfassenden* »Abkopplung« und angestrebten *Isolation Chinas durch die USA* als mögliche strategische Voraussetzung für einen globalen, »großen« heißen Krieg, der ja im Übrigen seit Jahren in Washington bereits vollmundig angekündigt wird.[841]

Wie schon kurz erwähnt, pushen ja auch in Deutschland bereits »Follower« des Prinzips »Trump«, auch sogenannte liberale Parteien, die kulturelle Zensur im Sinne des finalen Existenzkampfes des Abendlandes gegen allfällige »Feindpropaganda«, in Entlastungsangriffen aus einer augenscheinlichen Schwächeposition heraus, gegen jeden kulturellen Austausch »mit dem Feind«, insbesondere den Kulturinstituten Chinas, die es seit einigen Jahren in Deutschland gibt. Diese *Konfuzius-Institute* werden in Kooperation mit deutschen Universitäten betrieben werden und ihnen gegenüber wird der Verdacht der »Spionage« »frei Schnauze« in die Welt gesetzt. Eskalation einer Kontaminierung der mentalen Umwelt.[842]

Kontrastprogramm: Als zum Beispiel die Berliner Schaubühne in Corona-Quarantäne-Zeiten Theateraufzeichnungen online stellte, hatte sie »wahnsinnig viele Zuschauer in China«.[843] Man stelle sich vor, ein chinesisches Theater würde online aufführen und hätte »wahnsinnig viele Zuschauer in Deutschland«. Da würde der »liberale«, »tolerante« Kultur-Endkampf der politisch ums Überleben kämpfenden FDP heißlaufen. So viel zur abendländischen Entkopplungs-Strategie des Prinzips »Trump« und seiner Praktikanten.

Kommt der große heiße Krieg?

Da wirtschaftlich-technologisches, und am Ende auch allgemein-soziales und kulturelles, »De-Coupling« sich also leicht als Strategie der *Vorbereitung eines heißen Krieges* erweisen kann, dürfen wir uns also nicht nur auf die (sogar eher) mögliche *Selbstisolation* und beschleunigte *Selbst-Dequalifikation* der USA beschränken, sondern müssten auch die *militärischen Kräfteverhältnisse* zwischen USA/NATO einerseits und der neuen, durch die US-Politik erzwungene *umfassende Partnerschaft China/Russland* analysieren.

Diese umfasst eine umfassende geographische Interessenkonvergenz, eine nahezu perfekte Komplementarität bezüglich der natürlichen Ressourcen, langfristige strategische geld- und währungspolitische Projekte (internationale Zahlungssysteme, digitale Währung usw.) zur Ersetzung der Dollar-Systeme sowie die umfassende militärtechnologische Entwicklung. Für Details zu den erstgenannten Punkten ist hier jedoch nicht der Ort.[844]

Immerhin so viel:[845] Die traditionell und immer noch überwiegend defensive *Waffentechnologie* Chinas und Russlands (mit überwiegenden Reichweiten nur bis zu 1.500 Kilometern), ist in den letzten Jahren in Richtung auf Interkontinentalwaffen erweitert worden; die einzige Sprache, die der Hegemon noch zu verstehen scheint: Dass sein eigenes Territorium gefährdet ist, wenn Washington den großen heißen Krieg nicht immer nur ankündigen, sondern auch tatsächlich vom Zaun brechen sollte. Hinzu kommt, dass russische und chinesische Waffentechnologie, etwa im direkten Vergleich von Kampfflugzeugen der neuesten Generationen, bei begrenzt lenkbaren ballistischen Raketen und vielen anderen Systemen, nicht mehr nur durchweg besser ist als die der USA, sondern sich vor allem in einer *neuen Dimension von Geschwindigkeit* bewegt. Dies betrifft nicht nur Chinas Vorsprung in der schnellen und auf absehbare Zeit nicht mehr angreifbaren sogenannten Quantenkommunikation. Russland und China verfügen zum Beispiel über sogenannte Hypergleiter, die sich im Bereich von bis zu 25 Mach (das entspricht circa 33.000 Stundenkilometer) bewegen. China und Russland beherrschen generell Technologien in der Größenordnung von 10 bis 20 Mach, während sich die USA nach Aussagen einschlägiger Ingenieur-Websites durchweg noch im Bereich von unter 10 Mach bewegen. Der ganze Stolz der Militärnation USA, die *11 Flugzeugträger-Verbände* (plus 3 in Bau beziehungsweise Planung), ist angesichts der chinesisch-russischen Militärtechnologie nichts mehr als ein Rudel von *Dinosauriern*, die in Minutenschnelle versenkt werden können.[846] Überwasserflotten sind veraltet, und die USA wissen das. Und ein *Henry Kissinger* kann es wagen, dies auszusprechen:

> »Amerika ist im Pazifik heute der Volksrepublik China unterlegen. Die schwimmende Flugzeugträger-Macht wäre in einem Konflikt in wenigen Stunden durch moderne, preiswerte chinesische Waffen ausgeschaltet.«[847]

Deshalb setzen die USA alles daran, über Japan, Taiwan, die Philippinen usw. ihre *landgestützten Mittelstreckenraketen* immer näher an das chinesische Festland heranzuführen und tief in das chinesische Hinterland hineinreichen zu lassen. Dafür werden die einschlägigen internationalen *Rüstungsbeschränkungs-Abkommen der 1980er Jahre flächendeckend gekündigt.*

Und China signalisiert heutzutage durchaus, dass es keineswegs gewillt ist, sich unvorbereitet und widerstandslos vernichten zu lassen, und dass es einen Krieg mit den USA führen würde, wenn die USA es unbedingt darauf anlegen wollten.[848]

Und warum er – voraussichtlich – nicht kommt: Gleichgewicht des Schreckens 2.0

Im traurigen Ergebnis dessen befindet sich die Welt nun in einem neuen militärischen Gleichgewicht des Schreckens, der *zweitschlechtesten* aller denkbaren globalen Konstellationen, ähnlich dem ersten globalen (atomaren) Gleichgewicht des Schreckens zwischen den USA und der Sowjetunion. Eine Konstellation der Stabilität, die damals zumindest die historisch einzige Phase der internationalen Abrüstung, Rüstungsbegrenzung und Rüstungskontrolle seit den 1970er und in den 1980er Jahren ermöglichte. Die schlechteste, also die noch schlechtere, Konstellation wäre ein *Ungleichgewicht des Schreckens*, nämlich die unveränderte einseitige militärische Überlegenheit des Imperiums über alle anderen in einem globalen Alleinherrschafts-Regime. Das würde die Welt heute möglicherweise nicht mehr überleben.

Wenn es stimmt, dass die zunehmend abgestimmte russisch-chinesische Verteidigungs- und Angriffstechnologie der US-Angriffstechnologie überlegen ist, wird es also den »großen« heißen Krieg, den *Dritten Weltkrieg nicht geben*, den das Washingtoner Spitzenpersonal seit Jahren herbeiredet.

Allerdings auch nur, falls man in Washington noch von einer *Rest-Rationalität* und einem *Rest-Minimum an Überlebenswillen und -instinkt* ausgehen kann. Leider ist genau dies weniger garantiert denn je. Und das Ergebnis der Washingtoner *Präsidentschaftswahl* von Ende 2020 lässt da, wie gezeigt, wenig Änderung erwarten. Einige sprechen von einer parteiübergreifenden »totalen Realitätsverweigerung« in Washington.[849] Andere sehen die gleichen propagandistischen Mechanismen am Werk, die vor jedem Krieg zum Einsatz kamen ...[850]

Viele Experten, und so sicher auch die Washingtoner Experten, wissen um die Ineffektivität der größten Militärmaschine der Welt, die so teuer ist wie die zehn nächstgrößeren Rüstungshaushalte zusammengenommen, und darum, dass überall dort, wo das US-Militär die schwachen Länder zusammengebombt hatte, heute China die Ökonomie wieder aufbaut und die Geschäfte macht. Die militärischen und die ökonomischen Interessen der USA gehen also durchaus längst nicht mehr konform. Diese Konformität aus den Hochzeiten von Kolonialismus, Imperialismus und Hegemon – erst kommt das Militär, dann die Geschäftemacher – wird nie mehr herstellbar sein.[851]

Wiederum andere argumentieren, der heiße Krieg werde nicht kommen, weil etliche *andere Länder* mit wirtschaftlichen Bindungen an beide Mächte, USA und China, *ausgleichend* auf die USA einwirken würden. Insofern werde sich die Vernetzung durch die Neuen Seidenstraßen vielleicht sogar in wachsendem Vertrauen auswirken.[852] Hier fällt der Blick auf eine mögliche Rolle der EU, die sich für die EU hoffentlich nicht von vornherein als zu groß erweist: »If the Europeans can limit the damage that the Americans will inflict in their grieving process, there are good reasons to be optimistic about peace in the 21st century!«[853]

13.
Wir haben keine Chance, nutzen wir sie!
Neue Strukturen inmitten der Verunsicherung

Genug gedankliche Provokation zur gegenwärtigen Zeitenwende in der Welt. Genug »Food for Thought«. Erst wenn wir die Zusammenhänge durchschauen, werden wir in der Lage sein, die künftigen Optionen zu beurteilen, dann vielleicht sogar die Zukunft mitzugestalten, Geschichte zu »machen«, um das Schlimmste zu verhindern und wieder das Bessere in der Welt herauszulocken, es zu nähren und zu fördern. Wieder menschlich leben, mit Kopf, Herz und Seele. Die Vor-Geschichte verlassen, in die Geschichte eintreten …

Dahin aber gibt es leider keinen einfachen Weg. Während Krieg nur Angst, Hass und Misstrauen braucht, verlangen Vertrauensvorschuss und eine *Entspannungspolitik 2.0* echten Mut, da sie nicht auf Garantien bauen können. Stattdessen gegenseitige Abhängigkeiten, komplexe Prozesse, Spiralen statt einfacher mechanischer Hebel. Aus der Spirale nach unten eine Spirale nach oben machen, geht nur so: »Verstehen ist das Tor zur Verständigung – Verständigung ist das Tor zum Verstehen«.[854]

Abkürzungsverzeichnis

AIIB	Asian Infrastructure Investment Bank
ASEAN	Association of Southeast Asian Nations
BIP	Bruttoinlandsprodukt
BRI	Belt and Road Initiative (auch Neue Seidenstraße)
BRICS	Gruppe der »Schwellenländer« Brasilien, Russland, Indien, China, Südafrika
CDC	Center for Disease Control (Seuchenkontroll-Zentrum der USA)
CELAC	Comunidad de Estados Latinoamericanos y Caribeños
CIA	Central Intelligence Agency (US-Geheimdienst)
DEM	Demokraten, Demokratische Partei der USA
ERP	European Recovery Program (»Marshall-Plan« nach dem Zweiten Weltkrieg)
ESM	Europäischer Stabilitätsmechanismus (EU-Fonds in der »Staatschuldenkrise« nach 2009)
EU	Europäische Union
EZB	Europäische Zentralbank
FAO	Food and Agriculture Organization (Ernährungs- und Landwirtschafts-Organisation der UNO)
Fed	Federal Reserve (US-Notenbank)
FOCAC	Forum for China-Africa Cooperation
G7	Gruppe der Sieben, informeller Zusammenschluss der zu ihrem Gründungszeitpunkt bedeutendsten westlichen Industrienationen
G20	Gruppe der Zwanzig, informeller Zusammenschluss der 19 führenden Industrie- und Schwellenländer sowie der EU
GATT	General Agreement on Tariffs and Trade (Vorläufer der WTO)
GBP	Britisches Pfund
GISAID	Internationale medizinische Website zu genomischer Epidemiologie (München)
IMF	International Monetary Fund (siehe auch IWF)
IPAC	Inter-Parliamentary Alliance on China
IT	Informations- und Telekomunikations-Sektor
IWF	Internationaler Währungsfonds (siehe auch IMF)
JCPOA	Joint Comprehensive Plan of Action (Iran-Atom-Abkommen)
KPCh	Kommunistische Partei Chinas
NPC	National People's Congress (chinesisches Parlament, siehe auch NVK)

NSA   National Security Agency (US-Geheimdienst)
NVK   Nationaler Volkskongress (siehe auch NPC)
RCEP   Regional Comprehensive Economic Partnership, (Kooperations-
         abkommen von 15 Ländern Asiens und Pazificas, seit 2019)
REP   Republikaner, Republikanische Partei der USA
SARS   *Schweres Akutes Respiratorisches Syndrom (ausgelöst durch ein*
         Coronavirus)
SWP   Stiftung Wissenschaft und Politik (außenpolitischer Think-Tank der
         Bundesregierung)
UCL   University College London
UK   United Kingdom
UNO   Vereinte Nationen (United Nations Organzation)
UNEP   United Nations Environment Program
UNESCO   United Nations Education, Science and Culture Organization
UNRWA   United Nations Relief and Works Agency for
         Palestine Refugees in the Near East
USD   US-Dollar
u. Z.   unserer Zeitrechnung
VR   Volksrepublik
v. u. Z. vor unserer Zeitrechnung
WB   Weltbank
WHO   World Health Organization (Weltgesundheitsorganisation)
WIV   Wuhan Institute of Virology (Wuhan Institut für Virologie)
WTO   World Trade Organization (siehe auch GATT)

Ausgewählte Literatur

Allison, Graham, 2017. *Destined for War. Can America and China Escape Thucydides's Trap?* Boston: Houghton Mifflin Harcourt.

Bardi, Ugo, 2017. *The Seneca Effect. Why Growth is Slow but Collapse is Rapid.* Heidelberg et al.: Springer.

Bergeijk, Peter A. G., 2020. *Deglobalization 2.0. Trade and Openness During the Great Depression and the Great Recession,* Cheltenham, UK, Northampton, MA, USA: Edward Elgar.

Brand, Ulrich / Wissen, Markus, 2017. *Imperiale Lebensweise. Zur Ausbeutung von Mensch und Natur im globalen Kapitalismus,* München: oekom-Verlag.

Chang, Ha-Joon, 2002. *Kicking Away the Ladder: Development Strategy in Historical Perspective,* London: Anthem Press.

Chang, Ha-Joon, 2007. *Bad Samaritans: The Myth of Free Trade and the Secret History of Capitalism,* London: Random House.

Crome, Erhard, 2017. Chinas Aufstieg und die geopolitischen Folgen; welttrends.de

Dai, Shuanping / Liu, G., 2017. »Emergence of New Products and Agile Innovation in a Catching-up Economy: Evidence from the Low-speed Electric Vehicle Industry in the Shandong Province, China«, Präsentation, EAEPE Annual Conference, Budapest, October 2017, mimeo.

Diamond, Jared, 2005. *Collapse: How Societies Choose to Fail or Survive,* London, New York: Penguin Books.

Diamond, Jared / Liu Jianguo, 2005. »China's environment in a globalizing world«, *Nature* 435, 1179-1186, doi:10.1038/4351179a.

DING Xiaoqin, 2018. »Entwicklung ohne Einmischung«, *junge Welt* 7.2.2018.

Elsner, Wolfram, 2015. »Speculative financial capitalism wacking out over an »impossible« profit rate. The infeasibility of a »usual« real average profit rate, considering fictitious capital, and its implications«. In: *Marx, Veblen, and the Foundations of Heterodox Economics. Essays in Honor of John F. Henry,* 199-227, edited by T.-H. Jo / F. S. Lee, London, New York: Routledge.

Elsner, Wolfram, 2020a. »Collapse. Institutional, economic, and ecological decline and breakdown, its endogeneity and asymmetry over emergence. A theoretical frame«, *Journal of Economic Issues* 55(1), März 2021, 79-102.

Elsner, Wolfram, 2020b. *Das chinesische Jahrhundert. Die neue Nummer eins ist anders,* Frankfurt/M: Westend.

Elsner, Wolfram / Heinrich, Torsten / Schwardt, Henning, 2015. *The Microeconomics of Complex Economies. Evolutionary, Institutional and Complexity Perspectives,* San Diego, Oxford, Amsterdam et al.: Elsevier/Academic Press.

Felipe, Jesus / Kumar, Utsav / Usui, Norio / Abdon, Arnelyn, 2013. »Why has China succeeded? And why it will continue to do so«, *Cambridge Journal of Economics* 37(4), 791-818.

Fitzthum, Robert, 2018a. *China verstehen. Vom Aufstieg zur Wirtschaftsmacht und der Eindämmungspolitik der USA*, Wien: Promedia.

Fitzthum, Robert, 2018b. »Der nächste Feind«, *Rubikon* 31.10.2018; rubikon.news.

Frank, Andre Gunder, 1998. *ReOrient. Global Economy in the Asian Age*, Oakland, CA: University of California Press (deutsch: ReOrient. Globalwirtschaft im asiatischen Zeitalter, Wien: Promedia, 2016).

Frankopan, Peter, 2019. *Die neuen Seidenstraßen: Gegenwart und Zukunft unserer Welt*, Berlin: Rowohlt.

Frijters, Paul »Why the US has no chance against China on its own«, *Club Troppo* 24.10.2018, clubtroppo.com.au.

Fukuyama, Francis, 1992. *Das Ende der Geschichte. Wo stehen wir?*, München: Kindler.

Gerschenkron, Alexander, 1962. *Economic Backwardness in Historical Perspective*, Cambridge, MA: Harvard University Press.

Hardy, Jane / Imani, Yassamin / Zhuang, Beini, 2017. »Regional resilience and global production networks in China: An open political economy perspective«, *Competition & Change* 22(1), 63-80.

Herrmann-Pillath, Carsten, 2017. *China's Economic Culture. The ritual order of state and markets*, London, New York: Routledge.

Hofbauer, Hannes, 2020. *Europa. Ein Nachruf*, Wien: Promedia.

Horesh, Niv / Lim, Kean Fan, 2018. *An East Asian Challenge to Western Neoliberalism. Critical Perspectives on the »China Model«*, London, New York: Routledge.

Hudson, Michael, 1972. *Super Imperialism: The Origin and Fundamentals of U.S. World Dominance*, 2. Auflage, London, Sterling, VA: Pluto Press.

Hudson, Michael, 2015. *Finance as Warfare*, Bristol, UK: World Economics Association.

Kadri, Ali, 2017. »The Saudi palace coup, the oil market, China and the US«, *real-world economics review* 82, 29-46, paecon.net

Kadri, Ali, 2020. »Neoliberalism vs. China as model for the developing world«, *real-world economics review* 91, 108-127, paecon.net

Karagiannis, Nikolaos / Elsner, Wolfram, 2020. »Growth and Development of China: A Developmental State ›With Chinese Characteristics‹«, *Forum for Social Economics* 50(4), 2021 (erscheint demnächst).

Khanna, Parag, 2019. *Unsere asiatische Zukunft*, Berlin: Rowohlt.

Kiely, Ray, 2018. *The Neoliberal Paradox*, Cheltenham, UK, Northampton, MA, USA: Edward Elgar.

Kissinger, Henry A., 2011. *China. Zwischen Tradition und Herausforderung*, München: C. Bertelsmann/Random House.

Klein, Naomi, 2007. *Die Schock-Strategie: Der Aufstieg des Katastrophen-Kapitalismus*, Frankfurt: S. Fischer.

Knight, Jack, 2014, »China as a developmental state«, *World Economy* 37(10), 1335-1347.

Kronauer, Jörg, 2019. *Der Rivale. Chinas Aufstieg zur Weltmacht und die Gegenwehr des Westens*, Hamburg: Konkret Verlag.

Kuczynski, Jürgen, 2019. *Asche für Phönix – Oder: Vom Zickzack der Geschichte. Aufstiege, Untergang und Wiederkehr neuer Gesellschaftsordnungen*, Köln: PapyRossa.

Küsters, Günter, 2018. »Das Verhältnis von EU und China im Kontext globaler Machtverschiebungen und der aktuellen Kontroverse um Chinas Großprojekt der ›Neuen Seidenstraße‹«; attac.de

Kunzmann, Marcel, 2018. *Theorie, System und Praxis des Sozialismus in China*, Berlin: Verlag Mirco Kolarczik (2. Auflage).

Lin, Justin Yifu, 2017. »Lessons from China and East Asia's catch up: the new structural economics perspective«, in: V. Popov / P. Dutkiewicz (Eds.), *Mapping a New World Order*, 53-70, Cheltenham, UK, Northampton, MA, USA: Edward Elgar.

Lin Justin Yifu / Wang Yan, 2017. »China's Contribution to Development Cooperation: Ideas, Opportunities and Finances«, in: Shahid Yusuf (Hg.), *China and the Global Economy*, Cheltenham, UK, Northampton, MA, USA: E. Elgar, 826-851.

Long, Zhiming / Herrera, Rémy, 2018. »The Enigma of China's Growth«, *Monthly Review* 70(7), https://monthlyreview.org/2018/12/01/the-enigma-of-chinas-growth/, besucht 1.7.2020.

Losurdo, Domenico, 2017. »China und das Ende der ›kolumbianischen Epoche‹«, *Marxistische Blätter* 3/2017, 52-62.

Mackinder, Halford John, 2019 [1904]. *Der Schlüssel zur Weltherrschaft. Die Heartland-Theorie*, mit einem Lagebericht von Willy Wimmer, Frankfurt/M: Westend.

Mahbubani, Kishore, 2020. *Has China Won? The Chinese Challenge to American Primacy*, New York: Public Affairs/Hachette Book Group.

Müller, Wolfgang, 2019. »US-Wirtschaftskrieg, EU-Ambivalenz – Wie der Westen den Aufstieg Chinas stoppen will«, in: *Der Aufstieg Chinas und die Krise des neoliberalen Kapitalismus*, Report 119, München: isw, 16-20.

Negri, Antonio / Hardt, Michael, 2002. *Empire – die neue Weltordnung*, Frankfurt/M., New York: Campus.

Petras, James, 2017. »China, Saudi-Arabien und die USA: Aufrütteln und zerschmettern«; neopresse.com.

Polya, Gideon, 2013. »The US Has Invaded 70 Nations Since 1776«, countercurrents.org.

Rasmus, Jack, 2015. *Systemic Fragility in the Global Economy*, Atlanta, GA, USA: Clarity Press.

Rasmus, Jack, 2017. *Central Bankers at the End of Their Rope? Monetary Policy and the Coming Depression*, Atlanta, GA: Clarity Press.

Rasmus, Jack, 2018. »Trump's Déjà Vu China Trade War«, *World Review of Political Economy* 9(3), 346-363.

Rügemer, Werner, 2018. *Die Kapitalisten des 21. Jahrhunderts. Gemeinverständlicher Abriss zum Aufstieg der neuen Finanzakteure*, Köln: PapyRossa.

Schmid, Fred, 2017. »China im globalen Kapitalismus«, in: Institut für sozial-ökologische Wirtschaftsforschung, Report Nr. 109, *Krise des Globalen Kapitalismus*, München.

Schmid, Fred, 2018. »Trumps Wirtschaftskrieg gegen China«, in: *Globaler Wirtschaftskrieg. Der Aufstieg Chinas. Zerbricht der Westen?*, isw Report Nr. 115, München, 22-39.

Schuhler, Conrad, 2020. *Wie weit noch bis zum Krieg? Die USA, China, die EU und der Weltfrieden*, Köln: PapyRossa.

Sieren, Frank, 2018. *Zukunft? China! Wie die neue Supermacht unser Leben, unsere Politik, unsere Wirtschaft verändert*, München: Penguin/Random House/Bertelsmann.

Thuy, Tran Truong / Welfield, John B. / Trang, Le Thuy (Eds.), 2019. *Building a Normative Order in the South China Sea. Evolving Disputes, Expanding Options*, Cheltenham, UK, Northampton, MA, USA: Edward Elgar.

Wolff, Ernst, 2014. *Weltmacht IWF: Chronik eines Raubzugs*, Marburg: Tectum.

Wu Shanlin, 2018. »The Mercantilist Root of the United States, Europe and Japan's Refusal to Accept China's Market Economy Status«, *World Review of Political Economy* 9(3), 315-329.

Zhang Fan, 2018. *The Institutional Evolution of China, Government vs Market*, Cheltenham, UK, Northampton, MA, USA: Edward Elgar.

Zhang Lanying / Li Guanqi / He Huili, 2018. »Controlling Corporate Power in China: Case Studies of Seed Companies and Water Distribution«, *American Journal of Economics and Sociology* 77(2), 511-540.

Zhao Hongjun, 2018. *China's Long-Term Economic Development. How have Economy and Governance Evolved since 500 BC?* Cheltenham, UK, Northampton, MA: Edward Elgar.

Anmerkungen / Endnoten

Nennung der Kurz-URL oder eines Webportals zeigt an, dass die Quelle online eingesehen wurde, vollständige URLs und Abrufdaten liegen Autor und Verlag vor.

1   W. Elsner, *Das chinesische Jahrhundert. Die neue Nummer eins ist anders*, Frankfurt/M.: Westend 2020.
2   Zum Beispiel »Zentralasien: Das Zentrum des Schachbretts«, *Deutsche Wirtschafts-Nachrichten* 8.2.2021, deutsche-wirtschafts-nachrichten.de.
3   Zur alten, noch kolonialistisch geprägten Erkenntnis des geostrategischen »Herzlandes« Eurasien siehe H. J. Mackinder, *Der Schlüssel zur Weltherrschaft*, Die Heartland-Theorie, herausgegeben mit einem Lagebericht von W. Wimmer, Frankfurt/M.: Westend, 2019 [1904].
4   Zu Indiens eher miserablen Aussichten, 2030 die Nummer zwei zu sein, wie von der *Standard Chartered Bank* prognostiziert, siehe zum Beispiel M. Peer, »Globale Konzerne setzen nicht mehr auf Indien«, *handelsblatt.com [Das Handelsblatt]* 25.11.2020; zur *Standard Chartered Bank* Prognose: av.sc.com/corp-en/content/docs/Standard-Chartered-Opportunity-2030.pdf.
5   Ausführlich C. Lotz, »Krise in den USA: Den Anforderungen einfach nicht mehr gewachsen«, *fr.de [Frankfurter Rundschau]* 27.1.2021.
6   Ausführlich zur vormodernen Eigenschaft der US-Verfassung, die Politik immer wieder in den Sumpf lokaler Kämpfe und des Parteienkrieges abgleiten lässt, zum Beispiel: Lotz, »Krise in den USA: Den Anforderungen einfach nicht mehr gewachsen«, 27.1.2021, a. a. O.
7   Ebendort.
8   Ausführlich zum Beispiel: J. Fränznick, »Erfahrungsbericht – Alltag in den USA: Zerbrochene Demokratie, Rassismus und Corona-Leugner«, *fr.de* 25.1.2021.
9   Exemplarisch formuliert in Z. Brzezinski, *Die einzige Weltmacht: Amerikas Strategie der Vorherrschaft*, Frankfurt/M.: Fischer, 1999; siehe auch W. Elsner, *Das chinesische Jahrhundert. Die neue Nummer eins ist anders*, Frankfurt/M.: Westend, 2020, 16 f.; Karl Rove zitiert nach: M. Benjamin, N. J. S. Davies, »The Decline and Fall of the American Empire«, *Global Research [globalresearch.ca]* 4.2.2021).
10 J. Feffer, »Der Abstieg der USA unter Trump. Ein atemberaubender Niedergang«, *Informationsbrief Wirtschaft und Entwicklung* 6-7/2020, weltwirtschaft-und-entwicklung.org, siehe auch fpif.org/authors/john-feffer/.
11 H. Kundnani, »Der amerikanische Bürgerkrieg wurde nie beendet«, Interview mit *n-tv.de* 22.11.2020.
12 Ebendort.

13   Ebendort.

14   Zum Beispiel J. Komlos, H. Schubert, »Der amerikanische gordische Knoten«, *Wirtschaftsdienst* 12-2020, S. 923-927.

15   Anmerkung aus Gründen der Lesefreundlichkeit auf der Textseite selbst.

16   Zum Beispiel Rieke Havertz, »US-Wahl: Nichts ist gut«, *Zeit online* 15.12.2020.

17   Beispiele plötzlicher erstaunlicher Erkenntnisse und Analysen unserer Mainstream-Medien: N. Richter, »Drehbuch für den Coup«, *sueddeutsche.de* 23.11.2020; A. Koschorke, »Verlierer lachen am längsten: warum Putschversuche gerade dann erfolgreich sind, wenn sie scheitern, und was Trumps Anhänger mit ihrem Helden verbindet«, *Neue Zürcher Zeitung, nzz.ch* 20.1.2021.

18   Zum Beispiel U. Sander, *Mörderisches Finale. NS-Verbrechen bei Kriegsende*, Köln: PapyRossa, 2020.

19   Zum Beispiel youtube.com/watch?v=_98infWoIT0 oder youtube.com/watch ?v=GXEbn-oFWEw.

20   Klassisch für die deutsche postfaschistische Sozialpsychologie: A. und M. Mitscherlich, *Die Unfähigkeit zu trauern*, München: Piper, 1968.

21   Zum Beispiel K. Wagener, »Sturm aufs Capitol?«, *unsere zeit* 15.1.2021, S. 7.

22   Zum Beispiel J. W. Whitehead, »The Deep State's Stealthy, Subversive, Silent Coup to Ensure Nothing Changes«, *Global Research* 20.1.2021.

23   Zum Beispiel R. Peterson, »Confucius Institutes in the US that Are Closing«, als PDF unter nas.org; N. Green-Riley, »The State Department labeled China's Confucius programs a bad influence on U.S. students. What's the story?«, *washingtonpost.com* 25.8.2020.

24   J. H. Chung, »The Political Economy of China Bashing: Why? How? Will It Succeed?«, *Global Research* 7.12.2020.

25   Ähnlich C. Murray, »Mit Biden wird es wieder Krieg und Invasion geben«, zum Beispiel in: 2411.de; ausführlich auch Pia Beumer, »›Vigilante Spirit‹: Vom amerikanischen Recht auf Land, Waffen und Selbstverteidigung«, 13.12.2020, geschichtedergegenwart.ch.

26   Zum Beispiel L. von Boetticher, »Erwarte einen Bürgerkrieg«, *n-tv.de* 1.11.2020; V. Petersen, »Wenn Trumps Schattenarmee zuschlägt«, *n-tv.de* 1.11.2020.

27   So auch D. Murch, »American Nightmare. Liberalismus und Faschismus sind keine Gegensätze«, *junge Welt* 27.1.2021, S. 6; M. Abu-Jamal, »Leidenschaft statt Intellekt. Neoliberalismus und Faschismus: Zwei Seiten einer Medaille«, *junge Welt* 27.1.2021, S. 9; ausführlich B. Filip, *The Rise of Neo-Liberalism and the Decline of Freedom*, London: Palgrave, 2020; P. Schreiner, *Unterwerfung als Freiheit. Leben im Neoliberalismus*, Köln: PapyRossa, 2015, 6. Aufl. 2020; D. Losurdo, *Freiheit als Privileg. Eine Gegengeschichte des Liberalismus*, Köln: PapyRossa, 2. Auflage 2011.

28   Ausführlich und generell: Cornelia Koppetsch, *Rechtspopulismus als Protest*, Hamburg: VSA, 2020.

29   K. Marx, *Der achtzehnte Brumaire des Louis Bonaparte*, [New York 1852] 2. Auflage, Hamburg: Otto Meißner, 1869 sowie Karl Marx/Friedrich Engels, Werke, Band 8, Berlin 2009, S. 111-207.

30   Ausführlich A. Wehr, »Der Bonapartist Donald Trump«, andreas-wehr.eu.

31 Zum Beispiel Whitehead, »The Deep State's Stealthy, Subversive, Silent Coup …«, 20.1.2021, a. a. O. (Whitehead ist Anwalt und Verfassungsrechtler, rutherford.org/about/about_john_ whitehead).

32 Zum Beispiel R. Shea, »Biden's Patriot Act 2.0: Exploiting the Chaos to Impose More Surveillance and Censorship«, *Global Research* 13.1.2021; ausführlich: G. Greenwald, »The New Domestic War on Terror Is Coming«, *Global Research* 20.1.2021.

33 Ausführlich zum Beispiel P. Escobar, »9/11 Was the Prelude. 1/6 Is the Holy Grail«, Strategic Culture 13.1.2021, strategic-culture.org.

34 J. Kaeser, zitiert nach: *Handelsblatt Morning Briefing* 25.1.2021.

35 Wagener, »Sturm aufs Capitol? Das Ende von Trump und der ›Pearl-Harbour-Moment‹ der Krise 2020«, a. a. O.

36 Whitehead, »The Deep Sate's Stealthy, Subversive, Silent Coup …«, 20.1.2021, a. a. O.

37 *Partnership for Civil Justice/Center for Protest Law & Litigation*, protestlaw. org/news/jan6statement, 22.12.2020.

38 Anmerkung aus Gründen der Lesefreundlichkeit auf der Textseite selbst.

39 Manche sprechen von den »0.001%« und meinen möglicherweise die abzählbaren reichsten Individuen der »Forbes-Liste«, zum Beispiel: P. Koenig, »Radical De-Globalization: Finding Back Our Freedom and Sovereignty«, *Global Research* 14.12.2020.

40 Zum Beispiel Komlos, Schubert, »Der amerikanische gordische Knoten«, 12-2020, a. a. O.

41 Ausführlich zu Deindustrialisierung, Beschäftigtenentwicklung und verschwundener sozialer Aufstiegsmobilität in den USA: M. Hüther, »Der amerikanische Traum ist ausgeträumt«, *Wirtschaftsdienst* 2020-12, 918-923.

42 Zum Beispiel M. St. Amour, »Greater Need for Food at Community Colleges«, *Inside Higher Ed* 7.1.2021, insidehighered.com.

43 Zu diesem Zusammenhang D. Nettle, »Why Does Inequality Produce High Crime and Low Trust?«, *evonomics.com* 24.1.2021; B. De Courson, D. Nettle, »Why do inequality and deprivation produce high crime and low trust?«, *Nature* 21.1.2021, nature.com.

44 Nina Strochlic, »One in six Americans could go hungry in 2020 as pandemic persists«, *National Geographic* 24.11.2020, nationalgeographic.com.

45 J. Kronauer, »Im Niedergang. China steigt auf, der Westen versucht verzweifelt, seine globale Dominanz zu bewahren. Ein Rückblick auf die politischen Verwerfungen des Jahres 2020«, *junge Welt* 22.12.2020, S. 12.

46 Siehe dazu den »Millionseller« des Nobelpreisträgers Angus Deaton, *Deaths of Despair and the Future of Capitalism*, Princeton (NJ): Princeton University Press, 2020.

47 A. Mbembe, Necropolitics, Durham (NC): Duke University Press, 2019.

48 »Der Mohr hat seine Schuldigkeit getan, der Mohr kann gehen«, heißt es in Friedrich Schillers Drama *Die Verschwörung des Fiesco zu Genua* von 1783.

49 N. Klein, *The Shock Doctrine: The Rise of Disaster Capitalism*, New York: Metropolitan Books/Henry Holt, 2007.

50 Zum Beispiel Fränznick, »Erfahrungsbericht – Alltag in den USA ...«, 25.1.2021, a. a. O.; Hüther, »Der amerikanische Traum ist ausgeträumt«, 12-2020, a. a. O.

51 Zum Beispiel H. Vogel, »Milliarden für Millionäre. Warum Trumps Steuerreform kein Erfolg ist«, *n-tv.de* 25.11.2018.

52 Zu einer, überwiegend negativen, auch quantitativen Bilanz der Ära Trump zum Beispiel P. J. J. Welfens, »Trumps Wirtschaftspolitik und der Corona-Schock – Perspektiven für die USA«, *Wirtschaftsdienst* 2020/11, 848-855.

53 Zum Beispiel S. Lendman, »Final Weeks in Office, Donald Trump Blacklists Dozens More Chinese Firms«, *Global Research* 21.12.2020.

54 Ausführlich: »Bericht des US-Außenministeriums: USA planen Eindämmung Chinas im Stile des Kalten Krieges«, *RT Deutsch* 19.11.2020, de.rt.com; so wird zum Beispiel auf alte rassentheoretische Begrifflichkeit Bezug genommen, indem mit China erstmals keine »Europiden« mehr Feinde der USA seien.

55 So etwa der berühmte Sozialwissenschaftler Amitai Etzioni, der seine Familie in deutschen Konzentrationslagern verlor und sich gegen die Beleidigung der Gleichsetzung verwahrt: A. Etzioni, »Will the Biden Administration Embrace Trump's Extreme Anti-China Rhetoric?«, *The Diplomat* 1.2.2021.

56 »Bericht des US-Außenministeriums: USA planen Eindämmung Chinas im Stile ...«, a. a. O.

57 Ausführlich S. Brown, »What Biden's Foreign Policy Might Look Like«, *Global Research* 9.11.2020.

58 Nettle, »Why Does Inequality Produce High Crime and Low Trust?«, 24.1.2021, a. a. O.

59 M.-A. Langer, »David Frum: ›Trump wird Probleme bekommen. Er war letztlich faul und schlampig‹«, *handelsblatt.com* 9.12.2020.

60 Zum Beispiel Komlos, Schubert, »Der amerikanische gordische Knoten«, 12-2020, a. a. O.

61 Lotz, »Krise in den USA: Den Anforderungen einfach nicht mehr gewachsen«, 27.1.2021, a. a. O.

62 Ebendort.

63 Ebendort.

64 Zum Beispiel Lotz, »Krise in den USA: Den Anforderungen einfach nicht mehr gewachsen«, 27.1.2021, a. a. O.

65 Der Tatbestand taucht ja immer wieder aus lokalen Wahlbeobachtungen auf, ist aber nie auf föderaler Ebene einmal auf seine quantitative Dimension hin untersucht worden. Es mag sich um ein Randphänomen handeln, aber es dürfte zumindest ausgeschlossen sein, dass es sich dabei um einen technischen Fehler handelt. Es muss sich also wohl um aktive Betrugsversuche handeln; exemplarisch etwa die Aussage eines Juraprofessors in C. Flaherty, »Chapman professor who spoke at Jan. 6 pro-Trump rally retires«, *Inside Higher Ed* 15.1.2021, insidehighered.com.

66 Ausführlich zum Beispiel P. Escobar, »America 2020: First Comes a Rolling Civil War ...«, *Global Research* 10.11.2020, asiatimes.com.

67 Zum Beispiel bitchute.com/video/DPjlAr7zAs3P/, besucht 3.2.2020.

68   K. G. Viken, C. Kriel, »US-Wahl 2020: Dunkle Machenschaften«, 5.11.2020, *ZDFzoom*, 5.11.2020, zdf.de.

69   Zum Beispiel F. Cunningham, »America's Sick Priorities«, *Information Clearing House* 12.12.2020, informationclearinghouse.info.

70   Zum Beispiel D. Hautkapp, »Donald Trump macht eigenen Generälen schwere Vorwürfe«, *waz.de [Westdeutsche Allgemeine Zeitung]* 9.9.2020.

71   A. Dörner, K. Kort, »Corporate America wendet sich vom scheidenden Präsidenten ab«, *handelsblatt.com* 9.1.2021.

72   Ausführlich P. Escobar, »America 2020: First Comes a Rolling Civil War«, *Global Research* 9.11.2020, a. a. O.

73   Zitiert nach: *Handelsblatt Morning Briefing* 20.1.2021.

74   M. A. Langer, »David Frum: ›Trump wird Probleme bekommen. Er war letztlich faul und schlampig‹«, a. a. O.

75   Ebendort.

76   Zum Beispiel Feffer, »Der Abstieg der USA unter Trump. Ein atemberaubender Niedergang«, *Informationsbrief Wirtschaft und Entwicklung* 6-7/2020, a. a. O.

77   Eine etwas anders als im Mainstream abwägende, gleichwohl kritisch-analytische Bilanz des Donald Trump, der in vieler Hinsicht »wider den etablierten Washingtoner Stachel löckte«, über die Fallen, die man ihm stellte, und Verstrickungen, in die man ihn lockte: E. Pastreich, »The Impeachment Trial: In Defense of Donald Trump«, *Global Research* 8.2.2021.

78   Zum Beispiel D. Bedürftig, »Rechtsextreme Proud Boys lassen Trump fallen«, *n-tv.de* 22.1.2021.

79   M. Sattar, »Der Aufstand dauert an«, *faz.net* 16.1.2021.

80   Richter, »Drehbuch für den Coup«, a. a. O.

81   Koschorke, »Verlierer lachen am längsten: warum Putschversuche gerade …«, 20.1.2021, a. a. O.

82   Zum Beispiel J. Wilson, »The decline of Proud Boys: what does the future hold for far-right group?«, *theguardian.com [The Guardian]*, 13.2.2021.

83   Ebendort; dazu auch: ders., *Adolf Hitlers »Mein Kampf«. Zu Poetik des Nationalsozialismus*, Berlin: Matthes & Seitz, 2016.

84   Skeptisch zur Einigungsfähigkeit C. McKelvey, »Biden and Harris Call for Unity. But Does Their Discourse Unify?«, *Global Research* 10.11.2020, globalresearch.ca.

85   Zum Beispiel *Steingart Morning Briefing* 15.1.2021.

86   Zum Beispiel *Steingart Morning Briefing* 20.1.2021.

87   Zum Beispiel S. Zeise, »Biden ohne Plan«, *junge Welt*, 21.1.2021, S. 9.

88   Mit ausführlichen Datenhintergründen: *Americans for Tax Fairness* und *The Institute for Policy Studies*, »Net Worth of US Billionaires Has Soared by $1 Trillion to Total of $4 Trillion Since Pandemic Began«, *Global Research* 10.1.2020.

89   Ebendort.

90   Ebendort.

91   Zum Beispiel D. Monaco, »The Election of Joseph Biden and the Continuity of Plutocratic Rule«, *Global Research* 10.11.2020.

92   Zum Beispiel »Zähes Ringen um einen ›Rettungsplan für Amerika‹«, *sozialismus.de* 6.2.2021.

93   Generell zum Kabinett Bidens und zu den einzelnen Personen zum Beispiel *Steingart Morning Briefing* 24.11.2020.

94   Zum Beispiel S. Zeise, »Bidens Schattenkabinett«, *junge Welt* 2.2.2021, S. 3.

95   Zum Beispiel Zeise, »Biden ohne Plan«, 21.1.2021, a. a. O.

96   »Bloomberg: Biden erhielt größte Summe anonymer Spender in der Geschichte«, *NEOPresse* 26.1.2021, neopresse.com.

97   Aus der Fülle der Analysen der Situation der USA zum Beispiel: Economic Policy Institute (EPI), »The economic fallout of COVID-19«, 18.12.2020, epi.org.

98   Die US-Ingenieursgesellschaft ASCE gibt in ihren regelmäßigen Infrastrukturbewertungen den USA gerade noch ein »D+«, infrastructurereportcard.org/americas-grades/, besucht 9.2.2021.

99   So zum Beispiel P. Bofinger, »America immer noch first?«, *Internationale Politik und Gesellschaft* 12.11.2020, ipg-journal.de.

100 Zitiert nach: Zeise, »Biden ohne Plan«, a. a. O.

101 Zum Beispiel Welfens, »Trumps Wirtschaftspolitik und der Corona-Schock – Perspektiven für die USA«, a. a. O.

102 Ebendort.

103 Zum Beispiel D. Larison, »The Foreign Policy Election that Ignored Foreign Policy«, *The American Conservative* 4.11.2020, theamericanconservative.com; ebenso Murray, a. a. O.

104 Larison, a. a. O.

105 Ausführlich zu Bidens Biographie zum Beispiel W. Effenberger, »Trump geht – Biden kommt: Grund zur Hoffnung auf eine friedlichere Welt?«, 17.1.2021, kenfm.de.

106 Ebendort; ausführlich auch J. Feffer, »Biden Won't Reset U.S. Foreign Policy On His Own«, *Foreign Policy in Focus* 2.12.2020, fpif.org; ähnlich M. Dinucci, »Joe Biden's Foreign Policy«, *Global Research* 12.11.2020; »Freundlicher im Ton – aber auch unter Joe Biden streben die USA nach Hegemonie«, *Deutsche Wirtschafts-Nachrichten* 22.11.2020.

107 Zum Beispiel A. Armbruster, »Welthandel unter Joe Biden«, *faz.net [Frankfurter Allgemeine Zeitung]* 6.2.2021.

108 A. Korybko, Russian-American Relations Under Biden: More of the Same Except One Thing«, *Global Research* 27.1.2021.

109 Zum Beispiel »USA verlassen Abkommen über militärische Beobachtungsflüge – Hoffnungen ruhen auf Joe Biden«, *handelsblatt.com* 22.11.2020.

110 Ausführlich zu einer deutschen Besprechung des programmatischen Aufsatzes: A. Latzo, »Auch mit Joe Biden: Osteuropa bleibt im Visier der USA«, 23.1.2021, freidenker.org.

111 Zum Beispiel U. A. Farooq, »US Elections 2020: A Who's Who of Joe Bidens Foreign Policy Team«, *Middle East Eye* 2.11.2020, middleeasteye.net; S.-A. Mildner, E. Allmendinger, »Build back better: Neustart transatlantischer Handelsbeziehungen?«, *Wirtschaftsdienst* 2020-12, S. 913-918.

112 Zum Beispiel Hüther, »Der amerikanische Traum ist ausgeträumt«, a. a. O.,
     S. 923.

113 »Gefährliche Lage: Deutschland wird zum ›Client State‹ der USA«, *Deutsche
     Wirtschafts-Nachrichten* 27.11.2021.

114 Zum Beispiel »CDU-Spitze für transatlantische China-Strategie«, *junge Welt
     Online Extra* 25.1.2021.

115 Zum Beispiel Black Alliance for Peace, »The Biden Administration: The Re-
     turn of the Neoliberal Madness?«, *Global Research* 9.2.2021.

116 »2020 Democratic Party Platform«, 31.7.2020, demconvention.com.

117 Ebendort, S. 88.

118 Zitiert nach: J. Kronauer, »KeinFrieden mit Biden«, *junge Welt* 21.1.2021, S. 1.

119 Ebendort.

120 Zum Beispiel »Neue US-Regierung hält an Bann gegen Huawei fest«, *Handels-
     blatt* 28.1.2021.

121 Zum Beispiel Mercator Institute for China Studies, »China Monitor 22«,
     18.2.2015, S. 7, merics.org.

122 Zum Beispiel »US-Präsident Biden spricht in Telefonat mit Xi Jinping von
     ›unfairen Wirtschaftspraktiken‹«, *handelsblatt.com* 11.2.2021.

123 Mercator Institute for China Studies, »China Monitor 22«, 18.2.2015, a. a. O.

124 M. Naß, »Die Zeit der Freundschaft mit China ist endgültig vorbei«, *Zeit
     online* 21.10.2020.

125 Ausführlich zum Beispiel auch Chung, »The Political Economy of China
     Bashing …«, a. a. O.

126 *Steingart Morning Briefing* 4.1.2021.

127 *Steingart Morning Briefing* 12.2.2021.

128 Zum Beispiel P. Koenig, »China's Reaction to an Unannounced US Visit to
     Taiwan«, *Global Research* 24.11.2020; Chung, »The Political Economy of Chi-
     na Bashing …«, a. a. O.

129 Zum Beispiel S. Carlens, »USA: Säbelrasseln gegen China«, *junge Welt*
     26.1.2021, S. 8.

130 Zum Beispiel »USA reizen China mit Kriegsschiff-Manöver«, *n-tv.de* 4.2.2021.

131 Koenig, »China's Reaction to an Unannounced US Visit to Taiwan«, a. a. O.

132 Zum Beispiel »China droht Vereinigten Staaten mit ›Gegenschlag‹«, *faz.net*
     11.1.2021.

133 Ebendort; siehe auch J. Kronauer, »Ein Schritt zu weit«, *junge Welt* 11.1.2021,
     S. 8.

134 Carlens, »USA: Säbelrasseln …«, a. a. O.

135 Zum Beispiel Feffer, »Biden Won't Reset U.S. Foreign Policy on His Own«,
     a. a. O.

136 Ausführlich W. Elsner 2020b, *Das chinesische Jahrhundert, Die neue Num-
     mer eins ist anders*, Frankfurt/M.: Westend, S. 270-299; neuere umfassen-
     de Darstellungen: *Chinas neue Seidenstraßen*, hg. von R. Land, E. Crome,
     Schwerpunktheft *Berliner Debatte Initial* 31(4), 2020; *Die Neue Seidenstraße*,
     Schwerpunktheft *maldekstra* 9 (2020); P. Frankopan, *Die neuen Seidenstraßen:
     Gegenwart und Zukunft unserer Welt*, Berlin: Rowohlt, 2019.

137 Zum Beispiel Koenig, »China's Reaction to an Unannounced US Visit to Tai-wan«, a. a. O.; Karin Kulow, »Chinas Seidenstraßen-Projekt und die muslimi-schen Staaten des Nahen und Mittleren Ostens«, *Berliner Debatte Initial* 31(4), 2020, S. 64-75.

138 Ausführlich Kronauer, »Im Niedergang …«, 22.12.2020, a. a. O.

139 Zum Beispiel J. Cook, »Why Israel Is Joining the Pentagon's ›Arab NATO‹«, *Middle East Eye* 2.2.2021, middleeasteye.net.

140 Zum Beispiel X. Yang, »Asien macht's anders. Die neue Freihandelszone RCEP gibt einen Ausblick auf die Weltordnung nach Corona«, *Zeit online* 18.11.2020.

141 F. Steinfeld, »Mit ›systemischer Rivalität‹ zu internationaler Zusammen-arbeit?«, *sozialismus.de* 19.12.2020.

142 Zum Beispiel Yang, »Asien macht's anders. Die neue Freihandelszone RCEP gibt einen Ausblick auf die Weltordnung nach Corona«, *Zeit online* 18.11.2020, a. a. O.; P. Koenig, »The China Moment«, *Global Research* 23.11.2020; Lisandra Flach, Feodora Teti, »RCEP-Abkommen. Versteckte Auswirkungen«, *Wirt-schaftsdienst* 2020/12, S. 904.

143 Zum Beispiel A. Macloed, »Atlantic Council Pens Anonymously Authored Expose Calling for Regime Change in China«, *Mint Press* 3.2.2021, mintpress-news.com.

144 Zitiert nach: *Steingart Morning Briefing* 5.2.2021.

145 Ebendort.

146 »US-Präsident Joe Biden unterbricht Vorgehen gegen Tiktok und Wechat«, *handelsblatt.com* 12.2.2021.

147 »US-Präsident Biden spricht in Telefonat mit Xi Jinping …«, a. a. O.

148 *Steingart Morning Briefing* 5.2.2021.

149 Ebendort.

150 Ausführlich zum Beispiel A. Yunus, »Die Neue-Seidenstraße-Initiative – Kennzeichen eines revisionistischen oder eines integrativen China?«, *Berliner Debatte Initial* 31(4), 2020, S. 113-120.

151 Kronauer, a. a. O.; ausführlich auch Chr. Müller, »›Fuck the EU‹: Wird Victoria Nuland politisch reaktiviert?«, *nachdenkseiten.de* 18.1.2021.

152 Zum Beispiel M. Dinucci, »Towards 2030, NATO Is Shaping Our Future«, *Global Research* 4.2.2021.

153 Ausführlich Kronauer, »Im Niedergang …«, 22.12.2020.

154 Zum Beispiel Steinfeld, »Mit ›systemischer Rivalität‹ …«, 19.12.2020, a. a. O.

155 Zum Beispiel »Kongress überstimmt Donald Trumps Veto gegen Verteidi-gungsetat«, *Zeit online* 1.1.2021.

156 Zum Beispiel Steinfeld, »Mit ›systemischer Rivalität‹ …, 19.12.2020, a. a. O.

157 Siehe Cunningham, »America's Sick Priorities«, a. a. O.

158 Zum Beispiel »Victoria ›F**k the EU‹ Nuland to make a comeback in Biden's cabinet«, *RT Deutsch* 6.1.2021, de.rt.com.

159 Zum Beispiel M. Dinucci, »At the UN, Italy Abstains on Nazism«, *Global Re-search* 26.11.2020.

160 Zum Beispiel ebendort.

161 Zum Beispiel R. Lauterbach, »Auf dem letzten Loch. Ukraine drohen Strom-ausfälle. Kraftwerke ohne Kohlevorräte, Bergleute ohne Lohn«, *junge Welt* 8.2.2021, S.9.

162 S. Lendman, »US Supported ›Nazism‹ in Ukraine«, *Global Research* 9.2.2021.

163 Ausführlich zum Beispiel Dinucci, »At the UN, Italy Abstains on Nazism«, a.a.O.

164 Zum Beispiel Latzo, »Auch mit Joe Biden …«, 23.1.2021, a.a.O.

165 Ausführlich Effenberger, »Trump geht – Biden kommt …«, a.a.O.

166 »›Putin festnageln‹: Wie Victoria Nuland Russlands Präsident stürzen will«, *Deutsche Wirtschafts-Nachrichten* 17.1.2021.

167 Zum Beispiel »25 Organisationen warnen Biden vor einer Nominierung Victoria Nulands ins Außenministerium«, *Deutsche Wirtschafts-Nachrichten* 12.1.2021.

168 Dass sich auch an der Syrien-Strategie Washingtons nichts Entscheidendes ändern wird, folgert A. Salah, »Will Joe Biden ›Revise‹ U.S. Agenda in Sy-ria? Use Terrorism Pretext to ›Keep Boots on the Ground‹?«, *Global Research* 10.12.2020.

169 Ausführlich Effenberger, »Trump geht – Biden kommt …«, a.a.O.

170 Zitiert nach: ebendort.

171 Zum Beispiel »Gefährliche Lage: Deutschland wird zum ›Client State‹ der USA«, *Deutsche Wirtschafts-Nachrichten* 27.11.2020; zu einzelnen Kabinetts-mitgliedern in der Außenpolitik: S. Lendman, »Biden/Harris Regime's ›War Cabinet‹ Taking Shape«, *Global Research* 24.11.2020; J. Rock, A. Perez, »Joe Biden's New National Security Picks Are Very Troubling«, *Jacobin* 23.11.2020, jacobinmag.com.

172 Murray, »Mit Biden wird es wieder Krieg und Invasion geben«, a.a.O.

173 Lendman, a.a.O.

174 R. Barazon, »Biden sieht Russland als Feind – und wird Waffen an die Ukraine liefern«, *Deutsche Wirtschafts-Nachrichten* 23.1.2021.

175 Für das Beispiel Libyen, das einst die Finanzierungsmacht für Afrikas Infra-strukturentwicklung war, für die Gaddafi große afrikanische Bündnisse ge-schmiedet hatte, zum Beispiel: R. Philpot, »Review: 10 Years After NATO's War on Libya and Africa«, *Global Research* 9.2.2021.

176 Zum Beispiel »Biden schickt Kriegsschiff ins Schwarze Meer, Putin reagiert mit Küstenabwehrsystem«, *Deutsche Wirtschafts-Nachrichten* 30.1.2021.

177 Zum Beispiel *Deutsche Wirtschafts-Nachrichten* 5.2.2021.

178 Ausführlich Korybko, »Russian-American Relations Under Biden: More of the Same Except One Thing«, a.a.O.

179 Zum Beispiel »Cyberwar: Der größte Hack aller Zeiten«, *Wiener Zeitung* 23.12.2020.

180 Zum Beispiel »Biden-Regierung will Sanktionen gegen Russland nach Cyber-angriff«, *handelsblatt.com* 20.12.2020.

181 »Hacker-Angriff auf US-Regierung: Politiker sprechen von »Vergeltung« / Experten: USA würden das Gleiche gern mit Russland tun, können es aber nicht«, *Deutsche Wirtschafts-Nachrichten.de* 1.1.2021.

182 »Biden-Regierung will Sanktionen …«, *handelsblatt.com*, a.a.O.

183 Ausführlich A. Korybko, »US Cyber Spy Scandal: Pompeo Blames Russia, Trump Blames China«, *Global Research* 22.12.2020.

184 M. Ehret-Kump, »Today's China Espionage Scandals Revive the Gouzenko Hoax That Unleashed the Cold War«, *Global Research* 21.12.2020.

185 Johanna Ross, »With Biden, Don't Expect this ›Cold War‹ to Thaw Anytime Soon«, *BRICS Information Portal* 13.11.2020, infobrics.org.

186 Koryblo, »Russian-American Relations Under Biden …«, a.a.O.

187 Anmerkung aus Gründen der Lesefreundlichkeit auf der Textseite selbst.

188 R. Dalio, »Don't be blind to China's rise in a changing world. Anti-Chinese bias has blended too many too long to opportunities«, *Financial Times* 23.10.2020, ft.com.

189 Auch ausführlich in seinem Buch: R. Dalio, *Changing World Order: Why Nations Succeed Or Fail*, New York: Simon and Schuster, 2020.

190 Dalio, »Don't be blind …«, a.a.O.

191 World Intellectual Property Organization, »World Intellectual Property Indicators 2020«, wipo.int/edocs/pubdocs/en/wipo_pub_941_2020.pdf, besucht 12.2.2021.

192 P. Frijters, »Why the US has no chance against China on its own«, *Club Troppo* 24.10.2018, clubtroppo.com.

193 Zum Beispiel Komlos, Schubert, »Der amerikanische gordische Knoten«, 12-2020, a.a.O.; Chung, »The Political Economy of China Bashing …«, 7.12.2020, a.a.O.

194 Zum Beispiel der ehemalige und langjährige UN-Diplomat Singapurs, K. Mahbubani, *Has China Won? The Chinese Challenge to American Primacy*, New York: Public Affairs/Hachette Book Group 2020; ähnlich der Politikwissenschaftler in Singapur P. Khanna, *Unsere asiatische Zukunft*, Berlin: Rowohlt, 2019.

195 Dazu ausführlich auch schon in Elsner 2020b, *Das chinesische Jahrhundert: Die neue Nummer eins ist anders*, a.a.O., auf das vieles im vorliegenden Buch aufsetzt.

196 Dazu zum Beispiel A. Shtaev, »Die tragende Rolle grüner Transatlantiker im Kampf gegen Peking«, *RT Deutsch* 6.1.2021, de.rt.com.

197 Ausführlich zu Hintergründen, Finanziers, Netzwerken und Geheimdienstunterstützung W. Brücklers, »Westliche Werte und die IPAC«, *nachdenkseiten.de* 10.12.2020.

198 J. Fischer, »China ist der große Gewinner des Corona-Jahrs: Bleiben dem Rest der Welt nur noch Kotau und Tribut?«, *Deutsche Wirtschafts-Nachrichten* 26.12.2020.

199 So auch Shtaev, »Die tragende Rolle grüner Transatlantiker im Kampf gegen Peking …«, 6.1.2021, a.a.O.

200 Ausführlich zum Beispiel Havertz, »US-Wahl: Nichts ist gut«, *Zeit online* 15.12.2020, a.a.O.

201 Ausführlich S.G. Azzarà, »Borniert im Westen. Phänomene des Irrationalismus«, *junge Welt* 27.1.2021, S. 2; N. Dorenbeck, »Freiheit als Unfreiheit der

Anderen. Anmerkungen zu einer totalitären Umdeutung von Meinungsfreiheit«, *Zeitschrift für Sprachkritik und Sprachkultur* 16 (2-3), 2020, S. 149-166.

202 Murch, »American Nightmare. Liberalismus und Faschismus sind keine Gegensätze …«, a.a.O.

203 Zum Beispiel Steinfeld, »Mit ›systemischer Rivalität‹ …«, 19.12.2020, a.a.O.

204 Zum Thema des aufkommenden paramilitärischen US-Faschismus sei aus einem der führenden Nicht-Mainstream-Medien empfohlen: J. Heiser, »Am Rande des Aufstands«, *junge Welt* 20.10.2020, jungewelt.de; auch kritisch-informativ: E. Pilkington, »›It's serious and intense‹: white suprematist domestic terror threat looms large in US«, *theguardian.com* 19.10.2020.

205 *Steingart Morning Briefing* 27.10.2020.

206 So etwa der ehemalige Außenminister Sigmar Gabriel zusammen mit J.B. Emerson, »Wir brauchen eine neue Agenda der Gemeinsamkeiten«, *faz.net* 21.10.2020 (gemeint sind Gemeinsamkeiten mit Washington).

207 Ausführlich »Der Kern des Westens. Grünen-Parteistiftung wirbt für Erhöhung des Militäretats und nukleare Teilhabe – gemeinsam mit NATO-Generälen«, *German Foreign Policy* 27.1.2021, german-foreign-policy.com.

208 Ebendort.

209 Siehe zum Beispiel M. Wenzel, »Grüne Maoisten«, *nachdenkseiten.de* 9.1.2021; »Grüne Ex-Maoisten«, *linksfraktion.de* 22.2.2008; Shtaev, »Die tragende Rolle grüner Transatlantiker im Kampf gegen Peking«, 6.1.2021, a.a.O.

210 Ausführlich zum Beispiel Shtaev, »Die tragende Rolle grüner Transatlantiker im Kampf gegen Peking«, 6.1.2021, a.a.O.

211 Zum Beispiel M. Kalkhoff, »China-Expertin der Linkspartei verharmlost Repressionen gegen Uiguren im Bundestag«, *welt.de* 21.11.2020.

212 Ebendort.

213 Zum Beispiel Shtaev, a.a.O.

214 Ebendort.

215 Siehe Elsner 2020b, *Das chinesische Jahrhundert*, a.a.O., zum Beispiel S. 42-48.

216 Zur Geschichte und Würdigung der *Shequ* als faktisch unterer, gesellschaftlicher Ebene des Staates zum Beispiel A. Akfirat, »Das Geheimnis von Chinas Erfolg: Nachbarschaftskomitees«, *Linke Zeitung* 14.2.2021, linkezeitung.de, original: »The Secret of China's Success: Neighborhood Committees«, *Defend Democracy Press* 10.2.2021, defenddemocracy.press.

217 Elsner 2020b, *Das chinesische Jahrhundert*, a.a.O., zum Beispiel S. 109 ff., 152 ff., 303 ff.

218 Zum Beispiel V. Prashad, »Angeschlagener Goliath«, *junge Welt* 27.1.2021, S. 14.

219 W. Davis, »Corona oder: Das klägliche Ende des amerikanischen Traums«, *Blätter für deutsche und internationale Politik* 10/2020, S. 53-62.

220 J.W. Whitehead, »A Nation Imploding: Digital Tyranny, Insurrection and Martial Law«, *Scoop Independent News* 13.1.2021, scoop.co.nz.

221 Zum Beispiel J. Bischoff, »China: Weitere Transformation der Wirtschaft«, *sozialismus.de* 29.10.2020.

222 »Quartalszahlen zeigen: Ohne China wären Deutschlands Konzerne kaum überlebensfähig«, *Deutsche Wirtschafts-Nachrichten* 8.11.2020.

223 Zum Beispiel F. Kretschmer, »Die Volksrepublik als Stützpfeiler«, *taz.de* 2.2.2021.

224 Zum Beispiel *Global China Initiative*, Global Development Policy Center, Boston University, *Newsletter* 19.1.2021.

225 Zahlen des *Wallstreet Journal*, Zahlen und Aussagen deutsch ausführlich zum Beispiel: *Steingart Morning Briefing* 28.1.2021.

226 Zum Beispiel International Monetary Fund, »Real GDP growth«, imf.org, besucht 31.1.2021.

227 *Steingart Morning Briefing* 28.1.2021.

228 Zum Beispiel F. Schmid, »Faktencheck China: Corona, Krise, Klima«, Report, *isw* München 23.10.2020, isw-muenchen.de und »Coronakrise: China gewinnt – oder?«, *Lost in EUrope* 21.10.2020, lostineu.eu.

229 Über das »Lernen von China/Asien« im Westen zum Beispiel B. Ognibeni, »Durch unsere Ignoranz verpassen wir viele spannende Ideen, die in China heute bereits Realität sind«, *handelsblatt.com* 19.11.2020; M. Peer, »Europa darf Asiens Vorbildrolle in der Corona-Politik nicht länger ignorieren«, *handelsblatt.com* 2.11.2020.

230 J. Gerhards, M. Zürn, »Warum wir nicht von asiatischen Ländern lernen. Corona offenbart die westliche Arroganz«, *Der Tagesspiegel*, 9.2.2021, tagesspiegel.de.

231 M. Sohn, »Lieber tot als rot. Produktionsstopp gegen Corona war ein voller Erfolg – in China«, *unsere zeit* 30.10.2020, S. 5.

232 Zum Beispiel Ognibeni, a. a. O.

233 Siehe Peer, a. a. O.

234 Ognibeni, a. a. O.

235 Siehe ebendort.

236 Ebendort.

237 Ausführlich zum Beispiel J. Bischoff, »China: Weitere Transformation ...«, 29.10.2020, a. a. O.

238 Zum Beispiel F. Macheda, »The Strucutral Roots of China's Effectiveness against Coronavirus Pandemic«, *International Critical Thought*, 2-2021, doi. org; siehe auch bereits Elsner 2020b, S. 109 ff., 115 ff., 152 ff.

239 Zum Beispiel M. Herrmann, J. Wübbeke, Gastbeitrag, »Die Lehren aus dem fünften Plenum des Zentralkomitees der KP Chinas«, *Neue Zürcher Zeitung* 3.11.2020, nzz.ch.

240 Zum Beispiel »Neue Rahmenbedingungen für deutsche Unternehmen in China?«, *IXPOS – Das Außenwirtschaftsportal* 10.12.2020, ixpos.de.

241 Zum Beispiel T. Durden, »I Was the CIA Director – We Lied, We Cheated, We Stole«, besucht 9.5.2019.

242 Ausführlicher Herrmann, Wübbeke, a. a. O.

243 J. Wang, P. I. Palmer, H. Bösch u. a., »Large Chinese land carbon sink estimated from atmospheric carbon dioxide data«, *Nature* 586 28.10.2020, S. 720-723, nature.com.

244 Ausführlich Global Development Policy Center, »China Can Help Solve the Debt and Environmental Crises«, 31.1.2021, bu.edu.

245 Zum Beispiel M. Bernegger, »Billionen-Budget: US-Kongress subventioniert China«, *Deutsche Wirtschafts-Nachrichten* 26.12.2020.

246 Ebendort.

247 Zum Beispiel Macheda, »The Strucutral Roots of China's Effectiveness against Coronavirus Pandemic«, a. a. O., S. 6, 9 ff.

248 Zum Beispiel Kronauer, »Im Niedergang. China steigt auf, der Westen versucht verzweifelt, seine globale Dominanz zu bewahren. Ein Rückblick auf die politischen Verwerfungen des Jahres 2020«, a. a. O.: an den Beispielen Kambodscha, Philippinen, Indonesien, Malaysia, Seychellen, VAE, Bahrain, Türkei, Ungarn, Serbien, Algerien, Chile und Peru; am Beispiel Serbien, das in Europa auf dem zweiten, weltweit auf dem sechsten Platz der impfenden Länder steht: M. Martens, »Mit Chinas Hilfe. Warum Serbien so erfolgreich impft«, *faz.net* 29.1.2021.

249 Siehe auch »Zahlen, Daten und Fakten zu Chinas Impfstoff«, *CRI online* 18.1.2021, german.cri.cn.

250 Vergleiche »Die Geopolitik des Impfstoffs. Berlin und EU bleiben bei der Verteilung des Impfstoffs auf sich fokussiert. China erzielt mit dem Export des Vakzins Einflussgewinne«, *German Foreign Policy* 11.11.2020.

251 Zitiert nach: »Das Impfdesaster der EU«, *German Foreign Policy* 4.2.2021.

252 Ebendort.

253 »›Ein Weckruf für Europa‹«, *German Foreign Policy* 17.12.2020.

254 »Die Geopolitik des Impfstoffs …«, *German Foreign Policy* 11.11.2020.

255 Ebendort.

256 Ebendort.

257 So auch Martens, »Mit Chinas Hilfe …«, a. a. O.

258 Zum Beispiel *German Foreign Policy*, »›Ein Weckruf für Europa‹«, 17.12.2020, a. a. O.

259 T. J. Bollyky, C. P. Brown, »The Tragedy of Vaccine Nationalism«, *Foreign Affairs* 9-10/2020, 96-109, zitiert nach: *German Foreign Policy*, »Die Geopolitik des Impfstoffs …«, 11.11.2020, a. a. O., dort auch weitere bestätigende westliche Quellen.

260 Zum Beispiel Kretschmer, »Die Volksrepublik als Stützpfeiler«, *taz.de* 2.2.2021, a. a. O.

261 Zum Beispiel ebendort.

262 J. Henley, »Merkel's long goodbye will be severe test for troubled continent. Europe's political stability is at greater risk than at any time since second world war«, *theguardian.com* 29.10.2018.

263 Noch einmal: Elsner 2020b, *Das chinesische Jahrhundert …*, a. a. O.

264 Zum Beispiel »The world in Crisis Global News Coverage«, *Blackbox Research* Mai 2020, blackbox.com; siehe auch Schmid, »Faktencheck China …«, a. a. O.

265 Amakobe Sande, Beate Trankmann, »Ending poverty on road to a better future«, *United Nations Development Programme* 19.10.2020, cn.undp.org.

266 Nicolas Boyon, »The state of happiness in a COVID world. Global Happiness

2020 survey shows happiness has receded in many, but not all countries since last year«, *Ipsos Global Advisor* 7.10.2020, ipsos.com.

267 Anmerkung aus Gründen der Lesefreundlichkeit auf der Textseite selbst.

268 P. Armstrong, deutsche Übersetzung: »Schwarze Schwäne fliegen ein – Überraschung: Imperialer Zusammenbruch durch COVID-19«, *Linke Zeitung* 13.5.2020, linkezeitung.de.

269 Ausführlich und gewissermaßen als Voraussetzung für vieles Weitere in diesem Buch: W. Elsner 2020b, *Das chinesische Jahrhundert. Die neue Nummer eins ist anders*, a. a. O.

270 Im Weiteren bauen wir auf der Darstellung in Elsner 2020b auf, insbesondere S. 58-68, einer Darstellung und Analyse der Ereignisse und Prozesse »unter Corona« bis etwa Ende Februar 2020; siehe ferner die Beiträge dazu auf der zugehörigen Website westendverlag.de/china.

271 »China löst die USA als Weltmacht ab - Deutschland muss sich für eine Seite entscheiden«, *Deutsche Wirtschafts-Nachrichten* 27.5.2020.

272 Ausführlich dazu wiederum Elsner 2020b, S. 258 ff.

273 J. Komlos, »Growth and Welfare and its Distribution in the U.S., 1979-2011«, *Journal of Income Distribution* 28(1), 2019: S. 1-19.

274 Zum Beispiel N. Paech, K. Nowrot (Hg.), *Krieg und Frieden im Völkerrecht*, Köln: PapyRossa, 2019.

275 F. Fukuyama, *Das Ende der Geschichte. Wo stehen wir?*, München: Kindler, 1992.

276 Zum Beispiel Elsner 2020b, *Das chinesische Jahrhundert*; P. Khanna 2019, *Unsere asiatische Zukunft*; als kurzer Überblick zum Beispiel auch R. Fitzthum, »Ein Virus macht Geopolitik«, *International* II/2020, S. 28-31, sicherheitspolitik.at.

277 O. Tonby, J. Woetzel, »Could the next normal emerge from Asia?«, *McKinsey*, April 2020, mckinsey.com.

278 Zum Beispiel P. Escobar, »The Unbearable Lightness of China«, *Global Research* 27.4.2020.

279 *Steingart Morning Briefing* 11.12.2020.

280 Anschauliche, aufschlussreiche Kurvendarstellungen etwa bei *Steingart Morning Briefing* 11.12.2020; aktuell zu den neoliberal-monetaristisch-angebotsökonomischen Politiken der Zentralbanken etwa G. Schick, M. Peters, »Die Rolle der Zentralbanken in der sozialökologischen Transformation«, *Makronom* 21.1.2021, makronom.de.

281 Ausführlich zum Beispiel J. Jahnke, »Wichtige Wirtschaftsdaten zum Krisenjahr 2020«, *global news* 4.5.2020 und *Rundbrief* 3807, 25.6.2020, S. 6, beide Publikationen unter jjahnke.net.

282 *Global news* 4.5.2020, a. a. O.

283 Zum Beispiel F. Garnreiter, »Die Deutsche Exportwalze. Beggar your neighbour«, *isw Spezial* 33, München: isw, 2020.

284 Zum Beispiel auch: »Die Zeiten hoher deutscher Exportüberschüsse sind für immer vorbei«, *Deutsche Wirtschafts-Nachrichten* 25.6.2020.

285 Zum Beispiel *Steingart Morning Briefing* 19.8.2020.

286 Anmerkung aus Gründen der Lesefreundlichkeit auf der Textseite selbst.

287 Zum Beispiel »Superreiche werden in Coronakrise noch reicher – auch in Deutschland«, *handelsblatt.com* 7.10.2020.

288 Zum Beispiel *Handelsblatt Finance Briefing* und *Handelsblatt Morning Briefing*, beide 24.9.2020.

289 Ebendort.

290 Ausführlich zum Beispiel J. Rasmus, *Central Bankers at the End of Their Rope? Monetary Policy and the Coming Depression*, Atlanta: Clarity Press, 2017.

291 Zum Beispiel *Handelsblatt Morning Briefing* 21.8.2020.

292 Zum Beispiel G. Schick, »Die große Verdrängung. Corona und die unbewältigte Finanzmarktkrise«, *Blätter für deutsche und internationale Politik*, 1-2021, S. 95-104.

293 Zum Beispiel »Nie zuvor hat die EZB den Banken so viel Geld geschenkt«, *Deutsche Wirtschafts-Nachrichten* 20.6.2020.

294 *Handelsblatt Morning Briefing* – Corona Spezial 7.8.2020.

295 Ebendort.

296 Ebendort.

297 Anschauliches Material bei *Steingart Morning Briefing* 31.7.2020.

298 Zum neoliberalen finanzialisierten Kapitalismus als einer reinen *Rentenökonomie* zum Beispiel D. Bezemer, M. Hudson, »Finance Is Not the Economy«, *Journal of Economic Issues* L(3), 2016.

299 Zum Beispiel A. Kubin, »Irrationaler Zickzackkurs: Treiben die Großbanken ein Vabanque-Spiel an der Börse?«, *Deutsche Wirtschafts-Nachrichten* 11.6.2020.

300 Wiederum anschauliche grafische Aufbereitungen bei *Steingart Morning Briefing*, etwa 27.10.2020.

301 Zum Beispiel »Hedgefonds rüsten sich für zweiten Markt-Crash noch dieses Jahr«, *Deutsche Wirtschafts-Nachrichten* 8.6.2020; Kubin, »Irrationaler Zickzackkurs …«, a. a. O.

302 Zu diesem sogenannten Buffet-Index etwa *Handelsblatt Finance Briefing* 13.1.2021.

303 *Handelsblatt Morning Briefing* 12.1.2021.

304 Zitiert nach: *Handelsblatt Morning Briefing* 11.1.2021.

305 Zur Spaltung zwischen Finanzsektor und Realökonomie aktuell zum Beispiel »A dangerous gap. The market vs. the real economy. Financial markets have got out of whack with the economy«, *The Economist* 7.5.2020, economist.com.

306 Zum Beispiel W. Elsner 2015, »Speculative financial capitalism wacking out over an ›impossible‹ profit rate. The infeasibility of a ›usual‹ real average profit rate, considering fictitious capital, and its implications« (siehe Literaturverzeichnis), ursprüngliche Fassung in: *International Journal of Pluralism and Economic Education* 4(4), 2013, S. 243-262; deutsch: *Die Menschheit in der Falle einer »unmöglichen« Profitrate oder: »Neoliberaler« Finanzkapitalismus versus Demokratie und weitere menschliche Entwicklung*, Bergkamen: pad-Verlag, 2013.

307 Als zwei aktuelle Beispiele für eine umfangreiche kritische Literatur dazu J.

Bischoff, B. Müller, »Wie Milliardäre sich eine Reparatur vorstellen. Blackrock sieht große Chancen der Kapitalverwertung nach der Corona-Krise«, *Sozialismus* 1.4.2020, sozialismus.de; E. Wolff, »Corona-Pandemie – Hedgefonds und das Ende des Mittelstands«, *KenFM* 5.4.2020.

308   Zahlen anschaulich aufbereitet zum Beispiel in *Steingart Morning Briefing* 20.5.2020; ferner zum Beispiel *Handelsblatt Finance Briefing* 21.8.2020.

309   Zum Beispiel »Berlin und Paris fordern Lockerung von Kapitalregeln«, *handelsblatt.com* 15.9.2020.

310   Elsner 2015, a. a. O.

311   So zum Beispiel E. Wolff, »Globale Wirtschaft: Die Ruhe vor dem Sturm«, *KenFM* 14.9.2020.

312   Zum Beispiel M. Winterfeld, »Coronavirus und Wirtschaftskrise. Die Corona-Epidemie wird in ein paar Wochen vergangen sein, die Wirtschaftskrise wird bleiben«, *Kritische Perspektive* 22.3.2020, kritischeperspektive.com; J. Hardy et al., »Regional resilience and global production networks in China. An open political economy perspective«, *Competition & Change* 12.12.2017, journals.sagepub.com.

313   Aus der Fülle der »Globalisierungs«-Kritik der letzten Jahrzehnte: U. Brand, M. Wissen, *Imperiale Lebensweise. Zur Ausbeutung von Mensch und Natur im globalen Kapitalismus*, München: oekom Verlag, 2017.

314   »Die Globalisierung ist an ihrer eigenen Lüge gescheitert«, *Deutsche Wirtschafts-Nachrichten* 16.9.2020.

315   Aus der Fülle der inzwischen bereits vorhandenen De-Globalisierungs-Literatur: P. A. G. van Bergeijk, *Deglobalization 2.0. Trade and Openness During the Great Depression and the Great Recession*, Cheltenham (UK), Northampton, MA (USA): Elgar, 2019; I. Olivié, M. Garcia, »Is this the end of globalization (as we know it)?«, *Globalizations* (2020), tandfonline.com.

316   Aus den zahllosen Publikationen dazu zum Beispiel: D. L. Johnson, *Social Inequality, Economic Decline, and Plutocracy: An American Crisis*, Cham, CH: Palgrave Macmillan, 2017; ferner zum Beispiel M. Slotwinski, »Interessengruppen in den USA beeinflussen Abstimmungsverhalten bei strittigen Gesetzen«, *ZEWNews*, November 2019.

317   D. L. Johnson 2017, a. a. O.

318   Zum Beispiel Schuhler, *Wie weit noch bis zum Krieg? Die USA, China, die EU und der Weltfrieden*, Köln: PapyRossa, 2020, S. 10 ff.

319   Zum Beispiel J. Benedetto, »Maybe there never was a unipower«, *real-world economics review* 93, September 2020, S. 40-60.

320   Steinfeld, »Mit ›systemischer Rivalität‹ …«, 19.12.2020, a. a. O.

321   Benedetto, »Maybe there never was a unipower«, a. a. O., S. 47-54.

322   Zum Beispiel F. Macheda, R. Nadalini, »Samir Amin in Beijing: delving into China's delinking policy«, *Review of African Political Economy* 48:167 (2021), S. 119-141; F. Macheda, »The Structural Roots of China's Effectiveness against Coronavirus Pandemic«, *International Critical Thought* 10:4 (2020), S. 605-634; beide Publikationen unter tandfonline.com.

323   Ausführlicher W. Elsner, »›Old‹ Globalisation, Current De-Globalisation, and

Future Re-Globalisation ›Post-Corona‹. Economic, political, and value-added chain dimensions« (Mai 2020), researchgate.net; ähnlich E. Nell, K. Errouaki, F. Mayor Zaragoza, *Reinventing Globalization after the Crash*, New York: Palgrave Macmillan, 2020.

324 »Götterdämmerung im Welthandel: Deutschlands Industrie wird im Machtkampf zwischen Washington und Peking zerrieben«, *Deutsche Wirtschafts-Nachrichten* 22.12.2019.

325 Zum Beispiel E. Wolff 2014, *Weltmacht IWF: Chronik eines Raubzugs*, a. a. O.

326 Zum Beispiel Frijters, »Why the US has no chance against China on its own«, *Club Troppo* 24.10.2018, a. a. O.

327 Zum Beispiel K. Leukefeld, »Mitgefangen, mitgehangen. Libanon: Sanktionen gegen Nachbarland Syrien verschärfen Wirtschaftskrise. Regierung sucht Kooperation mit China«, *junge Welt* 6.7.2020, S. 3.

328 Zum Beispiel K. Leukefeld, »Im Auftrag Beijings. Chinesische Unternehmen willens, im krisengebeutelten Libanon zu investieren«, *junge Welt* 6.7.2020, S. 3.

329 Zum Beispiel »Wenn im Mittelmeer ein Krieg ausbricht, ist Chinas Neue Seidenstraße tot«, Teile 1 und 2, *Deutsche Wirtschafts-Nachrichten* 24.9.2020 und 29.9.2020; »Konflikt zwischen Aserbaidschan und Armenien: Ein weiterer Rückschlag für Chinas Seidenstraße«, Deutsche Wirtschafts-Nachrichten 9.10.2020.

330 Zum Beispiel Elsner 2020b, S. 58 ff.

331 Stefan Huth, »Wir wollen Mauern einreißen«, Interview mit dem chinesischen Botschafter in Deutschland, *junge Welt* 4.3.2020, S. 12.

332 Zum Beispiel »Hintergrund: Beijing und die UNO«, *junge Welt* 24.9.2020, S. 3; ferner Chinas Positionspapier zum 75. UNO-Jubiläum, fmprc.gov.cn.

333 Ausführlich: »Aus der Folterkammer des Wirtschaftskriegs. USA planen neue Sanktionen gegen Russland und China – mit gravierenden Folgen auch für die EU«, *German Foreign Policy* 9.7.2020.

334 Schuhler 2020, *Wie weit noch bis zum Krieg?*, a. a. O., S. 121.

335 Zum Beispiel F. Klinkhammer, V. Bräutigam, »ARD-aktuell überplätschert die US-Sanktionen gegen den Internationalen Strafgerichtshof und die gewollte Erosion des Völkerrechts«, *nachdenkseiten.de*, 28.9.2020.

336 P. A. G. van Bergeijk, »Retreat from the global stage by a contested hegemon«, *Deglobalization 2.0* (2019).

337 Ebendort.

338 Zum Beispiel auch: Michael Hudson, »Wie eine ›gottgesandte‹ Pandemie den Westen vernichtete. Die USA retten den Finanzsektor, nicht die Wirtschaft«, deutsch: *antikrieg.eu*, 26.9.2020.

339 Aus zahllosen Analysen: Z. Hajnal, *Dangerously Divided, How Race and Class Shape Winning and Losing in American Politics*, Cambridge (UK), New York (USA): Cambridge University Press, 2020.

340 Zitiert nach: *Steingart Morning Briefing* 26.5.2020.

341 Zum Beispiel auch K. Errouaki, »Is this the end of globalisation (as we know it)?«, *WEA Commentaries* Vol. 10, Issue 2 (Mai 2020), worldeconomicsassociation.org.

342 Hier hat China einmal mit gleicher Münze zurückgezahlt und einige Kor-
respondenten der führenden US-Zeitungen ausgewiesen. Ersteres wurde
hierzulande allerdings kaum erwähnt, während Letzteres mit den bekannten
Stereotypen skandalisiert wurde; zum Beispiel Axel Dorloff, »China weist US-
Journalisten aus«, *tagesschau.de* 18.3.2020.

343 Zum Beispiel »China stoppt Ausstrahlung der BBC: ›Warnung an ausländische Medien‹«, *Telepolis* 12.2.2021, heise.de

344 Zum Beispiel »Handel wäre massiv erschwert: Droht China die Verban-
nung aus dem globalen Dollar-System?«, *Deutsche Wirtschafts-Nachrichten*
25.6.2020.

345 Zum Beispiel J. Lau, »Post-Pandemic, Will China Use Its Students as Bargai-
ning Chips?«, *inside higher education* 26.6.2020, insidehighered.com.

346 Zum Beispiel J. Kronauer, »Brutalogehabe aus Washington. Trump verbietet
chinesischen Airlines Flüge in die USA. Sanktionspolitik gegen Beijing trifft
auch US-Wirtschaft«, *junge Welt* 5.6.2020, S. 3.

347 Zum Beispiel P. Symonds, »USA beschließen Politik für Regimewechsel in
Peking«, *Linke Zeitung* 30.7.2020.

348 Feffer, »Der Abstieg der USA unter Trump. Ein atemberaubender Niedergang«, *Informationsbrief Wirtschaft und Entwicklung* 6-7/2020, a. a. O.

349 U. Menzel, »Der Corona-Schock. Die finale Entzauberung der Globalisierung«, *Blätter für deutsche und internationale Politik* 4/2020, S. 37-44; dieser
Aufsatz zeigt, dass eine solche Analyse selbst für traditionelle Liberale gilt,
die noch dem Traum einer irgendwie gearteten »liberalen« »alten« Globalisierung nachhängen, wie der Autor dieses Aufsatzes.

350 Zum Beispiel N. Dvorak, »Ausnahmezustand auf dem Weizenmarkt: Staaten
blockieren Exporte, Preise steigen stark«, *Deutsche Wirtschafts-Nachrichten*
22.4.2020.

351 Zum Beispiel E. Liu, N. Hanauer, »Complexity Economics Shows Us Why Lais-
sez-Faire Economics Always Fails«, *Evonomics* 21.2.2016, evonomics.com.

352 Zum Beispiel die Studie des US-*Economic Policy Institute*, »On its second an-
niversary, the TCJA has cut taxes, but nothing has trickled down«, 17.12.2019.

353 Ebendort.

354 Zum Beispiel Chung, »The Political Economy of China Bashing …«, 7.12.2020,
a. a. O.

355 Zur letzten Verschärfung mit totaler extraterritorialer Anwendung: »America
closes the last loophole in its hounding of Huawei«, *The Economist* 18.8.2020.

356 *Steingart Morning Briefing* 17.8.2020.

357 Zum Beispiel J. Jahnke, *Rundbrief* 3807, 25.6.2020, S. 8, jjahnke.net.

358 Zum Beispiel J. Jahnke, »Das globalisierte Deutschland und der Virus - Deutsche Defizite im Kampf gegen die Seuche«, *global news* 3774 11.3.2020, jjahn-
ke.net; Macheda, »The Structural Roots of China's Effectiveness …«, a. a. O.

359 Eine Zeitreihengrafik zur drastischen Reduktion der Außenhandelsabhän-
gigkeit Chinas 2000-2020 bei Bischoff, »China: Weitere Transformation der
Wirtschaft«, 29.10.2020, a. a. O.

360 Zum Beispiel G. Koo, »Schlechter Verlierer«, *Rubikon* 18.9.2019, rubikon.news.

361 Ebendort.

362 Anmerkung aus Gründen der Lesefreundlichkeit auf der Textseite selbst.

363 L. Kohr, *The Breakdown of Nations*, London: Routledge and Kegan Paul, 1957, deutsch erstmals Wien: Orac, 1986, aktuelle Ausgabe: *Das Ende der Großen. Zurück zum menschlichen Maß*, Salzburg: Otto Müller Verlag, 2002; ferner E. F. Schumacher, *Small is beautiful. Die Rückkehr zu menschlichem Maß*, englisches Original: 1973, deutsch: Hamburg: Rowohlt, 1977, aktuelle Ausgabe: München: oekom 2013.

364 Als ausführliche Übersicht über die effektive Größendimension der Ökonomie, Staatengröße, Regionalisierung und »Meso-Ökonomik«: W. Elsner, T. Heinrich, H. Schwardt, *The Microeconomics of Complex Economies*, San Diego, Amsterdam u. a.: Academic Press, 2015, Kapitel 14; ferner: Elsner 2010, a. a. O.

365 Medien zitierten am 15.5.2020 eine entsprechende Umfrage der Unternehmensberatung Staufen unter 730 Unternehmen aus zahlreichen Ländern: »Internationale Studie Neustart nach dem Shutdown 2020«, staufen.ag.

366 Exemplarisch für die zurzeit sich ausweitende Literatur dazu: T. Petersen, »Optimale internationale Arbeitsteilung«, *Wirtschaftsdienst* 4/2020, S. 291-293, springer.com; U. Blum, »Der Kampf um die Wertschöpfungsketten: Krieg gegen den Freihandel?«, *Wirtschaftsdienst* 10/2018, S. 737-743; Koenig, »Radical De-Globalization: Finding Back Our Freedom and Sovereignty«, a. a. O.

367 Siehe auch: »Siemens-Chef Kaeser: China und USA gehen gestärkt aus Corona-Krise«, *Deutsche Wirtschafts-Nachrichten* 19.5.2020; B. Fröndhoff, M.-W. Buchenau »Wie die Krise die globale Arbeitsteilung verändert«, *handelsblatt. com* 6.7.2020.

368 N. Leung, J. Ngai, J. Seong, J. Woetzel, »Fast forward China: How COVID-19 is accelerating 5 key trends shaping the Chinese economy«, *McKinsey*, May 2020, mckinsey.com.

369 So der Report »Resilience and decoupling in the era of great power competition« von T. Riecke, *Mercator Institute for China Studies* 20.8.2020, merics. org.

370 Alle Wirtschaftsjournale sind schon im Frühjahr 2020 voll mit dem Thema, zum Beispiel: »Globalisation unwound. Has COVID-19 killed globalisation? The flow of people, trade and capital will be slowed«, *The Economist* 14.5.2020; Koenig, »Radical De-Globalization: Finding Back Our Freedom and Sovereignty«, a. a. O.

371 Zum Beispiel N. Dvorak, »Die weltweite Blockbildung beginnt: Trump will alle Lieferketten nach China sprengen«, *Deutsche Wirtschafts-Nachrichten* 14.5.2020.

372 Zum Beispiel »Chinese Ridicule Trump's China ›Cut-Off‹ Threat«, *Global Times* 14.5.2020, globaltimes.cn.

373 Zum Beispiel »US-Regierung verbietet Chiplieferungen an Huawei«, *Deutsche Wirtschafts-Nachrichten* 15.5.2020.

374 Alles zum Beispiel in *Steingart Morning Briefing* 11.9.2020.

375 Zum Beispiel »How America's war on Huawei may boost Chinese technology«, *The Economist* 12.9.2020, economist.com.

376 So der Milliardär und Vize-Außenminister der USA, Keith Krach, auf seiner Mission im Herbst 2020 im Auftrage Trumps, durch europäische Konzernspitzen und politische Spitzen, *Mission »Säuberung«* (ausländischer Netzwerke von chinesischer Technologie).

377 Alle Zitate aus: *Steingart Morning Briefing* 28.9.2020.

378 Zu Kanadas Rolle in der Anti-China-Politik Washingtons zum Beispiel Y. Engler, »Sinophobia Sweeps Canadian Politics«, *Global Research* 7.12.2020.

379 Zu Australiens Rolle in der Anti-China-Allianz, unter dem Corona- und Klimawandel-Leugner Morrison, zum Beispiel V. Sprothen, »Das Ende einer Symbiose«, *Zeit online* 29.12.2020.

380 Ausführlich zum Beispiel W. Müller, »Huawei, Tencent, TikTok. Der US-Vernichtungsfeldzug gegen Chinas Tech-Konzerne«, *isw* 10.9.2020, isw-muenchen.de.

381 Ebendort.

382 Ebendort.

383 Zum Beispiel *Handelsblatt Morning Briefing* 9.9.2020.

384 Müller, »Huawei, Tencent, TikTok …«, a. a. O.

385 Ebendort.

386 Zum Beispiel Maria Aurelio, »India: Largest Strike in World History: Over 200 Million Workers and Farmers Protest against Poverty and Unemployment Triggered by Covid Lockdown«, *Global Research* 6.1.2020.

387 Zum Beispiel »Indien wird das neue China des Westens«, *Deutsche Wirtschafts-Nachrichten* 8.6.2020.

388 Ausführlicher Elsner 2020b, 270 ff.; Frankopan 2019, *Die neuen Seidenstraßen: Gegenwart und Zukunft unserer Welt*, a. a. O.

389 Zum Beispiel Yang, »Asien macht's anders«, *Zeit online* 18.11.2020.

390 Zum Beispiel »Blue Dot Network: Amerikas Alternative zu Chinas Neuer Seidenstraße«, *Deutsche Wirtschafts-Nachrichten* 7.11.2019.

391 P. Escobar, »A ›Blue Dot‹ Barely Visible from China's ›New Silk Road‹«, *Asia Times* 7.11.2019, asiatimes.com.

392 Zum Beispiel »Unbestimmt verschoben«, *German Foreign Policy* 28.9.2020.

393 Zum Beispiel: WeMove.EU, »Der Regenwald brennt! Handelsabkommen zwischen EU und MERCOSUR stoppen!«, 17.8.2020, act.wemove.eu.

394 Zum Beispiel *Handelsblatt Morning Briefing* 27.5.2020.

395 Zum Beispiel »›Anti-Huawei-Gesetz‹ in Frankreich gebilligt«, *China.Table* #14 8.2.2021, table.media.

396 Zum Beispiel *Handelsblatt Morning Briefing* 22.7.2020.

397 W. Müller 2019, »US-Wirtschaftskrieg …«, a. a. O., S. 19.

398 *Steingart Morning Briefing* 17.8.2020.

399 Zum Beispiel *Handelsblatt Finance Briefing* 18.8.2020.

400 Zum Beispiel R. E. Scott, »We can reshore manufacturing jobs, but Trump hasn't done it«, *epi-Report* 10.8.2020, epi.org.

401 Zum Beispiel J. Kronauer, »Brutalogehabe aus Washington. Trump verbietet chinesischen Airlines Flüge in die USA. Sanktionspolitik gegen Beijing trifft auch US-Wirtschaft«, *junge Welt* 5.6.2020.

402 Ebendort.
403 Zum Beispiel: »Politik erbost: Britische Großbanken unterstützen Chinas Sicherheitsgesetz für Hongkong«, *Deutsche Wirtschafts-Nachrichten* 4.6.2020.
404 Zu Hintergründen der Auseinandersetzung um Hongkong in den letzten Jahren siehe bereits Elsner 2020b, S. 48 ff., ausführlich auch W. Rügemer, »Hongkong – der neue Systemkonflikt«, *nachdenkseiten.de* 28.8.2019.
405 Siehe »›Geldströme in die Stadt sind ungebrochen‹«, 16.7.2020, german.china.org.cn.
406 Zum Beispiel »China's mixed – and resilient – economy«, *The Economist* 14.8.2020.
407 »Teures decoupling«, *German Foreign Policy* 24.7.2020.
408 Zum Beispiel Paul Craig Roberts, »Does the US Still Have an Economy?«, *Global Research* 11.2.2021.
409 E. Lütke-Entrup, »Ein Land mit Konfuzianischer Tradition. Austausch und Kooperation mit China sinnvoller als Abgrenzung und Konfrontation«, Interview mit dem Konfuzius-Experten K.-H. Pohl, 19.10.2020, german.china.org.cn.
410 Zum Beispiel J. Bischoff, »China: Weitere Transformation der Wirtschaft«, 29.10.2020, a. a. O.
411 P. Escobar, »China forges ahead through chaos and threats. Beijing is turbocharging its Belt and Road and other game-changing plans despite COVID-19 and US hybrid warfare«, *Asia Times* 7.5.2020, asiatimes.com.
412 Zum Beispiel H. Tugendhat, *How Huawei Succeeds in Africa: Training and Knowledge Transfers in Kenya and Nigeria*, China–Africa Research Initiative, Working Paper 34-2020, Baltimore, MD (USA): Johns Hopkins University, 2020.
413 Zum Beispiel L. Prinsloo, »Huawei Strengthens Its Hold on Africa Despite U.S.-Led Boycott«, *Bloomberg Businessweek* 20.8.2020, bloombergquint.com.
414 Zum Beispiel S. Kim, *Theorizing Confucian Virtue Politics*, Cambridge (UK): Cambridge University Press, 2019.
415 Zum Beispiel S. Lundin, B. Nelson, *Ubuntu*, New York: Broadway Books, 2010.
416 Ausführlich zu den internationalen Beziehungen Chinas, insbesondere der BRI-Strategie: Elsner 2020b, Teil II, Kapitel 10.
417 Zum Beispiel I. Gustafsson, *How Standards Rule the World. The Construction of a Global Control Regime*, Cheltenham (UK): Elgar, 2020.
418 Ausführlich zum Beispiel B. Gao, »China's Belt & Road Initiative: A Counterforce to Globalization Reversal«, *Handbook on China and Globalization*, hg. von H. Wang, L. Miao, Cheltenham (UK), Northampton, MA (USA): Elgar, 2019, S. 156-174.
419 Ausführlich bereits Elsner 2020b, S. 58-68.
420 Zum Beispiel P. McGrath, »WHO Impressed by Chinese Response to Coronavirus Outbreak«, *Global Research* 30.1.2020; WHO-Originalquellen dort.
421 Ebendort.
422 Ebendort (eigene Übersetzung).

423 Ebendort (eigene Übersetzung).
424 P. Escobar, »China locked in hybrid war with US«, *Asia Times* 17.3.2020, asia-times.com.
425 Ebendort.
426 Ebendort.
427 Siehe zum Beispiel U. P. Gasche im Interview mit dem Schweizer Herzchirurgen *Paul Robert Vogt*, der zuvor ein Jahr lang am Zentralkrankenhaus in Wuhan gearbeitet und gelehrt hatte: »Corona: ›Dummes China-Bashing soll eigene Fehler vertuschen‹«, *infosperber.ch* 13.4.2020; siehe auch: P. R. Vogt, »COVID-19 – eine Zwischenbilanz oder eine Analyse der Moral, der medizinischen Fakten, sowie der aktuellen und zukünftigen politischen Entscheidungen«, *Mittelländische Zeitung* 8.4.2020, mittellaendische.ch.
428 WHO, Timeline – COVID-19, 27.4.2020.
429 Auf Deutsch zum Beispiel bei A. Wehr »›Diese Wirtschaft tötet‹«, 19.5.2020, mezberlin.de.
430 Ausführlich auch: Botschaft der Volksrepublik China in der Bundesrepublik Deutschland, Timeline der Bekämpfung von Covid-19, a. a. O.
431 Über progressive Potentiale von Big Data (in China) in diesem Zusammenhang zum Beispiel B. Hasnat, »Big Data: An Institutional Perspective on Opportunities and Challenges«, *Journal of Economic Issues* 52(2) 2018, research-gate.net, S. 580-588.
432 Zum Beispiel bereits Elsner 2020b, 263 ff.
433 johnross43.wixsite.com/learningfromchina, besucht 20.4.2020.
434 *Handelsblatt Morning Briefing* 20.4.2020.
435 Zum Beispiel U. P. Gasche im Interview mit dem Schweizer Herzchirurgen *P. R. Vogt*: »Corona: ›Dummes China-Bashing soll eigene Fehler vertuschen‹«, a. a. O.
436 Zum Beispiel centerforhealthsecurity.org/event201/, besucht 26.6.2020.
437 So P. Schreyer, *Chronik einer angekündigten Krise*, Frankfurt/M.: Westend, 2020, S. 93 ff., 113 ff.
438 *Steingart Morning Briefing* 13.3.2020.
439 Zum Beispiel schon Elsner 2020b, S. 58 ff.
440 Noch einmal: U. P. Gasche im Interview mit dem Schweizer Herzchirurgen *P. R. Vogt*: »Corona: ›Dummes China-Bashing soll eigene Fehler vertuschen‹«, 13.4.2020, a. a. O.; P. R. Vogt, »COVID-19 – eine Zwischenbilanz oder eine Analyse der Moral, der medizinischen Fakten, sowie der aktuellen und zukünftigen politischen Entscheidungen«, 8.4.2020, a. a. O.
441 Dazu erfrischend klare Aussagen im O-Ton auch bei *Deutsche Wirtschafts-Nachrichten*: »Jetzt spricht die Ärztin, die das Corona-Virus entdeckt hat«, 19.4.2020 sowie »Virus-Labor in Wuhan: ›Das Corona-Virus ist auf keinen Fall von uns gekommen‹«, 19.4.2020.
442 Ausführlich berichtet in »Forscher wehren sich gegen Labortheorie«, *n-tv.de* 23.9.2020.
443 Die Virologin gibt in den USA nun die »Rule of Law Foundation« des berüchtigten US-Rechtsextremisten und früheren Trump-Beraters Steve Bannon als

ihre »Mitgliedschaft« an anstatt eines wissenschaftlichen Instituts oder einer Universität; siehe N. Metzger, »Rechte US-Netzwerke streuen die Labor-Theorie«, *zdf.de* 16.9.2020.

444 Ebendort.

445 Wiederum U. P. Gasche im Interview mit *P. R. Vogt*, a. a. O.

446 Ebendort.

447 Zum Beispiel L. Fischer, »Wie China das neue Coronavirus ausbremste«, *spektrum.de [Spektrum]* 3.3.2020.

448 Siehe gisaid.org/, besucht 11.10.2020.

449 »Sinophobia Inc.: Understanding the Anti-China Industrial Complex«, *Qiao Collective*, Chicago, 13.9.2020, qiaocollective.com.

450 Anmerkung aus Gründen der Lesefreundlichkeit auf der Textseite selbst.

451 Zum Beispiel M. Rüb, »Kursierte das Coronavirus in Italien schon früher?«, *faz.net* 15.11.2020.

452 Zum Beispiel »Neue Covid-19-Daten ausgewertet«, *n-tv.de* 11.2.2021.

453 So die Tagesberichterstattung über die ersten Ergebnisse der WHO-Expertengruppe, zum Beispiel *Steingart Morning Briefing* 10.2.2021.

454 P. Foerster et al., »Phylogenetic network analysis of SARS-CoV-2 genomes«, *PNAS – Proceedings of the National Academy of Sciences of the USA* 28.4.2020, pnas.org; dazu ein ausführlicher Bericht auf deutsch: Corinna Schneider, »Virenjäger aus Deutschland: Corona begann schon viel früher – und nicht in Wuhan«, *Focus* 16.9.2020, focus.de.

455 Elsner 2020b, 58 ff.

456 Anmerkung aus Gründen der Lesefreundlichkeit auf der Textseite selbst.

457 Fabian Leendertz vom RKI, deutsches Mitglied der internationalen WHO-Untersuchungskommission, zitiert nach: »Die heikle Suche nach dem Ursprung des Coronavirus«, *spektrum.de* 30.12.2020.

458 Ebendort.

459 Zum Beispiel Daniela Mocker, »Neue Variante von Sars-CoV-2 kam im Sommer aus Spanien«, *spektrum.de* 30.10.2020.

460 P. Escobar, »Confucius is Winning the COVID-19 War«, *Global Research* 14.4.2020.

461 Ebendort.

462 »How technology is safeguarding health and livelihoods in Asia«, *McKinsey* 12.5.2020, mckinsey.com.

463 Ebendort.

464 Zum Beispiel P. Escobar, »Endgültige eurasische Allianz ist näher als Sie denken«, *linkezeitung.de*, 4.9.2020; Original: »Definitive Eurasian alliance is closer than you think«, *Asia Times* 26.8.2020, asiatimes.com.

465 So zum Beispiel L. Tao, Sprecherin der chinesischen Botschaft in Deutschland im Interview: »Der gemeinsame Feind der Menschheit. Wie die Volksrepublik China den Kampf gegen die Coronaepidemie führt«, *unsere zeit* 19.3.2020, wiedergegeben in: schattenblick.de; F. Sieren, »Hoffnung für die Welt aus dem Coronavirus-Epizentrum. Die Globalisierung kann auch ihre positive Seite zeigen: Ausgerechnet China wird die wirtschaftlichen Folgen der Coronakri-

se abmildern«, *Der Tagesspiegel* 19.3.2020, tagesspiegel.de; R. Rauls, »Vorteil China«, 29.3.2020, ruedigerraulsblog.wordpress.com.

466 Zum Beispiel S. Jones, »Mass Joblessness Deepens in US as Corporations Move to Implement Permanent Layoffs, 40.6 Million Unemployed«, *Global Research* 8.5.2020.

467 Aktuelle Berichte und Analysen zum Wiederanfahren der chinesischen Ökonomie von der Nachfrageseite her liefert zum Beispiel *McKinsey & Company*, etwa: W. Enger, S. Saxon, P. Suo, J. Yu, »What the world can learn from China's restart«, 11.5.2020, mckinsey.com.

468 Zum Beispiel E. Wolff, »Globale Wirtschaft: Ruhe vor dem Sturm«, a. a. O.

469 F. Sieren, a. a. O.; F. Schmid, »China gelingt Neustart der Wirtschaft«, München: *isw*, 27.7.2020, isw-muenchen.de.

470 So VW-CEO Herbert Diess in *Steingart Morning Briefing* 18.5.2020.

471 Zum Beispiel *Steingart Morning Briefing* 30.10.2020.

472 *Handelsblatt Morning Briefing* 5.11.2020.

473 *Steingart Morning Briefing* 20.7.2020.

474 *Steingart Morning Briefing* 17.8.2020.

475 *Handelsblatt Morning Briefing* 9.9.2020.

476 So die größte Langfriststudie der Bürgerzufriedenheit in China (2003-2020) des Ash Center for Democratic Governance and Innovation der Harvard Kennedy School: E. Cunningham, T. Saich, J. Turiel, *Understanding CCP Resilience: Surveying Chinese Public Opinion Through Time*, Juli 2020, PDF unter ash.harvard.edu.

477 L. Guang, M. Roberts, Y. Xu, J. Zhao, *Pandemic Sees Increase in Chinese Support for Regime, Decrease in Views Towards the U.S.*, China Data Lab, chinadatalab.ucsd.edu, besucht 29.7.2020.

478 Zum Beispiel L. Romanoff, »China's Coronavirus: A Global Health Emergency is Launched. What are the Facts«, *Global Research* 31.1.2020; mit detaillierten Angaben von Originalquellen, Studien und so weiter.

479 H. Flassbeck, F. Spiecker, »Was ist ein V?«, *Makroskop. Magazin für Wirtschaftspolitik* 24.7.2020, PDF unter fspiecker.de.

480 »Siemens-Chef Kaeser: China und USA gehen gestärkt aus Corona-Krise«, *Deutsche Wirtschafts-Nachrichten* 19.5.2020.

481 Ebendort.

482 Zum Beispiel R. Schubert, »Wie China von strengeren Umweltnormen profitiert. Die Volksrepublik ist zum Schrittmacher der energiepolitischen Wende geworden«, *handelsblatt.com* 26.3.2020; ausführlich auch Elsner 2020b, S. 193 ff.

483 F. Sieren, a. a. O.; ähnlich: W. Enger et al., »What the world can learn from China's restart«, *McKinsey*, a. a. O.

484 »Was wir von chinesischen Unternehmen lernen können«, *handelsblatt.com*, 26.5.2020.

485 Anonymous, *Warnung aus dem Weißen Haus: Ein hochrangiger Trump-Mitarbeiter packt aus*, Köln: Bastei Lübbe, 2019.

486 »Was wir von chinesischen Unternehmen lernen können«, *handelsblatt.com*, 26.5.2020.

487 Ebendort.

488 Zum Beispiel *Weltbank*, Global Economic Prospects, worldbank.org, besucht 9.10.2020.

489 Zum Beispiel »China erstmals größter deutscher Exportkunde«, *faz.net* 11.9.2020.

490 Ausführlich zum Beispiel K. Knitterscheidt, B. Fröndhoff, J. Münchrath, »China hat die Folgen der Coronakrise weitgehend überwunden«, *handelsblatt. com* 8.9.2020.

491 S. Wagenknecht, »Deutschland verschleiert das wahre Drama – während China zeigt, wie Wirtschaft geht«, *Focus* 4.10.2020, focus.de.

492 Dazu immer wieder besonders ausführlich *McKinsey*, zum Beispiel »The Chinese consumer: Resilient and confident«, 3.9.2020, mckinsey.com.

493 Zu diesem Teil von Chinas »neuer Normalität« bereits Elsner 2020b, S. 115 ff.

494 K. Knitterscheidt, B. Fröndhoff, J. Münchrath, »China hat die Folgen der Coronakrise weitgehend überwunden«, a. a. O.

495 Zum Beispiel »Foreign enterprises pick up the pace to invest in China's new infrastructure«, *People's Daily* 14.9.2020, govt.chinadaily.com.cn.

496 Zum Beispiel »Geschäft statt Entkopplung«, *German Foreign Policy* 15.9.2020.

497 Anmerkung aus Gründen der Lesefreundlichkeit auf der Textseite selbst.

498 Ausführlich *Steingart Morning Briefing* 28.9.2020.

499 Ausführlicher, auch zum Hintergrund der IT-Abhängigkeit Deutschlands von den USA: T. Pattberg, »Germany, France and the EU to Succumb to US Digital Hegemony«, *Global Research* 15.9.2020.

500 Zum Beispiel »Einbrüche im Welthandel: Corona-Schock ist nur der Funke für die Krise, die Fundamente wackelten schon lange«, *Deutsche Wirtschafts-Nachrichten* 16.5.2020.

501 Aus der Fülle entsprechender Analysen: C. Heintze, »Coronakrise und Gesundheitsversorgung«, 24.4.2020, PDF unter alternative-wirtschaftspolitik. de.

502 Siehe zum Beispiel »Offener Brief an die Regierung der Vereinigten Staaten und die Vereinten Nationen« [Petition], 7.4.2020, uspeacecouncil.org.

503 Zum Beispiel »Im Westen keine Gnade. UN-Generalsekretär übt scharfe Kritik an Iran-Sanktionen«, *German Foreign Policy* 26.3.2020; »IWF lehnt ab: Corona-Kredit für Venezuela erst nach Regime-Change«, *RT Deutsch* 3.4.2020, de.rt.com.

504 »Im Westen keine Gnade …«, a. a. O.

505 Zum Beispiel Carla Stea, »Full Spectrum Dominance: UN General Assembly Voting Reveals the Truth«, *Global Research* 5.1.2021; zur treibenden, jedoch erfolglosen, Rolle Deutschlands bei Sanktionen und zu einem bemerkenswerten Disput mit dem chinesischen UN-Botschafter im UN Sicherheitsrat: dieselbe, »Strangling Sanctions against North Korea. ›Psychopathic Double Standards‹ at the UN Security Council«, *Global Research* 9.11.2020.

506 Zum Beispiel S. Lendman, »Trump Regime Blocks UN Security Council Resolution for ›Global Ceasefire‹ During COVID-19 Epidemic«, *Global Research* 10.5.2020.

507 Zum Beispiel »USA klauen in China Schutzmasken, die Frankreich, Kanada und Deutschland gekauft haben«, *anti-spiegel.ru*, 3.4.2020; »Bargeld-übergabe auf dem Rollfeld? USA sollen anderen Ländern Schutzmasken wegkaufen«, *dpa-AFX* 3.4.2020, unter t-online.de.

508 Zum Beispiel auch C. Kliver, »Die Solidarität in den Zeiten des Coronavirus«, *Telepolis* 16.3.2020, heise.de.

509 Zum Beispiel: Thomas Stölzel, »Ex-US-Verteidigungsminister im Direktorium. CIA-Investmentarm steigt bei Morpheus Space in Dresden ein«, *WirtschaftsWoche* 26.8.2020, wiwo.de.

510 Zum Beispiel J. Heiser, »US-Totalversagen«, *junge Welt* 14.4.2020, S. 8.

511 Zitiert nach: *Steingart Morning Briefing* 11.9.2020.

512 Ebendort.

513 Zum Beispiel youtube.com/watch?v=lMT3DiZEFzs, besucht 19.4.2020.

514 Zum Beispiel J. Rasmus, »Two Fictions of Mainstream Economics. 45 Million US Workers Unemployed«, *Global Research* 25.5.2020.

515 Zum Beispiel Economic Policy Institute, *newsletter*, 18.5.2020, epi.org.

516 Zum Beispiel *Steingart Morning Briefing* 21.1.2020.

517 Zum Beispiel M. Bernegger, »Statistiken werden in großem Stil gefälscht: in Wahrheit sind ein Drittel der Amerikaner arbeitslos«, *Deutsche Wirtschafts-Nachrichten* 4.7.2020.

518 *Steingart Morning Briefing* 3.7.2020.

519 M. Hudson, »Wie eine ›gottgesandte‹ Pandemie den Westen vernichtet«, deutsch in: *linkezeitung.de* 27.9.2020.

520 Ebendort.

521 Zum Beispiel N. Dembinskaja, »40 Prozent der US-Wirtschaft brechen vor unseren Augen weg«, *Sputnik Deutschland* 14.4.2020, de.sputniknews.com.

522 Zum Beispiel Wikipedia: Economy of the United States, besucht 15.2.2021.

523 H. Rudolph, »Das Höfe-Sterben in den USA: Amerikas Verrat an seinen Farmern«, *Deutsche Wirtschafts-Nachrichten* 25.4.2020.

524 Zum Beispiel Steinfeld, »Mit ›systemischer Rivalität‹ …«, 19.12.2020, a. a. O.

525 Ebendort.

526 Zum Beispiel »Amerikas Super-Reiche profitieren von Krise«, *n-tv.de* 22.5.2020.

527 C. Collins, »U.S. Billionaire Wealth Surpasses $1.1 Trillion Gain Since Mid-March«, *Institute for Policy Studies* 25.1.2021, ips-dc.org.

528 Oxfam Deutschland, »Corona-Krise? Für die Reichsten ist sie schon vorbei«, 25.1.2021, oxfam.de.

529 Ausführliches aufbereitetes Datenmaterial zu Einkommens- und Vermögens-ungleichheit im internationalen Vergleich etwa bei J. Jahnke, zum Beispiel *Rundbrief* 21.1.2021, jjahnke.net.

530 L. Mishel, J. Kandra, »Wages for the top 1% skyrocketed 160% since 1979 while the share of wages for the bottom 90% shrunk«, *Economic Policy Institute* 1.12.2020, epi.org.

531 Zum Beispiel C. Rickens, »Exit-Strategie. 3000 Tote pro Tag erwartet: USA fürchten zweite Coronawelle. Eine alarmierende interne Prognose für die US-Regierung«, *handelsblatt.com* 5.5.2020.

532 Zum Beispiel »Rettungswagen dürfen manche Patienten nicht mehr transportieren«, *Spiegel online* 5.1.2021.

533 Nach F. Cunningham, »Kapitalismus ist die wahre Krankheit«, *antikrieg.eu* 28.9.2020, Original auf Englisch: »Capitalism the Real Disease«, sputniknews.com.

534 Zum Beispiel K. Kort, »Wirtschaft und US-Bürger zahlen einen hohen Preis für Trumps Corona-Missmanagement«, *handelsblatt.com* 26.6.2020.

535 Ebendort.

536 T. B. Veblen, *The Instinct of Workmanship and the State of the Industrial Arts*, New York: Macmillan, 1914, S. 25.

537 Zitiert nach: *Handelsblatt Morning Briefing* 24.6.2020.

538 Zum Beispiel A. Meiritz, »Trump entzieht Seuchenschutzbehörde die Kontrolle über Corona-Daten«, *handelsblatt.com* 15.7.2020.

539 F. Cunningham, »Kapitalismus ist die wahre Krankheit«, a. a. O.

540 Ebendort.

541 Zum Beispiel F. Rötzer, »USA: Lebenserwartung sinkt weiter«, *Telepolis* 4.11.2019, heise.de.

542 Ausführlich zum Beispiel A. Case, A. Deaton, *Deaths of Despair and the Future of Capitalism*, Princeton, NJ (USA): Princeton University Press, 2020.

543 Zum Beispiel: Weltbank, Life expectancy at birth, total (years) – United States, data.worldbank.org, besucht 26.4.2020.

544 Zum Beispiel Wikipedia: Opioidkrise in den USA, besucht 12.5.2020.

545 Anmerkung aus Gründen der Lesefreundlichkeit auf der Textseite selbst.

546 P. Winkler, »In den USA sterben immer mehr Weiße den ›Tod durch Verzweiflung‹«, *Neue Zürcher Zeitung* 24.3.2017, nzz.ch.

547 P. Winkler, »Die Hoffnungslosigkeit ergreift auch die jungen Amerikaner«, *Neue Zürcher Zeitung* 2.11.2019, nzz.ch.

548 Zum Beispiel auch B. Bidder, »Das stille Sterben der amerikanischen Mittelschicht«, *Spiegel online* 5.7.2020; der Artikel referiert das oben genannte Buch von A. Case und A. Deaton 2020, *Deaths of Despair and the Future of Capitalism*, a. a. O.

549 Zum Beispiel auch M. Chossudovsky, »Coronavirus COVID-19: ›Made in China‹ or ›Made in America‹?«, *Global Research* 14.3.2020.

550 Zum Beispiel N. Bogel-Burroughs, M. Rich »Couple Tests Positive for Coronavirus After Returning From Vacation in Hawaii«, *nytimes.com [New York Times]* 14.2.2020.

551 Zum Beispiel P. Escobar, »China und der Hybridkrieg mit den USA«, 4.4.2020, PDF unter free21.org, besucht 26.6.2020.

552 »Die heikle Suche nach dem Ursprung des Coronavirus«, *spektrum.de* 30.12.2020, a. a. O., in zahlreichen Zeitungen wiederabgedruckt.

553 Ebendort.

554 Zum Beispiel S. Mallapaty, »Coronaviren in Japan und Kambodscha eng verwandt mit Pandemievirus«, *spektrum.de* 6.12.2020.

555 Zum Beispiel S. Lendman, »US Propaganda War on China«, *Global Research* 26.11.2020.

556 Zum Beispiel »Erste Virus-Erkrankung in Frankreich deutlich früher als bislang gedacht«, *tagesschau.de* 4.5.2020.

557 Jüngst noch einmal bestätigt in einem Interview des *Bürgermeisters von Bergamo* bei *n-tv.de* 11.5.2020: »Jeder muss sich zu seinen Fehlern bekennen«.

558 Zum Beispiel M. Rüb, »Coronavirus in Abwässern schon seit Dezember nachweisbar«, *faz.net* 19.6.2020.

559 Zum Beispiel »Studie – Coronavirus breitete sich schon Ende 2019 rasant aus«, *Reuters* 6.5.2020, de.reuters.com.

560 Zum Beispiel: E. Brown, »Crushing the States, Saving the Banks: The Fed's Generous New Rules«, *Global Research* 4.5.2020.

561 Zum Beispiel A. Meiritz, »Marodes Amerika: Trump und die Krise verschärfen die Infrastrukturprobleme«, *handelsblatt.com* 22.7.2020.

562 P. Armstrong, »Black Swans Fly In – Surprise: COVID-19 Imperial Collapse«, *FRN* 11.5.2020; fort-russ.com, deutsche Übersetzung: »Schwarze Schwäne fliegen ein – Überraschung: Imperialer Zusammenbruch durch Covid-19«, *linkezeitung.de* 13.5.2020.

563 Ebendort.

564 Kishore Mahbubani, »Why the Trump Administration Has Helped China«, 8.6.2020, mahbubani.net.

565 P. Escobar, »Endgültige eurasische Allianz ist näher als Sie denken«, a. a. O.

566 Ebendort.

567 Ausführlich Schuhler 2020, a. a. O., S. 17-19.

568 Munich Security Report 2020, zitiert nach: *Steingart Morning Briefing* 12.2.2020.

569 Zum Beispiel J. Brückner, »Lieber Peking als Washington. China wird in der deutschen Bevölkerung mehr und mehr als Partner betrachtet. Das Ansehen der USA unter Trump fällt deutlich«, *Neues Deutschland* 11.9.2020, neuesdeutschland.de.

570 youtube.com/watch?v=DPt-zXn05ac, 24.4.2019, besucht 7.5.2020. Damit hat Pompeo seine Autobiographie allerdings nur unvollständig und geschönt beschrieben; eine vollständige Biographie Pompeos würde noch den zweiten Satz enthalten: »Wir sabotierten, wir putschten, wir zerstörten, und wir mordeten«. Zur Illustration etwa der Klassiker: J. Perkins, *Confessions of an Economic Hit Man*, San Francisco: Berrett-Koehler Publ., 2004; oder neuerdings: V. Prashad, *Washington Bullets. A History of the CIA, Coups, and Assassinations*, New York: Monthly Review, 2020.

571 Armstrong, a. a. O.

572 Ebendort.

573 Ausführlich: Sarah Churchwell, »Der amerikanische Faschismus: Vom Ku-Klux-Klan zu Trump«, *Blätter für deutsche und internationale Politik*, 9-2020.

574 Ebendort auch eine hochinteressante Liste von Merkmalen und Komponenten des Faschismus, die hier wiederzugeben zu weit führen würde. Angemerkt werden soll aber vielleicht das »Säuberungs«-Syndrom, das die Trump-Administration gegenüber den EU-Politikern und Konzernspitzen bezogen auf die IT-Netzwerke anwendete, die von chinesischen Produkten zu »säubern« seien (siehe oben).

575 Zu einer kurzen Übersicht zur Geschichte des US-Faschismus im 20. Jahrhundert siehe Churchwell, »Der amerikanische Faschismus … «, a. a. O.

576 Ebendort.

577 Ebendort.

578 Zum Beispiel S. Schaaf, »US-Präsident Trump und die ›Proud Boys‹. ›Sir, wir sind bereit!‹«, *taz.de [die tageszeitung]* 30.9.2020.

579 So auch Churchwell, a. a. O.

580 Ebendort.

581 Ausführlich: C. W. Barrow, »Ein neuer Kaiser des Lumpenproletariats?«, *Sozialismus* 8.9.2020, sozialismus.de.

582 Ebendort.

583 Zum Beispiel T. Grumke, »Den Bürgerkrieg im Visier«, *Internationale Politik und Gesellschaft*, 24.9.2020, ipg-journal.de.

584 Ebendort.

585 Ausführlicher ebendort.

586 Ebendort.

587 Barrow, a. a. O.

588 Wikipedia: List of detention sites in the United States, besucht 13.10.2020.

589 Ein Landkarte zum Beispiel bei Hartmut Barth-Engelbart, »Drohen in den USA Bürgerkrieg & Militärputsch?«, 13.9.2020, barth-engelbart.de.

590 C. W. Barrow, *The Dangerous Class: The Concept of the Lumpenproletariat*, Ann Arbor: University of Michigan Press, 2020; derselbe, »Ein neuer Kaiser …«, a. a. O.

591 F. Cunningham, »Kapitalismus ist die wahre Krankheit«, a. a. O.

592 A. Etzioni, »Biden Joins the Anti-China Chorus. Those hoping for a reset may be disappointed«, *The Diplomat* 24.8.2020, thediplomat.com.

593 Ders., »Can Donald Trump Save His Presidency By Making China the Enemy?«, *The National Interest* 22.8.2020, nationalinterest.org.

594 Qiao Collective Chicago, »Sinophobia Inc: Understanding the anti-China industrial complex«, *Monthly Review* 26.9.2020, mronline.org.

595 J. Sachs, »Unheiliger Kreuzzug der USA gegen China. Die Anti-China-Rhetorik der Trump-Leute«, *Informationsbrief Wirtschaft und Entwicklung* 6-7/2020.

596 T. Snyder, »The American Abyss. A historian of fascism and political atrocity on Trump, the mob and what comes next«, *nytimes.com* 9.1.2021, deutsche Übersetzung: »Nach dem Putsch ist vor dem Putsch. Trumps große Lüge und der drohende Faschismus«, *Blätter für deutsche und internationale Politik* 2/2021, S. 59-69, blaetter.de.

597 Zum Beispiel »Italien wurde von seinen Freunden im Stich gelassen«, *Deutsche Wirtschafts-Nachrichten*, 31.3.2020.

598 Zum Beispiel J. Kronauer, »Stimmung in der EU kippt«, *unsere zeit* 1.5.2020, unsere-zeit.de.

599 Ebendort.

600 Zum Beispiel C. Kliver, »Die Solidarität in Zeiten des Coronavirus«, *Telepolis* 16.3.2020, heise.de.

601 Ausführlich zum Beispiel Cornelia Heintze, »Europäische Gesundheitssysteme vor und während der Coronapandemie«, *spw – Zeitschrift für sozialistische Politik und Wirtschaft* 4-2020, S. 52-60.

602 Ebendort, S. 60.

603 Zum Beispiel »Die Solidarität der EU (I/II)«, *German Foreign Policy* 17./18.3.2020.

604 U. Ladurner, »Serbien: Schritt für Schritt zum Brückenkopf Chinas«, *Zeit online* 18.3.2020.

605 Zum Beispiel L. Wienand, »Erste Klinik in Sachsen muss wegen Corona Triage anwenden«, *t-online* 15.12.2020.

606 Zum Beispiel »EU-Solidarität: Polen und Tschechien beschlagnahmen chinesische Hilfe für Italien«, *RT Deutsch* 23.3.2020, de.rt.com.

607 Ausführlich zum Beispiel R. Weissenbacher, *The Core-Periphery Divide in the European Union. A Dependency Perspective*, London: Palgrave Macmillan, 2019; C. Gräbner, P. Heimberger, J. Kapeller, B. Schütz, »Is the Eurozone disintegrating? Macroeconomic divergence, structural polarization, trade and fragility«, *Cambridge Journal of Economics* 44(3), S. 647-669.

608 Ausführlich zum Hintergrund M. Patz, H. Flassbeck, »Auch 2021 keine Heilung in Sicht«, *Makroskop* 15.1.2021, makroskop.eu; A. Nölke, *Exportismus. Die deutsche Droge*, Frankfurt/M.: Westend, 2021.

609 Kronauer, »Stimmung in der EU kippt«, a. a. O.

610 Zum Beipsiel D. Ehnts, M. Paetz, »COVID-19 and its economic consequences for the Euro Area«, *Eurasian Economic Review* 16.1.2021, link.springer.com.

611 Wiederum C. Gräbner, P. Heimberger, J. Kapeller, B. Schütz 2020, »Is the Eurozone disintegrating? Macroeconomic divergence, structural polarization, trade and fragility«, *Cambridge Journal of Economics*, a. a. O.

612 Ebendort; ebenso: C. Gräbner, J. Häfele, »The Emergence of Core-Periphery Structures in the EU: A Complexity Perspective«, Working Paper, *ICAE*, Universität Linz, 2020.

613 Zum Beispiel *Steingart Morning Briefing* 6.11.2020.

614 Ausführlich auch: J. Bibow, »Stuck on the wrong track: 20 years of euro disillusion, denial, and delusion«, *European Journal of Economics and Economic Policies* 17(2), 2020, S. 139-155.

615 Ebendort.

616 Zum Beispiel M. Dauderstädt, »Einkommensungleichheit in der EU«, *Wirtschaftsdienst* 100 (2020), S. 628-632.

617 Ausführlich zum Beispiel auch J. Jahnke, *Euro. Die unmögliche Währung*, Aachen: Shaker, 2021.

618 Ausführlich zum Beispiel J. Mattert, T. Fritz, *Beute machen mit Brüssel*, Hamburg: VSA, 2021.

619 »Weik & Friedrich: Corona versetzt Euro den Todesstoß – Deutschland braucht eine neue Währung«, *Deutsche Wirtschafts-Nachrichten* 9.5.2020.

620 Zum Beispiel J. Jespersen, »The European Monetary Union Failed Because of Misunderstood Macroeconomics«, in: A. Hermann, M. A. Madi (Hg.), *The 2008 Crisis Ten Years on*, Bristol, UK: World Economic Association, 2020, S. 280-304.

621 Ausführlich zum Beispiel S. Dullien, »Warum der EU-Binnenmarkt ohne weitere Integration nicht in seiner aktuellen Tiefe überleben wird«, Friedrich-Ebert-Stiftung 17.8.2020, fes.de.

622 *Handelsblatt Morning Briefing* 12.4.2020.

623 L. Liu, »Constraints on policymaking in high sovereign debt countries: case studies of Italy and Japan«, *Review of Social Economy* 78(2), 2020, S. 256-279.

624 E. Clancy, M. Schirdewan, Bericht *Disziplin und Strafen: Ende für den Stabilitäts- und Wachstumspakt*, Brüssel 5.5.2020, dielinke-europa.eu.

625 Zum Beispiel C. Yilmaz, »Italiens und Spaniens Zukunft liegt in einer eigenen Mittelmeer-Union und im Goldstandard«, *Deutsche Wirtschafts-Nachrichten* 18.4.2020.

626 »Macron geht in die Offensive: ›Ohne Finanztransfers scheitert die EU‹«, *Deutsche Wirtschafts-Nachrichten* 17.4.2020.

627 Kronauer, »Stimmung in der EU kippt«, a. a. O.

628 Zum Beispiel H. Kortländer, »Wut auf Europa«, *Internationale Politik und Gesellschaft* 6.8.2020, ipg-journal.de.

629 Zitiert nach: »Offenbarungseid in der Flüchtlingspolitik«, Blog *Lost in EUrope* 19.9.2020, lostineu.eu.

630 Zum elementaren Zusammenhang von Größe der Trägerschaft sowie Risiko-Reduzierung zum Beispiel der IWF: Nicoletta Batini u. a., »Reducing Risk While Sharing It: A Fiscal Recipe for The EU at the Time of COVID-19«, *IMF Working Papers* 20/181, *imf.org* 4.9.2020.

631 Gräbner, Heimberger et al., a. a. O.

632 Zum Beispiel L. Chancel, »Coronabonds with or without Germany«, *World Inequality Database*, wid.world/document/coronabonds, besucht 10.7.2020.

633 Ausführlich zum Beispiel »The COVID-19 crisis – a turning point for the European project«, *EuroMemo* Group 2.4.2020, euroalter.com.

634 Ähnlich übrigens auch der renommierte Banker Roberto Nicastro im *Handelsblatt Finance Briefing* 21.4.2020; ferner E. Nell, K. Errouaki, F. Mayor Zaragoza, *Reinventing Globalization after the Crash*, New York: Palgrave Macmillan, 2020.

635 Ergänzend zu den genannten Quellen die berühmte Oxfam-Studie: D. Hardoon, »An Economy for the 1 Percent. How privilege and power in the economy drive extreme inequality and how this can be stopped«, 18.1.2016, oxfam. org, besucht 19.7.2020.

636 Zum Beispiel D. Riedel, »Ökonomen verlangen gigantisches Investitions-programm gegen die Rezession. Die Institute von Wirtschaft und Gewerkschaften fürchten eine große Depression wie in den 30er Jahren. Als Gegenmittel fordern sie massive Modernisierungs-Investitionen«, *handelsblatt.com* 7.5.2020.

637 Zum Beispiel »Bleibende Schäden (I). Proteste in Frankreich und Luxemburg gegen deutsche Grenzschließung, gegen Bundespolizeischikanen und antifranzösische Ressentiments«, *German Foreign Policy* 11.5.2020.

638 Nach *Handelsblatt Morning Briefing* 18.5.2020.

639 Zum Beispiel »Waffengleichheit im Binnenmarkt? – Vorbei!«, *Lost in EUrope* 8.7.2020, lostineu.eu.

640 R. Kulke, S. Wixforth, »Mehr Geld – weniger Zusammenhalt: Wettbewerb der Subventionen«, 3.8.2020, transform-network.net/de.

641 *Handelsblatt Morning Briefing* 9.9.2020.

642 Klug wie immer zur aktuellen Wirtschaftslage Deutschlands »unter Corona«, im Vergleich zu China, und zu einem proaktiven Konzept von Industriepolitik: S. Wagenknecht, »Deutschland verschleiert das wahre Drama – während China zeigt, wie Wirtschaft geht«, *Focus online* 4.10.2020.

643 Zum Beispiel »Rücksturz in die Krise«, *Lost in EUrope* 31.10.2020, lostineu.eu.

644 Zum Beispiel »Der ESM hilft nicht, der Coronafonds kommt (noch) nicht, die Arbeitslosigkeit steigt«, *Lost in EUrope* 18.11.2020, lostineu.eu.

645 Zum Beispiel »EU-Mitgliedstaaten verschmähen die Corona-Kredite aus Brüssel«, *handelsblatt.com* 21.10.2020.

646 »Rücksturz in die Rezession – noch eine verlorene Dekade?«, *Lost in EUrope* 2.11.2020, lostineu.eu.

647 Zum Beispiel »Offenbarungseid in der Außenpolitik«, Blog *Lost in EUrope* 26.9.2020, lostineu.eu.

648 Zum Beispiel S. Afhüppe, »Gipfel der Enttäuschung«, *Handelsblatt Morning Briefing* 20.7.2020.

649 Zum Beispiel »Coronakrise: Todesstoß oder heilsamer Schock?«, *Lost in EUrope* 25.9.2020, lostineu.eu.

650 Zum Beispiel H. Hofbauer, *Europa. Ein Nachruf*, Wien: Promedia, 2020.

651 Zum Beispiel »Chronik des Versagens (IV): Tests«, *Lost in EUrope* 23.3.2020, lostineu.eu.

652 Zum Beispiel R. Rauls, »Vorteil China«, 29.3.2020, ruedigerraulsblog.wordpress.com.

653 Zum Beispiel »Europas Krankenhäuser am Limit: Jetzt rächen sich Jahrzehnte des neoliberalen Abbaus«, *Deutsche Wirtschafts-Nachrichten* 7.4.2020.

654 Zum Beispiel auch: B. Landefeld, »Lernt von China!«, *unsere zeit* 10.4.2020, unsere-zeit.de.

655 Zum Beispiel »Schlimmer als Pandemie: Wirtschaftskreise fordern Abkehr von Schutzmaßnahmen«, *German Foreign Policy* 25.3.2020.

656 Carlens, »USA: Säbelrasseln …«, *junge Welt* 26.1.2021, S. 8.

657 Am Beispiel von Neoliberalismus und Bildungswesen: C. D. Piorkowski, »Der ›neoliberale Mythos eines freien Marktes‹ trägt zur Verschärfung von Bildungsungerechtigkeiten bei«, *Der Tagesspiegel* 3.7.2020, tagesspiegel.de.

658 Zum Beispiel P. Escobar, »China locked in hybrid war with US«, *Asia Times* 17.3.2020, a. a. O.

659 Zum erschreckenden Niedergang jeglicher Form menschlicher Gesellschaft unter dem neoliberalen Faschismus in Brasilien zum Beispiel J. Souza, »Brasilien: Rassismus in der Pandemie«, *Blätter für deutsche und internationale Politik* 5/2020, S. 80-83.

660 J. Jahnke, »Wichtige Wirtschaftsdaten zum Krisenjahr 2020«, *global news* 3792 4.5.2020, jjahnke.net.

661 Zitiert nach: *Handelsblatt Morning Briefing* 12.6.2020.

662 Ausführlicher, als wir die Zusammenhänge hier entwickeln können, etwa A. Wehr, »›Diese Wirtschaft tötet‹«, 19.5.2020, mez-berlin.de.

663 *Merkur* 29.4.2020, merkur.de/politik/boris-palmer-coronavirus-todesfaelle-baden-wuerttemberg-tuebingen-deutschland-gruene-ob-zr-13734537.html.

664 M. Kraut, »Schäuble bricht Corona-Debatte los: ›Nicht alles hat vor dem Schutz von Leben zurückzutreten‹«, *Merkur* 28.4.2020, merkur.de.

665 Wikipedia: Soylent Green.

666 J. Jahnke, »Wichtige Wirtschaftsdaten zum Krisenjahr 2020«, *global news* 4.5.2020, a. a. O.

667 Ebendort.

668 Noch einmal A. Wehr, »›Diese Wirtschaft tötet‹«,19.5.2020, a. a. O.

669 Zum Beispiel K. Wagener, »Gespaltene Gesellschaft. Vorn beim Großen Sterben: Afroamerikaner, Latinos, Emigranten, Working Poor«, *unsere zeit* 17.4.2020, unsere-zeit.de.

670 Zum Beispiel »Britische Studie: Festhalten am Versuch, in der Coronakrise kurzfristige Interessen der Wirtschaft zu wahren, hätte zu Hunderttausenden Todesopfern geführt«, *German Foreign Policy* 20.3.2020.

671 F. Grigoli, D. Sandri, »COVID's Impact in Real Time: Finding Balance Amid the Crisis«, 8.10.2020, blogs.imf.org.

672 IWF, zitiert nach: C. Hulverscheidt, »Coronavirus: IWF rät im Zweifel zum Lockdown«, *sueddeutsche.de* 8.10.2020.

673 Bertelsmann Stiftung, Studie: Eine bessere Versorgung ist nur mit halb so vielen Kliniken möglich, 15.7.2019, bertelsmann-stiftung.de.

674 J. Kronauer, »Hilfe! Die Chinesen helfen. Hilfslieferungen aus China werden giftig kommentiert«, *unsere zeit* 3.4.2020, unsere-zeit.de.

675 Zum Beispiel »Größtes russisches Flugzeug mit Hilfsgütern in New York gelandet«, *Deutsche Wirtschafts-Nachrichten* 2.4.2020.

676 Noch einmal: R. Rauls, »Vorteil China«, 29.3.2020, a. a. O.

677 B. Hellinger, G. ten Hövel, *Anerkennen, was ist. Gespräche über Verstrickung und Lösung*, München: Kösel/Random House, 1996 (14. Aufl. 2006), S. 54 passim.

678 Siehe Außenministerium der VR China, »China bietet USA Kooperation an«, 9.7.2020, fmprc.gov.cn.

679 So zum Beispiel L. Tao, Interview, a. a. O.

680 Zum Beispiel J. Kronauer, »Rote Hilfe aus China«, *junge Welt* 9.4.2020, S. 1.

681 P. Smolar, N. Guibert, »600 millions de masques: l'objectif du ›pont aérien‹ en préparation entre la Chine et la France«, *Le Monde* 27.3.2020, lemonde.fr.

682 Zum Beispiel S. Flounders, »A Globalized World Economy, COVID-19 and China's ›Health Silk Road‹«, *Global Research* 6.4.2020.

683 Zum Beispiel P. Escobar, »China Rolls Out the Health Silk Road«, *Asia Times* 3.4.2020, unter unz.com.

684 Botschaft der VR China in der Bundesrepublik Deutschland, Newsletter Mai 2020, china-botschaft.de.

685 Zum Beispiel »China-Europa-Güterzüge mehr denn je gebraucht«, *german. china.org.cn* 22.4.2020.

686   Botschaft der VR China in der Bundesrepublik Deutschland, Newsletter Juli
      2020 und Januar 2021, china-botschaft.de; »Coronakrise lässt Güterverkehr
      über die Seidenstraße boomen«, *Spiegel online* 12.1.2021.

687   Als Beispiel noch einmal: J. Perkins, *Confessions of an Economic Hit Man*, San
      Francisco: Berrett-Koehler Publ., 2004.

688   Ausführlich über die drei helfenden Länder China, Russland und Kuba und
      ihre mediale »Begleitung« hierzulande zum Beispiel H. Scheben, »Predigt von
      Solidarität in der Krise endet bei der NATO-Doktrin. Der Westen nutzt die
      Pandemie, um China, Russland und Kuba zu verunglimpfen«, 31.3.2020, in-
      fosperber.ch.

689   Ausführlich zum Beispiel Elsner 2020b, 258 ff.

690   So der Spezialbeauftragte der US-Regierung für Syrien, James Jeffrey, zitiert
      nach: D. Brennan, »U.S. Syria representative says his job is to make the war a
      ›quagmire‹ for Russia«, *Newsweek* 13.5.2020, newsweek.com.

691   Zum Beispiel Elsner 2020b, S. 258 ff.; J. Wahl, »China in Lateinamerika«, *Ber-
      liner Debatte Initial* 31(4), 2020, S. 76-87.

692   Zum Beispiel Stadt Köln, »Freundschaft und Hilfe: Die angekündigte Liefe-
      rung mit medizinischem Equipment aus der Partnerschaft Peking ist da!«,
      stadt-koeln.de, besucht 23.5.2020.

693   Der Autor selbst erhielt von einer chinesischen Kollegin ein Paket mit 1.000
      Gesichtsmasken einer normierten Qualitätsstufe zugeschickt, in einer frühen
      Phase der Epidemie, als man hierzulande zu Hause noch alleine Hilfsmasken
      aus Stoffresten nähen musste.

694   Zum Beispiel C. Kliver, »Die Solidarität in den Zeiten des Coronavirus«, *Tele-
      polis* 16.3.2020, a. a. O.

695   Ebendort.

696   Zitiert nach: ebendort.

697   Dazu zählen erkennbar zum Beispiel *Steingart Morning Briefing* oder *Deut-
      sche Wirtschafts-Nachrichten*.

698   Aus Christian Morgensterns Gedicht »Die unmögliche Tatsache« (1909).

699   Zum Beispiel archive.is/W8oOC, besucht 16.3.2021; siehe auch dpa fact-
      checking, »Kein Beleg für angebliche Aussage von Göring im Nürnberger
      Prozess« 15.9.2020, dpa-factchecking.com.

700   Siehe N. Klein, *Die Schock-Strategie: Der Aufstieg des Katastrophen-Kapitalis-
      mus*, Frankfurt/M.: S. Fischer, 2007.

701   Anmerkung aus Gründen der Lesefreundlichkeit auf der Textseite selbst.

702   P. Escobar, »The Deeper Historical Roots of Chinese Demonization« *Global
      Research* 4.5.2020.

703   S. Lendman, »Trump's Virtual Town Hall: A Vehicle for Deception, Finger-
      Pointing and Threats«, *Global Research* 4.5.2020.

704   *Steingart Morning Briefing* 5.5.2020.

705   youtube.com/watch?v=DPt-zXn05ac, 24.4.2019, besucht 7.5.2020.

706   Zum Beispiel C. Rickens, D. Heide, »Bericht: US-Diplomaten warnten,
      dass ein Unfall eine Corona-Pandemie auslösen könnte«, *handelsblatt.com*
      16.4.2020.

707 Zum Beispiel B. Rebhandl, »Die unterstellte Hölle von Wuhan«, *faz.net* 20.3.2020.

708 Zum Beispiel P. Escobar, »The Deeper Historical Roots of Chinese Demonization«, *Global Research* 4.5.2020.

709 Ausführlich zum Beispiel Schuhler 2020, a. a. O., S. 98 f.

710 Zu den heutigen Schwierigkeiten, professionellen Journalismus aufrechtzuerhalten, und zu den Missbräuchen von Journalismus exemplarisch: C. Wiedemann, *Vom Versuch, nicht weiß zu schreiben. Oder: Wie Journalismus unser Weltbild prägt*, Köln: PapyRossa, 3. Auflage 2019.

711 »Können wir den Chinesen vertrauen?«, *bild.de* 4.2.2020.

712 »Dschihadisten-Kleriker: ›Betet für die Auslöschung Chinas durch das Coronavirus‹«, *Deutsche Wirtschafts-Nachrichten* 4.2.2020.

713 Ausführlich bereits Elsner 2020b, 46-68, 78-90.

714 So der langjährige »Süddeutsche«-Journalist Birk Meinhardt in seinem Buch *Wie ich meine Zeitung verlor* (Berlin 2020), zitiert nach: K. Cordsen, »Was falsch läuft im Journalismus«, *Bayerischer Rundfunk* 28.6.2020, br.de.

715 »Die neuen globalen Gesundheitsmächte«, *German Foreign Policy* 27.3.2020.

716 Zum Beispiel »China-Experte über Corona-Krise. ›Wir befinden uns im Propagandakrieg‹«, *n-tv.de* 19.3.2020.

717 Zum Beispiel H. Yildirim, »Postkolonialismus. Mehr Philosophie gegen Coronavirus«, *der Freitag* 15.3.2020, freitag.de; B. Roeck, »Das Stereotyp vom ›orientalischen Feind‹«, *Neue Zürcher Zeitung* 30.3.2020, S. 8.

718 M. Püschel, »Verzweifelt gegen China«, *junge Welt* 16.4.2020, S. 8.

719 Zitiert nach: M. Püschel, a. a. O.

720 »Business as unusual«, *WirtschaftsWoche* 31.7.2020, S. 15-21, wiwo.de.

721 Zum Beispiel *A. Shtaev*, »Der Tagtraum des Springer-Chefs: Der Westen vereint im Kampf gegen China«, *RT Deutsch* 6.5.2020, de.rt.com.

722 Zum Beispiel L. Kotiyarova, »›China schuldet uns 351 Milliarden GBP‹: Wie ›globale Würfel‹ bei Corona fallen – Geopolitikexperte« (Interview), *Sputniknews* 10.4.2020.

723 M. Püschel, »Verzweifelt gegen China«, a. a. O.

724 Ebendort.

725 J. Kronauer, »Vereint in Aggression«, *junge Welt* 21.4.2020, S. 3.

726 Zum Beispiel »Missouri verklagt China wegen Coronavirus«, *Manager Magazin* 21.4.2020, manager-magazin.de; »Erster US-Staat verklagt China wegen Corona-Virus«, *Deutsche Wirtschafts-Nachrichten* 22.4.2020.

727 C. Yilmaz, »Corona-Sammelklage: USA fordern über 20 Billionen von China«, *Deutsche Wirtschafts-Nachrichten* 2.4.2020.

728 Zitiert nach: *Handelsblatt Morning Briefing* 18.8.2020.

729 C. Yilmaz, ebenda.

730 Zum Beispiel »EU-Parlament: Beschluss gegen ›aggressive Propaganda‹ Russlands und Chinas zur Corona-Krise geplant«, *RT Deutsch* 16.4.2020, de.rt.com.

731 M. Püschel, »Verzweifelt gegen China«, a. a. O.

732 Ausführlich zum Beispiel »Die Schlacht der Narrative«, *German Foreign Policy* 17.4.2020.

733 J. Kronauer, »Vereint in Aggression«, *junge Welt* 21.4.2020, S. 3.

734 »Sinologe tadelt Hybris«, *faz.net* 8.4.2020.

735 P. R. Vogt, »COVID-19 – eine Zwischenbilanz oder eine Analyse der Moral, der medizinischen Fakten, sowie der aktuellen und zukünftigen politischen Entscheidungen«, 8.4.2020, a. a. O.

736 Ebendort.

737 Ebendort.

738 J. Petring, »Willkommen in der Volksrepublik der verschwundenen Milliardäre«, *WirtschaftsWoche* 11.1.2021.

739 Elsner 2020b, S. 303 ff.

740 Beschrieben vom altgriechischen Politiker und Historiker Thukydides, *Geschichte des Peloponnesischen Krieges*, zum Beispiel: Reinbek: Rowohlt, 1962.

741 Anmerkung aus Gründen der Lesefreundlichkeit auf der Textseite selbst.

742 Anmerkung aus Gründen der Lesefreundlichkeit auf der Textseite selbst.

743 faces-of-peace.org/gunnar-jeremias.

744 Zum Beispiel »Geheimdienstbund »Five Eyes«: Höchst unwahrscheinlich, dass Coronavirus aus Labor kommt«, *Deutsche Wirtschafts-Nachrichten* 5.5.2020.

745 So zum Beispiel die WHO: who.int/news-room/q-a-detail/qa-coronaviruses; oder C. Drosten et al., »Statement in support of the scientists, public health professionals, and medical professionals of China combatting COVID-19«, *The Lancet* 19.2.2020, thelancet.com; ebenso K. Andersen et al., »The proximal origin of SARS-CoV-2«, *Nature Medicine* 17.3.2020, nature.com.

746 Zum Beispiel CGTN Exclusive, »Where was the coronavirus from?«, 21.4.2020, Video unter news.cgtn.

747 »›Pure Baloney‹: Zoologist Debunks Trump's COVID-19 Origin Theory, Explains Animal-Human Transmission«, *democracynow.org*, 16.4.2020.

748 M. Blumenthal, A. Singh, »How a Trump media dump mainstreamed Chinese lab coronavirus conspiracy theory«, *The Grayzone* 20.4.2020, thegrayzone.com.

749 »CDC director says some COVID-19 deaths diagnosed as flu-related in U.S.«, *YouTube* 12.3.2020; ebenso Escobar, »China und der Hybridkrieg mit den USA«, a. a. O.

750 J. Vergin, »Corona war schon im September 2019 da, auch in Europa«, *dw.com [Deutsche Welle]* 20.11.2020.

751 World Health Organization, Best Practices for the Naming of New Human Infectious Diseases, Mai 2015, PDF unter who.int.

752 »Stop the coronavirus stigma now«, *nature.com* 7.4.2020.

753 Zum Beispiel »Entfesselter Rassismus in der Coronakrise. ›Er sagte, man müsse mich mit Sagrotan einsprühen‹«, *tagesspiegel.de* 18.4.2020; ebenso noch einmal: N. Klein 2007, a. a. O.

754 Zum Beispiel *Chapman University News*, »Chapman Professor Tracks Rise in Hate Group Activity Targeting Asian Americans«, 17.4.2020, news.chapman. edu.

755 C. Huang et al., »Clinical features of patients infected with 2019 novel coronavirus in Wuhan, China«, *The Lancet* 24.1.2020, thelancet.com.

756 T. A. Ghebreyesus, S. Swaminathan, »Scientists are sprinting to outpace the novel coronavirus« *The Lancet* 24.2.2020, thelancet.com.

757 World Health Organization, Coronavirus disease 2019 (COVID-19) Situation Report – 34, 23.2.2020, PDF unter who.int.

758 E. Lipton et al., »He Could Have Seen What Was Coming: Behind Trump's Failure on the Virus«, *nytimes.com* 11.4.2020.

759 A. Green, »Li Wenliang«, *The Lancet* 18.2.2020 [korrigiert am 25.2.2020], thelancet.com.

760 »China releases investigation report on issues concerning Dr. Li Wenliang«, *Xinhua* 20.3.2020, china.org.cn.

761 Huaiyu Tian et al., »An investigation of transmission control measures during the first 50 days of the COVID-19 epidemic in China«, *sciencemag.org*, 8.5.2020.

762 Sha Hua, Kommentar »Europa lernt nicht aus Chinas und Südkoreas Erfolgen in der Corona-Bekämpfung«, *handelsblatt.com* 24.3.2020.

763 W. Feuer, N. Higgins-Dunn, »WHO says China revised coronavirus infection data to ›leave no case undocumented‹«, *cnbc.com* 17.4.2020.

764 who.int/about/funding/contributors, besucht 23.5.2020.

765 who.int/director-general/who-headquarters-leadership-team, besucht 23.5.2020.

766 World Health Organization, WHO Director-General's opening remarks at the media briefing on COVID-19, 20. April 2020, who.int.

767 World Health Organization, Update on the situation regarding the new coronavirus, 29.1.2020, who.int/emergencies/diseases/novel-coronavirus-2019/media-resources/press-briefings.

768 Zum Beispiel L. Kuo, K. Murphy, »China warns students to reconsider travel to Australia for study«, *theguardian.com* 9.6.2020; K. Murphy, D. Hurst, »Coalition to pursue power to block deals such as Victoria's belt and road agreement with China«, *theguardian.com* 26.8.2020; zum Beispiel auch P. Zoll, »China ist wütend – und gibt das Australien deutlich zu spüren«, *nzz.ch* 21.11.2020.

769 Ausführlich zum diesbezüglichen Völkerrecht: D. Fidler, »COVID-19 and International Law: Must China Compensate Countries for the Damage?«, *justsecurity.org* 27.3.2020.

770 Ausführlich Elsner 2020b, S. 258 ff.

771 Außenministerium der VR China, »State Councilor and Foreign Minister Wang Yi Speaks with German Foreign Minister Heiko Maas on the Phone«, 4.4.2020, fmprc.gov.cn.

772 General Administration of Customs of the People's Republic of China (GACC), MOFCOM, GACC & NMPA to Strengthen Quality Control of Medical Supply Exports, 8.4.2020, english.customs.gov.cn.

773 R. Bohuslavová, »Prymula: O chybovosti rychlotestů jsme věděli. Měníme nařízení«, *novinky.cz*, 23.3.2020.

774 A. Echtermann, »Keine Belege, dass ein Markt mit exotischen Tieren in Wuhan der Ursprung des neuen Coronavirus war«, *correctiv.org* 28.1.2020.

775 National People's Congress of the People's Republic of China, Decision of the

Standing Committee of the National People's Congress on a Complete Ban of Illegal Wildlife Trade and the Elimination of the Unhealthy Habit of Indiscriminate Wild Animal Meat Consumption For the Protection of Human Life and Health, 24.2.2020, npc.gov.cn.

776 WWF Statement on China's Revision of the Wildlife Protection Law, 24.2.2020, worldwildlife.org.

777 Peta Deutschland, »Erfolg! China erklärt Hunde zu ›Haustieren‹«, April 2020, peta.de.

778 M. O'Neill, »Chinese influencer Wang Mengyun, aka ›Bat soup girl‹ breaks silence« *news.com.au* 7.2.2020.

779 Siehe Elsner 2020b, S. 221 ff.

780 Ebendort, S. 281 ff.

781 Zum Beispiel Außenministerium der VR China, Reality Check of US Allegations Against China on COVID-19, 9.5.2020, fmprc.gov.cn.

782 Ebendort.

783 Elsner 2020b, S. 68 ff., 91 ff.

784 »Siemens-Chef Kaeser: China und USA gehen gestärkt aus der Corona-Krise«, *Deutsche Wirtschafts-Nachrichten* 19.5.2020.

785 Ebendort.

786 *Handelsblatt Morning Briefing* 18.1.2021.

787 *Handelsblatt Morning Briefing* 10.12.2020.

788 Ebendort.

789 Zum Beispiel G. Vallet (Hg.), *Inequalities and the Progressive Era*, Cheltenham, UK: Elgar, 2020.

790 Zum Beispiel A. Schölzel, »Grüne für Fracking«, *junge Welt* 22.9.2020, S. 8.

791 Zur Historie dieses Konzepts zum Beispiel H.-R. Minow, »Ethischer Imperialismus«, *konkret* 5/1999, S. 55, eingesehen unter minow-film.com.

792 Zum Beispiel »Nachschlag: Grüner Imperialismus«, *junge Welt* 23.6.2020, S. 14.

793 Zum Beispiel: Fotostrecke »Die Deutsche Bank und das Ghetto«, *Spiegel online* 13.5.2011.

794 C. Sewing, »Was wird jetzt aus Europa?«, *faz.net* 5.9.2020.

795 M. Beatty, *Kraft zum Loslassen. Tägliche Mediationen für die innere Heilung*, deutsch: München: Heyne, 18. Auflage, 1990, S. 86.

796 Ebendort, S. 199.

797 Noch einmal: »Die neuen globalen Gesundheitsmächte«, *German Foreign Policy* 27.3.2020; »China-Experte über Corona-Krise. ›Wir befinden uns im Propagandakrieg‹«, *n-tv.de* 19.3.2020.

798 Zum Beispiel F. Obeng-Odoom, *The Commons in an Age of Uncertainty. Decolonizing Nature, Economy and Society*, Toronto: University of Toronto Press, 2020.

799 Elsner 2020b, S. 109 ff.

800 Ausführlich ebendort.

801 Ebendort, S. 58 ff.

802 Ebendort, zum Beispiel S. 217 f.

803 Zitiert nach: »56 Tote, fast 2000 Infizierte«, *tagesschau.de* 26.1.2020.
804 Zum Beispiel J. Kronauer, »Aufatmen in Wuhan«, *junge Welt* 23.3.2020, S. 1.
805 »Chinesische Behörden bringen Verbot von Hundeverzehr auf den Weg«, *sputniknews.com* 10.4.2020.
806 Zum Beispiel »Umstrittenes Hundefleisch-Festival startet«, *n-tv.de* 22.6.2020.
807 Zum Beispiel S. Lother, »Hungersnot in Nordkorea: Hunde und Katzen angeblich als Nahrungsmittel verarbeitet«, *fr.de* 29.8.2020.
808 Zum Beispiel »Langer Weg zurück ins Meer. Beluga-Wale ziehen spektakulär um«, *n-tv.de* 10.8.2020.
809 Zum Beispiel »Kosmetik in China: weniger Tierversuche in Sicht!«, *PETA Deutschland* 18.9.2020.
810 N. Leung, J. Ngai, J. Seong, J. Woetzel, »COVID-19 is accelerating five key trends shaping the Chinese economy«, *mckinsey.com*, 6.5.2020.
811 Generell zum Beispiel L. Canfora, *Eine kurze Geschichte der Demokratie*, Köln: PapyRossa, 6. Aufl. 2019, S. 250 ff.
812 C. Qi, »Chinas erstes Zivilgesetzbuch reflektiert Bedürfnisse der Menschen«, 29.5.2020, german.china.org.cn; »Fünf Besonderheiten von Chinas Zivilgesetzbuch«, *CRI online* 25.5.2020, german.cri.cn.
813 Elsner 2020b, S. 152 ff., 172 ff., 193 ff., 221 ff.
814 Ebendort, S. 225 ff.; ferner »China's mixed – and resilient – economy«, *The Economist* 14.8.2020, economist.com.
815 »For people in China, adopting Chinese children is getting easier«, *The Economist* 4.6.2020, economist.com.
816 So zum Beispiel R. Silvius, »China's Belt and Road Initiative as Nascent World Order Structure and Concept?«, *Journal of Contemporary China* 7.7.2020, tandfonline.com.
817 Zum Beispiel Stefan Huth, »Wir wollen Mauern einreißen«, Gespräch mit dem chinesischen Botschafter in Deutschland, *junge Welt* 4.3.2020, S. 12.
818 Zahlen nachlesbar zum Beispiel bei *Steingart Morning Briefing* 22.5.2020; Bertelsmann Stiftung, *Was der Westen entlang Chinas neuer Seidenstraße investiert*, August 2019, bertelsmann-stiftung.de.
819 W. Hartmann, W. Maenning, R. Wang, *Chinas neue Seidenstraße. Kooperation statt Isolation – Der Rollentausch im Welthandel*, Frankfurt/M.: FAZ Verlag, 2017.
820 Ebendort.
821 Ebendort.
822 Am Beispiel des *Außerordentlichen China-Afrika Gipfels über solidarische Zusammenarbeit gegen COVID-19*: »Chinesisch-afrikanischer Sondergipfel über solidarische Zusammenarbeit gegen COVID-19«, 18.6.2020, german.cri.cn.
823 K. Acker, D. Brautigam, Y. Huang, *Debt Relief with Chinese Characteristics*, China-Africa Research Initiative, Johns Hopkins University, Working Paper 39-2020, Baltimore 2020; *Global China Initiative*, Boston University, Newsletter 19.1.2021, mit mehreren Dokumenten-Links.
824 Zum Beispiel aus der internationalen Gipfelrede von Li Keqiang, 5.6.2020, de.china-embassy.org; »Xi chairs China-Africa summit, calls for solidarity to defeat COVID-19«, 18.6.2020, news.cgtn.com.

825 Zum Beispiel J. Chen, »Multilateral fund for BRI infrastructure projects set up«, *China Daily* 8.7.2020, chinadaily.com.cn.

826 Vor allem A. G. Frank, *ReOrient. Global Economy in the Asian Age*, University of California Press, 1998; auch P. Khanna, *Unsere asiatische Zukunft*, Berlin: Rowohlt, 2019.

827 Ausführlich Radhika Desai, *Geopolitische Ökonomie. Die Nachfolgerin von US-amerikanischer Hegemonie, Globalisierung und Imperialismus*, Kassel: Mangroven, 2020 (englisches Original: 2013).

828 Wiederum: H. J. Mackinder, *Der Schlüssel zur Weltherrschaft. Die Heartland-Theorie*, Frankfurt/M.: Westend, 2019 [1904].

829 K. Mahbubani 2020, *Has China Won?*, zitiert nach: P. Escobar, »The Unbearable Lightness of China«, a. a. O.

830 N. Horesh, K. F. Lim, *An East Asian Challenge to Western Neoliberalism. Critical Perspectives on the »China Model«*, London: Routledge, 2018, Vorwort; ausführlich auch E. Kopf, *Eine chinesische Reformation. Zum Werden eines neuen Zivilisationstyps*, Köln: PapyRossa, 2019.

831 Ebendort; umfassend dazu auch A. Kadri, »Neoliberalism vs. China as model for the developing world«, *real-world economics review* 91, 2020.

832 Horesh, Lim 2018, a. a. O.

833 K. Mahbubani, zitiert nach: Escobar 2020, a. a. O.

834 Ebendort.

835 Zum Beispiel H.-R. Minow, »Deutsche Ethnopolitik«, in: W. Röhr, B. Berlekamp, K. H. Roth (Hg.), *Der Krieg von dem Krieg. Politik und Ökonomik der »friedlichen« Aggressionen Deutschlands 1938/39*, Hamburg: VSA, 2001, S. 326-351.

836 Zum Beispiel »Would a Biden administration be softer than Trump on China?«, *The Economist* 29.7.2020.

837 Ebendort; ferner zum Beispiel »Transatlantische Sanktionen«, *German Foreign Policy* 27.8.2020, am Beispiel der *Vernichtungsdrohung* gegen die deutsche kommunale Betreibergesellschaft des Fährhafens *Mukran auf Rügen* wegen des Projekts »Nord Stream 2« durch einen Drohbrief von Kongressabgeordneten beider US-Parteien.

838 Zum Beispiel »The Trump administration wants a US–China commercial split«, *The Economist* 15.8.2020.

839 Zitiert nach: *Steingart Morning Briefing* 26.1.2021.

840 So im Nürnberger Kriegsverbrecherprozess wiedergegeben von Hitlers Minister A. Speer; siehe Wikpedia: Nerobefehl, besucht 29.4.2020.

841 Zum Beispiel die Dokumentation von J. Pilger, »The Coming War on China«, 2.7.2019, youtube.com/watch?v=GDl9ecICIYg, besucht 30.4.2020.

842 Zum Beispiel: »FDP warnt vor China-Propaganda an Unis«, *n-tv.de* 29.11.2019.

843 Zum Beispiel: »Wir haben wahnsinnig viele Zuschauer in China«, *Weser-Kurier* 3.4.2020, S. 18.

844 Ausführlicher zum Beispiel P. Escobar, »Endgültige eurasische Allianz ist näher als Sie denken«, a. a. O.

845 Exemplarisch sei einer der sehr seltenen Berichte im Westen zum Thema »vergleichende Militärtechnologien« zitiert: »Chinas und Russlands Hyperschall-Raketen alarmieren Militärstrategen«, *WirtschaftsWoche* 2.12.2019, wiwo.de; siehe auch bereits Elsner 2020b, S. 267 ff.

846 Zum Beispiel P. Escobar, »Endgültige eurasische Allianz ist näher als Sie denken«, a. a. O.

847 Interview, *Steingart Morning Briefing* 23.11.2020.

848 Zum Beispiel »Paukenschlag: China bereitet sich auf einen Krieg gegen die USA vor«, *Deutsche Wirtschafts-Nachrichten* 14.9.2020.

849 Zum Beispiel R. Rupp, »Die Amis, die müssen verrückt sein«, *KenFM Tagesdosis* 31.7.2020, kenfm.de.

850 Zum Beispiel J. Pilger, »Atomic Bombings at 75: Another Hiroshima is Coming«, 3.8.2020, consortiumnews.com; C. Johnstone, »Der kommende Krieg gegen China«, 23.3.2020, dans-ai.ch.

851 Zum Beispiel Benjamin, Davies, »The Decline and Fall of the American Empire«, 4.2.2021, a. a. O.

852 Zum Beispiel A. Yunus, »Die Neue-Seidenstraßen-Initiative – Kennzeichen eines revisionistischen oder eines integrativen China?«, *Berliner Debatte Initial 31/2020*, S. 113-120, hier: 118 f.

853 Frijters, »Why the US has no chance against China on its own«, *Club Troppo* 24.10.2018, a. a. O.

854 So die Botschaft am sogenannten *Bremer Friedenstunnel*, »Projektbeschreibung – ›Friedenstunnel – Bremen setzt ein Zeichen‹, rembertitunnel.de, besucht 25.8.2020.